Oliver Demny
Rassismus in den USA

UNRAST

Oliver Demny, 1962 geboren, verweigerte den Kriegsdienst, studierte von 1984 bis 1992 Soziologie in Marburg, beschäftigt sich mit (Anti-) Rassismen, den USA und dem Black American Cinema. 1994 veröffentlichte er im UNRAST Verlag *Die Wut des Panthers*, eine Aufarbeitung der Geschichte der Black Panther Party und des militanten Widerstands in den USA.

Oliver Demny

Rassismus in den USA

Historie und Analyse
einer Rassenkonstruktion

UNRAST

Die Deutsche Bibliothek – CIP-Einheitsaufnahme
Demny, Oliver:
Rassismus in den USA : Historie und Analyse einer Rassenkonstruktion
/ Oliver Demny. – 1. Aufl. – Münster : Unrast, 2001
ISBN 3-89771-007-2

Demny – Rassismus in den USA
1. Auflage, Oktober 2001

ISBN 3-89771-007-2
© UNRAST-Verlag, Münster
Postfach 8020, 48043 Münster – Tel. (0251) 66 62 93
Mitglied in der *assoziation Linker Verlage* (aLiVe)

Umschlag: Online Design GmbH, Bad Kreuznach, Tel. (0671) 887500
Satz: *ImPrint* Verlagsservice, Jörn Essig-Gutschmidt, Münster,
        E-Mail: service@j-e-g.de
Druck: UWZ-Schnelldruck GmbH, Münster

Inhalt

1	Anbahnung	11
2	Historie I Die Kolonialzeit	13
3	Historie II Revolution	35
4	Theorie I Die Entstehung des Individuums – Ordnungsschemata der Moderne	42
5	Theorie II Geschichtsmächtigkeit der Ordnungsschemata	49
6	Historisch-theoretische Verschränkung I	52
7	Historie III Die junge Republik	55
8	Historie IV Territoriale Expansion und wachsender Nord-Süd-Konflikt	76
9	Historisch-theoretische Verschränkung II	106
10	Historie V Bürgerkrieg und Wiederaufbau	109
11	Theorie III Rassismus als Grundstruktur der abendländischen Gesellschaft	118
12	Theorie IV Zuschreibungen: Natur	121
13	Historie VI Der Aufstieg zur Weltmacht	126

14	Historisch-theoretische Verschränkung III	149
15	Theorie V Zuschreibungen: Begehren	152
16	Theorie VI Lösung des Verortungsproblems: Clustern	156
17	Theorie VII Zuschreibungen: Faulheit, Dummheit	159
18	Historie VII Reform(en) und Reaktion(en)	161
19	Historisch-theoretische Verschränkung IV	186
20	Historie VIII New Deal und II. Weltkrieg	188
21	Historie IX Kalter und heißer Krieg	201
22	Historisch-theoretische Verschränkung V	224
23	Historie X Auf der Schwelle zum 21. Jahrhundert	225
24	Theorie VIII Autopoiesis des Rassismus	241
25	Theoretisch-historische Verschränkung	243
26	Historisch-theoretische Verschränkung VI	247
27	Ausblicke	258
28	Statt eines Nachworts	261
29	Anmerkungen	262
30	Anhang	301
31	Literatur	306

... wer, wie, was, wieso, weshalb, warum,
wer nicht fragt bleibt dumm.
(Titelsong der Sesamstraße)

... ich mach mir die Welt,
widde, widde, wie sie mir gefällt...
(Eingangslied von Pippi Langstrumpf)

1 Anbahnung

Dieses Buch sollte eigentlich eine anderes werden. Vor nun schon einiger Zeit fragte mich meine damalige Lieblings-Kino-Begleiterin, ob wir nicht zusammen einen Artikel über das Black American Cinema schreiben wollten. Spike Lee war in CineastInnenmunde und andere schwarze Filmemacher gewannen auch an Popularität. Ich stimmte zu. Aus dem Artikel wurde nie etwas. Aber der Vorschlag faszinierte mich weiter. Es gab, zumindest auf dem deutschen Buchmarkt, kaum Material zu dem Thema. Und der Gedanke, im Kino oder vor laufendem Videorekorder zu sitzen und sagen zu können: »Ich arbeite«, begeisterte mich.

Bei der Lektüre der wenigen us-amerikanischen Bücher zu dem Thema bemerkte ich jedoch, daß ich, obwohl ich mich schon länger mit den USA beschäftigt hatte, zu wenig über die Historie der Schwarzen wußte. Was sollte ich wissenschaftlich mit einem Film wie Mario Van Peebles *Posse* anfangen, in dem kämpfende schwarze Einheiten im spanisch-amerikanischen Krieg auf Cuba zu sehen sind? Hatte ich fernsehgeschädigtes Individuum jemals etwas über die Existenz schwarzer Cowboys in einem der vielen Western mit John Wayne erfahren? Wie war Spike Lees *Jungle Fever* zu verstehen, in dem es um die Problematik einer (sexuellen) Beziehung zwischen einem schwarzen Mann und einer italo-amerikanischen Frau ging?

Ich stieß also darauf, daß ich mehr über die Historie der Schwarzen in den USA und die spezifische Form des Rassismus dort wissen mußte, um Black American Cinema jenseits des cineastischen Vergnügens zu verstehen.

Also kippte ich mein ursprüngliches Vorhaben und beschloß, ein Buch über ebendieses Thema zu schreiben: Eine *Historie einer Rassenkonstruktion* und damit auch eine *Historie der Schwarzen*. Es ist in zweifacher Hinsicht nur eine unter vielen Historien. Erstens meint Schwarze hier nur die Nachfahren, wie entfernt auch immer, in die USA verschleppter AfrikanerInnen. Zweitens maßt sich dieses Werk nicht an, die universell ›wahre‹ Historie zu schreiben, neben der keine andere existieren kann, zumal vieles erst am Rande erforscht ist.

Es gibt immer viele Geschichten.

Wie und warum kommt eine Einteilung in verschiedene Rassen zustande? Was sind die Kriterien einer derartigen Einteilung? Welches sind die Stadien der Unterdrückung aufgrund von Rassezugehörigkeit und Rassismus?

Die Arbeit gliedert sich in drei Hauptteile, die allerdings nicht kapitelweise aufeinander folgen. Die mit *Historie* betitelten Kapitel erzählen Geschichte. Sie erzählen nicht nur eine Geschichte der Schwarzen, sondern auch – untrennbar damit verbunden – eine (kleine) Geschichte der USA. Das wird nicht immer unterhaltsam zu lesen sein: Die Kapitel sind recht lang, da sie fast immer Zeiträume mehrerer Dekaden umfassen; sie sind teilweise ›spröde‹, da für manche Beschreibungen auf die Darstellung von Zahlenmaterial zurückgegriffen werden mußte. Diese Kapitel werden durchbrochen von Kapiteln, die mit *Theorie* überschrieben sind. In ihnen wird geschildert, wie die Begriffe Rasse und Rassismus sich entwickelten, wie sie mit Aufklärung und abendländischem Denken verknüpft sind und welchen Unklarheiten, Brüchen und Schwierigkeiten sie unterworfen sind. Es wird in ihnen keine umfassende Auseinandersetzung mit der Rassismustheorie geben, existiert dazu doch inzwischen ein breites Überblicksangebot. Desweiteren passen viele der hierzulande rezipierten Erklärungsansätze nicht genau genug auf die Situation in den USA. Dabei wird dem Leser und der Leserin einiges zugemutet, beziehen sich doch Historie und Theorie kaum direkt aufeinander und müssen so die Fäden der Theorie über die durch die Historie-Kapitel verursachten Sprünge im Kopf behalten werden. Diese beiden Teile versucht der dritte Teil immer wieder zu verbinden in Kapiteln mit den Überschriften *Historisch-theoretische Verschränkung*, die dem Leser und der Leserin allerdings nicht das Denken abnehmen. Schlußfolgerungen für andere Kontexte müßen selber gezogen werden. Den Abschluß bilden Kapitel, die zusammenfassen und ausblicken lassen.

Noch ein paar langweilige Bemerkungen zu Zitier- und Schreibweisen:

In den Hauptteilen werden die Geschichten und Behauptungen unterschiedlich belegt. Der Großteil folgt der üblichen Methode, die Quellen Schritt für Schritt anzugeben. Da das für den Teil Historie zu einer unübersichtlichen Ansammlung von Fußnoten geführt hätte, sind dort als Fußnoten nur die Zitatquellen und ein paar weitere Anmerkungen zu finden. Die Literatur, auf die sich diese Kapitel ansonsten stützen, wird im Anhang für jedes der Kapitel zusammengefaßt gesondert angegeben.

12

Eigennamen wurden weitgehend im Orginal belassen. Deswegen wurde z.b. aus dem im deutschsprachigen üblichen Kuba Cuba, aus Kanada Canada oder aus Kalifornien California. Die USA wurden allerdings nicht, wie es eigentlich korrekt gewesen wäre, in der Form U.S.A. geschrieben.

Ein paar Anmerkungen zur Political Correctness: Die Schreibweise bezüglich der Geschlechter bedient sich der inzwischen üblichen mit dem großen I. Wo dieses bei ›Sammelbezeichnungen‹ nicht auftaucht, waren keine oder kaum Frauen zugegen.

Neger, Nigger, Schwarze, Afro-Amerikaner, African-Americans, Menschen also, die in der Geschichte mit wechselnden Begriffen belegt wurden oder sich selber so bezeichnet haben, werden hier als Schwarze beschrieben. Rasse, in Deutschland inzwischen üblicherweise in Anführungszeichen geschrieben, wird hier ohne benutzt. Ich hoffe, für die zwei zuletzt genannten Anmerkungen wird am Ende des Buches Verständnis vorhanden sein.

2 Historie I
Die Kolonialzeit

»Um zwei Uhr morgens kam das Land in Sicht, von dem wir etwa 8 Seemeilen entfernt waren. [...] Ich rief die beiden Kapitäne und auch all die anderen, die an Land gegangen waren, ferner Rodrigo d'Escobedo, den Notar der Armada, und Rodrigo Sánchez von Segovia, zu mir und sagte ihnen, durch ihre persönliche Gegenwart als Augenzeugen davon Kenntnis zu nehmen, daß ich im Namen des Königs und der Königin, meiner Herren, von der genannten Insel Besitz ergreife, und die rechtlichen Unterlagen zu schaffen, wie es sich aus den Urkunden ergibt, die dort schriftlich niedergelegt wurden.«[1] Dies schrieb Christoph Kolumbus für Freitag, den 12. Oktober 1492 in sein Bordbuch, als er San Salvador und damit Amerika ›entdeckte‹. Weiter heißt es dort: »Sofort sammelten sich an jener Stelle zahlreiche Eingeborene der Insel an. In der Erkenntnis, daß es sich um Leute handle, die man weit besser durch Liebe als mit dem Schwerte retten und zu unserem Heiligen Glauben bekehren könne, gedachte ich sie mir zu Freunden zu machen und schenkte also einigen unter ihnen rote Kappen und Halsketten aus Glas und noch andere Kleinigkeiten von geringem Werte, worüber sie sich ungemein erfreut zeigten. Sie wurden so gute Freunde, daß es eine helle Freude war.«[2] In einem späteren Brief beschreibt er das Interesse an und den Umgang mit den guten Freunden: »Gleich nach meiner Ankunft [...] ergriff ich auf der ersten von mir entdeckten Insel mit Gewalt einige ihrer Bewohner, um sie in unserer Sprache zu unterweisen und um von ihnen alles Wissenswerte über jene Gegenden in Erfahrung zu bringen.«[3] In seinem Bordbuch hatte er weitere mögliche Umgehensweisen schon vorher konkretisiert: »Sollten Eure Hoheiten den Befehl erteilen, alle Inselbewohner nach Kastilien zu schaffen oder aber sie auf ihrer eigenen Insel als Sklaven zu halten, so wäre dieser Befehl leicht durchführbar, da man mit einigen fünfzig Mann alle anderen niederhalten und zu allem zwingen könnte.«[4]

Die Vorgeschichte der USA beginnt unter eurozentristischem Blickwinkel mit dieser ›Entdeckung‹ des Kontinents durch Christoph Kolumbus 1492. Zu diesem Zeitpunkt lebten dort aufgrund mehrerer Migrationswellen seit 40000 v. Chr. Menschen, die über die vormals bestehende Landverbindung zwischen Nordost-Sibirien und dem heutigen Alaska auf der Jagd nach eiszeitlichem Großwild dorthin gelangt waren. Die Wikinger hatten deren Land schon 982 n. Chr. durch Erik den Roten ›gefunden‹, der ausgehend von Island Grönland ansteuerte. Sein Sohn Leif Eriksson segelte um 1000 bis in die Gegend des heutigen Boston. Aber diese Begegnungen blieben relativ folgenlos.[5]

Im Zuge der durch Kolumbus ausgelösten europäischen Entdekkungs- und Eroberungsfahrten wurde die nordamerikanische Küste nach und nach erforscht, was bis 1541 abgeschlosen war. Zu dieser Zeit hatte die spanische Armada die Vorherrschaft auf dem Meer inne, was dazu führte, daß sich Frankreich und England mit den Teilen Nordamerikas begnügen mußten, an denen die Spanier kein Interesse zeigten. Diese waren in den um den Gulf of Mexico gelegenen Gebieten sowie an der Westküste bis zum 42. nördlichen Breitengrad dominierend. Mit der Niederlage der spanischen Armada 1588 und ihrer damit gebrochenen Vormachtstellung strebte England als Seemacht empor und nahm Ende des 16. Jahrhunderts die Suche nach einem nördlichen Weg nach Ostasien wieder auf. Dabei stieß sie in die Gebiete des heutigen Canadas vor, wie z.B. Baffinland (1576-1578) und die Hudson Bay (1610). Russen ›entdeckten‹ Alaska (1732) und segelten bei der Seeotterjagd, dem Hauptgrund ihrer Fahrten, weiter die Küste hinab bis zur Bodega Bay, 93 Meilen (150 km) nördlich von San Francisco[6], wo sie 1813 einen Posten zur Getreideversorgung errichteten. Die Mündungsgebiete und Flußläufe des Hudson und Delaware wurden größtenteils von der niederländischen Westindien-Gesellschaft erschlossen, die hauptsächlich am Pelzhandel mit UreinwohnerInnen interessiert war. Auch SkandinavierInnen siedelten in dieser Region. Die französische Eroberung ging 1609 mit der Gründung der Niederlassung Quebec von dort aus, erreichte in den 1630er Jahren die Green Bay am Ostufer des Michigansees und eröffnete durch die Inbesitznahme der Stromgebiete des Mississippi ein riesiges Territorium: Louisiane.[7] Die Politik der französischen Krone, die Handelsgesellschaften privilegierte und AuswanderInnen keine Anreize wirtschaftlicher oder politscher Art gewährte, führte dazu, daß die Kolonien nur äußerst dünn besiedelt waren.

Die englische Kolonialgeschichte unterschied sich davon: Von Anfang an sollten es keine Handels-, sondern Siedlungskolonien sein, in denen sich für AuswanderInnen aus dem überbevölkerten Mutterland bessere Lebensmöglichkeiten bieten sollten.[8] Das Feudalsystem wurde dabei nicht auf die Kolonien übertragen, sondern das Land ging in den

Besitz der Siedler über. Das beinhaltete, daß die autochthone Bevölkerung verdrängt oder vernichtet wurde.[9] Die UreinwohnerInnen hat deshalb diese Zeit des ersten Kontakts mit EuropäerInnen viel gekostet, beinahe ihre vollständige Existenz. Von den sechs bis sieben Millionen[10], die vor Kolumbus auf dem nordamerikanischen Kontinent lebten, waren nach 100 Jahren des Kontakts ca. 90% ›verschwunden‹. Zum Beispiel lebten 1570 an der Festlandküste östlich des Mississippi drei Millionen UreinwohnerInnen, hundert Jahre später nur noch 300.000; im südlichen New England dezimierte sich ihre Zahl im selben Zeitraum von 120.000 auf 12.000. Wenn sie nicht durch aus Europa und Afrika eingeschleppte Krankheitserreger starben, taten Kriege, Vertreibungen und Hungersnöte das ihre. Das ist der große Rahmen. Differenzierter betrachtet ergeben sich ein paar Feinheiten: »Die Beziehungen zu den vordringenden Siedlern waren uneinheitlich und wechselhaft: sie reichten von friedlichem Handel und temporären Bündnissen gegen gemeinsame Feinde bis zu gegenseitigem Terror- und Ausrottungskampagnen, die von den Weißen häufig grausamer, vor allem aber ›effizienter‹ durchgeführt wurden. An der englichen Siedlungsgrenze, der Frontier, wo der ›Landhunger‹ am größten war, hatten gelegentliche Missionierungs- und Zivilisierungsversuche noch weniger Erfolg als im französischen oder spanischen Einflußbereich.«[11]

Die Siedlungsgebiete erstreckten sich fast ausschließlich an der Ostküste. 1607 begann die Besiedlung der Chesapeake Bay[12] mit der Gründung von Jamestown, der Keimzelle von Virginia, am Ufer des James River. »Für den Namen der riesigen Meeresbucht (beinahe die Nordsee), [...] haben die Engländer auf den ersten Landkarten das Algonkinwort ›chesupioc‹ benutzt, ›am großen Fluß‹, woraus auf Englisch ›Chesapeake Bay‹ wird.« Sie »ist ca. 100 km lang, durch eine Landzunge vom Meer getrennt; fünf Flüsse münden in sie, nicht unähnlich den Fingern einer Hand.«[13]

Ende 1620 landete die Mayflower mit 102 englischen, zwischenzeitlich in die Niederlande emigrierten CalvinistInnen an der Küste von New England[14] in der Höhe des heutigen Plymouth. Aufgrund verschiedener Vereinbarungen sicherten sie sich die Unabhängigkeit und religiöse Autonomie. Die 41 erwachsenen männlichen Passagiere hatten noch vor der Landung den Mayflower Compact unterzeichnet, der später zu dem amerikanischen Gründungsdokument schlechthin verklärt wurde.[15] In ihm verpflichteten sie sich zu gegenseitigem Beistand. 1691 ging die

Karte 1: Die englischen Kolonien 1660–1763

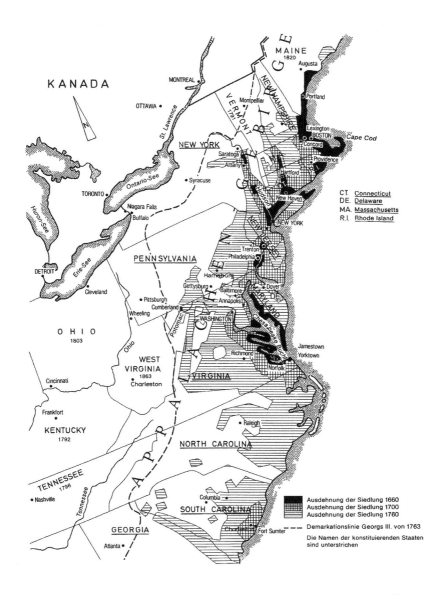

Kolonie mit ihren inzwischen 7.500 EinwohnerInnen in Massachusetts auf. 1623 hatten PuritanerInnen in der Massachusetts Bay bei Kap Ann ein Fischerdorf gegründet, welches der Ausgangspunkt für die ab 1629 einsetzende Masseneinwanderung von PuristInnen wurde. Bis 1640 kamen über 20.000. Ihr Zentrum war Boston, aber ihr Siedlungsgebiet dehnte sich bald bis zum Connecticut River, nach Maine und New Hampshire aus. Im Gegensatz zu den CalvinistInnen, die Wohlstand und weltliche Macht ablehnten, galt den PuristInnen wirtschaftlicher Erfolg als Zeichen göttlicher Gnade. Nicht wenige von ihnen wurden Kaufleute, Reeder und Schiffseigner, die am Fischfang und Handel, vor allem mit den Karibikinseln und England, gut verdienten. Die politische Führung lag auf der einen Seite in der Hand weniger, früh eingewanderter Familien; auf der anderen Seite wurde auf gemeindliche Selbstverwaltung Wert gelegt. Der/die Einzelne hatte sich zum Wohl der Gemeinschaft unterzuordnen, was durch ein rigides System geistlicher und sozialer Kontrolle gewährleistet wurde. Aufgrund dieser Intoleranz wanderten Unzufriedene 1636 aus der Kolonie aus und gründeten Providence Plantation auf Rhode Island, die erste Kolonie, in der religiöse Toleranz oberstes Gesetz war. Weitere Abwanderungen und Neugründungen waren Connecticut (1635) und New Haven (1638). Eine andere Rechtsform für die Kolonien war die lebenslängliche Landvergabe an Adelige seitens der Krone. Dies war in Maryland der Fall, welches Sir George Calvert (1580-1632) zugesprochen wurde, der damit zum ersten Lord Baltimore avancierte. Er konvertierte 1625 zum Katholizismus und wollte eine Kolonie für seine im anglikanischen England unterdrückten GlaubensgenossInnen gründen. Sein Sohn, der zweite Lord Baltimore, setzte das Projekt um und siedelte KatholikInnen an. Weiter nördlich übernahm England in der Folge der Seekriege mit den Niederlanden in den 1660er Jahren deren Besitzungen. Neu-Niederlande hieß fortan New York, Neu-Amsterdam New York City und Fort Orange im Hudson-Tal Albany. Auch die Kolonie New Jersey gehörte zu dieser Übernahme. Während sich East Jersey neuenglisch und an New York City orientierte, gewannen in West Jersey die QuäkerInnen starken Einfluß. Pennsylvania erwuchs auch aus diesem Einfluß, sowie die ›Stadt der brüderlichen Liebe‹, Philadelphia (beides 1682), welche bald zur größten Stadt (40.000 EinwohnerInnen um 1775) und zum geistigen Zentrum der ›Neuen Welt‹ werden sollte. Die SiedlerInnen am Unterlauf des Delaware machten sich bald unabhängig und gaben ihrer Kolonie den Namen des Flusses. Auch andere religiöse Strömungen suchten als EinwanderInnen dieses Gebiet auf, teils aufgrund der Flucht vor Verfolgung: MennonitInnen, PietistInnen, LutheranerInnen, Reformierte. Nicht nur in religiöser Hinsicht, auch ethnisch machte sich eine bunte Vielfalt breit: EngländerInnen, NiederländerInnen, SkandinavierInnen, Deutsche, IrInnen, SchottInnen, Iro-SchottInnen[16], FranzösInnen. Sie ›verschmolzen‹ nicht miteinander, lebten aber friedlich nebeneinander.

Zwischen den englischen und den französischen Kolonien fanden immer wieder Reibereien statt. Zu ersten größeren direkten Konfrontationen war es im Zuge der Gründung der Hudson Bay Company (1670) gekommen, bei denen es immer wieder um die Frage nach Besitzungen ging. Zwischenzeitlich beigelegt wurden diese Konflikte 1713 durch den Frieden von Utrecht, in dem Frankreich den Besitz der Company bestätigen und Teile von Akadien[17] an Großbritannien abtreten mußte. In der Folge versuchte Frankreich seine Ländereien durch Stützpunkte und Festungen zu sichern. Ab 1754 drangen britische Truppen vermehrt gegen die französischen Besitzungen vor. Diese Auseinandersetzungen dauerten bis 1759, als den Briten vor den Toren von Quebec der entscheidende Sieg gelang. Im Frühjahr darauf marschierten sie auf Montreal zu und zwangen den französischen Gouverneur zur Übergabe Neu-Frankreichs. Im Frieden von Paris 1763 bestätigte Frankreich den Verlust seiner nordamerikanischen Territorien; die östlich des Mississippi gelegenen trat es an Großbritannien, die westlichen an Spanien ab. Spanien und Großbritannien tauschten Florida gegen Cuba, welches Großbritannien ein Jahr zuvor erobert hatte.

Aufgrund der unterschiedlichen vorgefundenen Bedingungen differenzierten sich verschiedene wirtschaftliche Entwicklungen heraus. Die kargen Böden von New England, auf denen auf Familienfarmen Ackerbau und Viehzucht betrieben wurde, zwangen die KolonistInnen, sich nach zusätzlichen Existenzbedingungen umzusehen, so daß sich dort ein florierender Schiffsbau entwickelte. Die Verstädterung setzte hier früher als in anderen Teilen Nordamerikas ein.[18] Ethnisch war die Region so homogen, daß sie ›englischer als England‹ wirkte. Die Sozialstruktur war, trotz des steigenden Wohlstands der Kaufleute und einiger Anwälte, relativ egalitär, die Besitzunterschiede waren gering. Da jedes Gemeindemitglied die Bibel lesen können sollte, wurde in ein Bildungssystem investiert, das New England zu der Region mit der höchsten Alphabetisierungsrate und der besten Allgemeinbildung in Nordamerika machte. Einige der ersten Universitäten Amerikas wurden hier gegründet: 1636 Harvard College in Cambridge und 1701 Yale College in New Haven. Auch wurde 1638 in Cambridge die erste Druckerei in den Kolonien eingerichtet.

Weiter südlich gewannen die Mittelatlantik-Kolonien mit ihren fruchtbaren Böden einen beträchtlichen Wohlstand durch Getreide- und Mehlproduktion sowie durch den Export von Fleisch in die südlichen Kolonien, die Karibik und Europa. Vorherrschend waren mittlerer bis größerer Farmbesitz sowie im Hudson-Tal feudale Landgüter, deren holländische Pächter über enormen politischen Einfluß verfügten, falls sie nicht als absentee landowners in Europa von den Pachtzinsen lebten, was allerdings nicht besonders üblich war. New York City, das schneller als Boston wuchs, erlangte aufgrund seines Hafens überregionale Bedeutung als Handels- und Finanzzentrum und brachte dabei eine Kaufmannselite hervor.

Ganz im Süden der Ostküste dominierten Tabak-, Reis-, Indigo- und Baumwollanbau auf großen Plantagen, was jedoch rasch den Boden erschöpfte und so ständige Urbarmachung erforderte, die vieler Arbeitskräfte bedurfte, welche durch Leibeigenschaft beschafft wurden. Es entwickelte sich hier die sogenannte Virginia Aristocracy, »eine durch Blutsbande und wirtschaftliche Interessen eng verknüpfte Eliteschicht, die sich auch mittels guter Bildung, kultivierter Lebensart und Sinn für elegante Vergnügungen wie Pferderennen, Jagdgesellschaften und Bälle von der übrigen weißen Bevölkerung abhob«[19], Plantagenbesitzer und ihre Familien, die politisch und gesellschaftlich den Ton angaben. Wirtschaftliche Strukturverschiebungen führten im Verlauf des 18. Jahrhunderts dazu, daß unterschieden wurde zwischen einem Upper South (Maryland, Virginia, Delaware), in dem zum Teil auf Getreideanbau umgesattelt wurde und in dem die Sklaverei relativ an Bedeutung verloren hatte, und einem Lower South (North Carolina, South Carolina, Georgia), der strukturell eher den karibischen Sklavenkolonien ähnelte. Insgesamt gesehen blieben die südlichen Kolonien auf Grund ihrer dominierenden Monokulturen wirtschaftlich an ihre Hauptabnehmer England und die europäischen Märkte gebunden. Städte und selbst größere Ortschaften blieben in diesem auf Landwirtschaft basierenden Gebiet eine Seltenheit.

Desweiteren entwickelten sich Mitte des 18. Jahrhunderts in den nördlichen und mittleren Gebieten die ersten für den Eigenbedarf produzierenden Industrien.

In New England und den Mittelkolonien bildeten sich fünf urbane Zentren heraus, die als Handelszentren, Kulturzentren und Schaltstellen politischer Macht fungierten. Dies waren Philadelphia, New York, Boston, Charleston und Newport. Sie unterschieden sich strukturell weniger voneinander als von ihrem jeweiligen Hinterland.

Nachdem das Land in der Küstenebene weitgehend unter den Pflug genommen worden war, drangen zwischen 1660 und 1760 SiedlerInnen im ständigen Kampf mit den dort lebenden UreinwohnerInnen immer weiter gen Westen vor. Diese SiedlerInnen stammten nicht mehr überwiegend aus England, sondern aus Südwestdeutschland, Irland und Schottland. Eine gemischte Wirtschaft aus Ackerbau, Viehzucht und der Jagd nach Fellen und Fleisch kennzeichnete das Hinterland der südlichen Kolonien, das sich dann bis zu den Höhenzügen der Appalachen hinzog.

Diese sich ständig verschiebende Siedlungsgrenze, die vielbeschworene Frontier, bezeichnet nicht nur die Linie der am weitesten vorgeschobenen permanenten Ansiedlung von Weißen, sondern auch die oft breite Übergangszone zwischen dem noch unbekannten Land, der ›Wildnis‹, bis hin zu bereits strukturierten Siedlungsgebieten. Viel später legte eine Behörde fest, daß zur Frontier das Gebiet zu rechnen ist, auf dem pro Quadratmeile zwei weiße Personen leben.

Es läßt sich eine Differenzierung der Gesellschaft feststellen in die ›better sort of people‹, eine Oberschicht, zu denen in den Küstengebieten und Städten Pflanzer, Großgrundbesitzer, reiche Kaufleute, Schiffseigner, die prominentesten Anwälte, Ärzte und Gelehrte gehörten, die ›middling sort‹ oder ›common people‹, Lehrer, Pfarrer, Handwerker, Händler, Ladenbesitzer, Wirte und Gesellen, und die ›lower people‹, die besitzlosen ArbeiterInnen, Seeleute, DienstbotInnen, SklavInnen und freie Schwarze. Insgesamt waren aber Vermögensverteilung und soziale Hierarchie weniger ausgeprägt als in Europa. Zudem war die allgemeine wirtschaftliche Lage besser als dort. Zum Beispiel übertrafen die Löhne der nicht-selbständigen Handwerker in den Kolonien diejenigen Englands im Durchschnitt um 100%. Im Hinterland sowie in großen Teilen New Englands waren Familienfarmen dominierend, Handwerker und Händler selten. An der Frontier, die immer weiter nach Westen wanderte, lebten Trapper und FarmerInnen unter harten Bedingungen. Insgesamt lebten etwa 80% der arbeitenden Bevölkerung auf Farmen und Plantagen, 10 bis 15% waren Handwerker, die Kaufleute und freien Berufe machten ca. 5% aus.

Die ersten Unterkünfte der SiedlerInnen bestanden in den verschiedenen Regionen aus primitiven Hütten. Es waren kleine ein- oder höchstens anderthalbstöckige Holz- oder Lehmhütten, die mit Stroh oder Rasen gedeckt waren. Einen Fortschritt bildeten die Blockhäuser, die von skandinavischen SiedlerInnen eingeführt wurden. Holz war reichlich vorhanden. Die Häuser bestanden aus der Länge nach gespaltenen Stämmen. Die ganze Konstruktion wurde ohne einen Nagel oder Bolzen gehalten. Die Fensteröffnungen waren klein und anders als in den Städten zumeist nicht verglast.

In den Häusern gab es keine Räume für spezifische Gelegenheiten, keine gesonderten Schlaf-, Speise- oder Badezimmer. Es gab einen Hauptraum, »voll vom Rauch und den Gerüchen des täglichen Lebens, zumal das Leben im Haus sich um die lebensnotwendige Feuerstelle herum abspielte. In dieser ›Halle‹ wurde gekocht und gegessen. Hier kam die Familie zur Andacht und zum Gebet zusammen. Hier wurden beim flakkernden Licht der Feuerstelle bzw. der Kieferfackeln die notwendigen Arbeiten verrichtet, die es im Haus zu leisten gab.«[20]

Zu Anfang war das Essen der SiedlerInnen wenig abwechslungsreich und ohne Geschmack. Wurzelwerk, Rüben, Karotten und Zwiebeln wurden zusammen gekocht, bis sie eine breiartige Masse ergaben. Eintöpfe oder Suppen machten die Hauptmahlzeiten aus. Zum Frühstück gab es Maisbrei mit Milch oder Sirup. Aber der Reichtum an Fisch, Wild und Waldfrüchten bereicherte die Tafel. Erdbeeren mit Milch und Zucker gehörte zu den beliebtesten Speisen. Frühzeitig wurde die Vorliebe für Süßes und Süßspeisen zu einer besonderen Seite der amerikanischen Ernährung. Indianische Gerichte erweiterten den Speiseplan. Milch und Bier rangierten unter den Getränken an erster Stelle. Ausgiebiges Trinken von Alkoholika war weit verbreitet.

Das Verhältnis zwischen Frauen und Männern betrug in New England in der ersten Phase der Besiedlung zwei zu drei. Damit war die materielle Grundlage für die Bildung von Familien vorhanden, wenn die SiedlerInnen nicht sowieso schon als Paar gekommen waren. Familien galten als ›little commonwealth‹, als Ebenbild der politischen Einheit des Staates. Sexualität fand in ihr statt oder sollte doch zumindest in der Ehe münden. Der zum Teil strikte Moralkodex ahndete andere Formen sexueller Beziehungen. Sexualität sollte der Reproduktion dienen, durfte oder sollte aber auch Spaß bereiten, da angenommen wurde, daß eine erfüllte Sexualität der körperlichen und seelischen Ausgeglichenheit und Gesundheit diene. Frigidität wurde als Krankheit angesehen.

In der Chesapeake-Region gab es weit mehr Männer als Frauen, nämlich im Verhältnis vier zu eins. Hier waren die Sitten lockerer, außerehelicher Geschlechtsverkehr verbreiteter. Obwohl auch hier Gemeinschaften, Kirchen und Gerichte die Moral überwachten, wurden derartige Übertretungen weniger streng bestraft.

Um 1700 begannen sich die Unterschiede auszugleichen. Im Norden führte das Wachstum der Städte zu einer Verringerung der sozialen Kontrolle, während es im Süden vermehrt zu Eheschließungen kam, als sich das Verhältnis von Männern zu Frauen auf drei zu zwei annäherte.

Die romantische Liebe begann sich ab der Mitte des 18. Jahrhunderts anzubahnen, als nun in Briefen von Leidenschaften und intimen Gefühlen die Rede war und die religiöse Sprache vorheriger Paare verdrängte. Der physischen Attraktivität der Frauen wurde nun mehr Aufmerksamkeit geschenkt und die junge, vollbusige, schmaltaillige, vollmähnige Frau idealisiert. Zur gleichen Zeit kam in (Hafen-)Städten die Prostitution auf, zuvor ein kaum vorhandenes Phänomen. Ebenso nahm in dieser Periode die verbale und physische sexuelle Gewalt gegen Frauen zu.

Die Religion war einer der bedeutensten Faktoren im alltäglichen Leben. Sie wurde allerdings durch die Aufklärung in Frage gestellt. So kam es zu einer gewissen Entfremdung des gebildeten Teils der Bevölkerung von Religion und Frömmigkeit. An der Frontier kamen die Menschen ebenso ohne die Kirche aus und galten fast als Heiden.

Aus kirchlicher Sicht gab es somit gute Gründe für eine aktive Wiederbelebung des Glaubens. Seit den 1730er Jahren kam es zu einer evangelischen Erweckungsbewegung, dem Great Awakening, ausgehend von Geistlichen aus England und den Kolonien, die begeistert von der Allmacht und der Allgegewart Gottes predigten. Es war die erste Massenbewegung in Amerika mit Predigten vor bis zu 19.000 Menschen.

Der Historiker Peter Schäfer beschreibt ihre Folgen: »Sie pflanzte der amerikanischen Kultur auf Dauer evangelische Grundsätze und Methoden ein, so daß der christliche Glaube und die christliche Tradition zu einem festen Bestandteil der geistigen Entwicklung der Vereinigten Staaten werden konnte. Sie schwächte den Einfluß der traditionellen Kirchen und Pfarrer und ermutigte die Gläubigen, ihrem eigenen Urteil zu vertrauen. Sie begünstigte neue religiöse Spaltungen und die weitere

Differenzierung der religiösen Gemeinschaften, bestärkte den amerikanischen Hang zum Sektierertum, aber ebenso die Bereitschaft zur Toleranz gegenüber religiösen Dissidenten. [...]

Die Aufklärung mit ihrem Apell an die Vernunft und ihrem naturwissenschaftlichen Weltbild einerseits und die Erweckungsbewegung mit ihrem Vertrauen auf Gott und der Hoffnung auf die Erlösung des sündigen Menschen andererseits verkörperten, auf den ersten Blick betrachtet, gegensätzliche Standpunkte, die um die Zentralgestirne Vernunft bzw. Glauben kreisten. Schaut man aber genauer hin, so trafen sich ihre unterschiedlichen Wege dann auch wieder in gemeinsamen oder ähnlichen Wirkungen auf die amerikanische Gesellschaft.

Beide Strömungen des 18. Jahrhunderts bekräftigten das Recht des einzelnen auf die individuelle Wahl seines Lebensschicksals und sprachen sich für den Widerstand des Volkes gegen etablierte Autoritäten aus. Beide geistigen Bewegungen erweckten auf ihre Weise die Hoffnung, daß Amerika das Land der Verheißung werden würde, in dem das Volk die Vollkommenheit im Glauben oder in der Vernunft – möglicherweise in beiderlei Hinsicht – erlangen werde. Beide unterstützten die Meinung derjenigen Amerikaner, die einer Einschränkung der ›amerikanischen Freiheiten‹ auf politischem wie auf religiösem Gebiet Widerstand leisteten und für bürgerliche und politische Veränderungen eintraten.«[21]

Schon bei der ›Entdeckung‹ Amerikas waren Schwarze zugegen. Pedro Alonzo Nino, von dem gesagt wurde, er sei schwarz, war bei Kolumbus' erster Fahrt dabei, wie auch andere Schwarze ihn auf seiner zweiten Fahrt begleiteten. Von den Fahrten und dem Eindringen in das Land seitens der übrigen spanischen Conquistadores wird gleiches berichtet.

Direkt nach der ›Entdeckung‹ wurden Schwarze aus Afrika in die ›Neue Welt‹ transportiert, damit sie dort als SklavInnen arbeiteten. Importierte Europa zu der Zeit der ›Entdeckung‹ Amerikas jährlich etwa 1.000 schwarze SklavInnen[22], wurden bis 1600 ca. 275.000 SklavInnen nach Amerika verbracht, hauptsächlich für die Bergwerke und Pflanzungen im spanischen Besitz und für die portugiesischen Zuckerrohrplantagen und -mühlen im Nordosten Brasiliens. Im 17. Jahrhundert stieg der Handel um das Fünffache auf 1.341.000 SklavInnen, die vielfach für den sich ab 1650 entwickelnden Zuckerrohranbau auf den Karibischen Inseln vorgesehen waren. Zuvor war dort Tabak angebaut worden, der nun zunehmend in Virginia, North und South Carolina auf Pflanzungen mit SklavInnenarbeit wuchs. Zwischen 1700 und 1810 wurden über sechs Millionen AfrikanerInnen verschleppt, wobei die wichtigsten Bestimmungsorte Jamaica und Santo Domingue (Haiti) waren. Zwischen 1810 und 1870 kamen weitere zwei Millionen dazu, von denen viele auf Cuba landeten. Die (einheimischen) Kariben sowie die meisten Natives waren angeblich ungeeignet für die ihnen zugedachten Arbeiten auf den Plantagen und in den Bergwerken. Sie waren nicht an systematische und länger anhaltende Arbeiten gewöhnt, daher konstitutionell und psychisch dazu nicht in der Lage. Außerdem starben sie zuhauf an aus Europa eingeschleppten Krankheiten. In Nordamerika befürchteten die englischen Kolonisten zudem, daß ihnen ihre eingeborenen Verbündeten in den Kriegen gegen die Spanier und Franzosen abspenstig werden könnten, wenn sie sich aus ihren Reihen SklavInnen hielten. Sie machten sich die Natives lieber als Jäger entlaufener SklavInnen zunutze. Zum Beispiel existierte 1730 ein Abkommen mit den Cherokee, das diese verpflichtete, entlaufene SklavInnen zu ergreifen, wobei sie pro abgelieferter Person ein Gewehr und einen Wollmantel als Prämie bekamen. Mit anderen Stämmen existierten ähnliche Abkommen.[23] Die an systematische Arbeit in heißem und feuchtem Klima gewohnten BewohnerInnen des tropischen Afrikas hingegen hielt man für geeigneter.

Zuerst mußten die Schwarzen von den Weißen aus Afrika geraubt werden, aber schon bald entwickelten sich Handelsbeziehungen zu afrikanischen Feudalherren, die Kriegsgefangene und auch eigene Untertanen gegen Schmuck, Feuerwaffen und andere Waren tauschten. »Mit der Sklaverei setzte sich eine bestimmte Arbeitsteilung durch: Die Aufgabe, die Sklaven zu ergreifen, zu versorgen und innerhalb Afrikas zu transportieren, lag in afrikanischen Händen; die Europäer hingegen sorgten anschließend dafür, daß sie nach Übersee verfrachtet, dort akklimatisiert bzw. ›gebrochen‹ und anschließend an die Sklavenhalter verkauft wurden.«[24]

Im 15. und 16. Jahrhundert waren Portugiesen die Hauptlieferanten im SklavInnenhandel. Sie wurden von der holländischen Westindien-Kompanie abgelöst. Diese bekam ab 1660 ernsthafte englische Konkurrenz seitens der sogenannten Royal Adventurers into Africa und ihres durchsetzungsfähigen Nachfolgers, der Royal Africa Company, an deren Stelle 1710 private Handelsunternehmen aus Bristol und später Liverpool traten. Zwischen 1700 und 1810 waren die Engländer dominierend in der Verfrachtung von SklavInnen, Frankreich und Portugal folgten mit einigem Abstand, marginal waren Schweden, Dänemark und Brandenburg beteiligt. Die Royal Africa Company zog sich Mitte des 18. Jahrhunderts aus dem SklavInnenhandel zurück. Ihre Geschäfte wurden dann von Händlern übernommen, die ihren Sitz in den Kolonien hatten.

In der Anfangszeit stammten die SklavInnen vorwiegend aus der Region südlich des Senegal-Flußes bis Sierra Leone, später wurde das Gebiet südlich der Kongo-Mündung für die SklavInnenhändler bedeutsamer. Während des 18. Jahrhunderts traten diese Gebiete in den Hintergrund zu lasten Westafrikas, also der Getreideküste, der Elfenbeinküste, der Goldküste und der Sklavenküste. Teilweise wurden auch SklavInnen aus Zentralafrika und Mozambique verschleppt. Zu Anfang waren dies hauptsächlich Männer, galten sie doch als die besseren Arbeitskräfte als Frauen und ließen sich mit ihnen dahalb höhere Preise erzielen. Zudem galten Frauen qua ihrer Gebärfähigkeit als ›Nachschubquelle‹ für weitere SklavInnengenerationen und wurden aus diesem Grund verschont, weil gehofft wurde, daß sie diese ›Aufgabe‹ in ihrer gewohnten Umgebung besser erfüllen könnten.

Die Etappe nach dem Kauf, der fünf- bis zehnwöchige Transport über den Atlantik mit bis zu 500 SklavInnen an Bord der Schiffe, die sogenante ›Mittlere Passage‹, kostete vielen von ihnen das Leben. Ein britischer Unterhausausschuß erklärt warum: »Die Neger wurden mit Händen und Füßen aneinandergekettet und so eng zusammengepfercht, daß dem einzelnen nicht mehr als anderthalb Fuß breit zur Verfügung standen. Wie Heringe in einem Faß zusammengepreßt, zogen sie sich ekelerregende und tödliche Krankheiten zu, so daß die Aufseher am Morgen hin und wieder tote Sklaven aus den Reihen holen und die Leichen von den Körpern ihrer unglücklichen Leidensgefährten losketten mußten, an die man sie gefesselt hatte.«[25]

Die Slave Narratives, die ältesten Dokumente schwarzamerikanischer Literatur, meist von Weißen im Norden niedergeschriebene Erzählungen entlaufener SklavInnen, berichten auch von diesen Erfahrungen. Gustavus Vassa (diesen Namen hatte er von einem englischen Kapitän erhalten, der ihn zeitweise besessen hatte) war 1745 in Guinea unter dem Namen Olaudah Equiano geboren worden und zuerst nach Barbados verschleppt und dann nach Georgia weiterverkauft worden. Von seinem späteren Herren, einem Kaufmann aus Philadelphia, einem Quäker,

Karte 2: Der SklavInnenhandel

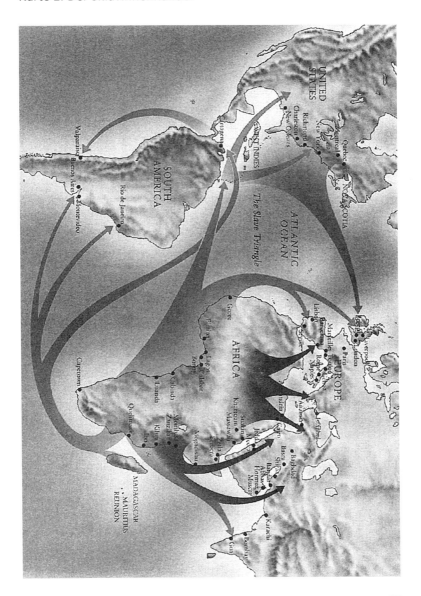

konnte er sich freikaufen, weil der ihm erlaubt hatte, ein paar Stunden die Woche auf eigene Rechnung zu arbeiten. Aus seinem 1789 in London erschienenen Buch *The Interesting Narrative of the Life of Olaudah Equiano or Gustavus Vassa* stammt folgende Passage, die sich mit der Überfahrt über den Atlantik beschäftigt: »[...] Bald wurde ich unter Deck gebracht, und hier empfingen mich ein derartiger Gestank und ein solches Geschrei, daß mir übel wurde und ich nichts essen konnte; ich hatte auch nicht das geringste Verlangen, etwas zu kosten. Ich wünschte nur, daß mich mein letzter Freund, der Tod, erlösen möge...

Die Enge, das heiße Klima, die vielen Leute auf dem Schiff, das so überbevölkert war, daß man sich kaum umdrehen konnte, all das erstickte uns fast. Infolgedessen schwitzte man ausgiebig, so daß die Luft bald nicht mehr zu atmen war vor Gestank und unter den Sklaven eine Krankheit ausbrach, an der viele starben und der unvernünftigen Habgier der Käufer, wenn ich es so nennen darf, zum Opfer fielen. Diese fürchterliche Lage wurde noch erschwert durch das Scheuern der Ketten, das schier unerträglich war, und den Schmutz der notwendigen Bottiche, in die oft Kinder fielen und beinahe erstickten. Die Schreie der Frauen und das Stöhnen der Sterbenden machten das Ganze zu einem fast unvorstellbaren Schauspiel...

Als wir einens Tages ruhige See und gemäßigten Wind hatten, zogen zwei meiner erschöpften Landsleute, die aneinandergekettet waren (ich befand mich gerade in ihrer Nähe) den Tod einem solch elenden Leben vor, durchbrachen irgendwie die Netze und sprangen ins Meer. Sogleich folgte ein anderer Verzweifelter, der wegen einer Krankheit nicht angeschmiedet war, ihrem Beispiel. Ich glaube, das hätten noch mehr getan, wenn die eilends alarmierte Besatzung sie nicht gehindert hätte. Die Aktivisten von uns wurden im Nu unter Deck gebracht, und unter den Schiffsleuten, die das Schiff stoppen und ein Boot aussetzen sollten, um die Sklaven herauszuholen, herrschten Verwirrung und Lärm ohnegleichen. Zwei der Unglücklichen ertranken, aber der dritte wurde herausgefischt und hernach unbarmherzig ausgepeitscht, weil er den Tod der Sklaverei vorgezogen hatte.«[26]

Kein Wunder, daß die Verluste dieser Schiffe an ihrer Fracht ein Sechstel betrugen. Es sprangen welche über Bord. Andere traten in Hungerstreik. Nicht selten wurden ihnen dann die Zähne herausgebrochen, um sie gewaltsam ernähren zu können. Neben den Verlusten durch das Sterben der Eingepferchten und durch Selbstmord mußten die Gesellschaften auch Verluste durch Meutereien hinnehmen. Zwischen 1699 und 1845 sind davon 55 nachgewiesen, durch die die Sklavenschiffe untergingen.

Wenn die Schwarzen auf dem neuen Kontinent gelandet waren, wurden sie gemästet und ihre Haut wurde mit Öl eingerieben, damit sie besser aussahen und Käufer fanden. Dann wurden sie bewußt hinsichtlich ihrer ethnischen und linguistischen Herkunft gemischt, um das Aufkommen einer inneren Solidarität zu erschweren.

In das englische Nordamerika kamen die ersten Schwarzen 1619, als ein holländisches Piratenschiff in Jamestown 20 Afrikaner, die sie vorher einem spanischen Sklavenschiff in der Karibik geraubt hatten, gegen Nahrungsmittel eintauschte.[27]

Insgesamt wurden 11 bis 12 Millionen AfrikanerInnen verschleppt[28], ›nur‹ etwa 5% davon nach Nordamerika. Bis zum Unabhängigkeitskrieg gelangten so 300.000 dorthin im Vergleich zu 500.000 ausgewanderten EuropäerInnen. In den 13 Kolonien lebten um 1770 etwa 2,5 bis 3 Millionen Menschen, davon ein Sechstel bis ein Fünftel schwarze SklavInnen, die zu 90% im Süden lebten und damit dort ein Drittel der Bevölkerung bildeten, während sich die weiße Bevölkerung nahezu gleichmäßig verteilte.[29]

In der ersten Zeit waren die AfrikanerInnen rechtlich nicht wesentlich schlechter gestellt als die weißen Knechte, die indentured servants, die sich verpflichtet hatten, die Kosten ihrer Schiffspassage mit einer bestimmten Zahl von Jahren abzuarbeiten, zumeist nach biblischem Vorbild sieben. Oder es waren Sträflinge, die auf diese Art und Weise verurteilt waren.[30] Einige AfrikanerInnen gelangten nach diesen Jahren in den Besitz der völligen Freiheit, allerdings zumeist nur dann, wenn sie zum Christentum übertraten.[31] Das bedeutet allerdings nicht, daß diese Zeiten rosig verklärt werden dürfen. Auch diese verdungenen Diener konnten ge- oder verkauft werden, sie konnten hart bestraft werden. Weibliche Angehörige dieser Gruppe waren zudem sexuellen Belästigungen und sexueller Gewalt ausgesetzt. Ein Drittel der Vergewaltigungsopfer in New England waren Dienerinnen, die aber nur einen Bevölkerungsanteil von einem Zehntel in dem Gebiet ausmachten. Bekamen sie Kinder, mußten sie ein Jahr länger arbeiten, um ihren Arbeitsausfall während der Schwangerschaft und der ersten Zeit mit dem Kind auszugleichen. Viele indentured servants starben noch vor Ablauf ihres Vertrages, lag doch ihren Herren nichts an dem Erhalt ihrer Arbeitskraft über den begrenzten Zeitraum hinaus. Überlebten sie, wurden sie zumeist TagelöhnerInnen. Nur etwa 20% schafften den Aufstieg zu unabhängigen Bauern oder Handwerkern.

Einige Sklaven wurden für das Militär rekrutiert, welches ihnen dafür später die Freiheit versprach. Allerdings war ihre Zahl auf ein Drittel der Soldaten beschränkt, damit die Weißen immer die Mehrheit bildeten. So kämpften Schwarze in den verschiedenen Kriegen dieser Zeit, unter anderem auch gegen die Natives. Sie wurden auch dazu eingesetzt, entlaufene SklavInnen wieder einzufangen. Eine dieser Einheiten, das Battalion of Free Men of Color, verfügte über eigene schwarze Offiziere, bestand aus zumeist hellhäutigen Schwarzen und existierte bis zum Bürgerkrieg.

Ab 1650 verschärfte sich die Lage der Schwarzen. Ihr Status verminderte sich durch Gesetze und Gerichtsurteile. Ihre Versklavung ›auf Zeit‹ wurde auf ihre ganze Lebensspanne ausgedehnt. Aufgrund angestiegener Reallöhne in England und der dort verbreiteten Nachrichten über die Leiden der Schuldknechte war es schwieriger geworden, solche anzuwerben. Die Versklavung von Weißen verschwand. Arme Weiße wurden zum Teil für die Miliz, die sogenannte slave patrol, rekrutiert oder zu Aufsehern schwarzer SklavInnen gemacht. Das englische Recht, nachdem der Vater den Status des Kindes bestimmte, also bei einem weißen Vater ein ›Mischlingskind‹ als Weißer zu gelten hatte, wurde ab 1662 umgekehrt auf die Mutter, so daß nun das Kind einer schwarzen Sklavin automatisch auch SklavIn war. Ein Gesetz über den Status von SklavInnen in Maryland aus dem Jahr 1664 lautete: »Sei es verabschiedet vom Hoch Ehrenwerten Lord Vorsitzenden und dem Ober- und Unterhaus der Gegenwärtigen Vollversammlung daß alle Neger oder andere Sklaven innerhalb der Provinz und alle Neger und andere Sklaven die ab heute in diese Provinz gebracht werden Durante Vita Dienst tun sollen. Und alle Kinder jedes Negers oder anderer Sklaven sollen ebenfalls Sklaven werden für ihr gesamtes Leben wie schon ihre Väter. Und soweit es Frei Geborene Englische Frauen betrifft die ihre Freiheit vergessen und Unserer Nation die Schande antun Negersklaven zu heiraten Woraus sich gewisse Konstellationen ergeben die den Falle solcher Frauen berühren Und ein großer Schaden für die Herren solcher Neger entstehen könnte aus diesen schändlichen Verbindungen So daß von diesem Rat verabschiedet wird daß wie auch immer frei geborene Frauen die einen Sklaven ab dem heutigen Tage und danach heiraten werden des-

sen Herrn dienen sollen Solange ihr Ehemann lebt Und daß alle die
Nachkommen dieser Frei Geborenen Frauen die auf diese Weise verheiratet sind Sklaven sein sollen wie ihre Väter. Und es sei ferner erlassen
daß alle die Nachkommen von englischen oder anderen Frei Geborenen
Frauen die bereits mit Negern verheiratet sind den Herren ihre Eltern
dienen sollen bis sie 30 Jahre alt sind und nicht länger.«[32]

Zu Beginn des 18. Jahrhunderts, als die Verschleppung und Versklavung nennenswerte Ausmaße erreicht hatte, war das Konzept der chattel
slavery fest etabliert, das die Schwarzen zu personal property, also zu
beweglichem Besitz und damit zur Ware erklärte. Sie konnten gekauft,
verkauft, verpfändet und von einem Ort zum anderen gebracht werden.

Die sogenannten slave codes regelten den Umgang mit diesem Besitz. SklavInnen durften keinen Handel treiben. Der Verkauf von Alkoholika an sie war verboten. Sie durften ohne schriftliche Erlaubnis keine
Waffen tragen. Teilweise war es ihnen verboten, Lesen und Schreiben zu
lernen. Ihre Zeugenaussage vor Gericht, in einem Prozeß, bei dem ein
Weißer betroffen war, zählte kaum. Sie durften nicht ohne eine schriftliche Erlaubnis, die sie mit sich zu führen hatten, die Plantagen verlassen. In manchen Städten war es ihnen verboten, sich nachts ohne eine
Laterne in den Straßen aufzuhalten. Für das Verbrechen, geraubt zu
haben, bekamen sie 60 Peitschenhiebe und wurden an den Pranger
gestellt, wo ihnen die Ohren abgeschnitten wurden. Für kleinere Vergehen, wie ›Unverschämtheit‹ oder ›Verbündung‹ mit Weißen oder freien
Schwarzen, wurden sie verprügelt, gepeitscht oder gebrandmarkt. Für
schwerere Vergehen wurden sie getötet, kastriert oder anderweitig ver-
stümmelt.[33]

Das spanische Rassen-Kasten-System, die genaue Differenzierung
nach Abstammung, wurde von den englischen Kolonisten übernommen. »Die Grundeinteilung lieferte die simple Fraktionierung – Halb-, Vier-
tel- und Achtelweiße (›mestizo‹/›mulatto‹, ›cuartareno‹, ›octareno‹) mit
allen nur möglichen Variationen.«[34] Da es in Nordamerika kaum zu
einer Vermischung Weißer mit der Urbevölkerung kam, bezog sich
›quateroon‹ und ›octoroon‹ nur auf das Verhältnis schwarz/weiß.[35] Diese
Differenzierung machte sich in dem Unterschied von Haus- und
FeldsklavInnen bemerkbar. Auf den Feldern arbeiteten zumeist die ›rei-
nen‹ Schwarzen, während ›Mischlinge‹, neben schwarzen Konkubinen
und Ammen, eher den Arbeiten im Herrenhaus zugewiesen wurden.
Ihnen wurde auch eher die Freiheit geschenkt, meist spätestens testa-

mentarisch nach dem Tod des Besitzers. SklavInnen konnten sich unter Umständen, d.h. wenn ihre Besitzer dies zuließen und den Preis aktzeptierten, auch freikaufen. Das Geld mußten sie sich mühsam zusammensparen aus Zuwendungen ihrer Besitzer[36] und Einnahmen aus dem Verkauf von Gütern, die sie nach ihrer täglichen SklavInnenarbeit produziert hatten. Diese ›Free Persons of Color‹ oder ›Free Africans‹, auch ›Freemen‹ genannt, etablierten eine bessergestellte Schicht zu den SklavInnen. Rechtlich wurden sie den Weißen selbstverständlich nicht gleichgestellt. Ihre Lage war eher durch Regelungen ähnlich der slave codes bestimmt. Je nach Region durften sie nicht wählen, vor Gericht nicht gegen Weiße aussagen, verfügten sie nicht über das freie Versammlungsrecht, durften sie ihren Aufenthaltsort nicht frei wählen, war es ihnen verboten, nach Einbruch der Dunkelheit aus dem Haus zu gehen und bestimmte Berufe zu ergreifen. Teilweise mußten sie binnen sechs Monaten nach ihrer Freilassung die jeweilige Kolonie verlassen. Oft bestand auch die Gefahr der Wiederversklavung. Andererseits besaßen einige der freien Schwarzen sogar Plantagen mit eigenen SklavInnen.[37]

Die Lage der SklavInnen war in verschiedenen Gebieten unterschiedlich. Susanne Everett spricht für die französischen Kolonien auf den Inseln in der Karibik von der Einführung des Côde Noir 1685, der den SklavInnen gewisse Mindestrechte garantierte, wie das Recht auf Heirat, Sonntagsruhe, Aburteilung einer Straftat durch ein Gericht, Verbot des getrennten Verkaufs von Mutter und Kind. Insgesamt spricht sie von einer Besserbehandlung der SklavInnen in katholischen Ländern als unter protestantischer Herrschaft. Volkhard Brandes und Joyce Burke bemerken zu den spanischen Kolonien, diese hätten nicht eine so brutale, institutionalisierte und legalisierte Sklaverei gekannt. »Der kubanische Sklavenkodex (»Código Negro«) vom 31.5.1789 regelte beispielsweise Mindestlebensbedingungen für die Sklaven, setzte eine Höchstarbeitsdauer und Ruhetage fest, bestimmte bei Ehen zwischen Sklaven, daß bei unterschiedlichen Besitzern einer der Sklaven vom Besitzer des anderen gekauft »erden mußte, stellte Regeln für körperliche Züchtigungen auf und errichtete eine Inspektion, um die Durchführungen dieser Bestimmungen zu kontrollieren.« Sie fügen aber sogleich an: »Dennoch war das Gesetz kaum mehr als ein Fetzen Papier.«[38] Laut Jürgen Heideking wurde auf den Zuckerinseln der Karibik, wie Barbados oder Jamaica eine »Vernichtung durch Arbeit«[39] praktiziert, die es nötig machte, die hohe Todesrate ständig durch Neuzufuhr von Menschen aus Afrika auszugleichen. In den malariaverseuchten Gebieten South Carolinas war die Lage beim Reis- und Indigoanbau ähnlich, die Lebenserwartung der Schwarzen entsprechend gering. Zu Beginn des 18. Jahrhunderts lebten dort mehr von ihnen als weiße Pflanzer und Farmer. Die Kontrolle auf den Plantagen hatten Verwalter und Aufseher inne, während die Besitzer und ihre Familien immer mehr in Städten wie Charleston oder Savannah wohnten und so zu absentee landowners wurden, ähnlich ihren spanischen oder in England verbliebenen Pendants. In der Chesapeake-Region muß die Situation besser gewesen sein, da die Anzahl der SklavInnen hier ab 1720 auf die sogenannte natürliche Weise zunahm. Für die Sklaverei in den New England-Staaten geht William Loren Katz soweit, sie als sehr mild zu beschreiben, da Schwarze ›gleichberechtigt‹ mit bei den Mahlzeiten saßen und an Festen teilnahmen. Sie wurden weniger in der Landwirtschaft eingesetzt, sondern als Hausgehilfen, Arbeiter und Handwerker. Ökonomisch wurde in der ersten Hälfte des 18. Jahrhunderts dort weniger an der Arbeit der SklavInnen denn am Handel mit ihnen verdient, kamen doch viele von ihnen in den Häfen von Boston, Salem, Providence und New London an.

Entsprechend unterschiedlich waren auch die konkreten Lebensformen. In den nördlichen Kolonien, in denen die Anzahl der Schwarzen gering war[40], vollzog sich relativ rasch eine Abkehr von den afrikanischen Wurzeln. Südlich von Pennsylvania entwickelten sich aufgrund des Zusammenlebens der SklavInnen in großen Gruppen auf den Reispflanzungen eigenständige Kommunikationsformen und Lebensweisen, die als Ansätze einer afrikanisch-amerikanischen Kultur angesehen werden können. In South Carolina und Georgia schufen Schwarze eine eigenständige Sprache namens Gullah. Wo Schwarze und Weiße in engerem Kontakt aufeinandertrafen, wie etwa auf den Tabakplantagen oder Familienfarmen in Virginia, Maryland und Delaware, verschmolzen Bräuche, Techniken, Denk- und Verhaltensweisen zu neuen Lebensformen.

In den verschiedenen Gebieten gab es unterschiedliche Präferenzen hinsichtlich des Herkunftgebiets der SklavInnen. Auf dem Charleston-Slave-Market wurden Schwarze aus Senegambia und Sierra Leone bevorzugt, während solche aus der Bucht von Biafra abgelehnt wurden, wie generell kleinwüchsige. In Virginia wurden ebenso Senegambier gewünscht und es bestand keine Ablehnung gegenüber jenen aus Biafra, so daß, wer in Charleston unverkäuflich war, in Richmond abgesetzt werden konnte. In Mobile in Georgia war kein Interesse an Schwarzen aus Senegambia und Sierra Leone. Überall waren bantusprechende Schwarze schlecht absetzbare Ware.

Die konkrete Ausformung der Sklaverei und das System als solches waren nicht unumstritten. Zum Beispiel vertrat die Society for the Propagation of the Gospel in Foreign Parts die Auffassung, auch Schwarze sollten die Bibel lesen können und somit Lesen und Schreiben lernen. In Charleston unterhielt die Gesellschaft eine Schule, in der sie SklavInnen als LehrerInnen beschäftigte. Unter den QuäkerInnen machten sich Stimmen gegen die Institution der Sklaverei breit und 1770 erklärten sie sie zu einer ungerechten Praxis und traten für ihr Verbot ein.

Selbstverständlich flohen SklavInnen. Florida unter spanischer Herrschaft war ein geeignetes Ziel für sie, da dort laut königlichem Erlaß von 1733 alle geflohenen SklavInnen als freie Menschen leben durften.

Die Sklaverei verlief nicht reibungslos. Sie brachte Aufstände hervor.[41] Die ersten im ›englischen‹ Amerika fanden erst im späten 17. Jahrhundert statt und waren hauptsächlich in Virginia verortet. Als einer der ersten Sklavenaufstände gilt die Erhebung 1663 in Gloucester County, Virginia. Wie die meisten späteren, wurde sie durch Verrat entdeckt und erstickt. Erst mit dem 18. Jahrhundert verbreiteten sich Aufstände in die anderen Gegenden, wurden ernster und erschienen häufiger.

3 Historie II
Revolution

Die britische Regierung begann die Sonderrechte der Kolonien zu beseitigen und sie (New Hampshire, Massachusetts, New York, New Jersey, Virginia, North Carolina, South Carolina, Georgia) bis 1763 zu königlichen Kolonien zu machen, in denen jeweils ein vom König ernannter Gouverneur mit seinen Beratern, Beamten und Richtern regierte. Die Kolonien waren damit einer strengeren Kontrolle durch den Board of Trade und dem Privy Council in London unterworfen. Gleichzeitig schufen die Kolonien nach dem Vorbild des englischen Parlaments ein legislatives Zweikammernsystem, das ein Gegengewicht zur königlichen Bürokratie bildete. Pennsylvania, Delaware und Maryland blieben Eigentümerkolonien, Rhode Island und Connecticut Charterkolonien, die sich selbst regierten.

Die Konflikte zwischen der Regierung in London und den Kolonien wurden spätestens 1763 deutlich. Die Königliche Proklamation vom 7. Oktober jenes Jahres legte den Hauptkamm der Appalachen als westliche Grenze weißer Besiedlung fest. Das Land zwischen Appalachen und Mississippi sollte den Natives vorbehalten bleiben, um so Konflikte mit ihnen zu vermeiden. Eine Ausweitung des Gebietes nach Westen hätte die Kontrollmöglichkeit Großbritanniens vermindert und damit ihre Herrschaft in den Kolonien. Weiterhin versuchte das Mutterland die Staatsschulden, die aufgrund des Krieges mit Frankreich entstanden waren, durch Zoll-, Fiskal-, Währungs- und Stempelsteuergesetze zum Teil auf die Kolonien abzuwälzen. Die früheren Rechte und Freiheiten der Kolonien bröckelten und das Gefühl, zumindest in wirtschaftlicher Hinsicht Bürger zweiter Klasse zu sein, breitete sich unter einem Teil der weißen Bevölkerung aus. Rasch formierte sich Protest unter der Parole ›No Taxation without Representation‹, da die Kolonien nicht im Parlament von Westminster vertreten waren. Nach einigem hin und her, bei dem London schon mal auf die Forderungen der Kolonien, die diese mit Boykottaktionen untermauerten, einging, spitzte sich die Lage 1767 mit der Erhebung von Einfuhrzöllen zu.

Der Brennpunkt des Geschehens verlagerte sich mehr und mehr nach Massachusetts, dessen Parlament 1768 nach einem besonders heftigen Einspruch gegen die »Verletzung der natürlichen und verfassungsmäßigen Rechte der Kolonisten«[1] durch London aufgelöst worden war.

Die in Boston stationierten britischen Soldaten gerieten immer wieder mit der Bevölkerung aneinander, was zur Verschärfung der Lage beitrug. Als das ›Massaker von Boston‹ gingen die Schüsse in die Geschichte ein, die eine Wache dieser Truppen am 5. März 1770 in eine Demonstration abfeuerte und fünf Menschen tötete.

Die britische Autorität war zerbrochen und ihre Macht stand auf tönernen Füßen. Der britische Zollschoner Gaspee war am 9. Juni 1772 bei der Verfolgung eines Schmugglerschiffs vor Providence auf Grund gelaufen. Im Schutze der Dunkelheit enterten einige Männer das Schiff, brachten die Besatzung an Land und legten Feuer. Obwohl jeder/jede wußte, wer die Schuldigen waren, verlief die offizielle Untersuchung der britischen Regierung im Sande.

Der Widerstand begann sich zu formieren und es gründeten sich sogenannte committees of correspondence, um Aktionen zu planen und zu koordinieren.

Das vielleicht bekannteste Ereignis der heraufziehenden us-amerikanischen Unabhängigkeit ist die Boston Tea Party. Die East Indian Company, neben der Bank of England die größte Finanzgesellschaft Großbritanniens zu jener Zeit, drohte, den Bankrott zu erklären. Um diesen abzuwenden, sollte die Gesellschaft Steuererleichterungen im Mutterland bekommen, wenn sie Tee in die Kolonien transportierte, wo ihr zudem das Verkaufsmonopol zugesprochen wurde. Dort wurde zum Boykott des Tees aufgerufen. Als drei Teeschiffe der East Indian Company im Hafen von Boston anlegten, wurde die Zollabgabe und die Entladung verweigert. In der Nacht des 16. Dezember 1773 enterten als Natives verkleidete Männer die Schiffe und warfen alle 342 Teekisten im Wert von 10.000 Pfund Sterling in das Hafenbecken.[2]

Die britische Regierung reagierte mit einem Bündel von Gesetzen und Verordnungen, die die Freiheiten der Kolonien weiter beschnitten und eine direktere Kontrolle durch die britische Regierung ermöglichen sollten. Daraufhin tagte im September/Oktober 1774 in Philadelphia der Erste Kontinentalkongreß unter Teilnahme von Delegierten aller Kolonien, bis auf Georgia.[3] Die britischen Zwangsgesetze wurden abgelehnt und Massachusetts sollte bis zu ihrer Zurücknahme keine Steuern abführen. Allgemein sollte die Einfuhr britischer Waren boykottiert werden. Die Bevölkerung aller Kolonien wurde aufgefordert, sich zu bewaffnen und Milizen zu bilden. Bis dahin war das Wort Unabhängigkeit nie öffentlich gefallen oder als politische Forderung aufgetaucht. Doch

Großbritannien war durch die Aufforderung zur Bewaffnung militärisch herausgefordert und reagierte entsprechend, indem es seine Truppen verstärkte und erfahrene Generäle dorthin versetzte.

Ein eher unbedeutendes Scharmützel – eine 700 Mann starke britische Einheit wurde bei Lexington, Massachusetts, in der Nähe von Boston am 19. April 1775 in die Flucht geschlagen – war der Auftakt des Krieges, den der im Mai tagende Zweite Kontinentalkongreß quasi durch die Ausrufung des Verteidigungszustands und die Übertragung des Oberkommandos über die aufgestellte Armee, den ›Truppen der Vereinigten Provinzen von Nordamerika‹, auf George Washington beschloß.

Der nun beginnende fast achtjährige Krieg war ein ungleicher. Die Kolonien wurden zwar durch eine Reihe europäischer Freiwilliger unterstützt, bestanden aber ansonsten zumeist aus Farmern ohne militärische Erfahrungen. Selbst die meisten Offiziere, die bis zum Rang eines Hauptmanns demokratisch gewählt wurden, verfügten nicht darüber. Die Ausrüstung war schlecht, obgleich aus Frankreich[4], den Niederlanden und einer Reihe anderer Länder militärische Ausrüstung und Waffen geschickt wurden. Die schlechte Ausrüstung und schlechter Sold verursachten wiederholt Meutereien. Die Desertationsrate war zeitweilig so hoch, daß Washington stöhnte, er müsse die eine Hälfte ausschicken, um die zweite Hälfte wieder einzufangen. Auf der anderen Seite stand die führende Militärmacht der Welt, verstärkt um 30.000 Soldaten, die Großbritannien von deutschen Fürsten in Sold genommen hatte. Die strategische Lage war eine andere. Die Kolonisten kämpften in der ihnen vertrauten Umgebung. Die Briten hingegen mußten ihre Ausrüstung über den Atlantik schaffen und sahen sich damit konfrontiert, ein riesiges Gebiet militärisch erobern und sichern zu müssen. Sie versuchten nacheinander drei unterschiedliche strategische Konzepte. Zuerst trachteten sie ab Sommer 1776 danach, New England vom Rest zu isolieren. Dabei vernichteten sie bei den Kämpfen auf Long Island und Manhattan fast die gegnerische Armee, die auf 3.000 Mann zusammenschmolz. Während des britischen Vormarschs auf Philadelphia gelang der Unabhängigkeitsarmee unter Führung von Washington jedoch kleine Teilerfolge bei Trenton und Princeton in New Jersey. Aus Angst vor Aufständen seitens bewaffneter Schwarzer war es verpönt gewesen, sie zu Soldaten zu machen. Um aber das Heer zu reorganisieren und die nötigen Soldaten zusammenzubekommen, wurden ab 1776 freie Schwarze und dann auch Sklaven rekrutiert, mit dem Versprechen, ihnen für ihren Militärdienst die Freiheit zu gewähren.[5] Manchen Sklavenbesitzern, die eigentlich eingezogen werden sollten, wurde es gestattet, ihr Eigentum an ihrer Stelle in den Kampf zu schicken. Insgesamt kämpften ungefähr 5.000 Schwarze[6] auf amerikanischer Seite, hauptsächlich aus dem Norden, teils in eigenen Verbänden unter dem Befehl weißer Offiziere, teils in gemischten Verbänden.[7] Dabei handelte es sich auch um eine Antwort an die Briten, die erfolgreich die Strategie verfolgten, Sklaven zur Flucht und zum bewaffneten Widerstand gegen ihre Herren zu bewegen. Das zweite Konzept der Briten sah vor, die Kolonien durch einen Zangengriff von der Chesapeake-Bucht und von Canada aus zu teilen. Die Briten konnten zwar im August 1777 Philadelphia erobern, wurden dann aber selbst bei Saratoga geschlagen und 6.000 Mann gerieten in Gefangenschaft. Frankreich trat im Juni 1778 auf Seiten der Kolonien in den Krieg ein, ein Jahr darauf folgten Spanien und die Niederlande. Die Briten gaben im Sommer 1778 Philadelphia auf und konzentrierten sich in ihrem dritten Konzept auf den Süden, wo sie glaubten, die schwächeren und durch die Sklaverei verwundbareren Staaten aus dem Verbund herausbrechen zu können. Sie konzentrierten sich in Virginia, wo sie den Ort Yorktown befestigten. Dort wurden sie von den Truppen der Kolonien, französischer Armee und Marine eingeschlossen und mußten am 19. Oktober 1781 mit den verbliebenen 10.000 Soldaten kapitulieren.

Die Amerikaner hatten in diesem Krieg oft die offene Konfrontation vermieden, waren Entscheidungsschlachten ausgewichen und praktizierten, vor allem in dem dünn besiedelten und schwer zugänglichen Hinterland des Südens, eine Kriegsführung, die später als Guerillakrieg bezeichnet werden sollte. Zudem hatten die Briten auf die Unterstützung von SklavInnen, Natives und ihnen loyal gestimmten BürgerInnen[8] gehofft. Im Süden liefen tausende von Schwarzen zu den Briten über[9], zwischen 15.000 und 20.000 folgten ihnen nach Kriegsende. Die jungen USA forderten sie zurück, aber sowohl England als auch Frankreich lehnten dies ab. Sie wurden zum Teil nach Florida oder Jamaica gebracht, wo allerdings die Gefahr bestand, daß sie wieder versklavt wurden. Oder sie gelangten nach Neuschottland. Von dort wurden 1.100 von ihnen auf eigenen Wunsch nach Afrika in das Gebiet des heutigen Sierra Leone transportiert, wo sie die Stadt Freetown gründeten. Bei der ihnen loyal gestimmten Bevölkerung waren die Briten nicht so erfolgreich. Viele flohen nach Canada oder auf die westindischen Inseln, was ihre Enteignung seitens der aufständischen Kolonisten zur Folge hatte. Andere Loyalisten wurden verfemt und angegriffen. Schwankende zwischen Loyalität und Aufstand wurden auf die amerikanische Seite gezogen, so daß immer mehr von einer breiten Volksbewegung gegen die Briten gesprochen werden konnte.

Am 2. Juli 1776 hatte der Kontinentalkongreß formell die Unabhängigkeit[10] beschlossen und am 4. die Erklärung, die maßgeblich unter der Federführung von Thomas Jefferson zustandekam, gebilligt und unterzeichnet. »Jeffersons Text, den der Kongreß nur in wenigen Punkten änderte – eine der Streichungen betraf seine Kritik an der Sklaverei – verband das Gedankengut der Aufklärung mit angelsächsischen Rechtstraditionen und den Prinzipien der Country-Ideologie.[11] Die Präambel leitete das Recht auf Loslösung vom Mutterland aus dem Naturrecht ab und betonte, daß es der Respekt vor der öffentlichen Meinung der Welt verlange, einen solch schwerwiegenden Schritt ausführlich zu begründen. Der erste Teil, der langfristig die stärkste Wirkung entfaltete, enthielt die politische Philosophie der amerikanischen Revolution. Den Ausgangspunkt bildete das Naturrecht als objektiver Maßstab, an dem alles von Menschen gesetzte Recht zu messen ist. Das Gleichheitspostulat (›all men are created equal‹) besagt, daß alle Menschen insofern gleich sind, als sie natürliche, unveräußerliche Rechte besitzen; die wichtigsten dieser ›selbstverständlichen‹ Rechte sind Leben, Freiheit und das Streben nach Glück (›pursuit of happiness‹, das im Sinne der schottischen Moralphilosophie an die Stelle von John Lockes Recht auf Eigentum trat). Aufgabe der Regierung ist es, diese Rechte zu schützen und den Bürgern Sicherheit und Glücksstreben zu ermöglichen. Regierung (government) beruht auf der Zustimmung (consent) der Regierten, und sie kann beseitigt und durch eine neue Regierung ersetzt werden, wenn sie ihren Aufgaben nicht gerecht wird. Als zweiter Teil folgte dann ein langes, nicht in allen Einzelheiten korrektes Register der Amtsverstöße Georgs III., das den König eines Bruchs des Herrschaftsvertrags überführen sollte. Der Schlußabschnitt besiegelte unter feierlicher Ausrufung der göttlichen Vorsehung (Devine Providence) die Loslösung von Großbritannien und die Souveränität der amerikanischen Staaten.«[12] Die Passage, die auf Drängen der Vertreter Georgias und der beiden Carolinas gestrichen wurde und sich auf den König von England bezieht, ihm quasi die Sklaverei anlastend, lautete: »Er hat einen grausamen Krieg gegen die menschliche Natur selbst geführt, hat die heiligsten Rechte des Lebens und der Freiheit in der Person eines fernen Volkes verletzt, das ihn nie gekränkt hat, indem er die Menschen dort gefangennahm und als Sklaven in eine andere Hemisphäre brachte oder sie auf dem Transport dorthin einem elenden Tod auslieferte.«[13] Dafür handelte Jefferson die Formulierung »pursuit of happiness« als »unalianable right« jedes Menschen ein, anstatt der von den Vertretern der Sklavenhalterkolonien gewünschten »pursuit of property«.

Am 3. September 1783 erkannte Großbritannien, dessen Truppen inzwischen kapitulieren mußten, mit dem Frieden von Paris die amerikanische Unabhängigkeit völkerrechtlich an. Das Staatsgebiet wurde bis zum Mississippi erweitert, Canada blieb bei Großbritannien, Florida mußte an Spanien zurückgegeben werden.

Eine Nation war geboren. Eine Nation voller Widersprüche.

Der Widerspruch zwischen dem in den meisten der in den Einzelstaaten entstandenen Verfassungen[14] verankerten Gleichheitspostulat aller Menschen und der Fortdauer der Sklaverei führte zu manchen Konsequenzen. Manche religiöse Richtungen, wie die Quäker, Teile der Baptisten und Methodisten rangen sich zu einer sklavereifeindlichen Haltung durch, da sie diese für unvereinbar mit dem christlichen Gebot der Nächstenliebe hielten. Sie nahmen keine SklavInnenbesitzer in ihren Gemeinschaften auf. Nach der Unabhängigkeitserklärung entstanden in den meisten Staaten nördlich der Chesapeake Bay Antisklaverei-Gesellschaften[15], die noch während des Krieges Kontakte zur beginnenden Abolitionismus-Bewegung in England aufnahmen. 1792 gab es in jedem Staat zwischen Massachusetts und Virginia Antislavery Societies. Unter den Schwarzen gingen besonders von den Freien und den HaussklavInnen Impulse für den Abolitionismus aus. Massachusetts und Vermont[16] hoben die Sklaverei auf.[17] In den meisten anderen Staaten nördlich der Mason and Dixon Line[18] wurde die graduelle Sklavenbefreiung beschlossen, die besagte, daß alle nach einem bestimmten Datum geborenen Kinder von Sklavinnen ab einem gewissen Lebensjahr[19], bis zu dem sie ihren Besitzern unentgeltlich zu dienen hatten, ihre Freiheit erhielten. Das führte zum langsamen Absterben der Sklaverei in diesen Gebieten.[20] In Maryland, Delaware und Virginia, wo die Mehrzahl der Schwarzen lebte, wurde die Sklaverei beibehalten. Allerdings, aufgrund der Kritik an dieser Institution und aus ökonomischen Überlegungen[21], wurde die Freilassung von SklavInnen erleichtert, was zu einem raschen Anwachsen der Bevölkerungsgruppe freier Schwarzer führte. Zum Beispiel lebten 1782 in Virginia 1.800 freie Schwarze, 1810 waren es 30.000. Weiter südlich war an so etwas nicht zu denken und die Plantagenbesitzer nahmen direkt nach dem Krieg die SklavInneneinfuhr wieder auf, um ihre Verluste, die ihnen aufgrund von Flucht und Tod entstanden waren, auszugleichen.

4 Theorie I
Die Entstehung des Individuums – Ordnungsschemata der Moderne

a) *Die Entstehung der Rasse, des Geschlechts und der Sexualorientierung*

Etwa um diese Zeit, im Übergang vom 17. zum 18. Jahrhundert, entstand die moderne Rasse. Zwar hatte es das Wort schon zuvor gegeben, es hatte aber etwas anderes bezeichnet. Angelika Magiros beschreibt die vorherige Bedeutung und Verwendung als eine Art Klassenkampfbegriff. Sie entleiht das von Michel Foucault: »In diesem Diskurs, in dem es um den Krieg der Rassen geht und in dem der Ausdruck ›Rasse‹ bald auftaucht, ist das Wort ›Rasse‹ nicht auf eine biologische Bedeutung fixiert. Es ist aber auch nicht völlig unbestimmt; es bezeichnet letztlich eine gewisse historisch-politische Spaltung, insofern er von zwei Rassen redet, von zwei Gruppen, die nicht dieselbe örtliche Herkunft haben, die ursprünglich nicht dieselbe Sprache und häufig auch nicht dieselbe Religion haben und die eine politische Einheit nur um den Preis des Krieges, der Invasion, der Eroberung, der Schlachten, der Siege und Niederlagen, der Gewalt gebildet haben. Also ein Band, das nur durch Gewalt und Krieg geflochten worden ist. Man spricht also von zwei Rassen, wenn es zwei Gruppen gibt, die sich trotz ihres Zusammenlebens nicht vermischt haben: aufgrund von Differenzen, von Asymmetrien, von Barrieren, die auf Privilegien, auf Sitten und Rechte, auf die Verteilung der Vermögen und auf die Weise der Machtausübung zurückzuführen sind.«[1]

Das Wort Rasse wurde jetzt mit einer biologisch/medizinischen Bedeutung belegt. Als der erste, der Rassen anhand naturwissenschaftlich gedachter Kategorien festmacht, gilt der Arzt und Reisende Francois Bernier (1620-1688) mit seinem Werk *Nouvelle Division de la Terre par les différentes éspèces ou races d'homme qui l'habitent* (1684, *Neue Einteilung der Erden nach verschiedenen Arten oder Rassen des Menschen, die die Erde bewohnen*).[2]

Das ›Grosse Universal Lexikon‹ von 1975 belehrt uns: »Rasse, [...] Die Systematik der Rassen innerhalb der Menschheit wird im wesentlichen auf körperlichen Merkmalen aufgebaut. Die psychologische Rassenkunde *(Rassenpsychologie)* steckt noch in den Anfängen. [...]«[3] In ›Meyers großem Taschenlexikon‹ von 1981 wird erklärt: »Menschenras-

sen, geographisch lokalisierbare Formengruppe der Art Homo sapiens, die sich durch erbbedingte, charakteristische Merkmale (mehr oder weniger) deutlich voneinander unterscheiden lassen. – Die auffälligsten Unterscheidungsmerkmale sind neben der Haut-, Haar- und Augenfarbe bestimmte Körper-, Kopf- und Gesichtsformen. Daneben bestehen auch gewisse physiologische und psychologische Unterschiede. Sie betreffen u.a. die Wärmeregulation, den Hormonhaushalt, die Empfindungsfähigkeit und das Verhalten. [...]«[4]
Körperliche Unterscheidungsmerkmale, ob oberflächlich sichtbar oder erst durch komplizierte wissenschaftliche Methoden erkennbar, werden also zur Klassifizierung der Menschen eingesetzt.

Etwa um die gleiche Zeit, Anfang des 18. Jahrhunderts, entstand das moderne, eindeutige Geschlecht. Fast zwei Jahrtausende lang galten Frauen und Männer als im gleichen Raum angesiedelt. Sie verfügten beide über die gleichen Genitalien, nur beim Mann waren sie außerhalb des Körpers, bei der Frau innerhalb.[5] Die Frau galt als minderwertige Form des Mannes. Aber es gab die Möglichkeit, da beide nur verschiedene Pole auf einer Skala waren, kontinuierlich auf dieser Skala hin und her zu rutschen und zwischen Mann und Frau zu wechseln.[6] Jetzt vollzog sich ein Umbruch dieser Denkweise. Frauen wurden nun als fundamental unterschiedlich zum Mann gesehen. Das hatte allerdings keine gesellschaftliche, soziale oder rechtliche Gleichstellung dieser ›Andersartigen‹ zur Folge, sondern es blieb bei der hierarchischen Ordnung. Als Bindeglied, damit diese so verschiedenen Menschen überhaupt eine enge Beziehung eingehen können, wurde diese mit Liebe und Sexualität verknüpft. Gab es zuvor in dem graduell gedachten Raum, in dem Männer und Frauen verortet wurden, Platz für nicht eindeutig zuortenbare Menschen, war dieser Freiraum in der ›binären Ordnung des Entweder-Oder nicht mehr vorhanden. Die ›Wahrheit‹ des Geschlechtsunterschieds wurde immer tiefer im Körper gesucht. Zu Beginn des 18. Jahrhunderts mußte durch oberflächliche Beschau ein ›Physicus‹, ein Heiler, das Geschlecht bestätigen. Unterscheidungsmerkmale waren und sind Busen, Vagina, Penis, als weiter in den Körper vorgedrungen wurde auch Gebärmutter und Eierstöcke. Zu diesem ›morphologischen Geschlecht‹ gesellte sich Anfang des 20. Jahrhunderts das ›hormonelle Geschlecht‹, die Unterscheidung aufgrund unterschiedlicher Konzentrationen unterschiedlicher Hormone, die als männlich oder weiblich definiert wurden. Seit den 50er Jahren des 20. Jahrhunderts, mit der Definition des menschlichen Chromosomensatzes, gilt ein Individuum mit zwei X-Chromosomen als Frau, mit XY-Chromosomen als Mann.[7]

Dieses Schema wurde überlagert, bzw. besser gesagt unterlagert von einem anderen, später entstandenen, von der Binärität homosexuell – heterosexuell.[8] Katalogisiert wurde demnach, mit welchem ›Geschlecht‹, dem ›eigenen‹ oder dem ›anderen‹, der ›Geschlechtsakt vollzogen‹ wurde. War im späten 18. und im 19. Jahrhundert in den USA die sogenannte Bostoner Ehe, das Zusammenleben zweier Frauen und auch ansonsten die Liebe und Freundschaft zweier Frauen akzeptierter Bestandteil des gesellschaftlichen Lebens, so galt dann ab etwa 1880 die heterosexuelle Beziehung als normal, ›gleichgeschlechtliche Liebe‹ als pathologisch. »Hegemoniale Heterosexualität ist ein System, das Körper und Lüste – und Menschen – als Gegensätze, die sich miteinander verbinden müssen, um vollkommen zu werden, ordnet.«[9] Danach ergänzen sich die beiden Geschlechter in ihrer polaren Opposition. Die Sexualität sorgt für eine (kurzfristige) Symbiose. Eine Begründung erfährt dieser Gedankengang durch die Reproduktion: Nur durch die Penetration der Frau durch den Mann entstehen Kinder. Das Schema heterosexuell/ homosexuell ist also eng mit dem Schema Mann/Frau und der Sexualität und der Reproduktion verknüpft.[10]

b) *Ordnungsschemata*

Michel Foucault sieht diese neue Betrachtungsweise in Zusammenhang mit dem Aufkommen der modernen Wissenschaften und dem daraus ›entstehenden Menschen‹, was sich in der Wende vom 18. zum 19. Jahrhundert vollzieht.[11] Zuvor war die Wissenschaft der Natur ›oberflächlich‹ gewesen, sie hatte ihren Untersuchungsgegenstand in einzelne Elemente zerlegt und diese nach Form, Anzahl, Anordnung und Größe klassifiziert. So konnte eine Ordnung der Naturwesen erstellt werden, ein Tableau, auf dem jeder Gegenstand seinen Platz im Verhältnis zu den anderen hatte, je nachdem, ob er mehr oder weniger Elemente gleich oder unterschiedlich hatte. In dieser ›Ordnung der Dinge‹ gab es keinen Bruch zwischen Belebtem und Unbelebtem, »da das Leben eben nur ein Merkmal zur Klassifizierung war. Einige Wesen wiesen dieses Merkmal auf, andere nicht – entsprechend weit rückten sie auf dem

Tableau auseinander.«[12] Die neue Wissenschaft dringt in die Tiefe, sie seziert, sie sucht nach dem inneren Aufbau und dessen Organisation, nach der Funktionsweise. Das Lebendige als Forschungsfeld trennt sich vom Unlebendigen, die Disziplin Biologie entsteht. War das Leben zuvor ein Klassifizierungsmerkmal der Lebewesen unter mehreren Merkmalen gewesen, dreht es sich nun, und die Lebewesen werden zu Merkmalen des Lebens. Sie sind flüchtige Merkmale, denn sie werden permanent von der Kehrseite des Lebens bedroht, dem Tod.[13]

Durch die neue Wissenschaft verändert sich ›der Mensch‹. Er wird zum Objekt einer rationalen Erfassung, die nicht nach seinen äußeren Merkmalen fragt, sondern nach seinem Wesen als Lebendes. Woher?, Wie?, Warum? sind die neuen Fragen an ihn.[14] Zudem wird der Mensch erkennendes Subjekt. Konnte er zuvor nur die von Gott gegebene Ordnung der Dinge erkennen, nicht aber sie erklären, stellt sich ihm diese Frage nun, deren Antwort er in der Tiefe seines eigenen Körpers sucht. Dabei kommt ihm seine eigene Endlichkeit in neuer Form zu Bewußtsein. War auch sie zuvor nur in Abhängigkeit zu Gott zu denken – der Mensch starb, weil er nicht so war wie Gott – findet er den Tod nun in seinem Körper. »Der moderne Biologe sucht die Wahrheit des menschlichen Körpers nicht mehr mit der Frage, in welchem Grade die Merkmale des Menschen die Merkmale anderer Wesen repräsentieren, sondern mit der Frage: Wie und warum funktioniert er? [...] Die Funktionsweise des Körpers verrät ihm jedoch, daß die Endlichkeit ›in ihm steckt‹: *Weil* die Organe funktionieren, nutzen sie sich ab und lassen den Menschen schließlich sterben. Form und Funktion der Organe sind auf eine Anpassung an das den Körper umgebende Milieu zurückzuführen; sie sind das Produkt einer Evolution, die nicht die Geschichte des einzelnen Lebewesens ist, sondern die der Bewegung des Lebens im Ganzen. Auf diese Weise konstituiert sich ein deprimierendes Bild vom Menschen; sein Leben ist vollständig determiniert von einer Geschichte des Lebens: ›In Beziehung zum Leben sind die Wesen nur transitorische Gestalten, und das Sein, das sie während der Periode ihrer Existenz aufrechterhalten, ist nichts mehr als ihre Vermessenheit und ihr Wunsch, zu bestehen.‹ – und der erste Tag des Lebens ist schon der erste Tag des herannahenden Todes.«[15] Nicht nur der Körper des Menschen ist endlich, sondern durch diese Endlichkeit offenbart sich auch die Endlichkeit seiner Erkenntnismöglichkeiten, er kann nicht über den Tod hinaus.[16]

Der Mensch als Quelle aller Erfahrungen und allen Wissens, der Erkenntnisse ansammeln und ihnen Bedeutung verleihen kann, ist die eine Seite dieser neuen ›Schöpfung‹. »Unterworfener Souverän, betrachteter Betrachter«.[17] Auf der anderen Seite ist der Mensch vergängliches Wesen, sterblich, und stößt immer wieder auf die Grenzen seiner Erkenntnismöglichkeiten.[18]

Aber der Mensch gibt sich der Hoffnung hin, diese seine Endlichkeit doch irgendwann vollständig erkennen zu können und sie damit zu beherrschen. Diese Hoffnung entnimmt er der Tatsache, daß Subjekt, Objekt und Endlichkeit in einem Raum angesiedelt sind, nämlich in ihm selbst, in seiner Existenzform Mensch. Somit ist die Endlichkeit vom Menschen nicht mehr radikal abgetrennt, wie noch in der göttlichen Vorstellung, sondern sie ist in ihm als Grenze, aber auch als Grundlage. Die Endlichkeit ist somit nicht das Gegenteil der Erkenntnis, sondern ›nur‹ deren Schattenseite. Sie ist nichts radikal Anderes, sondern etwas zu integrierendes Gleiches. Damit scheint sie erreichbar und verstehbar, zumindest als Fluchtpunkt. Dadurch wäre sie beherrschbar.[19]

»Der moderne Mensch versucht also ständig, die Quelle seiner Endlichkeit, seiner Determination und seines Unvermögens zu der Quelle seiner Souveränität umzufunktionieren – und dies mit viel Ungeduld und Pathos, weil in diesem Spiel sein Status als autonomes Subjekt der Einsatz ist. Er meint, dann ein ›Mensch‹ zu sein, seine Wahrheit gefunden zu haben, wenn alle diese doppeldeutigen empirischen ›An sichs‹ zu voll durchschauten, beherrschten ›Für sichs‹ geworden sind [...]. Für das moderne Denken gibt es kein radikal Anderes, das nicht zu integrieren wäre, sondern nur Gleiches, das aber immer noch integriert werden muß, um wirklich gleich zu sein.«[20]

Es gibt damit kein Anderes mehr, alles ist gleich. Aber es ist eben doch nicht alles ganz gleich, manches weicht ab, ist pathologisch. Anderes wird dem Gleichen also dadurch einverleibt, daß es zu einer Abart des Gleichen deklariert wird.[21]

Die Kategorien Rasse, Geschlecht und Sexualorientierung konstituieren und konstruieren damit für jeden Menschen die Matrix einer Identität. Welche Hautfarbe jemand hat, ob die ›primären Geschlechtsorgane‹ außerhalb oder innerhalb des Körpers liegen, mit wem der ›Geschlechtsakt‹ ausgeführt wird[22], machen einen Menschen zu einer ganz bestimmten Art von Person.

Sabine Hark weist auf die Genese des Begriffs Identität im Kontext der Aufklärung hin: »Der Begriff der Identität, [...] der zuvor lediglich als mathematischer bzw. logischer Begriff Verwendung gefunden hatte, wurde gerade deshalb zum wirkungsvollen Mittel, um die Ähnlichkeit und Einheit der zuvor etablierten Descarteschen Differenz zwischen Körper und Geist denken zu können, weil er die idealisierenden Effekte dieser frühen philosophischen und mathematischen Kontexte mobilisieren konnte. Diese Idealisierung wirkte simultan in zwei Richtungen: Während Geist zum Zeichen transzendentaler, selbstreflexiver Vernunft wurde, diente der Körper dazu, die essentielle und autonome Einheit des denkenden Wesens zu garantieren und zu naturalisieren. So gründete etwa John Locke Identität – als die dauerhafte Qualität einer Person – auf die dauerhafte, unveränderliche Identität des Körpers. [...] Wie Lockes Definition nahelegt, weckt der Begriff der ›Identität‹ die Vorstellung *überzeitlicher* Gleichheit menschlicher Differenzierungen gerade dadurch, daß Prozesse der (Selbst-)Transformation *in der Zeit* durch die Vorstellung eines unveränderbaren und höchst idealisierten, immer gleichen Körpers negiert werden.«[23]

Aber Identität wird nicht nur von außen zugewiesen, sie muß zumeist selbst gefunden werden. Die Menschen müssen in der Matrix permanent nach ihrer Lokalisierung suchen, müssen herausfinden, wer sie sind.

Das versuchen sie interessanterweise in ihrem Körper, der doch so radikal von ihren Geist getrennt zu sein und nur als Träger zu fungieren scheint.[24]

Foucault hat anhand der Sexualität gezeigt, wie die Menschen in einen Prozeß hineingezogen werden, in dem sie sich permanent die Frage nach ihrer Sexualität stellen müssen. »Jeder Mensch soll nämlich durch den vom Sexualitätsdispositiv fixierten imaginären Punkt Zugang zu seiner Selbsterkennung haben (weil er zugleich das verborgene Element und das sinnproduzierende Prinzip ist), zur Totalität seines Körpers (weil er ein wirklicher und bedrohter Teil davon ist und überdies sein Ganzes symbolisch darstellt), zu seiner Identität (weil er an die Kraft eines Triebes die Einzigartigkeit einer Geschichte knüpft).«[25] Die Frage nach dem Sex und dem Körper konstituiert einen Menschen und läßt diesen Menschen mit der Beantwortung sich so selbst konstituieren. Foucault hat diesen letzteren Prozeß mit einem treffenden Wort beschrieben: »Im Abendland ist der Mensch ein Geständnistier geworden.«[26] Erst wenn der Mensch sich verorten kann, wird er zum Subjekt. Permanent muß Zeugnis vor sich selbst über die Identität abgelegt werden. Nicht nur die Sexualität und damit die sexuelle Orientierung werden zu Wissensobjekten, sondern auch die anderen Attribute des Körpers wie Geschlecht und Rasse. Wiederum läßt sich das mit einer bündigen Formel Foucaults beschreiben: »Der Wille zum Wissen«.[27]

Die Menschen müssen ihren Körper verorten in einem dreidimensionalen Koordinatensystem mit den Achsen sexuelle Orientierung, Geschlecht und Rasse.[28] Dabei handelt es sich nicht um eins mit Intervall- oder Ratioskalen, sondern mit Nominalskalen. Eine Person kann nur Frau oder Mann, hetero- oder homosexuell sein. Die Person wird auf diesen beiden Achsen binär kodiert. Auf der Achse Rasse gibt es mehrere Wahlmöglichkeiten, je nach System. Ein gängiges mit vier Rassen wäre eines, welches anhand der Hautfarben kategorisiert: rot, gelb, schwarz und weiß.[29] Heute wird diese Einteilung die US-Gesellschaft betreffend mit Natives, AsiatInnen und BewohnerInnen der Pazifikinseln, African-Americans (oder auch immer noch Schwarze) und Weiße benannt.[30] Auch hier wird die Person auf einen Punkt festgelegt, gehört einer und nur einer Kategorie an. Es gibt nicht, z.B. je nach hellerer oder dunklerer Hauttönung, also nach der kontinuierlichen Varietät, Menschen, die mehr oder weniger schwarz, mehr oder weniger weiß sind. Sie sind schwarz *oder* weiß oder gehören einer anderen Kategorie an. Und dazu wird nicht einfach ›in der Mitte‹ getrennt, also bis mittelbraun weiß, ab dann schwarz, sondern wer nicht weiß ist, ist schwarz. In den USA zählen alle, die einen einzigen weit entfernten schwarzen Vorfahren haben nach dem Grundsatz des einzigen Tropfens Blut, der ›onedrop-rule‹, als Schwarze.[31] Die Achse Rasse hat im ›positiven‹ Achsenabschnitt den Verortungspunkt Weiße, im ›negativen‹ nebeneinanderliegend die anderen.

Die Subjekte können sich nicht, wie schon gesagt, auf den Achsen kontinuierlich hin und her bewegen. Sie sind gefangen in einem Punkt.[32]

5 Theorie II
Geschichtsmächtigkeit der Ordnungsschemata

Wie kann die Aufteilung der Bevölkerung in Rassen und ihre Hierarchisierung erklärt werden? Von Anti-Rassismus[1]-TheoretikerInnen liegt eine Flut von nicht mehr zu überblickender Literatur vor. Die Ansätze lassen sich grob in historische, sozioökonomische, soziobiologische, kulturtheoretische, (gruppen-)soziologische, sozialpsychologische und ideologietheoretische einteilen. Die letzten beiden sind die zur Zeit favorisiertesten und am meisten diskutierten.[2] Sozialpsychologische Erklärungsansätze fragen nach der Entstehung von Vorurteilen beim einzelnen Individuum wie bei Gruppen. Die Vorurteile werden als psychische Konflikte, als Problem sozialer Wahrnehmung, als Resultate von Konkurrenz- und/oder Konfliktsituationen gedeutet. Ideologietheoretische Erklärungsansätze fragen nach Entstehung, Funktion, Vermittlung und Rezeption rassistischer Ideologien. In den letzten Jahren ist vermehrt der Zusammenhang verschiedener Unterdrückungsarten in den Brennpunkt gerückt. Gefragt wurde, wie vor allem Rassismus, Sexismus und Klassenspaltung ineinanderspielen. In neuerer Zeit wird viel die Repräsentation thematisiert, womit in diesem Zusammenhang die mediale Darstellung rassismusbetroffener Gruppen in das Blickfeld gerät.[3]

Von GegnerInnen des Rassismus wird vielfach, wenn nicht heutzutage sogar zumeist, die Existenz von Rassen geleugnet. Teilweise werden sie schlicht als Ideologie im Sinne von falschem Bewußtsein bezeichnet und damit abgetan.[4] Andere halten sie für Konstrukte, die zwar, vor allem im Alltagsbewußtsein, wirken, sich wissenschaftlich aber als nicht logisch und damit sinnlos herausgestellt hätten. Argumentiert wird dabei wie folgt: Es »stellt sich die Frage, ob es überhaupt sinnvolle Unterscheidungskriterien zur Einteilung der Menschen in verschiedene ›Rassen‹ gibt? Nicht nur die einzelnen Merkmale lassen sich offensichtlich nicht objektivieren, auch ihre Kombination macht die Unsinnigkeit einer biologischen Klassifikation deutlich. Poliakov errechnet bei der Kombination von nur 20 erblichen Merkmalen, deren reale Anzahl weitaus höher ist, die Möglichkeit von über einer Million ›Rassen‹ [...]. Schon hier läßt sich der Schluß ziehen, daß ein biologischer ›Rassebegriff‹ nicht verifizierbar ist.«[5]

Dem ist zu entgegnen: Wenn ›jemand‹ ›etwas‹ ›(er)findet‹, ist ›es‹ ›da‹.

Wäre es vorstellbar, daß der Sänger Michael Jackson nicht mehr als Schwarzer identifiziert würde? So sehr er sich auch bemüht ›weiß‹ zu werden, durch all die medizinischen Verfahren wie Bleichen der Haut und Schmälern der Nase, wird er dennoch nicht sein ›Schwarzsein‹ los. Und gerade dieses Loswerdenwollen ist ein Indiz für die Mächtigkeit der Einteilung in schwarz und weiß.

Das heißt, wenn körperliche Unterscheidungsmerkmale, seien es zunächst einmal, weil noch nicht ›weit‹ genug in den Körper vorgedrungen werden konnte, äußere wie Hautfarbe, Geschlechtsmerkmale etc. oder heutzutage innere wie die Gene, in eine wie auch immer geartete Ordnung gebracht und Menschengruppen anhand dessen zugeordnet werden, dann ist diese Ordnung von da ab existent.[6] Und Menschen denken in ihr.

Dabei ist es nicht entscheidend, ob sämtliche Merkmale ›gefunden‹ werden, oder sich auf eine Auswahl beschränkt wird. Wissenschaft trifft oft genug nur eine Auswahl, darin besteht eine ihrer Methoden.

Mit Foucault ist anzumerken, daß Wissenschaft nicht wahr, nicht logisch sein muß, so als ob sie eine schon immer vorhandene Wahrheit entdecke und erkenne, sondern Wissen produziert Wahrheit.[7]

Niklas Luhmann könnte ähnlich interpretiert werden: »Unterscheidungen werden arbiträr getroffen. [...] Sie ergeben sich nicht aus der Sache selbst, im Falle von Männern und Frauen zum Beispiel nicht aus einem anthropologischen Grundtatbestand. Sie sind Konstruktionen einer Realität, die auch auf ganz andere Weise im Ausgang von ganz anderen Unterscheidungen konstruiert werden könnte.«[8]

Eine Vorform dieser Unterscheidungstreffung findet sich schon bei Christoph Kolumbus' Benennungswut, wie Tzvetan Todorov sie nennt. Anhand seines Bordbuches wird deutlich, daß die Inbesitznahme der ›neuen Welt‹ eng verknüpft war mit der Macht, Inseln, Flüssen, Orten, die ja alle schon Namen ›besaßen‹, neue, ›richtige‹ zu geben. Sein Eifer ging so weit, daß niemand außer ihm Namen geben durfte und daß er an manchen Tagen demselben Ort nacheinander zwei verschiedene Namen gab.[9] Andere eiferten ihm nach: »[...] die ›Entdecker‹ des 16. und 17. Jahrhunderts schreiben die ›neue Welt‹ gewissermaßen als Landkarte: Eine *Terra Incognita* [...] wird getauft, benannt, mit Zeichen überhäuft [...].«[10]

Unterscheidungen sind nochmal stärker, gehen über eine Benennungswut und über die Macht, benennen zu können, hinaus.

Luhmann führt die Konsequenzen auf, die sich aus Unterscheidungen ergeben. Er geht dabei auf George Spencer Browns Logik zurück, die die Anweisung »Treffe eine Unterscheidung!«[11] beinhaltet. »Die Einführung einer Unterscheidung ist zunächst einmal die Einführung einer Form. Eine Form ist die Unterscheidung einer Innenseite (des Unterschiedenen) von einer Außenseite (des Sonstigen). [...] [Das] hat auch zur Folge, daß sie Geschichte macht. Sie kann, einmal gesetzt, nicht wieder ausgelöscht werden, denn dafür steht keine eigene Operation zur Verfügung. Es gibt keinen Weg zurück zum ›unmarked space‹.«[12]

Wichtig dabei ist nur, daß die neu eingeführte Unterscheidung Anschluß findet.[13] Das tut sie. Sie knüpft zwanglos an den biologischen Diskurs an. Zu fragen ist allerdings, wie diese biologischen Unterscheidungen und Einteilungen mit sozialen Zuschreibungen verknüpft werden, wie etwa weiß = schöpferisch, erfinderisch, ordentlich, von Gesetzen regiert; schwarz = faul, unaufrichtig, unfähig sich selbst zu regieren, wie es z.B. Carl von Linné 1735 tat.[14]

Einen kleinen Schritt in die Richtung zur Beantwortung dieser Frage liefert wiederum Luhmann: »Schließlich ist zu beachten, daß anschlußfähige Unterscheidungen eine (wie immer minimale, wie immer reversible) Asymmetrisierung erfordern. Die eine (und nicht die andere) Seite wird bezeichnet. [...] Aus einer Einheit entsteht eine Differenz, in der das, was die Einheit war, als Gegenteil seines Gegenteils wiedervorkommt. Dafür gibt es haufenweise Belege. [...] Der heilige Kosmos gliedert sich in eine Differenz, in der das Heilige wiedervorkommt als Gegensatz zu weltlichen Angelegenheiten [...]. Das Ich der Fichteschen Wissenschaftslehre projiziert ein Nicht-Ich, von dem es sich dann zu unterscheiden weiß [...]. Oder: Aus Adam entstehen durch einen kleinen operativen Eingriff Adam und sein Rippenstück, Adam und Eva. Dasjenige Moment, das die Kontinuität zum Ursprung wahrt, hat dadurch offenbar eine Art Vorrang. Es sichert, ohne fortan das Ganze zu sein, die Systematizität der neuen Struktur. [...] Der hervorragende Teil sichert, wenn man so sagen darf, der Unterscheidung eine sie überformende Asymmetrie. Darin besteht sein Wert.«[15]

Demzufolge ist beispielsweise männlich die ›primäre‹ Konstruktion. Menschen werden demnach als Frauen dann wahrgenommen, wenn sie *nicht* als Männer wahrgenommen werden können, wenn ›männliche Zeichen‹ abwesend sind.[16]

Damit ist allerdings erstmal nur geklärt, daß Unterschiede Ungleichheit und Rangordnungen produzieren, und noch nicht, warum welche Zuschreibungen dort wie hineinfließen.

6 Historisch-theoretische Verschränkung I

Die Soziologie betont immer wieder, daß sich Menschen zwecks Orientierung ein Bild von der Welt machen müssen. »Tatsächliche soziale Ordnung ist das Ergebnis eines Bedürfnisses nach Orientierung und innerer Konsistenz. Um überhaupt existieren zu können, müssen sich die Menschen in einem Prozeß kognitiver Selbstorganisation eine Struktur geben, die es ihnen erlaubt, sich gegenseitig einzuschätzen und Identität aufzubauen.«[1] Sie schaffen sich Wirklichkeitsmodelle, die ganzheitlich zusammenhängende Komplexe von Vorstellungen über die Welt und über die eigene Beziehung zu dieser beinhalten. Diese müssen nicht sprachlich faßbar sein, sondern äußern sich vor allem negativ, als Gefühl der Irritation oder Erstaunen im Falle der Abweichung. Dabei genügen den Individuen wenige Informationen, um ganze Vorstellungskomplexe zu aktivieren. Es ist die Tendenz zur Vereinfachung und Akzentuierung vorhanden. Die Wirklichkeitsmodelle eines Individuums sind relativ stabil. Es gibt Wirklichkeitsmodelle unterschiedlicher Kollektivitätsgrade; manche treffen nur auf eine kleine Gruppe von Personen oder sogar nur einzelne zu, andere sind quer durch die Gesellschaft ungefähr die gleichen.[2]

Wirklichkeitsmodelle definieren das Angemessene und das Unübliche, sowohl auf der individuellen als auch der mikro- und makrosoziologischen Ebene. »Projiziert auf die eigene Existenz fügen sich Normalitätvorstellungen zu den Konturen eines möglichen und sozial gebilligten Selbst [...].«[3] »Die mikrosoziologische Relevanz von Wirklichkeitsmodellen hat [...] drei Facetten: Stabilisierung von Mustern, Konstitution von Interaktionsgruppen, Regulierung neuartiger Situationen.«[4] Damit tragen Wirklichkeitsmodelle zur Rekonstruktion der Wirklichkeit, von der sie geprägt sind, immer wieder bei.

Wirklichkeitsmodelle werden durch Alltagserfahrung aufgebaut, bestätigt, korrigiert. Diese treffen auf grundlegende individuelle Sichtweisen, die existentiellen Anschauungsweisen. Dabei handelt es sich um Wirklichkeitsmodelle mit hohem Abstraktionsgrad, die die konkreten Normalitätvorstellungen, mit denen sich die Individuen in ihrer Umwelt orientieren, stark verdichten. Es sind übergreifende Ordnungsprinzipien. Wahrnehmungspsychologisch haben sie apriorischen Charakter, da sie nicht ständig neu korrigiert werden, sondern die erfahrene

Umwelt den Kategorien des Individuums anpassen. Entwicklungspsychologisch haben sie diesen Charakter nicht, sondern bilden sich erst dann, wenn ein Grundbestand an Erfahrung vorhanden ist, der generalisiert wird.[5]

Was hatten sich für Wirklichkeitsmodelle in den USA herausgebildet? Verschiedenste Menschen verschiedenster Herkunft waren in den ›neuen‹ Kontinent eingewandert (worden). Aufgrund der Erfindung der Rassen konnten sich Wirklichkeitsmodelle von einer schwarzen und einer weißen Rasse herausbilden. Aufgrund des ›Verschwindenmachens‹ der ›roten Rasse‹ durch Ausrottung und Vertreibung und ihre dadurch erreichte (weitgehende) Unsichtbarkeit ließ Schwarze und Weiße als die beiden einzigen Rassen, jedenfalls im Osten, übrig. Und aufgrund des Hineindrängens ausschließlich der Schwarzen in den SklavInnenstatus und ihre damit erreichte Inferiorität konnten sich Wirklichkeitsmodelle von einer untergeordneten, einer ›abhängigen‹, einer niederen Rolle der Schwarzen unter den Weißen festsetzen.

Das diente der Homogenisierung der Rassen. Wurden Schwarzen bei ihrer Ankunft aus Afrika je nach Herkunft noch verschiedene Charaktereigenschaften zugesprochen, so verlor sich dieses nach kurzer Zeit. Sie galten dann nicht mehr als z. B. SenegambianerInnen, sondern schlichtweg als Schwarze. Bei den Weißen, die zu dieser Zeit fast durchweg aus dem nördlicheren und westlicheren Europa stammten, gab es diese Einteilung und Hierarchisierung nach Herkunft und Ethnien, aber auch sie konnten sich als weiße Rasse homogenisieren und gegen die unter ihnen stehende schwarze Rasse abgrenzen und aufwerten.

Diese Wirklichkeitsmodelle gingen von der dominanten Gruppe aus. Die Schwarzen konnten sich nicht ›frei‹ ihre Wirklichkeitsmodelle bilden, sondern diese waren ihnen recht starr durch die Situation vorgegeben.

Somit war die Gleichung Schwarze = SklavInnen = Angehörige einer minderwertigen Rasse[6] und Weiße = Herrenrasse aufgemacht.

Wie schon gesagt: Ab 1680 begriffen sich die weißen KolonistInnen in ihrem Selbstverständnis in dem neuen Begriff ›Weiße‹. 1691 fand sich dann in den gesetzlichen Bestimmungen von Virginia zum ersten Mal der Begriff ›weiß‹ zur Bezeichnung von in Amerika Lebenden europäischer Abstammung. Und andersherum, demgegenüber abgrenzend, setzte sich der Begriff ›Neger‹ bzw. ›Negro‹ als Bezeichnung für Menschen mit schwarzer Hautfarbe fest, sowie dann die abfälligere, offen diskriminierende Beschimpfung ›Nigger‹. »Der transatlantische Sklavenhandel initiiert jenen Prozeß, der aus den Äthiopiern der Antike und den Mohren des Mittelalters die Neger der Neuzeit entstehen läßt. Durch ihn werden dunkle Hautfarbe und Sklaverei zusammengeschweißt und die soziale Kategorie der Schwarzen erzeugt. [...] Dabei wird in einem langwierigen und keineswegs gradlinigen Prozeß ein im Verlauf des 16. und 17. Jahrhunderts zusehends negativ gekennzeichnetes Mohrenbild mit der im 18. Jahrhundert entwickelten Ordnungskategorie Rasse zum Begriff des Negers verschmolzen.«[7]

Diese Wirklichkeitsmodelle bedurften in der historischen Situation zur Sicherung ihrer Beständigkeit der Verrechtlichung der Sklaverei, wie sie sich in den Slave Codes niederschlugen. Somit basierten sie auch auf Zwang.

Die Wirklichkeitsmodelle lösten sich allerdings von ihrer Grundlage in der Sklaverei und waren dann so stark, daß nicht nur SklavInnen als unter den Weißen stehend betrachtet wurden, sondern auch freie Schwarze.

Das bedeutet auch, daß trotz der engen Verquickung eine Verfolgungsgeschichte, eine Unterdrückungsgeschichte oder eine Diskriminierungsgeschichte den *konkreten* Zuschreibungen vorausgeht. »Der Rassismus hat seine Ursache in einer Verfolgungsgeschichte. Er ist der Versuch seitens des verfolgenden Kollektivs, sich sein eigenes Verhalten zu erklären und zwar zu einem Zeitpunkt, an dem die ursprüngliche Ursache respektive Motive der Verfolgung nicht mehr weiterexistieren, bzw. nicht mehr Motiv genug sind, die Verfolgung fortzusetzen. [...] Dem liegt die Einsicht zugrunde, daß die mentalen Folgen einer jahrhundertelangen *Praxis* langlebiger sind als die *Einstellungen*, die einmal zu dieser Praxis geführt haben. [...] Die Verfolgung selbst wird zum besten Argument für ihr Fortdauern.«[8]

7 Historie III
Die junge Republik

Aus der Revolution ging die neue Nation als mögliche Großmacht hervor. Sie war einer der Staaten mit dem größten Landbesitz. Die Bevölkerung nahm rasch zu und umschloß nach Preußen und Schottland wahrscheinlich die geringste Zahl an Analphabeten. Das Militär hatte seine Schlagkraft bewiesen. Lebensmittel und Rohstoffe waren reichlich vorhanden und wurden exportiert. England wurde von us-amerikanischem Weizen und Baumwolle bald abhängig.

Die Hälfte der Oberschicht war personell ausgetauscht worden. Zum Teil war das geschehen, indem das von Loyalisten konfiszierte Eigentum versteigert wurde und so einigen Patrioten zu raschem Reichtum und einer steilen Karriere verhalf. Aber das politische Ruder war immer noch fest in der Hand der Pflanzeraristokratie und des Besitzbürgertums.

Am 13. September 1788 wurde die Bundesverfassung ratifiziert.[1] Am 15. Dezember 1791 wurde sie durch 10 Zusätze, die Amendments ergänzt. Das ergab zusammengenommen einen Grundrechtekatalog, der die Religionsfreiheit, die Rede- und Pressefreiheit, die Versammlungsfreiheit, das Petitionsrecht, das Recht auf Waffenbesitz, Sicherheit vor willkürlichen Hausdurchsuchungen und prozessuale Rechte, wie Geschworenengerichte und das Recht auf Aussageverweigerung garantierte.

Das besondere und neuartige der amerikanischen Revolution beschreibt Hans-Ulrich Wehler folgendermaßen: »Das entscheidende Resultat bildete die Gründung eines großen Flächenstaats in der Form einer förderativ organisierten Republik, welche auf die neuartige Legitimationsgrundlage der Volkssouveränität gestellt wurde, die öffentliche Ordnung in einer schriftlichen Verfassung regelte, gewählte Volksvertretungen einführte und außer der strikten Gewaltenteilung ein ungeahntes Maß an liberalen Freiheits- und demokratischen Gleichheitsrechten verwirklichte – oder doch deren baldige Realisierung förderte. Die einzelstaatlichen Verfassungen, bald auch die Unionsverfassung, garantierten unveräußerliche Menschen- und Bürgerrechte. Das Recht auf Widerstand gegen ein rechtsverletzendes Regime, die Eigentumsrechte und zahlreiche naturrechtlich fundierte Zielvorstellungen der Aufklärung wurden gesetzlich verankert. Darüberhinaus wurden sie feste Bestandteile jenes ›American Creed‹, der das neue Gemeinwesen als Integrationsideologie überwölbte.«[2]

Karte 3: Die Vereinigten Staaten 1783-1803

Am 4. Februar 1789 wurde George Washington zum ersten Präsidenten der jungen Republik gewählt und am 30. April in New York City in sein Amt eingeführt. Er blieb zwei Amtsperioden in Philadelphia, seit 1790 der vorläufige Sitz des Kongresses und der Regierung, und damit acht Jahre im Amt.[3] Der Präsident war nominelles Staatsoberhaupt, hatte den

CT: Connecticut, DE: Delaware, GA: Georgia, MA: Massachusetts, MD: Maryland, NC: North Carolina, NH: New Hampshire, NJ: New Jersey, NY: New York, PA: Pennsylvania, RI: Rhode Island, SC: South Carolina, TN: Tennessee, VA: Virginia, VT: Vermont, KY: Kentucky

Oberbefehl über Heer und Marine inne und wurde mit Gesetzesinitiative und dem Recht des suspensiven Vetos ausgestattet.

Der Kongreß verkörperte die gesetzgebende Gewalt. Bei der Sitzverteilung im House of Representatives[4] wurde die Einwohnerzahl zugrundegelegt und somit waren die einzelnen Bundesstaaten proportional darin vertreten, was den größeren und dichtbesiedelteren mehr Gewicht verlieh. Ein Abgeordneter vertrat 30.000 Einwohner. Die Abgeordneten sollten für jeweils zwei Jahre direkt gewählt werden. Einen Ausgleich dazu schuf die Verteilung im Senat[5], in dem jeder Staat zwei Sitze hatte und in dem die von den Staatenparlamenten bestimmten Senatoren sechs Jahre saßen, wobei alle zwei Jahre jeweils ein Drittel der Senatoren neu zu wählen war. Verträge mit dem Ausland bedurften der Zweidrittelmehrheit im Senat. Das Repräsentantenhaus hatte allein das Recht, Besteuerungsvorschläge einzubringen. Eine Zweidrittelmehrheit beider Häuser konnte das Veto des Präsidenten aufheben.

Es gab kein einheitliches Wahlrecht, sondern es variierte von Bundesstaat zu Bundesstaat. Überall war es auf die männliche weiße Bevölkerung beschränkt. Das aktive Wahlrecht durften in manchen Bundesstaaten alle weißen Männer ausüben, in manchen nur die, die jährlich mindestens 25 Dollar Pacht zahlten, in anderen die, die Steuern zahlten. Da aber fast alle sowieso zumindest die Kopfsteuer (poll tax) zahlten, kam das Ganze einem allgemeinen aktiven Wahlrecht für weiße Männer gleich. Für das passive Wahlrecht existierten in den meisten Bundesstaaten höhere Besitzqualifikationen.

Die Südstaaten fürchteten, durch die bevölkerungsstärkeren nördlichen Bundesstaaten im Kongreß dominiert zu werden, so daß ihre Interessen nicht genug repräsentiert seien. Sie befürchteten z.B. das Verbot der Sklaverei. Ihnen wurde gestattet, »als Grundlage für die Repräsentation im Unterhaus nicht allein die weiße Bevölkerung zu nehmen, sondern drei Fünftel ›aller anderen Personen, mit Ausnahme von Indianern‹ hinzuzuzählen (eine Umschreibung für das Wort ›Sklave‹, das man in der Verfassung vermeiden wollte).«[6]

Rein rechtlich nicht viel besser als die SklavInnen gestellt waren die Frauen; sie galten weder als autonome Rechtssubjekte noch als mündige Staatsbürgerinnen und waren somit von ihren Vätern oder Ehemännern materiell und rechtlich abhängig.

Politische Parteien bildeten sich bald heraus: die Federalists, die allerdings nur ein paar Jahre existieren sollten und aus der Handels- und Pflanzeraristokratie bestanden, anglophil, interessiert an einer starken Zentralgewalt und gesellschaftspolitisch konservativ, und die Jeffersonian Republicans, die vor allem Anhänger unter den kleinen und mittelgroßen Pflanzern und Farmern hatten, dann aber auch vermehrt Zulauf durch die städtischen Mittel- und Unterschichten erhielten, die sich für die Ideen der französischen Revolution begeisterten, demokratisch-egalitär und föderalistisch gesinnt waren.[7] Letztere gewannen die Wahlen von 1800 und Thomas Jefferson wurde am 4. März des darauffolgenden Jahres als Präsident in sein Amt eingeführt, und zwar als erster in der neuen Hauptstadt Washington im District of Columbia. Der District of Columbia war 1791 als neutrales, zu keinem Bundesstaat gehörendes Territorium geschaffen worden. Er wurde als Verwaltungsbezirk direkt dem Kongreß unterstellt.

Die staatlichen Institutionen entwickelten sich. Der Supreme Court setzte sich als ein machtvolles Regulativ der Politik in Szene, indem er

1803 den Grundsatz des in der Verfassung nicht verankerten richterlichen Überprüfungsrechts von Gesetzen verkündete. 1791 wurde das Gesetz zur Errichtung der Nationalbank, der Bank of the United States, unterzeichnet, deren Anteilscheine schnell so begehrt waren, daß sie über dem Nennwert gehandelt wurden. Von den 10 Millionen Dollar Grundkapital stammten 1809 7,2 Millionen Dollar aus Europa.

Auch ›das Land‹ ›entwickelte‹ sich. 1787 war die Northwest Ordinance verabschiedet worden, die Richtlinien für die weitere Ausdehnung der USA festlegte und in dem Gebiet zwischen Ohio und den Großen Seen die Gründung mehrerer neuer Bundesstaaten vorsah. In drei Stufen konnte ein Gebiet den Status eines Bundesstaates gewinnen: »Zuerst erhielt es eine provisorische, vom Bund eingerichtete Verwaltung; besaß es 5.000 Einwohner, wählte es seine eigene Legislatur; mit 60.000 Bewohnern wurde es automatisch ein gleichberechtigter Staat.«[8] Und damit wurden die (weißen) BewohnerInnen us-amerikanische StaatsbürgerInnen.

Das Northwest Territory war den Natives durch militärisches Vorgehen 1794/95 letztendlich in der Schlacht von Fallen Timbers durch General ›Mad Anthony‹ Wayne auf Befehl Washingtons abgekämpft worden. Die Northwest Ordinance schloß jegliche Form von Sklaverei in dem Territorium aus. Ursprünglich sollte das Verbot auf den gesamten Westen bis zum Gulf of Mexico ausgedehnt werden, scheiterte jedoch am Widerspruch der Delegierten aus den Südstaaten. Ebenso durften in dieses Gebiet entflohene SklavInnen zurückgebracht werden. In einigen Bundesstaaten, in denen die Sklaverei verboten war, fanden Weiße einen Weg, sie dennoch einzuführen. Sie ließen sich von ›ihren‹ Schwarzen einfach ein Papier unterzeichnen, das diese für 99 Jahre als indentured servants an sie band.[9] Als erster Bundesstaat aus diesem Gebiet wurde 1803 Ohio in die Union aufgenommen. Kentucky und Tennessee, südlich davon gelegen, waren schon 1792 bzw. 1796 dazugestoßen, und zwar als Bundesstaaten, in denen die Sklaverei erlaubt war. 1803 verdoppelte sich das Staatsgebiet der Vereinigten Staaten durch den Kauf des Gebietes zwischen dem Mississippi und den Rocky Mountains nördlich von Texas für 15 Millionen Dollar von Frankreich, das es kurz zuvor erst von Spanien zurückerhalten hatte.[10] Damit war nun auch New Orleans in us-amerikanischem Besitz, der bedeutende Hafen, über den schon zuvor drei Achtel der Exporte liefen und der bald als der größte SklavInnenmarkt der USA galt. Überhaupt eignete sich das Mississippidelta, in dem seit der französischen Kolonisation im

17. Jahrhundert viele Schwarze und Mischlinge lebten, besonders gut für den Baumwollanbau und war damit potentielles SklavInnengebiet. Expeditionen zur Erkundung des Landwegs zum Pazifik, die Lewis-und-Clark-Expedition (1804-1806) und die Pike-Expedition (1806-1807), trugen ferner dazu bei, daß der ferne Westen realere Konturen annahm. Nach der Rückkehr der Expeditionen konnten die ersten verläßlichen Karten für den Raum zwischen Mississippi und Pazifik vorgelegt werden. In der Folge kam es zu weiteren Erkundungsaktivitäten.

Das Zeitalter der Dampfschiffahrt begann. Zuvor war die weitere Entwicklung des Hinterlandes gebremst gewesen. Der Landweg war für den Transport agrarischer Güter bei dem damaligen Verkehrssystem und der Infrastruktur denkbar ungünstig. So ging der Hauptteil des Warenverkehrs des Ohiotals mehr als 1.200 Meilen (2.000 km) lang über den Mississippi. Schiffahrtsverkehr gegen die schnelle Strömung war praktisch unmöglich gewesen. Beladene Flachboote trieben flußabwärts und wurden nach ihrer Ankunft in New Orleans demontiert und ihre Eigentümer mußten sehen, wie sie zurückkamen. Erst allmählich beteiligten sich größere Gesellschaften aus Pittsburgh und Cincinatti am Warentransport, Groß- und Einzelhandel. Zuvor waren es kleine ineffektive Firmen gewesen, häufig genug mußte der Farmer sogar selber seine Produkte auf dem Mississippi nach Südosten bringen, was ihn Monate kostete. Seit 1811 wurden dann Dampfschiffe benutzt. Der klassische Flußdampfer mit seinem flachen Kiel, geringem Tiefgang, Schaufelrädern achtern und hohem Aufbau im Zuckerbäckerstil prägte das Bild des Handels.

Von 1817 bis 1825 wurde der Eriekanal gebaut, der erstmals die Atlantikküste mit den Gebieten jenseits der Appalachen verbinden und damit den Aufstieg New Yorks zum führenden Hafen an der Atlantikküste begründen sollte. Das war nur ein Teil des Ausbaus der Infrastruktur, der den Drang nach Westen logistisch unterstützte. Ein regelrechtes Kanalfieber breitete sich aus und bis 1840 wurde das Netz auf 3.100 Meilen (5.000 km) ausgebaut. Kanäle durchschnitten in vielen Windungen das Appalachengebiet und verbanden Philadelphia und Baltimore mit den westlichen Flußsystemen.

Der Weg nach Westen stand nicht allen gleichmäßig zur Verfügung. Zwar hatten einige Schwarze ihn von Beginn an wahrgenommen, waren als Trapper und Scouts an der Verschiebung der Frontier beteiligt gewesen. Aber vielen freien Schwarzen wurde er verwehrt, weil die neuen

Bundesstaaten ihnen zum Teil verboten, sich dort niederzulassen oder eine Kaution von 500 bis 1.000 Dollar verlangten.[11] Desweiteren existierten in den neuen Bundesstaaten ähnliche Black Laws wie in den alten: Indiana verbot die Zeugenaussage von Schwarzen in Prozessen, in die Weiße involviert waren (1803); später wurde ihnen dort der Militärdienst untersagt (1807); Illinois, Indiana, Michigan und Iowa verboten Ehen zwischen den Rassen und annullierten bestehende.

In das Gebiet zwischen der von Weißen besiedelten Ostküste und dem von Frankreich gekauften Land waren schon sehr früh, etwa ab 1670, englische, schottische und einige französische Händler vorgedrungen. Sie trafen dort auf die Muskogee-Natives, später in der Literatur eher als Creeks benannt. Hier kam es – als Sonderfall – zu einer Vermischung zwischen weißen Händlern und indigenen Frauen. Die Weißen heirateten und blieben. Ab 1715 nahmen die Kinder dieser Verbindungen, die sogenannten half-breeds oder, weniger abschätzig, Métis people, ›gemischte Leute‹, zahlenmäßig zu. Sie waren im wesentlichen noch dem Muskogee-Leben unter- bzw. eingeordnet. Ab 1750 veränderte sich dies. Aus Georgia flohen viele schwarze SklavInnen in das Gebiet. Zwar behielten sie bei den Muskogee zuerst noch den SklavInnenstatus, aber ihre, mit wem auch immer gezeugten Kinder kamen frei. Das heißt, es kam zu einer nochmaligen Vermischung der ›weiß-roten‹ Mischkultur mit Schwarzen. Diese Métis people wurden ab 1783 bestimmend. Sie wurden dominant im Pelz- und sonstigen Handel. Sie führten »ein Leben, das von dem der anderen Muskogees abwich. Die Kinder mit europäischen Vätern hatten meist mehr Besitz, auch Grundbesitz. Sie neigten zum Farmen statt zum Jagen. [...] Sie kamen mit der Idee auf, ihren Besitz ihren Kindern zu vermachen. Als Resultat daraus ergab sich eine Schwächung der matrilinearen Clan-Zugehörigkeiten zugunsten einer Verbindung auf der Vater/Sohn = Erben-Linie.«[12]

»Die Entstehung von Klassengegensätzen war ein Ereignis von großer Tragweite für die Religion der Muskogees. Während die Muskogee Religion, ihre Mythen und Rituale die Ethik der Gegenseitigkeit beförderten, eine Verteilung des Reichtums auf alle verlangten und eine Anpassung an das Leben ›der Alten‹, verletzte die Weigerung der neuen Klasse, diese Werte zu respektieren, deren Weigerung, ihren Reichtum umzuverteilen und sich an Lebensmodellen ihrer Ahnen zu orientieren, die tiefsten Übereinstimmungen in der Muskogee-Kultur, was gut und richtig sei. Kurz gesagt: die Klassentrennung brachte einen Feind innerhalb der eigenen Kultur hervor, einen Feind, der bluts- und erbverwandt war, aber fremd durch Ökonomie, Erziehung, Wertvorstellung und auch in seinen ästhetischen Vorstellungen.«[13] Eine religiöse, politische und soziale Krise war die Folge.

Der Shawnee-Häuptling Tecumseh verstand es, aus verschiedenen Stämmen eine Front gegen diese Entwicklung zu bilden. 1811[14] erhoben sie sich unter seiner Führung im Ohio- und Mississippi-Gebiet. Da ein Teil der Muskogees und die Mehrheit der Métis people gegen die Revolte waren, gab es Stimmen, die von einem Bürgerkrieg sprachen. Die ersten Aktionen der Aufständischen richteten sich auch nur gegen ›Verräter‹ aus den eigenen Reihen, gegen weißenfreundliche Häuptlinge und gegen Angehörige der Mischkultur, die dem weißen Lebens- und Ökonomiestil zuneigten. Das Militär griff ein. Die Aufständischen wurden in der Schlacht von Tippecanoe besiegt. Ihr Widerstand versiegte, als bekannt wurde, daß Tecumseh im Oktober 1813 an der kanadischen Grenze gefallen war. Nicht nur hier wurden die Natives besiegt. In der Folge wurden auch die nicht-aufständischen Natives ihres Landes weiter beraubt. »Insgesamt nahmen die USA sich ca. 14 Millionen Acres von den Indianern als Folge dieses Krieges, die größte Menge Land, die ihnen je auf einen Schlag zugefallen war im Südwesten. Weiße Siedler strömen in Scharen herein und kümmern sich wenig um die Loyalität der Métis people im [...] Aufstand. Sie werden geprügelt, vertrieben, diesmal wird ihr Vieh nicht geschlachtet, sondern enteignet.«[15] So ist das einzige ›Experiment‹ einer ›rot-weiß-schwarzen Mischkultur‹ in der Geschichte der USA vernichtet. Als ›Lösung‹ des ›Indianerproblems‹ zeichnete sich eine brutale Verdrängungspolitik ab.

Außenpolitisch kam es in der Folge der Napoleonischen Kriege zu neuerlichen Konflikten mit Großbritannien. Durch Napoleons Kontinentalsperre und die britische Gegenblockade war der Handel der neutralen USA beeinträchtigt. Zudem griff Großbritannien immer wieder us-amerikanische Handelsschiffe an, brachte die Ladung auf und zwangsrekrutierte die Matrosen für die britische Marine. Weiterhin besaß Großbritannien noch seine alten Forts im Nordwesten, von denen aus sie Waffen an die Natives lieferten, damit diese die weißen Siedler an ihrem Vordringen gen Westen und Nordwesten hinderten. Als neben Protesten auch Handelsverbote nichts änderten, erklärte der Kongreß 1812 Großbritannien den Krieg.[16]

In diesem Krieg kämpften genauso wie im Unabhängigkeitskampf Schwarze mit, wenn auch wenige, da sie kaum rekrutiert wurden.[17] Ihnen wurde, wenn es sich bei ihnen um Sklaven handelte, die Freiheit versprochen, was nach dem Krieg aber nicht in jedem Fall eingelöst wurde. Ansonsten wurde ihnen der gleiche Sold ausgezahlt wie weißen Soldaten. Und genauso wie im Unabhängigkeitskampf versprachen auch die Briten entlaufenen SklavInnen die Freiheit, was auch von dieser Seite nicht immer eingelöst wurde und sich so us-amerikanische Schwarze als SklavInnen auf den Westindischen Inseln wiederfanden. Es fanden sich also auf beiden Seiten der kriegsführenden Mächte us-amerikanische Schwarze, die gegeneinander kämpften.

Für die USA war der Krieg ein militärisches Disaster, da es britischen Truppen im August 1814 sogar gelang, Teile von Washington in Brand zu setzen, darunter das Weiße Haus und das Capitol. Obwohl sie ein paar Kämpfe auf den Großen Seen und dem Lake Champlain glücklich gewinnen und eine britische Invasion des nördlichen Staates New York zurückschlagen konnten, besaßen die US-Amerikaner zum Schluß praktisch keine Flotte mehr, ihre Küsten lagen unter Blockade und die Briten hielten einen Teil des Staates Maine, das obere Mississippi-Tal und den Norden von Iowa und Illinois besetzt. Am Heiligabend 1814 wurde in Gent in Belgien ein Frieden geschlossen, der den Status quo ante bellum fixierte.[18] Einer der Gründe, warum die USA so ›glimpflich‹ davon kamen, lag daran, daß die europäischen Mächte zwei Jahrzehnte lang in die Auseinandersetzungen mit dem revolutionären oder napoleonischen Frankreich verwickelt waren und Amerika ein wenig aus dem Blickfeld geriet. Nach dem Sieg über Napoleon war England daran gelegen, seine Handelsbeziehungen zu den USA wieder zu normalisieren. Dazu kam, daß zwar die USA militärisch schlecht dagestanden hatte, Großbritannien aber auch nicht sah, wie es den Krieg hätte eindeutig gewinnen können.

In diesen Jahren gehörte Florida noch zu Spanien. Die USA hatten schon lange ein Auge auf dieses Gebiet geworfen und es war immer wieder zu Konflikten gekommen. West-Florida wurde dann 1810 einfach annektiert. Der Druck auf Ost-Florida wuchs durch das permanente Vordringen us-amerikanischer SiederlerInnen und durch militärisches Eindringen in das Gebiet, welches gegen Natives und entflohene SklavInnen gerichtet war. Am 22. Februar 1819 unterzeichneten die Gesandten beider Länder den sogenannten Transkontinentalen Vertrag, der für die USA äußerst günstig war. Spanien trat das gesamte Gebiet von Florida ohne direkte Ausgleichszahlung ab, die USA übernahmen dafür spanische Schuldverpflichtungen in Höhe von 5 Millionen Dollar. Desweiteren verzichtete Spanien auf Ansprüche in Oregon und legte die Grenze durch den heutigen Norden von California entlang dem 42. nördlichen Breitengrad bis zur Küste fest. Die USA brauchten nur den Verzicht auf Ansprüche auf Texas zu erklären. Spanien war quasi gezwungen, diesem Vertrag zuzustimmen: Es hätte nur noch mit Krieg gegen die vordringenden us-amerikanischen Siedler und die häufigen Interventionen us-amerikanischer Truppen reagieren können. Dazu war Spanien aber aufgrund zerrütteter innenpolitischer Verhältnisse und der Unabhängigkeitskriege in seinen Kolonien zu schwach. In den folgenden 30 Jahren nutzten die USA ihre günstige Ausgangsposition und rollten den verbliebenen spanischen Kolonialbesitz im Süden bis an die Grenze zu Mexico Stück für Stück auf und verleibten ihn sich ein.

Zur gleichen Zeit wurde mit den Briten vereinbart, daß zwischen Canada und den USA von den Großen Seen bis zu den Rocky Mountains der 49. nördliche Breitengrad die Grenze bilden sollte. Das umstrittene Oregon-Gebiet wurde unter gemeinsame Verwaltung gestellt. 1824 wurde die Südgrenze des russischen Einflußgebiets am Pazifik auf 54 Grad 40 Minuten nördlicher Breite festgelegt.

Das Selbstbewußtsein der Nation begann zu wachsen, was sich in der Monroe-Doktrin vom 2. Dezember 1823 niederschlug. Diese besagte, daß der amerikanische Kontinent eine Welt für sich sei und keine Einmischung geduldet würde, genausowenig wie sich umgekehrt nicht in Europa eingemischt würde. Es muß dazu gesagt werden, daß die USA zu der Zeit militärisch nicht in der Lage gewesen wären, die Doktrin einzulösen. Sie hatte auch während des ganzen 19. Jahrhunderts keine politische Bedeutung.19

Nach dem Unabhängigkeitskrieg war die junge Nation in Schulden verstrickt. Die zur Finanzierung des Krieges eingegangenen Zahlungsverpflichtungen gegenüber Frankreich und den Niederlanden konnten nicht erfüllt werden. Eine aktive Handelsbilanz blieb zunächst aus. Der Kriegsboom mit seinen enormen Preissteigerungen war in die erste große Depression der Nationalwirtschaft übergegangen, die von 1784 bis 1788 dauerte. Erst eine Wirtschaftspolitik des erzwungenen Sparens in den 90er Jahren half, die Schulden zu tilgen und das Land mit Kapital zu versorgen. Die Besteuerung ging vor allem zu Lasten der Käufer eingeführter Waren und der Getreidefarmer. Bald wurden Luxusgüter mit einer Steuer und Schriftstücke von rechtlicher Bedeutung mit einer Gebührenmarke belegt. 1798 traf die Steuer alle Wohnhäuser und Landbesitz. Auch für jeden Sklaven und jede Sklavin im Alter zwischen 12 und 50 Jahren mußten 50 Cents abgeführt werden.

Von innenpolitischer Relevanz war weiterhin, nach der Rezession seit 1806, die in eine Depression von 1808 bis 1812 führte[20], die Wirtschaftskrise von 1819, die eine verspätete Reaktion auf die europäische Wirtschaftskrise nach dem Ende der napoleonischen Kriege war. Genauer gesagt, resultierte sie aus einem überhitzten Nachkriegsboom, bei dem die Preise für neues Land im Westen in die Höhe schnellten und die kaufwilligen Farmer sich bei den Banken verschulden mußten. Aber der Boom versprach gute Preise für ihre Produkte, vor allem durch die Nachfrage aus dem kriegsverwüsteten Europa. Als jedoch Rekordernten in Europa diese Nachfrage nach us-amerikanischem Getreide sinken ließ und gleichzeitig die in New England entstandenen Manufakturbetriebe durch billige englische Importe in Schwierigkeiten gerieten, stürzten die Preise für Land und Agrarprodukte ab. Insbesondere der Westen wurde hart getroffen, da eine Vielzahl von Farmern ihre Kredite an die Ostküstenbanken, die unerbitterlich blieben, nicht zurückzahlen konnte. Das Wort vom ›Monster‹, das die Farmer und ihre Familien verschlingen würde, machte die Runde. Erst 1823 stabilisierte sich die Lage wieder.

Auf der französischen Insel Santo Domingo kam es 1791 zu einem jahrelangen Aufstand schwarzer Sklaven unter Führung von Toussaint L'Ouverture. Den Franzosen gelang es zwar, die Schwarzen zuerst zu schlagen und L'Ouverture mit einer List gefangenzunehmen. Bei einem neuen Aufstand verloren aber 17.000 französische Soldaten ihr Leben, weitere 33.000 Mann erlagen dem Gelben Fieber, so daß die Eroberung mißlang. Aus Santo Domingo, mit einer für damalige Verhältnisse und Konsumwünsche ungeheuren Produktionskraft, sollte dann für lange Jahre Haiti als der einzige »schwarze Nationalstaat«[21] der westlichen Hemisphäre hervorgehen.[22]

Dieser Aufstand hatte Folgen für die Schwarzen in den USA, denn er führte den Pflanzern die möglichen Gefahren der Sklaverei drastisch vor Augen, weswegen sie die Kontrollmaßnahmen verschärften. 1793 wurde das Federal Fugitive Slave Law[23] verabschiedet, wonach es zum Verbrechen deklariert wurde, entflohenen SklavInnen Unterkunft zu gewähren oder weiter zur Flucht zu verhelfen. Entflohene SklavInnen waren an ihre Besitzer zurückzugeben. Als sich in den Südstaaten selbst Anzeichen von Unruhen[24] bemerkbar machten, wurden die Kontrollmaßnahmen weiter perfektioniert. Generell kann von einer starken Militarisierung des Südens gesprochen werden, die sich in Wachtürmen an der Küste, bewaffneten Patrouillen und dauernden Kontrollen äußerte.

Entscheidender noch für die Lage der SklavInnen war, daß das in ihnen steckende Kapital immer wertvoller wurde, da der Baumwollanbau immer lukrativer wurde. Bis zur Jahrhundertwende hatten die meisten von ihnen auf Tabak-, Zuckerrohr- und Reisplantagen gearbeitet. Die empfindliche langfaserige Baumwollpflanze war im Anbau teuer und somit nur für edle Stoffe zu verwenden. Die robuste kurzfaserige Baumwollpflanze widersetzte sich einem profitablen Anbau, da sich ihr an den Fasern klebender Samen nur arbeitsintensiv und damit ebenso teuer entfernen ließ. Mit der technischen Entwicklung, wie etwa die Erfindung der Baumwollentkernungsmaschine durch Eli Whitney 1793[25], der daraus resultierenden Möglichkeit des Anbaus der kurz- anstatt der langfaserigen Baumwollpflanze, der Erschließung fruchtbaren Landes im Südwesten sowie der steigenden Nachfrage nach Baumwolle in Europa, vor allem in England, breitete sich dieser Wirtschaftszweig aus. Zwischen 1794 und 1804 stieg die Produktion um das Achtfache. Sie machte im Zeitraum zwischen 1815 und 1860 mehr als die Hälfte des Gesamtwerts der Exporte aus.

Vom Ende des Unabhängigkeitskrieges bis 1800 wurden ungefähr 250.000 AfrikanerInnen importiert. Das ließ die Zahl der SklavInnen im Süden zwischen 1790 und 1820 von 700.000 auf 1,5 Millionen anwachsen, was 40% der dortigen Bevölkerung entsprach.[26] Dem standen 110.000 freie Schwarze in den Südstaaten und weitere 80.000 in den anderen Staaten gegenüber, was insgesamt 13,5% der gesamten schwarzen Bevölkerung entsprach (1810).[27] Dieser Form von Emanzipation schoben die Südstaatenparlamente in den darauffolgenden Jahren immer mehr einen Riegel vor, so daß der prozentuale Anteil freier Schwarzer sank.

In Europa machte sich indes Widerstand gegen die Sklaverei breit. Auf dem Höhepunkt der französischen Revolution 1794 schafften die Jakobiner die Sklaverei ab.[28] Dänemark untersagte 1805[29] den SklavInnenhandel, England folgte 1807. Damit war zunächst nur der internationale Handel mit SklavInnen verboten, also ihr Raub oder Kauf in Afrika und die Verbringung nach Übersee. Der erste Schritt hierzu war 1771 das Urteil von Lord Mansfield gewesen. Ein Sklavenbesitzer hatte seinen Sklaven nach England gebracht, wo dieser entfloh. Wieder eingefangen sollte er nach Jamaica verschifft werden. »Mansfield decided that since no positive law existed creating slavery, it could not be practiced in England, and that there was no legal way of taking a man's liberty by arguing that he was a slave.«[30]

Die Royal Navy fungierte von 1815 bis in die 70er Jahre des 19. Jahrhunderts als Seepolizei gegen die SklavInnenschiffe, die sie kaperte und deren menschliche Fracht zurück nach Afrika schickte. 1808 zogen die USA mit dem Verbot des SklavInnenhandels ebenso nach und seitdem war die Einfuhr neuer SklavInnen verboten.[31] Allerdings wurden bis 1860 noch 250.000 bis 300.000 Schwarze illegal ins Land gebracht. Ansonsten reproduzierte sich die SklavInnenbevölkerung weitgehend durch eigene Nachkommen. Am Ende des Unabhängigkeitskrieges kamen auf eine/einen in Afrika geborene(n) Sklavin/Sklave vier in Amerika geborene; 1860 waren 99% aller SklavInnen in den USA geboren worden und stammten zum Teil schon in der dritten oder vierten Generation von im Land Geborenen ab.

Bis 1804 hatten alle nördlichen Bundesstaaten Anti-Sklaverei Gesetze verabschiedet[32], die eine schrittweise graduelle Befreiung der Schwarzen vorsahen. Die Gründe lagen in der Unprofitabilität der Sklaverei in diesen Staaten und der überhaupt geringen Anzahl von SklavInnen dort. Einige südlichere Staaten (Maryland, Kentucky und Tennessee) vereinfachten die Freilassung von SklavInnen.

Die Frage stellt sich, warum England den Vorstoß gegen die Sklaverei unternahm. Die französischen Plantagenbesitzer der Karibik hatten im Verein mit vermehrten Zuckerimporten aus Bengalen die Preise gedrückt. Desweiteren hatte man in Europa mit der Produktion von Rübenzucker begonnen. Die britischen Plantagenbesitzer der Karibik erlebten eine wirtschaftliche Krise, ihre SklavInnenhaltung wurde immer unprofitabler und sie gerieten immer tiefer in Schulden. Großbritannien hatte sich wirtschaftlich umorientiert. War zuvor ein beträchtlicher Teil des Reichtums aus der Karibik gezogen worden, so lagen nach den napoleonischen Kriegen die Erwartungen beim Export von Fertigwaren nach und dem Import von tropischen Produkten aus Asien und Afrika.

In weiten Teilen der Welt vollzog sich ein Wandel in der Plantagenwirtschaft. Es entstanden immer mehr hochkapitalisierte korporative »Fabriken auf freiem Felde«[33], bei denen sich alle Produktionsfaktoren, also auch die Arbeitskraft, nach Angebot und Nachfrage richteten, wie es international gesehen die wachsende Vorherrschaft des Industriekapitalismus mit sich brachte, daß der Einsatz freier Arbeitskräfte immer eindeutiger der SklavInnenarbeit vorgezogen wurde.[34]

Während sich international das Ende der Sklaverei abzuzeichnen begann, erlebte sie in den Südstaaten aufgrund der wirtschaftlichen Entwicklung erst ihren Höhepunkt. Aber: Es besaß im Süden nur eine von fünf Familien überhaupt SklavInnen und die meisten davon weniger als fünf. Im Besitz von mehr als zwanzig SklavInnen waren nur 2% der Familien und zur Kategorie der ›großen Plantagen‹ mit mehr als 100 SklavInnen gehörte nur eine von dreihundert. 1850 gab es davon höchstens 3.000 im ganzen Süden. Diese letzteren hielten einen großen Teil des Vermögens in Händen, übten Macht und Einfluß aus. Aus ihren Reihen kamen die Männer, die den Süden regierten und ›seine‹ Interessen auf nationaler Ebene vertraten. Doch das war nicht die mehrheitliche Situation. Aufgrund hoher Transportkosten, Maklergebühren und Vorauszahlungen mußten sich kleinere Farmen zwischen den Erntezeiten in Abhängigkeit von Geldverleihern begeben. Und selbst größere Farmen betraf dies. Der größte Vermögensbesitz eines Plantagenbesitzers bestand in den SklavInnen. Oft führten die Besitzer »ein spartanisches Leben bis zur Selbstverleugnung, um ihre Sklaveninvestition zu erhalten. Sie waren zu arm, um verbrauchtes Vieh oder abgenutzte Werkzeuge ersetzen zu können, doch sie bemühten sich, ihre Sklaven in möglichst gutem Zustand an ihre Kinder weiterzugeben.«[35]

In den Südstaaten waren sieben von acht SklavInnen um die Mitte des 19. Jahrhunderts in der Landwirtschaft beschäftigt. Aber nicht alle arbeiteten auf den Feldern. 7% arbeiteten in den Plantagenverwaltungen, 12% waren ausgebildete Handwerker oder Facharbeiter und 7,5% waren HaussklavInnen. Den gefürchteten weißen Aufseher gab es nicht überall. »Die Arbeitsaufsicht, Produktionsüberwachung bis hin zu unternehmerischen Entscheidungen wie Einkauf und Verkauf und Investitionen hat angeblich überwiegend auf schwarzen Schultern geruht.«[36] Eine für ihre Größe übliche Plantage wurde folgendermassen beschrieben: »Das Gut hatte Ländereien zwischen 1.300 und 1.400 Acres und besaß 135 Sklaven. 30 wurden zum Pflügen eingesetzt, 30 zum Hacken (die meisten davon Frauen). Daneben gab es einen schwarzen Kutscher, drei Handwerker, zwei Näherinnen, eine Köchin, einen Stallknecht, einen Hirten für die Rinder und einen für die Schweine, einen Fuhrmann, eine Hausdienerin (die Köchin des Aufsehers), eine Hebamme und ein Kindermädchen.«[37] Das Leben der Schwarzen und der Weißen war auf den Plantagen und Farmen auf makabre Weise untrennbar miteinander verbunden. Auf den kleineren Gütern schliefen die SklavInnen manchmal im Haus neben dem Bett ihrer Herren, seltener teilten sie es sich mit ihnen sogar. Kleine schwarze und weiße Kinder spielten miteinander, ein schwarzes Kindermädchen beaufsichtigte die weiße Nachkommenschaft. Oft unterstützte eine persönliche Sklavin die Herrin, wie dem Herrn auch sein Faktotum zur Seite stand.

Hinsichtlich der Arbeit machte die Sklaverei auf den Plantagen Männer und Frauen gleich. Das war auch an anderen Plätzen, an denen SklavInnen arbeiteten so: im Kohlebergbau oder in den Eisenhütten, beim Holzfällen oder bei Erdarbeiten, beim Kanal- wie Eisenbahnbau.[38]

Unterschieden wurden sie woanders. Mit dem Verbot des SklavInnenhandels sahen sich die SklavInnenhalter auf die ›natürliche‹ Fortpflanzung als die Methode des Ersatzes und der Vermehrung der einheimischen SklavInnen angewiesen. Manche schwarze Männer wurden gehalten wie Zuchthengste. Schwarze Frauen, die aussahen, als ob sie zehn, zwölf, vierzehn oder mehr Kinder gebären könnten, wurden zu einem heftig umworbenen Besitz. »Sie waren schlichte Werkzeuge, die das Wachstum der Sklavenarbeiterschaft garantierten. Sie waren ›Zuchttiere‹, deren Marktwert nach ihrer Gebärleistung genau kalkulierbar war.«[39] Manche bekamen im Alter von 13 oder 14 Jahren ihr erstes Kind, mit 20 hatten sie fünf. Teilweise wurde die ›Zuchtleistung‹ honoriert: ein Schwein für jedes neue Kind oder Sonntags arbeitsfrei für Mütter von sechs und mehr Kindern. Manchmal bekamen sie nach der Geburt von zehn oder fünfzehn Kindern die Freiheit geschenkt. Rechtlich hatten sie keinen Anspruch auf ihre Kinder, die von ihren Besitzern verkauft werden konnten. In einigen Staaten existierten zwar Gesetze, die die Trennung der Kinder von ihrer Mutter vor dem Alter von 10 Jahren verboten, sie wurden jedoch kaum angewendet. Das Verbleiben der Kinder bei der Mutter sowie auch der gemeinsame Verbleib einer schwarzen Familie an einem Ort war der Willkür der Besitzer überlassen.

Um 1815 herum wurden einige Gesetze, die Schwarze betrafen, in manchen Bundesstaaten leicht reformiert. Indiana verbot 1816 die Sklaverei, Illinois 1818. In Georgia zahlte der Staat für alte und kranke SklavInnen, die von ihren Herren ihrem Schicksal überlassen worden waren, Unterstützung und bürdete ebendiesen die Kosten auf. 1816 wurde dort ein Gesetz verabschiedet, nach dem Weiße verurteilt werden konnten, wenn sie einen Schwarzen, dessen Herr oder Aufseher sie nicht waren, ohne Grund schlugen. Auch konnten grausame Besitzer bestraft werden, wobei ›grausam‹ undefiniert blieb. Auch blieb die Wirkungsweise solcher Gesetze arg eingeschränkt, durften Schwarze doch vor Gericht nicht gegen Weiße aussagen. Maine gab 1820 schwarzen Männern das Wahlrecht.

Gesetze, die gegen Schwarze gerichtet waren, waren zahlreicher. Delaware verbot 1811 freien Schwarzen die Immigration.[40] War einE dort aufgewachseneR freieR SchwarzeR länger als sechs Monate außerhalb des Bundesstaates, verlor er/sie seinen/ihren Status dort. Die Situation in Illinois und Louisiana war ähnlich. Georgia verbot 1818 ebenfalls freien Schwarzen die Einreise[41], die dort lebenden mußten sich jedes Jahr registrieren lassen und durften selber keine SklavInnen oder Grundeigentum besitzen. Ein Jahr später wurde ihnen der Besitz von Grundeigentum in bestimmten Gebieten erlaubt. Die Freilassung von SklavInnen wurde verboten.

Sklavinnen wie Sklaven waren Auspeitschungen und Verstümmelungen ausgesetzt. Es war so sehr Bestandteil des Lebens, daß es sich in den Spielen schwarzer Kinder wie Sich-gegenseitig-mit-der-Rute-peitschen und Auf-der-Auktion niederschlug. Für die Züchtigungen gab es spezielle Institutionen. »In den Städten und Dörfern wird das Auspeitschen von einem offiziell ernannten Vollstrecker übernommen. Nur in Notfällen oder in hitziger Erregung kommt es vor, daß Damen oder Herren ihre Sklaven selbst schlagen. Die Herren scheuen es als eine Herabsetzung auf die sozialen Stufe des Aufsehers oder Wachtmeisters, wie man den Auspeitscher auch nennt. Die Damen sind dagegen zu empfindlich, um die Züchtigung zu erteilen; sie schreiben lieber auf ein Stück Papier, ›Mr. X, erteilen sie doch bitteschön dem Negermädchen Nancy soundsoviel Hiebe und schicken Sie die Rechnung an folgende Adresse...‹«[42]

Frauen waren neben den üblichen Repressionen zudem sexuellem Zwang und Vergewaltigungen ausgesetzt. Nicht selten existierte eine halbgeduldete Form des Zusammenlebens ›in der Sünde‹ zwischen weißen Plantagenbesitzern und schwarzen Frauen. Üblich war eine ›Zweitfamilie‹, die der Weiße auf der Plantage oder sogar im Herrenhaus mit einer Sklavin unterhielt. Kam es dabei zu Nachkommenschaft, so waren die Reaktionen der Väter weit gefächert. Manche interessierten sich nicht für die Kinder, verkauften sie zum Teil wie andere SklavInnen auch. Das mag auch daran gelegen haben, daß sie von ihren Ehefrauen dazu gedrängt worden waren. Andere Väter gaben ihren Sklavenkindern die Freiheit und versorgten sie. Vor allem alte reuevolle Männer schienen dazu zu neigen und gaben ihrem Nachwuchs neben der Freiheit Land und/oder Geld. Für die Männer, die für ihre Zweitfamilie hellhäutigere Schwarze bevorzugten, existierte ein Markt in New Orleans und Charleston, wo für solchen Besitz der doppelte Preis wie für FeldsklavInnen erzielt werden konnte. Nicht nur für Sklavenhalter waren Beziehungen mit Schwarzen möglich. Freie schwarze Frauen verdienten sich ihren Lebensunterhalt manchmal als Konkubinen weißer Männer.

Umgekehrt war es weißen Frauen auf den Plantagen streng untersagt, sexuelle Beziehungen mit schwarzen Männern zu unterhalten. Bei niedrigen weißen Schichten kam es auch im Süden manchmal, aber selten, zu solch einer Beziehung.

Das Spektrum der Beziehungen zwischen SklavInnen und ihren Besitzern war breit. Einige Sklavenhalter glichen dem wohlwollenden Patriarchen, entsprechend dem Mythos, den der Süden von sich selbst hatte. Andere waren grausame Tyrannen. Die meisten fielen irgendwo zwischen diese Extrempositionen.

Das Verhalten zwischen SklavInnen und ihren weißen Herren wurde später theoretisch in zwei extremen Sichtweisen skizziert. Die eine beschreibt das Handeln der SklavInnen als day-to-day-resistance.[43] Die andere, die sogenannte ›Sambo-These‹, besagt, die Schwarzen hätten sich zu Schauspielern gemacht, die den Weißen jene Rolle vorspielten, die diese hätten sehen wollen: die des kindlichen, fröhlichen Sambo, der nicht zur Verantwortung gezogen werden kann und vor seinem eigenen Unverstand und seiner angeborenen Unmoral beschützt werden muß.[44] Nicht im Gegensatz zu diesen beiden Positionen, sondern als dialektische Betrachtungsweise des Verhältnisses zwischen den beiden Gruppen kann Paternalismus als die personale Gegenseitigkeitsbeziehung zwischen Herren und SklavInnen angesehen werden.[45] Investitionen, ökonomischer Wert, welches die SklavInnen waren, bedürfen der Wartung und Pflege. Die Herren mußten den SklavInnen die Sorge um Nahrung, Kleidung, Behausung, ja selbst um Erholung, Geselligkeit, Freude und

Liebe abnehmen. Andererseits, da es sich um Eigentum in Menschenge-stalt handelte, waren dem System Härte und Grausamkeit seitens der Herren immanent.

»Als fragile Brücke zwischen dem unaufhebbaren Widerspruch, der entsteht, wenn Menschen sich als Produzent und Produktionsmittel, Eigentümer und Eigentum, ohne Distanz schaffende Verträge gegen-überstehen, rechtfertigt der Paternalismus die erzwungene Arbeit der Sklaven als legitime Gegenleistung für die ihnen abgenommene Lebens-sorge. Dialektisch gesehen bestätigte die Verpflichtung der Sklaven zur Arbeit ihren Anspruch auf Lebenssorge. [...] Als distanzloses Herrschafts-verhältnis, das geschwächt wurde durch die komplizierten Wechselseitig-keiten von Rechten und Pflichten, ermutigte der Paternalismus einer-seits auf beiden Seiten persönliche Wärme und Neigung, andererseits Grausamkeit und Haß.«[46]

In vielen Briefen, Tagebüchern und Testamenten weißer Pflanzer tauchte die Formulierung »Our whole family, black and white« immer wieder auf. Das Selbstbild vieler Weißer war also das des autoritären Familienvaters, der einer großen schwarzen und weißen Familie vor-stand. Die große Masse der SklavInnen akzeptierte dieses Ethos des Paternalismus.

Nichtsdestotrotz blieb Widerstand gegen die Sklaverei nicht aus. Neben langsamem Arbeiten, ›Krankfeiern‹, Beschädigung des Arbeits-geräts, Diebstahl, Brandstiftung, Flucht, Selbstverstümmelung, Selbst-mord[47], Abtreibung oder der Tötung Neugeborener, heimlichen Versu-chen im Haushalt Beschäftigter, ihre Herren zu vergiften und der heim-lichen Aneignung und Weitergabe von Lese- und Schreibfähigkeit hat es wohl hunderte von Verschwörungen und Aufständen gegeben[48], von denen jedoch nur wenige ein größeres Ausmaß annahmen. Diejenigen jedoch, die ein größeres Ausmaß annahmen, sind bis heute legendär. Gabriel Posser, ein Sklave aus Virginia, bewaffnete im Jahr 1800 tausend Seinesgleichen mit Keulen, Messern und Gewehren, um in Richmond einzumarschieren. Das Vorhaben mißlang aufgrund von Verrat und er wurde mit einigen seiner Anhänger hingerichtet.[49] Gleiches widerfuhr Denmark Vesey, einem ehemaligen Sklaven, der sich seine Freiheit 1800 durch einen Lotteriegewinn erkauft hatte. Er versuchte 1822 einen be-waffneten Aufstand zu organisieren, bei dem Charleston, South Caro-lina umstellt, alle SklavInnen befreit und dann die Stadt niedergebrannt werden sollte. Mit den im Hafen liegenden Schiffen sollten alle nach

Westindien segeln. Vesey hatte schon Waffen von einem Weißen gekauft, aber sein Plan wurde von einem Schwarzen verraten, 35 der
Aufständischen hingerichtet, 37 in andere Gegenden verkauft. Der nächste größere Versuch erfolgte 1831 durch Nat Turner, einem schwarzen
Prediger, der, nachdem es mehrere kleinere Erhebungen gegeben hatte,
einen Aufstand in Virginia entfachte. Er tötete seinen Herren und dessen Familie und zog dann mit einer wachsenden Schar durchs Land, alle
Weißen tötend. Nach 48 Stunden wurde die Revolte niedergeschlagen
und er mit 19 seiner Anhänger gehängt.

Im karibischen Raum und im ganzen Süden der USA gab es die
Maroon-Gemeinschaften[50], die sich aus flüchtigen SklavInnen und zum
Teil aus Natives sowie aus ihren gemeinsamen Nachfahren zusammen-
setzten.[51] In den USA sind für den Zeitraum von 1672 bis 1864 50
solcher Gemeinschaften nachgewiesen, die sich in Bergwäldern und
Sümpfen hielten. Manche betrieben Ackerbau. Vor allem aber wurden
Plünderungen von Plantagen und Dörfern und Aufstände organisiert.
Zum Beispiel wurde 1816 eine Gemeinschaft von 300 Männern, Frauen
und Kindern entdeckt, die eine Festung in Florida besetzt hielten. Die
Armee bekriegte sie zehn Tage lang, was 250 BewohnerInnen das Leben
kostete. Aufgrund der schwierigen Lebensbedingungen der Entlaufenen
in den USA – selten flohen größere Gruppen, sie konnten kaum Werkzeuge mitnehmen, sie mußten sich in dünnbesiedltem Gebiet niederlassen – gab es dort weniger und kleinere Maroon-Gemeinschaften als in
der Karibik, wo sie zum Teil ein beträchtliches Ausmaß und Bedeutung
gewannen.

Freie Schwarze und entlaufene SklavInnen fanden auch Aufnahme
bei den Natives, die sie in ihre Stammesstrukturen integrierten, so daß
entlang der Atlantikküste die »Native Americans were transformed into
a biracial people«.[52] Da viele männliche Natives getötet worden waren
und so ein Unterschied hinsichtlich der Anzahl von Frauen und Männern bei den Natives vorhanden war und dies zum Teil umgekehrt bei
den Schwarzen war, da die Sklavenhändler zuerst hauptsächlich Männer
aus Afrika geraubt hatten, wurde dieses »Ungleichgewicht [...] durch die
häufige Heirat von indianischen Frauen mit schwarzen Männern ausge-
glichen«.[53] Kinder aus diesen Verbindungen wurden von Weißen als
Schwarze identifiziert.

Zu wichtigen Zufluchtsorten entwickelten sich auch die städtischen
Zentren, da Entlaufene in der Anonymität des Stadtlebens und in den

Gemeinschaften freier Schwarzer untertauchen konnten. Jedoch stand dieser Weg eher privilegierteren SklavInnen offen, die über marktgängige berufliche Fähigkeiten verfügten.

Eine erste Generation schwarzer Intellektueller erwuchs. Zu ihnen gehörte u.a. die DichterInnen Phillis Wheatley und Jupiter Hammon, der Schriftsteller Gustavus Vassa, der Arzt James Derham, der Geschäftsmann Paul Cuffe, der Mathematiker und Astronom Benjamin Banneker, der Lehrer Primus Hall und der Prediger Richard Allen.

Es gründeten sich schwarze Bildungs- und Selbsthilfeorganisationen, meist initiiert von freien Schwarzen. Kooperative Vereinigungen, die Gelder sammelten, konnten bei Krankheit und Arbeitslosigkeit, bei Begräbniskosten und Witwenrenten zur Seite stehen. Sie waren lokal beschränkt auf Nachbarschaften oder Stadtviertel. Sie halfen auch freigelassenen SklavInnen, sich in den neuen Bahnen zu integrieren. Trotz der für ihre Verhältnisse großen Monatsbeiträge von 12 bis 50 Cents organisierten sich viele Schwarze in diesen Vereinigungen, deren Anzahl vor allem in den Städten in die Höhe schoß. Und es gründeten sich schwarze Freimaurerlogen. Sie wurden allerdings nicht von den us-amerikanischen Logen aufgenommen, sondern erhielten die offizielle Erlaubnis durch die britische Loge.

Schulen für Schwarze entstanden. Vor allem in New England und den Staaten des Mittleren Atlantiks war dies der Fall, während solche Anstrengungen im Süden auf Widerstand stießen. Wollten Schwarze dort lesen und schreiben lernen, waren sie in der Regel auf private LehrerInnen oder klandestine Schulen angewiesen, obwohl auch im Süden ein paar Schulen für sie existierten. Die wenigen waren allerdings hauptsächlich freien Schwarzen vorbehalten. Das erste College, das ab 1835 auch Schwarze und Mädchen aufnehmen sollte, wurde das zwei Jahre zuvor gegründete Oberlin College in Ohio.

Bemühungen um eine Rücksiedlung von Schwarzen nach Afrika, die seit 1814 zunahmen und 1816 zur Gründung der American Colonization Society (ACS) führten, konnten am Wachstum und der Ausbreitung der Sklaverei nichts ändern. Dem ACS ging es weniger darum, gegen die Sklaverei vorzugehen, als freie Schwarze, die als Fremdkörper betrachtet wurden, zu verschiffen. Anfänglich durch Bundesmittel und finanzielle Hilfe von Einzelstaaten, Kirchen und Privatpersonen unterstützt, kaufte sie südlich von Sierra Leone Land und gründete die Kolonie Liberia. Die Hauptstadt wurde zu Ehren Präsident Monroes Monrovia getauft.

Da aber die Hilfe des Bundes rasch versiegte, wurden bis 1830 lediglich 1.400 Schwarze ›zurückgebracht‹, denen Starthilfe bei Ackerbau und Handwerk zuteil wurde. Viele von ihnen litten an dem tropischen Klima und starben an Fieberkrankheiten. Die überlebenden EinwanderInnen kamen in Konflikt mit den Einheimischen, etablierten sich aber als Führungselite, die politische und soziale Vorrechte beanspruchte.[54] 1847 erklärten die SiedlerInnen Liberia zu einer unabhängigen Republik mit einer der USA entliehenen Verfassung.[55] Der erhoffte Zustrom an schwarzen EinwanderInnen aus den USA erfüllte sich nicht, um 1860 lebten nur 12.000 emigrierte Schwarze dort.[56]

Nach Sierra Leone wanderten ebenfalls Schwarze aus, die nicht nur aus den USA sondern auch aus England, Canada und Jamaica kamen.[57] Sie etablierten sich ebenfalls als Führungsschicht gegenüber den ansässigen AfrikanerInnen.

Anderen ›Rekolonisierungsprojekten‹, etwa Siedlungsexperimenten auf Haiti oder in Canada, war noch weniger Erfolg beschieden.

8 Historie IV
Territoriale Expansion und wachsender Nord-Süd-Konflikt

Die Expansion des Staatsgebietes, die quasi als ›schicksalhafte Bestimmung‹ (Manifest Destiny) der US-Amerikaner, sich über den Kontinent auszubreiten, gesehen wurde, schritt voran. Am 1. März 1845 wurde die Annexion von Texas durch den Kongreß beschlossen. Der Prozeß bis zur Annexion war exemplarisch für die Strategie der USA in der Zeit ihrer Expansion, sich Land einzuverleiben.[1] Bereits zwischen 1800 und 1820 waren us-amerikanische SiedlerInnen nach spanisch-mexikanisch Texas gezogen. 1820 lebten allerdings erst etwa 4.000 Menschen dort.[2] Spanien betrachtete Texas als Pufferzone für die weiter vordringenden USA. Sie sahen sich jedoch nicht gewachsen, den Strom der SiedlerInnen aufzuhalten. So wurde versucht, diese SiedlerInnen selbst ins Land zu ziehen und sie quasi zu spanischen Untertanen zu machen. 1821 errang Mexico seine Unabhängigkeit von Spanien, wobei es heimlich von den USA unterstützt worden war; Texas wurde mexikanische Provinz. Mexico setzte die vorherige Einwanderungspraxis fort und us-amerikanische SiedlerInnen konnten sich in Texas niederlassen, sofern sie mexikanische Staatsbürger und Katholiken wurden und kostenlos 4.500 Acres zur Bestellung übernahmen. Das war geradezu verlockend, kostete doch der Acre in den USA 1,25 Dollar (1820). Die Zahl der SiedlerInnen verdoppelte sich deshalb bis 1830. Das heißt allerdings nicht, daß die ins Land kommenden Menschen zu loyalen mexikanischen Staatsbürgern wurden.

Die meisten von ihnen waren mit SklavInnen gekommen. Als die Regierung der Provinz 1827 ein Antisklavereigesetz erließ und der mexikanische Präsident 1829 die Sklaverei verbot, konnten die Siedler noch eine Ausnahmeregelung bewirken. Doch der Konflikt schien vorprogrammiert. Auch der Widerstand der SiedlerInnen, nicht nur formell, sondern real katholisch zu werden, führte zu Reibereien mit der mexikanischen Verwaltung. So kam es seit 1826 gelegentlich zu bewaffneten Zusammenstößen zwischen Siedlern und mexikanischen Truppen.

Die USA hatten, trotz ihrer Verzichtserklärung auf Texas, mehrfach versucht, Texas von Mexico zu kaufen. Mexico lehnte jedesmal ab, vermutete aber nun, daß die USA auf andere Weise versuchen würden, sich Texas einzuverleiben. Der weitere Zustrom von SiedlerInnen war nicht zu stoppen. So lebten 1835 30.000 bis 35.000 US-AmerikanerInnen, aber nur etwas mehr als 3.000 MexikanerInnen in Texas.[3]

Als der Präsident Antonio López de Santa Ana in Mexico die Zügel stärker an sich riß und Texas rigoroser regierte, bildeten die Siedler eine provisorische Regierung und eine Armee. Im März 1836 verabschiedeten sie eine Unabhängigkeitserklärung und riefen die Republik Texas aus. Kämpfe folgten, bei denen die Siedler letztendlich siegreich blieben, so daß die mexikanischen Truppen abziehen mußten. Es war kein Wunder, daß sie siegten, kamen doch Waffen, Munition, Medikamente, sonstiger Nachschub und Freiwilligenverbände aus den USA. Gegenüber den Protesten der mexikanischen Regierung berief sich Washington immer auf seine formelle Neutralität.

Dem Antrag Texas' auf Annexion kam Washington allerdings nicht nach. Erstens wäre dann ein Krieg mit Mexico unausweichlich geworden. Zweitens hätte es das innenpolitische Gleichgewicht zwischen den Sklavenhalterstaaten und dem Norden zu sehr zugunsten des Südens verschoben, hätten doch aus dem riesigen Gebiet Texas, so die Befürchtung, fünf Bundesstaaten entstehen können, die auf ihrem Sklavenhalterstatus beharrten. Allerdings erkannte Präsident Jackson am 3. März 1837 Texas als unabhängigen Staat an.

Die englische Regierung fand Gefallen an einem unabhängigen Texas als Bollwerk gegen die weitere Expansion der USA. Vor allem in den Südstaaten keimten Verschwörungstheorien auf, daß sich Großbritannien von Canada aus California und Texas einverleiben wolle. Schließlich, nachdem die USA, wenn auch wahrscheinlich fälschlich, befürchten mußten, Texas zu verlieren, kam es zum Annexionsangebot, welches Texas nach einem Volksentscheid am 29. Dezember 1845 annahm.

»Texas ist [...] ein klassisches Beispiel für die Untergrundarbeit, die es während der frühen amerikanischen Expansion bereits gab – für die Unterminierung fremder Souveränität, die Herausbildung einer Separatistenbewegung, schließlich die gewaltsam erkämpfte Abtrennung.«[4]

Das politische Klima verschlechterte sich weiter, als Texas den noch weiter südlich liegenden Rio Grande als Grenze zu Mexico beanspruchte. Im Juli 1845 – unmittelbar nach dem Anschluß von Texas – ließ der us-amerikanische Präsident Soldaten in das umstrittene Grenzgebiet zwischen Mexico und Texas ziehen. Dort standen ab April 1846 den 4.000 Mann am Nordufer des Rio Grande 5.000 Mexikaner gegenüber.

Am 23. April 1846 erklärte der mexikanische Präsident einen Verteidigungskrieg gegen die USA; zwei Tage später kam es zu ersten Gefech-
ten. Daraufhin erklärten die USA ebenfalls einen Verteidigungskrieg.
Obwohl die USA einen kurzen Krieg geplant hatten, kamen die Truppen, die über den Rio Grande nach Nord-Mexico vorrückten, sowie die,
die nach der Landung in Vera Cruz auf Mexico-Stadt zumarschierten,
nur langsam vorwärts. Eine dritte Einheit machte sich auf, New Mexico
und California einzunehmen.

In California fand ein ähnliches Schauspiel wie in Texas statt. Es
gehörte nominell seit Jahrhunderten zum spanischen Herrschaftsbe-
reich. 1821 war es mexikanische Provinz mit halbautonomem Status
geworden, wobei die Herrschaftsausübung durch die riesige Entfernung
zu Mexico-Stadt – 1.500 Meilen (2.400 km) Wüste und Prärie – erschwert wurde und sich so die mexikanische Provinz faktisch auf Kü-
stenorte wie San Francisco und Monterey beschränkte.[5] Seit den 1830er
Jahren trafen vermehrt us-amerikanische Siedler und Pelzhändler in
California ein, Händler und Seeleute setzten sich an der Küste fest. In
den 1840er Jahren strömten immer mehr SiedlerInnen hierher, vor allem
in das Sacramento-Tal. Seit 1835 hatten die USA mehrfach versucht,
California zu kaufen, was das gespannte Verhältnis zu Mexico weiter
verschärfte, wußte dieses doch nur zu gut, was daraus folgte. Und so
kam es auch. Indirekt wurde der us-amerikanische Konsul in Monterey
dazu aufgefordert, die mexikanische Souveränität zu durchlöchern.
Gleichzeitig hieß es in seiner Instruktion vom Außenminister, daß die
USA die Californier als »Brüder« aufnehmen würden, wenn »sie ihr
Schicksal mit dem unsrigen verbünden wollen«.[6]

Das us-amerikanische Pazifikgeschwader war verstärkt worden und
sollte zusammen mit der kleinen Truppe von 62 Mann, die vom Kriegs-
ministerium auf den Landweg nach California geschickt worden war,
die us-amerikanischen SiedlerInnen in California bei einer Revolte un-
terstützen. Schon bald war California in ihrer Hand.

In dem Krieg hatte Mexico im Endeffekt der us-amerikanischen
Land- und Seemacht wenig entgegenzusetzen und mußte die Eroberung
von California und den Einmarsch in die Hauptstadt Mexico-Stadt
hinnehmen. Am 2. Februar 1848 wurde Frieden geschlossen. Der Krieg
hatte die US-Amerikaner 97,7 Millionen Dollar und das Leben von
13.000 ihrer 100.000 Soldaten gekostet. Mexico verlor ein riesiges Territorium, wofür es letztendlich 18,25 Millionen Dollar bekam; der Rio

Grande wurde als Grenze zwischen Mexico und Texas festgelegt.[7] Es handelte sich bei dem ganzen Gebiet u.a. um die heutigen Bundesstaaten Nevada, Utah, New Mexico, Arizona und um Teile von Wyoming und Colorado. Mexico verlor damit die Hälfte seines Staatsgebiets. 1850 beantragte California seine Aufnahme in die Union.

Der Streit mit Großbritannien um Oregon wurde beigelegt. Im Juni 1846 wurde sich auf 49 Grad nördlicher Breite als Grenze geeinigt und damit die bis heute bestehende Grenze zu Canada definitiv festgelegt. Die USA hatten zuvor auf 54 Grad 40 Minuten gepocht, war ihnen doch an diesem fruchtbaren Siedlungsgebiet und den Häfen, die sie für ihren Handel mit Ostasien brauchten, gelegen. Als aber der Zugriff auf California mit den Häfen von San Francisco und Monterey konkreter wurde, erschien ihnen der Kompromiß akzeptabel.

Karte 5: Die territoriale Expansion bis 1853

AL: Alabama, AR: Arkansas, CA: California, CT: Connecticut, DE: Delaware, FL: Florida, GA: Georgia, IA: Iowa, IL: Illinois, IN: Indiana, KY: Kentucky, LA: Louisiana, MA: Massachusetts, MD: Maryland, ME: Maine, MI: Michigan, MO: Missouri, MS: Mississippi, NC: North Carolina, NH: New Hampshire, NJ: New Jersey, NY: New York, OH: Ohio, PA: Pennsylvania, RI: Rhode Island, SC: South Carolina, TN: Tennessee, TX: Texas, VA: Virginia, VT: Vermont, WI: Wisconsin

Mit dem Jahr 1848 war die kontinentale Ausbreitung der USA von Küste zu Küste abgeschlossen. Die Phase der Vergrößerung der Einflußsphäre durch direkte Inbesitznahme von Land wurde – von einigen Ausnahmen abgesehen[8] – abgelöst durch die Errichtung eines »Informal Empires«[9], der mehr oder weniger verdeckten Herrschaftsausübung mit anderen Mitteln.[10]

In *Peck's New Guide to the West*, einer Informations- und Werbeschrift aus dem Jahr 1837, wird die Besiedlung des Mittleren Westens beschrieben: »Die meisten Ansiedlungen im Westen haben drei Klassen von Siedlern erlebt, die, wie drei Wellen des Ozeans, eine nach der anderen herangerollt sind. Zuerst kommt der Pionier, der seine Familie in der Hauptsache mit der natürlichen Vegetation und seiner Jagdbeute ernährt. Er benutzt primitive, meist selbst hergestellt Ackergeräte und Werkzeuge und legt nur ein Maisfeld und einen Küchengarten an ... Er baut sein rohes Blockhaus ... und wohnt hier, bis er sein Land einigermaßen kultiviert hat und das Wild knapper wird ...

Die nächste Klasse der Neusiedler kauft das Land, fügt ein Feld nach dem anderen hinzu, legt Wege an und baut primitive Brücken über die Flüsse, errichtet Häuser aus behauenen Baumstämmen mit verglasten Fenstern und Ziegel- oder Steinschornsteinen, legt hier und da Obstgärten an, baut Mühlen, Schulen, Gerichtsgebäude usw. und zeigt dabei das äußere Bild und die Formen eines schlichten bescheidenen Lebens.

Dann kommt eine neue Welle: die Leute mit Kapital und Sinn für organisierte Unternehmen ... Aus dem kleinen Dorf wird eine ansehnliche Gemeinde oder eine Stadt. Man errichtet große Häuser aus Ziegelsteinen, bearbeitet große Felder, Obstplantagen und Gärten, richtet Colleges ein und baut Kirchen. Feine Wollstoffe, Seide, Strohhüte, Schleifen und alle anderen Luxusartikel, Frivolitäten und Moden halten ihren Einzug.

So rollt eine Welle nach der anderen westwärts, und das wahre Eldorado liegt hinter dem Horizont.«[11]

Was in *Peck's New Guide to the West* nicht beschrieben wurde, war das Aufeinandertreffen der westwärts dringenden Weißen mit dort lebenden Menschen. Auch dabei kann von drei aufeinanderfolgenden Zyklen gesprochen werden. Zuerst waren es hauptsächlich Männer, die sich in die unbekannten Gefilde begaben. Sie liierten sich teilweise mit Frauen, die sie dort vorfanden: Natives und Mexikanerinnen, und fanden in deren Gemeinschaften Aufnahme. Gemeinsame Kinder bekamen die ›Rasseidentität‹ der Mutter. Als mehr und mehr Weiße und eben auch weiße Frauen westwärts strömten, gingen weiße Männer – weniger weiße Frauen – immer noch Beziehungen mit Natives oder MexikanerInnen ein. Jetzt galten die Paare als Mitglieder der weißen Gemeinschaften und deren Kinder als Weiße. Eine dritte Phase trat ein, wenn die Weißen die Majorität in einem Gebiet bildeten. Dann waren feste Bindungen zwischen den Gruppen verpönt. Sexueller Kontakt zwischen weißen Männern und Natives und Mexikanerinnen fand nun in den Formen von Prostitution und Vergewaltigung statt.

Im Zuge der Westexpansion mußten die Natives weiter weichen, galten sie zum Teil doch als nicht zu zivilisierende Wilde, deren Lebensformen man nicht zu respektieren brauchte und auf deren für den Baumwollanbau geeignetes Land weiße Siedler ein Auge geworfen hatten. Ihre Verdrängung erfolgte ebenfalls in einem Drei-Phasen-Zyklus: Einem vertragswidrigen Eindringen weißer Siedler in ihr Land folgte ein Krieg; dann wurde ein neuer Vertrag geschlossen, der die Abtretung indianischer Gebiete beinhaltete. Präsident Jackson kündigte 1830 an, daß alle Natives, die sich noch im Osten aufhielten, in Gebiete jenseits des Mississippi verbracht würden. Eine gewaltsame Umsiedlung von nahezu 100.000 Menschen über Tausende von Kilometern, überwiegend in das zum Indianerterritorium erklärte Gebiet des späteren Oklahoma, begann. Auf dem Weg dahin, dem sogenannten Trails of Tears, starben Tausende aufgrund von Not und Krankheit. Das betraf vor allem die sogenannten ›fünf zivilisierten Stämme‹ der Cherokee, Creek, Chickasaw, Choctaw und Seminolen in South Carolina, Georgia, Alabama, Mississippi und Florida, die dieses Attribut auf der Grundlage der Einführung einer Schrift, der Entwerfung von Verfassungen und dem Halten von SklavInnen führten. Der Indian Removal endete vorübergehend, nach einem Massaker von Bundestruppen und Milizen 1832 an den Fox und Sauk, dem 800 Krieger zum Opfer fielen, und einem über 1.200 Meilen (2.000 km) langen Vertreibungsmarsch der Cherokees, der ihre Zahl von 17.000 um 4.000 dezimierte, bevor der ›Landhunger‹ weißer SiedlerInnen sie weiter vertrieb, auf ein Fleckchen Erde, das nur aus einem Drittel des ursprünglichen Landes und weniger fruchtbaren Böden bestand. Teile der Seminolen führten zusammen mit geflohenen Sklaven noch ein paar Jahre eine Art Guerillakampf in Florida gegen das Militär. Das änderte aber nichts an der Tatsache, daß 1840 die organisierte Präsenz der Indianer östlich des Mississippi beendet war.[12]

Von den ›fünf zivilisierten Stämmen‹ lebten 1860 noch knapp 50.000 Menschen, unter ihnen etwas mehr als 8.000 Schwarze, die von ihnen versklavt waren. Insgesamt lebten zu der Zeit nur noch zwischen 200.000 und 300.000 Natives in den USA.

Dagegen wuchs die Bevölkerung der USA insgesamt rapide: War sie zwischen 1790 und 1820 von 4 auf 10 Millionen gestiegen, so betrug sie 1840 bereits 17 Millionen und stieg bis 1860 auf 31,5 Millionen. Davon waren ca. 3,9 Millionen SklavInnen und 500.000 freie Schwarze. Hauptsächlich basierte das Bevölkerungswachstum auf einer Kombination von hoher Geburten- und niedriger Sterberate. Wirklich bedeutsam wurden die Einwanderungszahlen erst in den beiden Jahrzehnten vor dem Bürgerkrieg, als über 4 Millionen Menschen[13] in die USA kamen. Nach fünf Jahren, wenn sie sich zur Verfassung bekannten und, falls vorhanden, ihren Adelstitel ablegten, wurden sie eingebürgert. Hauptsächlich gingen sie in den Nordosten und Mittleren Westen. In den Süden migrierten sie, mit der Ausnahme von Texas, so gut wie gar nicht.

Die Geburtenrate war allerdings nicht mehr so hoch wie früher. Ein verheiratetes weißes Paar hatte 1800 durchschnittlich etwas über sieben, 1825 unter sechs und 1850 5,42 Kinder. Das lag an veränderten Moralvorstellungen, die Sexualität nicht mehr so stark an die Reproduktion koppelten und somit zur wachsenden Verbreitung empfängnisverhütender Mittel und der Zunahme von Abtreibungen führten. Vorsichtige Schätzungen gehen davon aus, daß zwischen 1800 und 1830 eine Abtreibung auf 25 bis 30 Geburten kam, während diese Rate bis 1850 auf eine Abtreibung pro fünf bis sechs Geburten geklettert war. Verschiedene Schriften gaben Wissbegierigen Auskünfte über unterschiedliche Aspekte der Sexualität: Robert Dale Owens *Moral Physiology* (1831), Dr. Charles Knowltons *Fruits of Philosophy; or the Private Companion of Young Married People* (1832) mit zehn Auflagen, Dr. Frederick Hollicks *The Marriage Guide* (1850), Dr. Edward Bliss Footes *Medical Common Sense* (1858) mit über 250.000 verkauften Exemplaren bis zur Jahrhundertwende und Dutzende andere Veröffentlichungen.

Seit dem ausgehenden 18. Jahrhundert hatten sich, ausgehend von Hafenstädten, Rotlichtbezirke in Städten gebildet, von zeitgenössischen Beobachtern mit ›underworld‹ tituliert. Erotische und pornographische Zeichnungen, Erzählungen, später Daguerreotypen[14] und Fotografien, konnten erworben werden. Die Prostitution nahm zu. Um 1866 soll es z.B. in New York 600 Bordelle gegeben haben, in anderen Städten war es vergleichbar. Der Markt segmentierte sich nach Geld und Begierden. Teure und billige Prostituierte waren an unterschiedlichen Orten zu haben: Es gab crip-houses, wo Arbeiter für ein paar Cents Sex erhalten konnten, der so schnell ging, daß »they barely took down their pants«[15]. Für ein bis zwei Dollar konnten Angestellte ihren Vergnügungen nachgehen. Und es gab Häuser mit Ornamenten, hübsch eingerichtet, mit Musik und teuren Likören, wo sich die Privilegierten die ganze Nacht amüsieren konnten. Manche Lokale spezialisierten sich auf Nackttänzerinnen oder Kinderprostitution.

Im Süden war die Prostitution nicht so verbreitet wie im Norden und Westen, konnten sich weiße Männer doch mit schwarzen Frauen ›bedienen‹. Aber auch hier prosperierte das Geschäft. In Savannah soll auf 39 Männer eine Prostituierte gekommen sein, in Norfolk auf 26. An der Westküste kam es zu regem Menschenhandel mit asiatischen Mädchen und Frauen, die aus ihren Heimatländern über den Pazifik gebracht wurden und sich dort in Bordellen verdingen mußten. Insgesamt gab es kaum schwarze Prostituierte. Im Gegensatz zu den männlich geführten Bordellen, die sich Asiatinnen verschafft hatten, arbeiteten weiße Prostituierte unabhängig oder in von Frauen geführten Bordellen. Zuhälterei war kaum vorhanden.

Das allgemeine Wahlrecht für weiße Männer setzte sich immer mehr durch; 1830 gab es in 20 der 26 Bundesstaaten für diese Bevölkerungsgruppe überhaupt keine Zensusbestimmungen mehr. In immer mehr Staaten wurden auch die Gouverneure, Präsidenten-Wahlmänner und Richter durch Volkswahlen bestimmt. Innenpolitisch begann eine Demokratisierung, die die Entscheidungsprozesse des politischen Systems aus der Grauzone interner Absprachen holen und sie auf die Basis demokratisch agierender und durchstrukturierter politischer Parteien stellen wollte. Angeführt wurde sie von Andrew Jackson, der 1828 zum Präsidenten gewählt wurde. Mit ihm erklomm zum ersten Mal jemand diesen Posten, der nicht der Ostküstenelite enstammte, sondern aus den jungen Staaten jenseits der Appalachen kam. Er gehörte zur linken Abspaltung der Republicans, die sich Democratic Party nannte.[16]

Andererseits führte er das spoils system ein. Einträgliche öffentliche Ämter, besonders Leitungspositionen in den Verwaltungen, galten als Beute des Wahlsiegers, weswegen sie zum Teil alle vier Jahre je nach Wahlausgang ohne Rücksicht auf Sachkompetenz neu besetzt wurden. Die Folgen waren Inkompetenz, Verantwortungslosigkeit und Korruption.[17]

»Wahlen wurden nun mehr oder weniger offen als Auseinandersetzung rivalisierender Seilschaften verstanden, bei denen es um nichts weiter ging als um die temporäre Besetzung von politischen (und damit ökonomisch nutzbaren) Machtpositionen, ob auf lokaler, regionaler, staatlicher oder nationaler Ebene. Keine der jeweils rivalisierenden Fraktionen beanspruchte mehr die Qualifikation besonderen Wissens oder nachgewiesener Kompetenz [...]; die öffentliche Amtsausübung verlor häufig nicht nur jeden realen, sondern auch jeden rhetorischen Bezug auf ein allgemeines Wohl. ›Demokratie‹ wurde nun beinahe ausschließlich interpretiert als ›uneingeschränktes Recht des einzelnen‹, kaum noch als politisches Handeln in gemeinschaftlicher Verantwortung.

In jener Zeit formten sich die Konturen eines in der Welt bis dahin einzigartigen, ja paradoxen Nationalismus, eines Nationalismus nämlich, dessen Maxime nicht der selbstlose Dienst an der Nation, sondern die unkontrollierte Verfolgung des individuellen ökonomischen Privatinteresses wurde – ja, für den im Extremfall selbst das berechnende Übervorteilen der Nation (bzw. ihres Repräsentanten: der Regierung) zu privatem Gewinn dem cleveren Individuum zur patriotischen Ehre gereichen konnte.«[18]

Jacksons Regierungszeit (bis 1837) ist durch den Durchbruch der liberalkapitalistischen Laissez-Faire-Wirtschaft gekennzeichnet. Die industrielle Revolution, der »Take-Off«[19] der us-amerikanischen Industriewirtschaft, bereitete sich vor.

Im Norden begann sich ein moderner Agrarkapitalismus zu entwickeln. Er basierte auf mehreren Faktoren. Zum einen wuchs die Bevölkerung durch die Einwanderungen aus Nordwesteuropa schnell an und stieß immer weiter gen Westen vor, dessen fruchtbare Böden für eine marktorientierte landwirtschaftliche Produktion prädestiniert schienen. Aufgrund des Fehlens besitzloser LandarbeiterInnen mußte auf Rationalisierung, Intensivierung und Mechanisierung ausgewichen werden. Verbesserte Pflugscharen sowie Mäh- und Dreschmaschinen trugen deshalb zu dem Boom bei. Zudem mußten die Agrarprodukte vor Ort rasch weiterverarbeitet werden, was dazu führte, daß sich Städte als lokale Zentren der Verarbeitungs- und Zulieferungsindustrie herausbildeten. Viele Familien, die aufgrund der Krisenjahre 1819-23 und 1839-43 in die Städte gewandert waren, fanden dort Arbeit: in den Schlachthöfen und der Fleischverpackung, beim Landmaschinenbau und der Holzverarbeitung sowie in den Brauereien.

Die Städte an der Ostküste, Boston, New York und Philadelphia, waren die Motoren des Wachstums im Nordosten, der sich, versorgt aus dem Mittleren Westen, auf Handel, Bankwesen und Industrie spezialisierte. Über die Hälfte der um 1860 auf 140.000 angewachsenen Fabriken, die zwei Drittel der Industriegüter erzeugte, war dort angesiedelt. Der Wandel zum Industriekapitalismus wurde deutlich. Hatten 1820 noch 80% der Arbeitsbevölkerung in der Landwirtschaft gearbeitet, waren es 1850 ›nur noch‹ 55%.[20]

Die Industrialisierung mit ihrer Produktion hauswirtschaftlicher Güter führte auch dazu, daß die (Haus-)Frauen, die vordem mit der Herstellung dieser Güter wie Stoffe, Kleider, Kerzen, Seife vertraut waren, ›arbeitslos‹ und immer mehr auf die Rolle als Mutter und Gattin festgeschrieben wurden. Die private Hausarbeit galt dabei im Vergleich zur kapitalistischen Lohnarbeit als minderwertiger. Die ideologische Eingrenzung der Frau als Hausfrau, als Hüterin des abgewerteten häuslichen Lebens, stand im Gegensatz zu der gewaltigen Zahl der Einwanderinnen, die an erster Stelle schlecht bezahlte Lohnarbeiterinnen und erst an zweiter Stelle Hausfrauen waren, und zu der Arbeit der vielen schwarzen Frauen.

Das Zeitalter der Eisenbahn brach an. Ab den 1830er Jahren wurde sie zum bevorzugten Transportmittel und verdrängte die Schiffahrt. 1852 überquerten vier Linien die Appalachen und stellten Verbindungen zu den Städten des Nordwestens her; bis 1860 war das Netz auf über 30.000 Meilen (48.000 km) angewachsen.[21] Chicago[22] entwickelte sich zu einem bedeutenden Knotenpunkt. 15 verschiedene Linien kamen hier an, über hundert Züge wurden auf seinen Bahnhöfen täglich abgefertigt. Die Welt ›schrumpfte‹. Hatte zuvor die Reise von Boston nach St. Louis gut zwei Wochen gedauert, konnte sie mit dem neuen Verkehrsmittel in drei Tagen bewältigt werden. Aber noch aus einem anderen Grund ›schrumpfte‹ die Welt. Das Kommunikationswesen war mit dem Telegraphen, mit dem Samuel Morse 1844 erste Experimente unternommen hatte, bedeutend schneller geworden und bis 1860 waren 50.000 Meilen (80.000 km) Kabel verlegt. Ebenfalls in den 1840er Jahren wurde die Rotationspresse entwickelt, die dafür sorgte, daß Nachrichten schneller und billiger unter die Leute kamen. Eine neue Ära des Journalismus begann.

Der Süden war von der industriellen Entwicklung abgeschnitten. An der Küste des oberen Südens (Virginia, Maryland, Delaware) mußte aufgrund der ausgelaugten Böden von Tabak- auf Weizenanbau umgestiegen werden. Ansonsten wurde wegen der steigenden Nachfrage der englischen Textilindustrie und der des Nordostens immer mehr auf plantagenmäßigen Baumwollanbau gesetzt. Dabei wurde der Südwesten, das westliche Georgia, Alabama, Misissippi, Louisiana, Arkansas, bis nach Texas, zur eigentlichen Wachstumszone. Eine beachtliche Zahl von Pflanzern zog von den Küstenstaaten in das »Cotton Kingdom«[23]. Zwischen 1820 und 1860 verzehnfachte sich der Export von 500.000 auf 5 Millionen Ballen und machte zwei Drittel des Außenhandelserlöses der USA aus. Der Wert der Hauptprodukte der SklavInnenarbeit wird für das Jahr 1850 wie folgt beziffert: Baumwolle 98.603.720 Dollar, Tabak 13.982.686 Dollar, Rohrzucker 12.378.850 Dollar, Hanf 5.000.000 Dollar, Reis 4.000.000 Dollar, Melasse 2.540.179 Dollar, insgesamt 136.505.435 Dollar.

Die geographische Ausbreitung des Anbaus nach Westen verlagerte sich in jenen Klimagürtel, der mindestens 200 frostfreie Tage und die erforderliche Regenmenge gewährleistete, was eine massive Bevölkerungsumsiedlung zur Folge hatte. Zwischen 1790 und 1860 wurden SklavInnen in Bewegung gesetzt, vor allem von Maryland, Virginia sowie North und South Carolina nach Alabama, Mississippi, Louisiana und Texas. Zwischen 1830 und 1860 war die Hochphase dieser Migration. Mehr als zwei Drittel der insgesamt 836.000 umbewegten SklavInnen machten sich in diesen Jahren auf den Weg, »eine der größten erzwungenen Wanderungsbewegungen aller Zeiten.«[24] 1790 hatten noch mehr als die Hälfte aller SklavInnen in Virginia und Maryland gelebt, 1820 waren es noch 35%, 1860 nur noch 15%. In zahlreichen Counties des tiefen Südens lebten schließlich doppelt so viele Schwarze wie Weiße, in wenigen waren es sogar zehn mal soviele.

Der SklavInnenbedarf des »Cotton Kingdom«, einhergehend mit dem Verbot der Einfuhr neuer SklavInnen, ließ einen inner-us-amerikanischen Handel aufblühen. In den Küstenstaaten war der Einsatz der Sklaverei nicht mehr so profitabel und so wurde dieses Gebiet zu einer Quelle für den Bedarf weiter westlich. Baltimore, Washington, Richmond, Norfolk und Charleston wurden die Haupthandelsorte in den alten Bundesstaaten, Montgomery, Memphis und New Orleans die in den neuen. Auf dem Weg westwärts stiegen die Preise. Die Preise für SklavInnen und der Baumwollpreis lassen, als Kurven übereinandergelegt, die gleiche Entwicklung beobachten. Anscheinend bestimmte der Baumwollpreis in weiten Teilen die Preise für SklavInnen.

Graphik 1: Der Preis für SklavInnen und Baumwolle

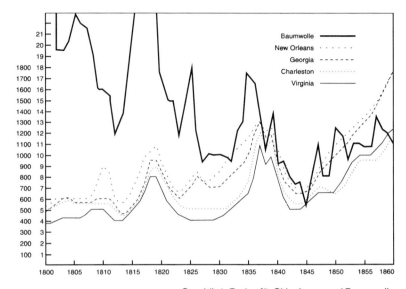

Graphik 1: Preise für SklavInnen und Baumwolle
SklavInnenpreise in Dollar für gute FeldarbeiterInnen (links außen, links)
Baumwollpreise in Cents in New York (links außen, rechts)

SklavInnen mußten nicht unbedingt gekauft, sie konnten auch gemietet werden, tageweise, monatsweise, jahresweise. Manche Weiße brauchten nur kurzfristig ein paar Arbeitskräfte, andere wollten sich nicht darum kümmern müssen, wenn ihr ›Besitz‹ krank oder alt wurde. SklavInnen waren nicht nur in der Landwirtschaft beschäftigt, sondern bei nahezu jeder Arbeit anzutreffen: als Handlanger in Fabriken, Minen und Häfen, beim Schienenverlegen und Kanalgraben, in den Städten als Dienstmädchen, Gepäckträger, Pförtner, Bote und Koch, aber auch oft in angelernten Berufen z.B. als Zimmerleute, Schreiner, Schneider, Schuhmacher, Maler, Näher und so weiter. Der Großteil konnte aber immer noch auf den Baumwollplantagen angetroffen werden.

Die Baumwollplantagen waren hochorganisierte und arbeitsintensive Produktionseinheiten. Die Anbauflächen wurden mit der Zeit immer größer und so wuchs auch die Zahl der benötigten SklavInnen. Nur eine Minderheit an SklavInnenbesitzern konnte da mithalten, benötigte ein profitabler Betrieb im Schwarzerdegebiet von Alabama und Texas rund 50 und im Schwemmland des Mississippi-Deltas mehr als 200 SklavInnen. Die einzelnen, jeweils im Laufe eines Anbauzyklus anfallenden Aufgaben, wurden jeweils einem Team zugewiesen in einem, laut Wolf, »Rhythmus, der an die industrielle Produktion erinnerte«.[25]

Da die SklavInnen eine Art Fixkapital waren, waren sie selbstredend dann am profitabelsten, wenn sie arbeiteten. Eine ganzjährige Beschäftigung in der Landwirtschaft ist in der Regel nur mit verschiedenen Gewächsen und komplementären Wachstumszyklen möglich. So wurden neben dem zu vermarktenden Produkt auf den Plantagen Lebensmittel angebaut und Schweinezucht betrieben, was sie zu Selbstversorgern machte. »Die Plantagen – ob groß oder klein, macht keinen Unterschied – stellten eine Welt für sich dar; sie bildeten Enklaven, die enge wirtschaftliche Beziehungen zum Weltmarkt hatten, jedoch kaum Austauschbeziehungen mit umliegenden Familienbetrieben oder Dörfern.«[26]

»Die Plantage als Produktionseinheit bestand normalerweise aus einem Aufseher – in der Regel ein Weißer –, aus Sklavenantreibern – in der Regel Schwarze –, aus einer großen Anzahl oft hochqualifizierter Sklaven-Handwerker sowie aus Landarbeitern. Außerdem gab es Sklaven als Hauspersonal, wobei die Grenze zwischen dem Hauspersonal und den Landarbeitern meistens keine absolute Schranke, sondern eher eine altersmäßige Abgrenzung darstellte: als Hauspersonal dienten Jugendliche und Alte, die Landarbeiter rekrutierten sich hingegen aus den körperlich besonders leistungsfähigen Männern jungen und mittleren Alters.«[27] Und aus den körperlich besonders leistungsfähigen Frauen jungen und mittleren Alters. Es gab eine weitere Grenze zwischen Haus und Feld, die sich mit der des Alters kreuzte. Sie verlief entlang der Hautfarbe. Auf den Feldern waren oft die dunkelhäutigeren SklavInnen anzutreffen.

Gearbeitet wurde von Sonnenaufgang bis Sonnenuntergang, manchmal auch in die Nacht hinein bis zu 20 Stunden. Um die Leistung zu erhöhen wurde nicht nur gestraft, sondern auch belohnt. Geld, Naturalien oder Vergünstigungen, wie die Vergabe von Land für den Gartenbau oder das Ausstellen von Pässen für eine Reise zu Freunden, wurden gewährt. Ihre wenige ›freie‹ Zeit brauchten die SklavInnen, um sich zu erholen. Es gab für sie wenige Gelegenheiten, sich zu zerstreuen. Wahltage, Jahrmärkte und Militärparaden waren solche Gelegenheiten, bei denen die übliche Routine auf den Plantagen gelockert wurde und manchmal wurde es einigen SklavInnen erlaubt, den Ereignissen beizuwohnen. Über das Jahr hinweg gab es zwei Perioden, in denen sich die SklavInnen erholen konnten: im Sommer, wenn es weniger zu tun gab, und Weihnachten. In den Atlantikstaaten wurde die John Canoe celebration gefeiert, eine Feier aus der Karibik, bei der gesungen, getanzt, getrunken und bei Weißen nach Geschenken nachgefragt wurde. Hochzeiten und Jahrestage waren weitere Gelegenheiten für Feste. Manche Plantagenbesitzer gaben auch Tanzfeste für ihre SklavInnen. Aber all das waren Ausnahmen. In der Regel bestand die wenige Erholung der SklavInnen im Banjospielen und Singen, im Geschichtenerzählen oder in Spielen.

Ihre durchschnittliche Lebenserwartung lag Mitte des Jahrhunderts bei 36 Jahren, womit sie genauso alt wurden wie z.B. FranzösInnen und um Jahre älter als russische oder italienische Landarbeiter oder Bauern. Sie erreichten aber nicht das Alter von Weißen in den USA, die ein Durchschnittsalter von 40 Jahren aufwiesen. In Anbetracht der Teilimmunität der Schwarzen gegen Gelbfieber und Malaria und angesichts des vielfach tödlichen Verlaufs tropischer Krankheiten bei Weißen muß die Diskrepanz der Lebensumstände zwischen Schwarzen und Weißen größer gewesen sein, als ein rein statistischer Vergleich der Lebenserwartungen glauben machen könnte. Die relativ hohe Lebenserwartung Schwarzer lag auch daran, daß aufgrund der Selbstversorgung vieler Plantagen die SklavInnen nicht wie in Westindien an Hungersnöten litten. Eine ausreichende Versorgung mit Mais und Schweinefleisch sowie eine zusätzliche Bereicherung durch Jagd, Fischfang und Gartenbau war ihnen sicher. Damit hatten sie eine bessere Ernährung als die weißen städtischen Arbeiter. Nichtsdestotrotz war sie einseitig und führte nicht selten zu Mangelkrankheiten (Pellagra, Beriberi, Rachitis, Ophthalmitis).

Unter den Schwarzen entwickelte sich eine eigenständige Kultur. Um 1840 war die Mehrzahl der 2,5 Millionen SklavInnen in den USA geboren worden, in den nächsten 20 Jahren stieg durch ›natürliche‹ Vermehrung ihre Anzahl nochmals um 1,4 Millionen. ›Afrikanische Unterschiede‹ begannen mehr und mehr zu verblassen. Es gab noch afrikanische Dialekte, die Mehrheit verständigte sich aber mit der aus englischen Vokabeln und grammatischen Formen aus Afrika selbstgeschaffenen Sprache Gullah oder dem pidgin oder black English. Diese Sprache verfügte über zusätzliche Vokabeln und eine zum Teil eigene Syntax. Der Grammatik einiger westafrikanischer Sprachen folgend, wurden manchmal unbetonte Silben weggelassen oder Sätze ohne Verben gebildet.[28] Das verschiedenfarbige kulturelle Erbe Afrikas lebte in Tanz, Musik und Gesängen fort, allerdings in der neuen Situation angepaßter und neue Einflüsse aufnehmender Form. Spirituals, Worksongs, Blues und Folktales waren Teile der neuen Kultur der Schwarzen.

Ein Teil dieser Kultur wurde schnell ausgebeutet. SklavInnen mußten da und dort auf Befehl ihrer Herren vor Gästen zur Unterhaltung auftreten, das Idealbild eines/einer Schwarzen verkörpernd. Kommerzialisiert und entsprechend verbreitet wurde es seit dem ausgehenden 18. Jahrhundert von europäischen EinwanderInnen, die sich bei ihren Auftritten mit angebrannten Korken das Gesicht schwärzten. »Über das ganze 19. Jahrhundert hinweg bevölkern singende und tanzende *Negro boys, black face entertainers* [...], *black face singers, Zip Coon* [...] und vor allem *Jim Crow* die Zirkus-Manegen, Music-Halls und Theater der Vereinigten Staaten. Mit stetem und beim weißen Publikum vorweg garantiertem Erfolg, denn [...]: ›Schwarz sein heißt amüsant sein.‹«[29] Zahlreiche weiße KünstlerInnen, KomponistInnen und InterpretInnen wurden darüber zu ersten Stars der Unterhaltungsindustrie. Diesen Minstrels Shows[30] setzten freie Schwarze ab 1821 eigene Shows entgegen, nun ihrerseits ihre Nachahmer imitierend. Allerdings mußten auch sie sich ihre schwarze Haut mit verbranntem Kork anmalen.

Die Frage der Bildung nahm unter den Schwarzen eine große Bedeutung ein. SklavInnen war es in allen Südstaaten mit Ausnahme von Maryland und Kentucky absolut verboten, Lesen und Schreiben zu lernen. Der Wortlaut eines dieser Gesetze lautete: »... die Sklaven das Lesen und Schreiben lehren führt zu Unzufriedenheit in ihren Gemütern und erzeugt Aufstand und Rebellion.«[31] Diese Restriktion hatte ihren Grund, waren doch SklavInnen durch die Fähigkeit des Schreibens auch in der Lage, Passierscheine und Freilassungspapiere zu fälschen.

Die Sehnsucht, sich Wissen anzueignen, war verbreitet. Eine ehemalige Sklavin gibt davon Zeugnis: »[...] wir schlichen herum und bekamen Websters blaueingebundene Fibel in die Hand, versteckten sie, warteten, bis es Nacht war, und zündeten dann einen kleinen Holzspan an und studierten die Fibel. Wir lernten es tatsächlich. Ich kann jetzt ein bißchen lesen und auch schreiben.«[32] So können die vielfältigen Formen, sich dieses Wissen anzueignen, als Widerstandformen gegen die Sklaverei betrachtet werden. Diese Formen reichten von der beschrieben, bei der sich SklavInnen alleine oder in Gruppen nach der Arbeit spät nachts heimlich bildeten bis zu den vielen Versuchen, Schulen für Schwarze einzurichten und zu legalisieren. Vor allem Frauen waren an der Errichtung solcher Schulen beteiligt, und nicht nur schwarze, sondern auch weiße unterstützten dies.[33]

Bedeutsam war auch die Religion. Ab dem Ende des vorhergehenden Jahrhunderts hatten sich viele zum protestantischen Christentum bekannt. Viele, aber nicht die meisten, sind auch dadurch zum Christentum gestoßen, indem sie zwangsgetauft wurden. Zumeist wurden sie Baptisten oder Methodisten. Wer katholisch war, stammte fast immer aus den ehemaligen spanischen oder französischen Besitzungen. Schwarze, die zu anderen Schwarzen Distanz und zu ihren weißen Vorbildern Nähe suchten, schlossen sich der Episkopalkirche, den Kongregationalisten oder Presbyterianern an. Obwohl es SklavInnen in einigen Bundesstaaten verboten war, Gottesdienste ohne die Anwesenheit von Weißen abzuhalten, taten sie dies und es entstand so etwas wie eine »underground church«[34]. Außerdem waren von freien Schwarzen eigene Kirchen gegründet worden.[35] Die Kirchen entwickelten sich zu wichtigen öffentlichen Institutionen des Alltagslebens. Hier fanden von Theatergruppen über Debattierclubs bis zu Bildungseinrichtungen einen Ort. Durch schwarze Prediger wurde in spezifischer Auslegung die Vorstellung vom ›auserwählten Volk‹ auf die Schwarzen übertragen und die Hoffnung gepredigt, daß Gott sie aus der ›ägyptischen Gefangenschaft‹ erlösen und die weißen Herren bestrafen werde. Das schwarze und das weiße Christentum klafften auseinander. Sündenbewußtsein im schwarzen Christentum bestand nicht so sehr gegenüber Gott und schon gar nicht gegenüber den Weißen, als vielmehr gegenüber der schwarzen Gemeinschaft. Als Diebstahl z.B. galt nur, wenn MitsklavInnen beraubt wurden. Gegenüber Weißen hieß das Nehmen. Die schwarze und die weiße Kirche entwickelten sich getrennt, so daß es von ein und demselben Bekenntnis bis heute beide Kirchen gibt. Monika Plessner urteilt über das schwarze Christentum: »Die schwarze Theologie war von vitaler Bedeutung für Selbstschutz und kollektive Verteidigung. Aber sie lieferte keine Angriffsideologie. Sie stärkte das Gemüt des einzelnen, aber ermutigte nicht zum kollektiven Handeln. Sie predigte ein Evangelium des seelischen Widerstandes, nicht des revolutionären Aufstandes.«[36]

Aufgrund der Tatsache, daß Kleinfamilien jederzeit auseinandergerissen werden konnten, kam dem größeren Familienverband und engen nachbarschaftlichen Verpflichtungen eine große Bedeutung zu.[37]

»Aus allen diesen Elementen – Familie, Sprache, Religion, Kunst – formte sich ein Bewußtsein der Andersartigkeit und der Verbundenheit, ja des Stolzes auf die *black nation*, die sich im Untergrund formierte. Was den schwarzen Sklaven [...] jedoch fehlte, waren Ansätze einer politischen Organisation und Selbstverwaltung. Es blieb bei einer afro-amerikanischen Subkultur [...].«[38]

Auch wenn es an politischer Organisierung mangelte, gab es selbstverständlich weiterhin Widerstand. Der reichte immer noch von individuellen Verweigerungsaktionen bei der Arbeit durch Vortäuschung von Krankheit, Sabotage von Werkzeugen und Maschinen, Brandstiftung und Flucht bis zu geplanten und durchgeführten Aufständen.[39] Fluchtmöglichkeiten boten sich in die Anonymität freier schwarzer Gemeinden, nach Westen in die Frontier-Regionen, nach Mexico oder Canada. Um in nördliche Bundesstaaten oder das ›gelobte Land‹ Canada[40] zu gelangen, wurde ein ausgeklügeltes System von Fluchtwegen entwickelt, die underground railroad, die je nach Schätzung zwischen 30.000 und 100.000 Schwarzen die Freiheit ermöglichte. Es war eine Kette geheimer Posten – entlegene Farmen oder Stadtwohnungen –, die sich vom tiefen Süden bis nach Canada erstreckte. Entlaufene SklavInnen wurden versteckt, mit Lebensmitteln und Geld versehen und gelangten nachts von Posten zu Posten langsam in die Freiheit.[41] Das benötigte Geld kam von humanitären Weißen, AbolitionistInnen und religiösen Gruppen wie den Quäkern. Anscheinend fehlte es nie an HelferInnen für die verschiedenen Stationen der Flucht. Allerdings handelte es sich dabei nicht immer um rein selbstlose Menschen, manche Fluchthelfer verdienten an der Befreiung.

Mit dieser Zeit des schwarzen Widerstands eng verbunden sind zwei Namen, die ebenso oft zitiert werden wie die damaligen Führer der Aufstände. Einmal war dies Harriet Ross Tubman (1821-1913). Als Sklavin geboren, floh sie 1849 und wurde eine der MitarbeiterInnen der underground railroad. Sie unternahm zahlreiche geheime Missionen in den Süden, um als Fluchthelferin ihren schwarzen ›Landsleuten‹ zu helfen. Später im Bürgerkrieg arbeitete sie als Köchin, Wegführerin, Spionin und Krankenschwester. Danach war sie beim Aufbau von Schulen für Schwarze aktiv. Der andere Name ist Sojourner Truth (1797-1883). Ebenfalls als Sklavin, unter dem Namen Isabella Bomefree Van Wagner in Hurley, New York geboren, erhielt sie 1827 ihre Freiheit durch den New York State Emancipation Act. Sie gab sich ihren neuen Namen und begann durch die USA zu reisen für die Sache der Abolition und der Frauenrechte. Nach dem Bürgerkrieg engagierte sie sich ebenfalls für bessere Ausbildungschancen für Schwarze.

Neben den SklavInnen gab es 1860 488.000 freie Schwarze, von denen 44% in den südlichen Atlantikstaaten, 46% im Norden und der Rest im übrigen Süden und im Westen lebten. Sie konzentrierten sich hauptsächlich auf sechs Gebiete: den tidewater counties von Virginia und Maryland[42], der Piedmont Region von Virginia und North Carolina, in den südlichen Städten Baltimore, Washington, Charleston, Mobile und New Orleans, in den nördlichen Städten Boston, New York, Cincinnati und Philadelphia, in isolierten Gegenden des alten Nordwestens wie Cass County in Michigan, Hammond County in Indiana und Wilberforce in Ohio und in Gemeinschaften in Massachusetts, North Carolina und Florida, in denen Schwarze und Natives zusammenlebten. Freie Schwarze neigten dazu, sich in Städten niederzulassen, da diese ihnen ökonomisch und sozial mehr Chancen boten.

Wie im Süden traf sie auch im Norden und Westen wiederholt der gewalttätige Haß Weißer, der sich zum Teil in Form von Unruhen entlud. Drei Tage lang vertrieben 1829 in Cincinnati Zusammenrottungen von Weißen mehr als 1.000 Schwarze aus der Stadt. 1834 und 1839 gab es Unruhen in Utica, Palmyra und New York City. Einer der schwersten Vorfälle ereignete sich 1834 in Philadelphia, als Weiße die Stadtteile Schwarzer heimsuchten und drei Tage lang verwüsteten. Ähnliches geschah 1835 und 1842, um nur ein paar Beispiele zu nennen. Einige Schwarze fanden die Situation dort so unerträglich, daß sie in den Süden (zurück)gingen.

Der Status freier Schwarzer war insgesamt prekär. Sie konnten entführt und versklavt werden. Führten sie in den Südstaaten keinen Paß mit sich, konnten sie in die Sklaverei geschickt werden. Ebenso konnten Gerichte aufgrund irgendwelcher Vergehen dies verfügen. In einigen Bundesstaaten mußten freie Schwarze einen weißen Vormund aufweisen können. Ihre Mobilität war eingeschränkt. In manchen Bundesstaaten durften sie nicht einfach umziehen, andere durften sie nicht verlassen. Louisiana forderte alle Schwarze, die nach 1825 frei geworden waren, auf, den Bundesstaat zu verlassen, North Carolina ähnlich. Maryland erließ Gesetze, die die Immigration neuer freier Schwarzer verbot. Den dort lebenden war der Besitz jeglicher Waffen verboten. In anderen

Bundesstaaten bedurften sie dazu einer Genehmigung. Tabak und Alkoholika durften nicht an sie verkauft werden. Zusammenkünfte untereinander, besonders mit SklavInnen, wurden beschränkt. Ihr Wahlrecht war beschnitten.[43] Nicht jeder Beruf stand ihnen offen.

Nichtsdestotrotz waren die freien Schwarzen in nahezu jedem Beruf tätig: von ungelernten ArbeiterInnen über Handwerker und Matrosen[44] bis zu Konditoren, Lebensmittelhändlern, Juwelieren, Architekten, Apothekern, LehrerInnen, Zahnärzten, Hoteliers und manchmal sogar Industriellen. Manche von ihnen beschäftigten Weiße in ihren Geschäften. Und einige von ihnen brachten es zu beträchtlichem Wohlstand. Sie besaßen Grundbesitz und Häuser. Die aus California wurden zur reichsten Gruppe freier Schwarzer in den USA. Aufgrund des Gold-Rausches hatte es freie Schwarze nach California gezogen. Nach einiger Zeit betrug ihr Reichtum zwei Millionen Dollar Aktiva, davon mehr als die Hälfte in San Francisco konzentriert. Dieser Reichtum veränderte aber nicht ihre rechtliche Situation. Äquivalente zu den Black Laws anderer Bundesstaaten wurden installiert. Die Schwarzen durften nicht wählen und keinen Militärdienst leisten. Desweiteren war ihnen verboten, vor Gericht auszusagen.

Einige der freien Schwarzen in den USA besaßen sogar selber SklavInnen.[45] Es wird behauptet, die Mehrheit von diesen schwarzen SklavInnenbesitzern hätte ein persönliches Motiv gehabt, indem sie z.B. Verwandte auf diese Art und Weise aus weißem Besitz befreit hätte.[46] Andere wiederum hatten ökonomische Motive, die denen der weißen SklavInnenbesitzern ähnlich waren. Es gab schwarze SklavInnenbesitzer mit einem Eigentum an 50 bis 100 Menschen.

Kinder freier Schwarzer konnten manchmal in weiße Schulen gehen, ansonsten existierten für sie schwarze Schulen im Norden und ein paar im Süden. Manchmal konnten sie danach ein College oder andere weiterführende Schulen, wie z.B. die Harvard Medical School, besuchen. Manche gingen auch nach England oder Frankreich, um sich weiterzubilden.

Zur Zerstreuung freier Schwarzer dienten in den Städten Tanzveranstaltungen. In New York gab es seit 1821 das einzige Theater für freie Schwarze, das African Theater. Verschiedenste Wohltätigkeitsorganisationen dienten ihnen zur gegenseitigen Unterstützung, als Arrangeure für soziale und kulturelle Veranstaltungen. Die Quadroon Balls in New Orleans und einigen anderen südlichen Städten sollten zu diesen Orten der Freizeitaktivitäten freier Schwarzer nicht gerechnet werden, waren doch auf ihnen keine schwarzen Männer, sondern nur weiße zugelassen, die dort nach schwarzen Geliebten Ausschau hielten.

Aus den Reihen freier Schwarzer tauchten auch vermehrt Schriftwerke auf: »There were poets, playwrights, historians, newspaper editors, and others who provided a black perspective to the world.«[47]

In diese Zeitspanne fällt das Auftauchen verschiedener politischer und sozialer Bewegungen. Zum einen entwickelten sich religiös-reformerische Bewegungen, die entweder einen Separatismus mit dem Entwurf utopischer Gegenwelten vertraten oder Religiosität, Individualismus und soziales Engagement verbanden. Zu ersteren gehörten die 20 Gemeinden der Shaker mit 6.000 Mitgliedern, frühsozialistische Gemeinschaftsexperimente, wie das 1825 von Robert Owen gegründete New Harmony in Indiana oder Brook Farm in Massachusetts und Oneida in New York, sowie die Mormonen. Zur zweiten Gruppe zählten Bewegungen, die gesellschaftliche Mißstände auf moralische Verfehlungen zurückführten und gegen Alkoholkonsum, für die Verbesserung des öffentlichen Bildungswesens und für eine Reform der Gefängnisse und der Justiz zu Felde zogen. Dieses religiös-reformerische Ferment wandte sich auch gegen die Sklaverei.

Diejenigen, die utopische Gegenwelten entwarfen, experimentierten auch mit anderen Entwürfen des Zusammenlebens zwischen Mann und Frau. »Insbesonders die ›Utopian Communities‹, die vor allem ab dem späten 18. Jahrhundert in bunter Vielfalt existierten, führten ihrer Umgebung Formen des Zusammenlebens vor Augen, die sich auch nicht mit größter Anstrengung mit der üblichen Vorstellung von Moral – oder auch Doppelmoral – vereinbaren ließen.

Die Sekte der ›Free Lovers‹ stellte die Bedeutung des Individuums über alles und sah in der Liebe und dem sexuellen Begehren die Basis sowohl für ein Zusammenleben von Männern und Frauen als auch zwischen den Rassen; die Mormonen dagegen griffen wiederum auf das Modell der extrem patriarchalischen polygamen Familie zurück. Die Glaubensgemeinschaft der ›Shaker‹, von denen um 1860 mehr als 6.000 im Nordwesten der USA lebten, praktizierten in ihren Gemeinschaften die völlige Gleichheit von Mann und Frau, verbunden mit absoluter sexueller Abstinenz. Männer und Frauen lebten zusammen, aber Sexualität war strikt verboten. Sie galt als schmutzig und als Quelle des Lasters und mußte individuell und kollektiv unterdrückt werden. Im Gegensatz zu den ›Shaker‹ sahen die ›Oneidians‹ nicht in der Sexualität, sondern in der Fortpflanzung die Wurzel allen Übels, und lehrten ihre männliche Anhänger von der Pubertät an die Praxis des ›coitus reservatus‹, bei dem der Mann im Gegensatz zum ›coitus interruptus‹ überhaupt nicht ejakuliert.«[48] In der Gemeinschaft von Nashoba, Tennessee, gegründet von Frances Wright, die zum Teil von Owen's New Harmony inspiriert war, lebten Schwarze gleichberechtigt mit. Sie waren zwar als SklavInnen gekauft worden, erhielten aber hier ihre Freiheit. Der dahinterstehende Gedanke war der einer sich rassisch vermischenden Gemeinschaft.

Allen diesen Experimenten schlug Unverständnis und Mißachtung entgegen. Die meisten gingen nach etwas mehr als einer Generation des Zusammenlebens ein.

In der selben Zeit bildete sich eine kulturell von Großbritannien beeinflußte Arbeiterbewegung mit ersten Gewerkschafts- und Parteigründungen heraus. Aus Handwerkervereinigungen gingen die ersten Gewerkschaften hervor, die sich 1834 zur National Trades' Union zusammenschlossen.[49]

Seit Ende des zweiten Jahrzehnts dieses Jahrhunderts erschienen aus den schwarzen Kirchen die ersten Schriften gegen den Rassismus. »Ihre Argumente kombinierten biblische mit historischen Kategorien: Auch die alten Griechen waren vor ihrer kulturellen Beeinflussung durch Altägypten ›eine Rasse von Wilden‹ (Hosea Easton, 1837). Erstmals tauchte die Frage nach den historischen Gründen für die nicht geleugnete zivilisatorische Rückständigkeit Afrikas auf, kamen ökonomische Gründe für die Sklaverei in der Neuen Welt zur Sprache (James W.C. Pennington, 1841). Entschieden wies Pennington das Dogma der ›rassischen‹ Minderwertigkeit zurück, reklamierte Afrika (Altägypten) als Ausgangszentrum der Hochkultur und bekannte sich zum Glauben an die prinzipiell gleiche Verteilung von Begabungen unter den Angehörigen verschiedener ›Rassen‹.«[50]

Ein Werk, welches Anfang der 1850er Jahre Aufsehen erregte und ein Bestseller wurde, war Harriet Beecher Stowes Roman *Uncle Tom's Cabin*, der die Sklaverei als unmoralische Einrichtung attackierte. Im Erscheinungsjahr 1852[51] wurden 300.000 Exemplare verkauft und schon bald brachten Theater im Norden das Stück auf die Bühne.

Organisatorischen Widerhall fanden die Bewegungen in der 1833 auf einem Konvent in Philadelphia aus verschiedenen regionalen und lokalen Vereinigungen gegründeten American Anti-Slavery Society. Nach fünf Jahren zählte sie 250.000 Mitglieder[52] und 1.350 lokale Gesellschaften.

Einer der Hauptinitiatoren der Organisation war William Lloyd Garrison, der in seiner Wochenzeitschrift *Liberator*[53] radikal für eine vollständige Emanzipation der SklavInnen eintrat. Er vertrat den radikalen, aber auch gewaltfreien Flügel der Bewegung, der 1840 die Kontrolle der American Anti-Slavery Society auf nationaler Ebene übernahm.[54] Zu einem anderen Sprecher der Schwarzen avancierte Frederick Douglass, ein aus Maryland entflohener Sklave. Er war mit Garrison bekannt geworden und arbeitete am *Liberator* mit. Die dort verkündeten Ziele, non-violent-direct action, Verweigerung von Steuern an die Union, solange sie die Sklaverei duldete, und schließlich die Abtrennung von Massachusetts, überzeugten ihn bald nicht mehr. 1847 trennte er sich publizistisch und gründete eine eigene Zeitung in Rochester, New York. *Der North Star*, benannt nach dem Stern, der entflohenen SklavInnen auf der underground railroad als Orientierung diente, forderte nicht nur das Ende der Sklaverei, sondern die rechtliche wie soziale Gleichstellung von Schwarzen mit Weißen. Er war weniger pazifistisch ausgerichtet, bestand jedoch auf den Erhalt der Union. Das Haus von Douglass diente als eine Zentralstation der underground railroad. Douglass wurde auch als ›Frauenrechtsmann‹ tituliert und angegriffen, da er die Forderung nach Emanzipation für Schwarze mit der für Frauen verband.[55]

Die AbolitionistInnen nutzten die neuen Techniken des billigen Druckens für ihre Propagandazwecke. Sie erweckten dadurch den Eindruck von einem größeren Ausmaß an Unterstützung für ihre Ideen, als tatsächlich vorhanden war. Für die Südstaatler »erschienen die Abolitionisten viel bedrohlicher, als sie es wirklich waren. Die Vorstellung von einer gut organisierten, finanzkräftigen und einflußreichen Gruppe war außerordentlich schmeichelhaft für die in Wirklichkeit schlecht organisierten, schlecht finanzierten und politisch unbeliebten Abolitionisten.«[56]

Eine ihrer erfolgreichsten Aktionen bestand in einer Kampagne zur massenhaften Entsendung von Petitionen an den Kongreß. Hätte dieser sie alle behandelt, wäre seine sonstige Arbeit zum Stillstand gekommen. Im Senat wurde sich darauf geeinigt, die Petitionen automatisch abzulehnen. Das Repräsentantenhaus faßte 1836 den Beschluß, daß »alle Petitionen, Memoranden, Beschlüsse, Vorschläge oder Schriftsätze, die in irgendeiner Weise oder in irgendeinem Ausmaß das Thema Sklaverei oder Abschaffung der Sklaverei betreffen, zu den Akten gelegt werden, ohne an einen Ausschuß überwiesen, ohne gedruckt und ohne vorgetragen zu werden, und daß sie in keiner Weise weiter behandelt werden«.[57] Die Abgeordneten aus dem Norden sahen darin die Redefreiheit im Repräsentantenhaus und das Petitionsrecht ihrer Wähler bedroht. Sie sahen in diesen Verfahrensweisen Knebelbestimmungen. 1844 wurden sie abgeschafft. Aber für die Nordstaatler schienen die Südstaatler bereit zu sein, die Rechte der Weißen im Norden zu verletzen, wenn es darum ging, ihre Sklaverei aufrechtzuerhalten.

Stimmen gegen die Sklaverei konnten sich im Süden kaum zu Wort melden, da ihnen Gewalt von seiten der breiten Masse widerfuhr und sie vertrieben wurden. Auf bekannte AbolitionistInnen wurden in manchen Gegenden hohe Kopfgelder ausgesetzt. Ihre Schriften und Zeitungen wurden verbrannt. In Georgia, North Carolina und Mississippi wurde das Verteilen von Anti-Sklaverei Propaganda unter schwere Strafe gestellt. Für Schwarze gab es dafür die Todesstrafe.

Während sich im Norden im Zuge der Industrialisierung ein modernes Strafjustizsystem entwickelte, in dem durch Polizei, Gerichte und Gefängnisse eine unpersönliche, bürokratische Rechtsordnung betrieben wurde, hielt sich im Süden der Vigilantismus. Diese außergesetzlichen Bürgerwehren waren ursprünglich an der wandernden Frontier beheimatet und füllten dort eine Lücke innerhalb der gesetzlichen Kontrolle. Sie gingen im Süden mit der Siedlungsphase nicht zu Ende, sondern hielten sich in Form einer Ordnungssicherung von Unterwerfung und gewohnheitsrechtlicher Autorität, bei der alle Weißen informelle Polizeigewalt über alle Schwarzen besaßen. Es herrschte ein grundsätzlicher Widerwille, ein wirksames System behördlicher Autorität zu schaffen. So war der Anteil persönlicher Gewalt im Süden höher als in allen anderen Regionen.

Der ganzen Bandbreite von Bewegung gegen die Sklaverei schlug allerdings nicht nur von Seiten der Weißen im Süden Haß entgegen, sondern auch von vielen Nordstaatlern, so daß weiße Mobs abolitionistische Redner und Drucker attackierten.[58]

Eine andere Lösung für die Probleme der Schwarzen schlug die 1854 zusammengeschlossene National Emigration Convention of Colored Men vor. Sie sah sie in der Auswanderung nach Afrika oder, von einem anderen Teil der Gruppe eher favorisiert, nach Lateinamerika.

Im Zusammenhang mit der AbolitionistInnenbewegung formierte sich auch die erste us-amerikanische Frauenbewegung. Sie wehrte sich gegen die Zurücksetzung von Frauen, die Trennung der Sphäre des Familienlebens und der männlichen Arbeitswelt, stellte fest, daß Männer und Frauen als Gleiche geboren werden und proklamierte das Wahlrecht für Frauen. Zum Teil wurde die Forderung nach der Emanzipation der Frauen mit der nach der Abschaffung der Sklaverei verknüpft. Sarah und Angelina Grimke taten sich dabei in öffentlichen Reden hervor. Auf die Forderung, Frauen dürften in der Öffentlichkeit nicht reden und sich politisch engagieren, gab Angelina Grimke zum besten: »Wenn wir dieses Jahr auf das Recht verzichten, öffentlich zu sprechen, werden wir nächstes Jahr auf das Petitionsrecht verzichten müssen, im darauffolgenden Jahr auf das Recht zu schreiben und so weiter. Was kann *dann* eine *Frau* noch tun für einen Sklaven, wenn sie selber die Füße eines Mannes im Nacken hat und zum Schweigen verdammt ist?«[59] Sarah Grimke verfasste in *Letters on the Equality of the Sexes* (*Die Gleichheit der Geschlechter und die Lage der Frauen*), 1838 abgeschlossen, die ersten Analysen über die Stellung der Frau, die in den USA von einer Frau geschrieben wurden. Die Frauenbewegung schlug sich in den 1850er Jahren in verschiedenen Konferenzen nieder, beginnend mit der in Seneca Falls im Sommer 1848, bei denen auch Männer anwesend waren, unter anderem Frederick Douglass.[60]

Der Nord-Süd-Gegensatz führte zu einer internen Zerissenheit des Bundes der Einzelstaaten. Der Süden, jener Teil der Vereinigten Staaten, der südlich von Pennsylvania und des Ohio gelegen war, basierte auf der Sklaverei. Zu der Frage, ob diese ökonomisch sinnvoll gewesen sei oder nicht, führt Horst Dippel an, daß das nicht die entscheidende Frage sei: »Die Plantagenbesitzer des Südens, darunter etliche der reichsten Amerikaner ihrer Zeit, hätten sich durchaus freie Lohnarbeit ›leisten‹ können. Für sie lag die Bedeutung der Sklaverei auf einer politisch-sozialen wie kulturellen Ebene. Die Masse der schwarzen Sklaven – immerhin waren es am Vorabend des Bürgerkriegs 1860 nahezu 4 Millionen – befand sich in der Hand einer dünnen Oberschicht, nämlich von 12% aller Sklavenhalter, die ihrerseits wiederum ungefähr 3% der Gesamtbevölkerung des Südens entsprachen, während die Zahl der Weißen, die Sklaven besaß, ständig abnahm und 1860 noch gerade etwas mehr als ein Viertel der weißen Bevölkerung betrug. Es waren jene 3%, deren herausragende politisch-soziale Position ursächlich mit dem Besitz von Sklaven verbunden war, die die Politik des Südens bestimmten. Für diese Elite war der Fortbestand der Sklaverei unmittelbar mit dem Problem des eigenen Machterhalts verknüpft. Im Innern geschah dies in der ersten Hälfte des 19. Jahrhunderts durch zunehmenden Konformitätsdruck mit immer bizzarer werdenden moralischen Rechtfertigungsversuchen – was u.a. dazu führte, daß in den Jahrzehnten vor dem Bürgerkrieg rund eine Million Weiße den Süden verließen [...].«[61] Das heißt aber nicht, daß die Sklaverei unökonomisch gewesen sei. Die historische Analyse von Geschäftsbüchern von Baumwollpflanzungen hat ergeben, daß sie gewinnbringend war, besonders wenn die Möglichkeit betrachtet wird, die Kinder von SklavInnen weiterzuverkaufen.[62] Dippel beschreibt den Süden als rückwärtsgewandt, scheinaristokratisch und vorkapitalistisch.[63] Er war ökonomisch reich, doch dieser Reichtum hing auf der einen Seite von den SklavInnen ab und auf der anderen Seite von der Weiterverarbeitung des Rohstoffs Baumwolle, die nicht im Süden selbst stattfand, sondern den Baumwollspinnereien in Manchester und anderswo überlassen wurde.

Dieser Reichtum war auch unter den Weißen ungleich verteilt. Die größte Bevölkerungsgruppe machten die Familienfarmer (yeomen[64]) aus, die über den Eigenbedarf hinaus für den Markt produzierten. Im Zuge des Stadt-Land-Gegensatzes und der regionalen Differenzierung zwischen der Küstenregion und dem Mississippidelta auf der einen und dem Landesinneren und der südwestlichen Frontier auf der anderen Seite lebten 10% der insgesamt 8,8 Millionen weißen SüdstaatlerInnen in einer ärmlichen Subsistenzwirtschaft in den unfruchtbaren pine barrens des Hinterlandes.[65]

Über die Unterschiede hinweg verband die Weißen ein Südstaaten-Nationalismus, der sich zum einen aus dem Mythos der besonderen Tugenden und moralischen Vorzüge des Southern way of life, zum anderen aus einem Superioritätsgefühl gegenüber den Schwarzen speiste. Die Rechtfertigung der Sklaverei wurde seit der Jahrhundertwende immer offensiver betrieben: Ungleichheit sei eine natürliche menschliche Bedingung und somit die Sklaverei eine Schutzfunktion für die ihr unterworfenen sozial Schwachen, die den ›Lohnsklaven‹ des Nordens versagt bliebe.

Im Senat war jeder Bundesstaat mit zwei Senatoren vertreten. Von Norden und Süden wurde beiderseits darauf geachtet, daß das Verhältnis zwischen den SklavInnenhalterstaaten und dem Norden zahlenmäßig im Gleichgewicht blieb. Als z.B. Missouri 1820 seine Aufnahme in die Union als SklavInnenhalterstaat beantragt hatte, wurde zum Ausgleich Maine von Massachusetts abgetrennt und als eigener freier Staat geführt. Die

Südstaaten mußten bei diesem Kompromiß akzeptieren, daß die Sklaverei in dem 1803 erworbenen Louisiana-Gebiet oberhalb von 36 Grad 30 Minuten nördlicher Breite verboten war. Aber im Repräsentantenhaus, wo die Einzelstaaten gemäß ihrer Bevölkerungszahl vertreten waren, verlor der Süden an Gewicht, ging doch sein Bevölkerungsanteil zurück. 1830 belief sich sein Anteil an der Gesamtbevölkerung auf 42% und ging bis 1850 35% zurück. Hierein waren die SklavInnen mitgerechnet. Für die Weißen allein gezählt belief sich der Rückgang von 27% auf 23%. Allerdings stammten bis 1850 die Mehrheit der Präsidenten sowie der Mitglieder des Supreme Court und oft die wichtigsten Minister aus dem Süden.[66]

Der Antrag von California, in die Union aufgenommen zu werden, gab dem Streit um die Frage, ob neue Staaten als SklavInnenhalterstaaten dem Bund beitreten konnten oder nicht, neue Nahrung. Es fand sich 1850 kurzfristig ein Kompromiß. Das Oregon-Gebiet sollte sklavenfrei bleiben, ebenso wurde California[67] als ›freier‹ Staat aufgenommen, die neuen Territorien Utah und New Mexico sollten selber über ihren Status entscheiden können, im District of Columbia, also der Hauptstadt, wurde der Binnen-SklavInnenhandel verboten. Ansonsten sollte die Sklaverei durch ein schärferes Fugitive Slave Law beser geschützt werden. Dieses Gesetz erboste GegnerInnen der Sklaverei und trug zur Verschärfung des Konflikts bei. »Mit dem neuen Gesetz wurde es den Sklavenhaltern wesentlich erleichtert, entlaufene Sklaven einfangen zu lassen, wenn diese Unterschlupf im Norden gefunden hatten. Sie mußten die entlaufenen Sklaven nicht einmal mehr vor Gericht bringen, um zu beweisen, daß es sich wirklich um ehemaligen ›Besitz‹ handelte, sondern brauchten nur vor einem US-Marshall oder irgendeinem anderen Bundesbeamten eine eidesstattliche Erklärung mit einer Personenbeschreibung aus der Tasche zu ziehen, die von einem Südstaatengericht beglaubigt worden war. Dann konnten sie mit ihren Sklaven die Heimreise antreten. Jeder Passant, der sich trotz Aufforderung nicht an der Verhaftung eines vermeintlichen Sklaven beteiligte, konnte mit einer Strafe von 1.000 Dollar oder einem halben Jahr Gefängnis belegt werden. Mit diesem Gesetz wurden die *Personal Liberty Laws*, die in den Nordstaaten als Garant der Freiheitsrechte von ehemaligen Sklaven und freien Schwarzen erlassen worden waren, über Nacht unwirksam gemacht, denn in diesen Gesetzen war es örtlichen und Beamten der Bundesstaaten untersagt, bei der Verhaftung von flüchtigen Sklaven mitzuwirken. Mit dem neuen Gesetz war es auch möglich, freie Schwarze, die zuvor Sklaven gewesen waren, wieder in die Sklaverei zu entführen, denn man brauchte lediglich eine Personenbeschreibung, die ungefähr paßte. Hinzu kam, daß Afroamerikaner, die auf Grund dieses Gesetzes verhaftet worden waren, nicht für sich selbst sprechen durften, so daß sie auch gegen ihre Verhaftung nicht mit legalen Mitteln vorgehen konnten. So wurden auch die Städte des Nordens, in denen es eine starke Abolitionsbewegung gab, zum Jagdgebiet für Sklavenfänger aus dem Süden.«[68] Dieses Gesetz war im Norden recht unpopulär und es regte sich deutlicher Widerstand dagegen. In mehreren Fällen wurden von Sklavenfängern oder Beamten festgesetzte Schwarze wieder befreit. In New York City mußten 200 Polizisten eingesetzt werden, um einen einzelnen Gefangenen zu bewachen und in die Sklaverei zu bringen. In Boston benötigte solch ein Fall 1854 2.000 Polizisten und Soldaten und kostete die Bundesregierung etwa 100.000 Dollar. Die Furcht, irgendwie gefangengenommen und in die Sklaverei (zurück)geschickt zu werden, veranlaßte 4.000 bis 5.000 Schwarze, prophylaktisch nach Canada zu fliehen. Pazifistische Töne in der Abolitionsbewegung wurden nun übertönt von den Stimmen, die gewaltsamen Widerstand gegen die Sklaverei forderten.

1854 wurde ein Gesetz verabschiedet, nach dem die neugeschaffenen Territorien Kansas und Nebraska selbst über ihren Status hinsichtlich der Sklaverei entscheiden sollten.[69] Damit war der Missouri-Kompromiß von 1820 über den Haufen geworfen worden. Kansas wurde seit dem Jahr zum Schauplatz der Auseinandersetzung zwischen AbolitionistInnen und SklavereibefürworterInnen. Die New England Emigrant Aid Society plante, 20.000 SiedlerInnen, die gegen die Sklaverei eingestellt waren, innerhalb eines Jahres nach Kansas zu schicken. Am Wahltag 1855 strömten 5.000 Bewaffnete aus Missouri nach Kansas, stürmten die Wahlbüros und warfen vier mal so viele Stimmzettel in die Urnen, wie es überhaupt Wähler in dem Gebiet gab. Die neu gewählte Regierung, für die Sklaverei eingestellt, verabschiedete sogleich Gesetze gegen die Rede- und Pressefreiheit, die SklavereigegnerInnen treffen sollten. Einen Höhepunkt erreichte der Konflikt im Frühjahr 1856, als Südstaatler Lawrence, eine Stadt, in der hauptsächlich GegnerInnen der Sklaverei wohnten, niederbrannten und im Gegenzug Männer, unter Führung von John Brown, aus Rache Sklavereibefürworter töteten. In diesem Jahr starben 200 Menschen in Kansas bei Auseinandersetzungen zwischen Befürwortern und Gegnern der Sklaverei. 1858 mußte ein neues Referendum über den Status von Kansas abgehalten werden. Es endete mit einer überwältigenden Mehrheit gegen die Sklaverei, womit dieser Bundesstaat als ›freier‹ in die Union aufgenommen werden sollte.

Der Supreme Court verschärfte im darauffolgenden Jahr mit der Dred Scott Decision die angespannte Lage noch, indem er erklärte, Schwarze – SklavInnen gleichermassen wie Freie – seien keine us-amerikanischen StaatsbürgerInnen und hätten als »beings of an inferior order« somit auch keine Rechte, die Weiße respektieren müßten. Mit dem Hinweis, das Besitzrecht an SklavInnen gelte auch in den Territorien, in denen es keine Sklaverei gab, erklärte das Gericht sämtliche zuvor gefundenen politischen Kompromisse für verfassungswidrig. In der Folge wurde Schwarzen die Ausstellung von Pässen verweigert. In der sich zuspitzenden Lage forderte Arkansas die dort lebenden freien Schwarzen auf, freiwillig SklavInnen zu werden oder den Bundesstaat zu verlassen. Die verschärfte Lage ließ es Schwarzen ratsam erscheinen, Vorbereitungen für eine militärische Konfrontation zu ergreifen. Als ihr Wunsch nach Aufstellung schwarzer Kompanien in den Milizen einiger nördlicher Bundesstaaten nicht entsprochen wurde, bildeten sie autonom eigene.

1859 versuchte John Brown erneut mit militanten Mitteln in die Problematik einzugreifen. Mit seinen Söhnen und einigen Anhängern versuchte er im Oktober das bundesstaatliche Waffenarsenal in Harpers Ferry, Virginia, einzunehmen, um damit den Startschuß für einen erhofften allgemeinen SklavInnenaufstand im Süden zu geben. Die Aktion mißlang, mehrere Angreifer starben bei der Aktion, John Brown wurde gefangengenommen und schließlich hingerichtet. In den Augen vieler NordstaatlerInnen – hatten ihn doch viele prominente Abolitionisten insgeheim ermuntert und unterstützt – machte ihn das zum Märtyrer und zur Symbolfigur des Widerstandes gegen die Sklaverei.

»Die Reaktionen auf den Überfall John Browns und seine folgende Erhebung in den Stand eines Märtyrers für die gerechte Sache war Ausdruck der wachsenden Überzeugung unter den Abolitionisten, daß nur Gewalt die Sklaverei würde beenden können.«[70] Die Auseinandersetzungen wurden in der Tat immer militanter und selbst im Repräsentantenhaus kam es zu Schießereien und Messerstechereien. Eine Lösung mußte her. Viele AbolitionistInnen dachten darüber nach, ob sich nicht der Norden vom Süden sezedieren sollte.

Zu fragen ist, wo die Gründe dieser tiefen Spaltung zwischen dem Norden und dem Süden lagen. Schließlich hatte der Abolitionismus für sich allein nie genug Einfluß besessen, der Politik der Union den Weg zu weisen. Auch die unterschiedlichen Produktionssysteme – beginnender Industriekapitalismus im Norden, sklavInnenhaltende Agrarwirtschaft im Süden – hätten oberflächlich betrachtet theoretisch nebeneinander bestehen können. Der Grund lag in einer Verquickung der wirtschaftlichen Situation mit der Politik. »Der Süden – im Grunde eine Halbkolonie Englands, wohin er die Hauptmasse seiner Rohbaumwolle lieferte – sah seinen Vorteil im Freihandel, während die Industrien des Nordens seit langem entschiedene und kämpferische Anhänger einer Schutzzollgesetzgebung waren, die sie aber in Folge der politischen Machtkonstellation [...] nicht im erwünschten Umfang durchführen konnten. In den Industriekreisen des Nordens verspürte man angesichts einer zur Hälfte freien, zur Hälfte sklavenhaltenden Region zweifellos weniger Besorgnis als beim Anblick einer Nation, die es zur Hälfte mit dem Freihandel und zur anderen Hälfte mit dem Protektionismus hielt. Von gleicher Bedeutung waren in diesem Zusammenhang auch die Bestrebungen des Südens, den Vorsprung des Nordens nach Möglichkeit dadurch wieder auszugleichen, daß er diesen von seinem Hinterland abschnitt; diesem Zweck diente der Versuch, statt eines nach Osten dem Atlantik zugekehrten ein nach Süden hin offenes, auf dem Wassernetz des Mississippi beruhendes Handels- und Verkehrssystem zu etablieren und damit soweit wie möglich der Expansion von Norden nach Westen vorzubeugen.«[71]

In der Folge verschärften sich die Konflikte zwischen Norden und Süden. Dippel gibt die Stimmung wieder: »Der Riß ging durch die gesamte Gesellschaft, die Parteien, die Kirchen, die Wirtschaft und die allgemeinen Wertvorstellungen. Die Ansichten über zivilisiertes Verhalten, politische Kultur und ihre Grundwerte, ja über das, was Recht und Unrecht war, fanden keinen gemeinsamen Nenner mehr.«[72] So wird die Präsidentenwahl von 1860 als Wahl zwischen Norden und Süden gesehen, bei der die Frage gewesen sei: Ende der Union oder Ende der Sklaverei. Die Republican Party war im Juli 1854 in Michigan gegründet worden, nachdem die Whigs desintegrierten und die Democratic Party innerlich gespalten war. Viele Sklavereigegner dieser beiden sowie verschiedener kleinerer Parteien fanden in ihr eine neue Heimat. Für die Republican Party kandidierte Abraham Lincoln, der 1858 in einer Wahl-

rede gesagt hatte: »Ein in sich geteiltes Haus kann keinen Bestand haben. Ich glaube, daß dieser Staat nicht zur Hälfte aus Sklaven und zur
Hälfte aus Freien bestehen kann. Ich erwarte nicht, daß die Union
aufgelöst wird; ich erwarte nicht, daß das Haus zusammenbricht; aber
ich erwarte, daß es aufhören wird, geteilt zu sein. Es wird in Gänze
entweder das eine oder das andere sein.«[73] Er gewann alle achtzehn
Staaten des Nordens außer New Jersey und damit die Mehrheit.[74]

Am 20. Dezember 1860 erklärte South Carolina seinen Austritt aus
der Union[75]; alle sechs weiteren Staaten des unteren Südens – Mississippi, Florida, Alabama, Georgia, Lousiana und Texas – folgten innerhalb
weniger Wochen.

9 Historisch-theoretische Verschränkung II

1850 lebten laut U.S. Census 23.191.876 Menschen in den USA. Seit 1820 war damit die Bevölkerung um 13.558.054 Menschen angewachsen. Unter den 2.464.200, die in dieser Zeit in das Land immigrierten, waren EngländerInnen, IrInnen, SchottInnen, WaliserInnen, Deutsche, PreussInnen, ÖsterreicherInnen, SchwedInnen, NorwegerInnen, DänInnen, HolländerInnen, FranzösInnen, SchweizerInnen, BelgierInnen, SpanierInnen, PortugiesInnen, ItalienerInnen, SardInnen, SizilianerInnen, MaltesInnen, KorsInnen, GriechInnen, (europäische) RussInnen, PolInnen, UngarInnen und (europäische) TürkInnen, listet der U.S. Census mit Zahlenangaben präzise auf. Sie stellten 89,3% der ImmigrantInnen dieser Jahre, wobei darunter BritInnen mit 64,2% der EuropäerInnen die Majorität bildeten.[1] Nicht mehr so präzise betreffs ihrer Herkunft werden die übrigen ImmigrantInnen nach Kontinenten zahlenmäßig aufgelistet: Asien, Afrika, Amerika, Pazifik und, als unklare Kategorie, alle anderen.[2]

Der U.S. Census listete seine Bevölkerung noch nach anderen Kategorien auf. Eine davon war die Rasse. Es wurde dabei in den ersten Auflistungen nur nach Weißen und Farbigen unterschieden. Demnach lebten 1850 19.553.068 Weiße und 3.638.808 Farbige dort. Eine Fußnote spezifiziert Farbige als „African descent only".[3]

1860 waren es dann 4.441.830 Schwarze, die damit einen Bevölkerungsanteil von 14,1% ausmachten. 3.953.760 von ihnen waren SklavInnen, 488.070 waren Freie, was 11% entsprach.

Der schwarze Bevölkerungsanteil war sehr unterschiedlich. Belief er sich in South Carolina auf 58,6%, Mississippi 55,3%, Loisiana 49,5%, Alabama 45,4%, Florida 44,6%, Georgia 44,1%, North Carolina 36,4%, Virginia 34,4%, Texas 30,3%, Arkansas 25,6%, Tennessee 25,5%, Maryland 24,9%, Kentucky 20,4%, Delaware 19,3%, Washington, D.C., 19,1%, lag er bei 10% in Missouri, rutschte unter 5% in Rhode Island, Connecticut, New York, New Jersey, Pennsylvania, Ohio und California und lag unter 1% in Maine, New Hampshire, Vermont, Massachusetts, Indiana, Illinois, Michigan, Wisconsin, Minnesota, Iowa, Nebraska, Kansas, Colorado, New Mexico, Utah, Nevada, Washington und Oregon. Das heißt 44% von ihnen lebten im Süden und machten dort einen Bevölkerungsanteil von 37% aus. 95% der Schwarzen im Süden lebten auf dem Land.

Von allen Schwarzen waren 90% in den USA geboren. 13,2% hatten einen Anteil 'weißen Blutes' in ihren Adern. Unter den MulattInnen waren prozentual mehr Freie zu finden als unter den 'Rein-Schwarzen'. 40% der freien Schwarzen in den südlichen Städten waren von 'gemischtem Blut', 20% der SklavInnen in den Städten und 10% der SklavInnen auf dem Land.

32.629 Schwarze gingen 1860 in eine Schule. Bis zu diesem Jahr hatten 28 Schwarze einen Collegeabschluß erhalten.[4]

Die Einteilung in Rassen war immer wieder gefährdet. Aufgrund der Vermischung von Weißen und Schwarzen war in manchen Fällen nicht *ganz* klar, zu welcher Rasse eine Person gehörte. Zwar galt eine Person mit nur einem Tropfen schwarzen Blutes als der schwarzen Rasse zugehörig, doch deswegen konnte sie doch helle Haut, blaue Augen, blondes Haar haben. Bei wenigen Schwarzen führte dieser Sachverhalt zur Praxis des sogenannten Passing, d.h. sich als WeißeR auszugeben und dafür gehalten zu werden. „Das Hinüberwechseln zur Seite der Weißen verstieß gegen alle Gesetze der Rassenordnung, aber war dennoch ein nicht seltener Ausweg aus einer ambivalenten Identität. Aber weit über die Zahl derer hinaus, die solches tatsächlich wagten, fand das Thema des 'Passing' in der Öffentlichkeit eine übersteigerte, ja geradezu hysterische Aufmerksamkeit."[5] Dieser Mangel in der Zuortenbarkeit rief die Angst vor 'unsichtbarem Schwarz' unter vielen Weißen hervor.[6]

Die Einteilung in Rassen war eine des Zwangs. Einer der wenigen Ansätze einer Vermischung der Gruppen im Muskogee-Gebiet[7] und damit einer Veränderung des Wirklichkeitsmodells war zerstört. Die Schwarzen, die bei den Natives lebten, zum Teil als deren SklavInnen, hatten sich auch vermischt. Dadurch entstand aber keine neue Kategorie in der Rasseneinteilung. Die Nachkommen wurden unter einer der beiden Kategorien subsummiert. Sie waren auch immer noch aus dem Blickfeld gerückt in ihren Reservaten. Präsent wurden Natives nur durch ihre gelegentlichen Aufstände und deren Niederschlag in der Presse. Aber der überwiegende Großteil der Weißen (wie auch der Schwarzen) hatte keinen konkreten Kontakt zu ihnen. So waren sie eine unsichtbare Rasse, die nur in den Medien und den Vorstellungen der Weißen existierte.

Dem überwiegend nord- und westeuropäischen Gemisch stand also immer noch nur eine Gruppe entgegen, die der Farbigen, die Schwarze waren. Die Anwesenheit von Menschen mit schwarzer Hautfarbe diente damit weiterhin der Homogenisierung der weißen Rasse. Das Wirklichkeitsmodell der dominanten weißen Rasse und der ihr untergeordneten schwarzen Rasse setzte sich fort.

Aber das Wirklichkeitsmodell wurde anderweitig brüchig. Die Gleichsetzung Schwarze = SklavInnen war durch vielfältige politische und soziale Bewegungen, Aktionen und Widerstand in's Wanken geraten. Die nächsten Jahre sollten über Beibehaltung oder Veränderung der Gleichung entscheiden.

Gleichzeitig trugen die Forderungen nach Rechten für *die* Schwarzen notgedrungen dazu bei, daß die Einteilung der Menschen in den USA in eine schwarze und eine weiße Rasse stabilisiert wurde.

10 Historie V
Bürgerkrieg und Wiederaufbau

Die Staaten, die sich abgespalten hatten, wählten Jefferson Davis zum provisorischen Präsidenten der Confederate States of America.

Lincoln, der am 4. März 1861 sein Amt als Präsident der Union antrat, beschloß, nachdem alle Bemühungen um Ausgleich zwischen Norden und Süden vergeblich geblieben waren, das im Hafen von Charleston, South Carolina, abgeschnittene Fort Sumter mit seiner kleinen Bundesbesatzung mit Proviant zu versorgen. Dippel interpretiert diesen ›Test‹ Lincolns folgendermaßen: »Würde South Carolina Proviantnachschub durch die Bundesmarine erlauben, könnte dies ein Indiz des Einlenkens sein; würde es hingegen diesen gewaltsam zu verhindern suchen und das Fort angreifen, läge ein bewaffneter Aufstand gegen die legale Regierung des Landes vor.«[1]

South Carolina eröffnete das Feuer. Die Batterien von Charleston begannen am 12. April 1861 um 4.30 Uhr mit der Beschießung von Fort Sumter. Der Bürgerkrieg hatte begonnen.

Lincoln stellte ein Heer von 75.000 Freiwilligen auf[2] und verhängte eine Seeblockade gegen die Häfen des Südens. Daraufhin schlossen sich bis zum 20. Mai die vier Staaten des oberen Südens – Virginia, Arkansas, Tennessee, North Carolina – der Konföderation an. Die Staaten des Südens, die sich bereits der kapitalistischen Marktwirtschaft des Nordens zu öffnen begonnen hatten und in denen seit 1830 der Anteil der SklavInnen an der Gesamtbevölkerung kontinuierlich zurückgegangen war, verblieben bei der Union: Delaware, Maryland, Kentucky, Missouri und die nordwestlichen Counties von Virginia[3], was nicht zuletzt an der geschickten Politik Lincolns lag, der ersteinmal zusicherte, die Sklaverei dort, wo sie existierte, nicht anzutasten.[4]

Mit Ausbruch des Krieges wurde also keineswegs die Sklaverei beendet. Lincoln proklamierte erst am 1. Januar 1863 das »all persons held as slaves within any State, or designated part of the State, the people whereof shall be in rebellion against the Unites States, shall be then, thenceforward, and forever free.«[5] Damit blieben die SklavInnen, die in unionstreuen Bundesstaaten lebten, immerhin über 800.000, erstmal in der Sklaverei. Die im Süden waren durch die Union formell für frei erklärt worden, aber faktisch hatte das ja keine Relevanz.

Auch im Norden waren nicht alle gegen die Sklaverei eingestellt.

Dort kam es während des Krieges in den großen Städten zu Massenausschreitungen der Anhänger des Sklavensystems. Zum Beispiel wurden in New York City im Sommer 1863 ungefähr 1.000 Menschen getötet und verwundet, als Rekrutierungsbüros zerstört und Schwarze angriffen wurden. In New York hatten vor allem viele Schiffseigentümer, Werftbesitzer und Händler am SklavInnenhandel verdient. Aber auch andere Geschäftsleute waren eng mit den Südstaaten verknüpft. Nach dem Austritt South Carolinas aus der Union gab es ernsthafte Überlegungen, sich ebenso aus der Union zu lösen, so daß New York eine »›Freie Stadt‹ wird, die für Geschäfte mit allen Seiten offen ist«, so der damalige Bürgermeister.[6]

Der Norden mußte den Süden erobern. Doch schon bei der ersten Schlacht, der von Bull Run am 21. Juli 1861, stoppte der Vorstoß des Nordens nach Virginia auf die Hauptstadt der Konföderierten, Richmond. Mehrere weitere Versuche scheiterten ebenfalls. Im Osten nahm die Auseinandersetzung die Form eines Abnutzungskrieges an, bei dem die Massenheere noch in traditionell geschlossener Formation kämpften, obwohl die Feuerkraft der Artillerie und die Zielgenauigkeit der Gewehre enorm zugenommen hatte. So waren die Blutopfer enorm hoch; Schwerverletzte hatten angesichts der mangelhaften medizinischen Versorgung wenig Überlebenschancen; zudem rafften ansteckende Krankheiten viele Menschen dahin. Der Norden setzte auf eine neue Strategie. Tennessee war nun das Ziel, um von hier aus die Konföderation zu parzellieren. Zuerst sollte die Trans-Mississippi-Region durch einen Vorstoß den Mississippi abwärts vom übrigen Süden abgespalten werden, dann vom Osten Tennessees her ein Feldzug erfolgen. Hier waren die Erfolge höher durch eine bessere Koordinierung der Kräfte und eine beweglichere Kriegsführung. Es gelang bis zum Sommer 1862, New Orleans von der See her zu erobern und bis Baton Rouge vorzustoßen, sowie einige wichtige Forts durch einen Vorstoß von Illinois aus einzunehmen. Der Süden hingegen versuchte den Krieg in den Norden zu tragen. Doch bei Gettysburg (1. bis 3. Juli 1863) scheiterte er. Nach drei Tagen waren 28.000 Konföderierte gefallen oder verwundet, was einem Drittel der Armee entsprach; die Gegenseite beklagte 23.000 Opfer. Der Norden konnte vorrücken und nahm Ziel um Ziel ein: Vicksburg (4. Juli 1863), Chattanooga (25. November 1863), Atlanta (2. September 1864). Nun sollte eine Schneise der Verwüstung durch Georgia gezogen werden, damit der Nachschub vom unteren in den oberen

Süden unterbunden würde.[7] Von Savannah aus ging im Februar 1865 der Feldzug nordwärts nach North Carolina. Eine zweite Armee der Nordstaaten stand in Virginia. Am 9. April 1865 mußte General Lee in Appomattox, Virginia kapitulieren. Erst am 26. Mai ergaben sich seine letzten Einheiten.

Der Norden gewann, obwohl seine militärische Führung lange Zeit in den Händen unfähiger Generäle gelegen hatte, die Robert E. Lee, Kommandeur der Militärakademie West Point und dann Befehlshaber des Südens, taktisch unterlegen waren. Erst mit Ulysses S. Grant verfügten sie über einen Feldherrn, der es mit Lee aufnehmen konnte. Aber der Norden konnte mehr Material in die Schlachten werfen als der Süden, der über keine städtische und industrielle Infrastruktur verfügte. Ein Jahr vor dem Krieg standen Kapitalinvestitionen, Arbeiterzahl und Produktionswert in den Industriebetrieben des Nordens zu denen des Südens im Verhältnis zehn zu eins. 1862 waren im Norden täglich 5.000 Gewehre produziert worden, im Süden 300. Und der Norden konnte mehr Menschen mobilisieren.[8] Die Finanzierung des Krieges hatte im Süden zu immenser Inflation geführt, was die armen weißen Familien besonders hart traf, die zudem durch Zwangsrekrutierungen oft ihr einziges Pferd und ihre einzige männliche Arbeitskraft verloren. Darüberhinaus verschlechterte sich die Versorgungslage der ärmeren Landbevölkerung dramatisch. Es hieß bald, dies sei ein Krieg der reichen Leute. Desertationen häuften sich, so daß sich Ende 1864 die Hälfte der Soldaten unerlaubt von der Armee entfernt hatte. Der konföderierte Kongreß beschloß 1865 sogar die Zwangsrekrutierung von 300.000 Sklaven[9], die aber vor Kriegsende nicht mehr aufgestellt werden konnten.[10] Entflohene oder befreite Sklaven schlossen sich zum Teil den Unionstruppen an, so daß zusammen mit freien Schwarzen insgesamt 186.000 von ihnen in 166 schwarzen Regimentern dienten. Sie wurden United States Colored Troops genannt und in der Regel von weißen Offizieren geführt.[11] Etwa 100 Schwarze wurden zu Offizieren ernannt. Der Anteil der schwarzen Soldaten aus dem Süden war prozentual höher als der aus dem Norden.[12] Wurden sie gefangengenommen, so wurden sie nicht etwa als Kriegsgefangene betrachtet, sondern bestenfalls wieder in die Sklaverei verbracht wenn nicht gar gleich erschossen. Letzteres drohte auch weißen Offizieren, die schwarze Einheiten anführten.

Zu alledem hatte es der Süden auch nicht geschafft, ausländische Hilfe zu organisieren. Die Sympathien großer Teile der europäischen

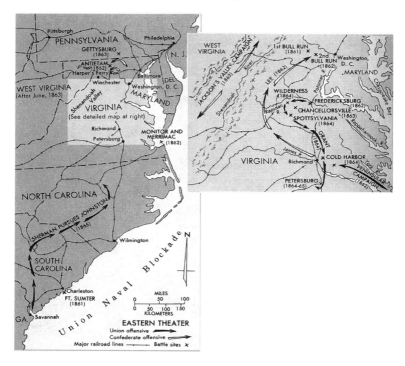

Öffentlichkeit lagen eindeutig beim Norden, dessen Kampf mit humanitärem und emanzipatorischem Fortschritt gleichgesetzt wurde. Außerdem profitierte z.b. Großbritannien vom Krieg, da es Rüstungsgüter an beide Seiten lieferte, sich somit nicht auf eine der beiden Seiten schlagen wollte.

Der Bürgerkrieg war, laut Dippel, weltweit der erste moderne Krieg. Er wurde mit hohem Materialeinsatz und hoher Mobilität aufgrund der Telegraphen, Eisenbahnen, Dampfschiffe und Ballone geführt. Es war auch einer der ersten Kriege, der fotografiert wurde. In ihm kamen neue Waffentechniken in Form des Repetiergewehrs mit seiner gesteigerten Feuergeschwindigkeit und Zielgenauigkeit und zum ersten Mal gepanzerte Kriegsschiffe sowie das erste U-Boot zum Einsatz. Das hinterließ mehr

als eine Million Tote und Verwundete.[13] Es war neben der Taiping-Rebellion die längste und blutigste innere Auseinandersetzung des Jahrhunderts. Heideking sieht in der ›Strategie der verbrannten Erde‹, die ganz bewußt die Zivilbevölkerung in das Kriegsgeschehen einbezog und zum Opfer machte, den Übergang von einer ›zivilisierten‹ zu einer alle bisherigen Regeln und Konventionen mißachtenden ›totalen‹ Kriegsführung.

Der Bürgerkrieg ordnete die Rolle der Staaten neu. Die Suprematie des Bundes war durchgesetzt. Aber: Welchen Status hatten die sezedierten Staaten? »War die Sezession lediglich ein illegaler Schritt gewesen, und waren sie rechtstheoretisch stets Teil der Union geblieben – eine Theorie, zu der der Präsident neigte? Oder hatten sie durch die

113

Sezession ihren Platz in der Union verwirkt und waren nun eroberte Provinzen, die neu geordnet werden mußten – eine Auffassung, die von der Mehrheit des Kongresses geteilt wurde?«[14] Zuerst setzte sich der Präsident durch, und zwar schon 1863 vor Ende des Krieges mit der *Proclamation of Amnesty and Reconstruction*. Sobald 10% der wahlberechtigten Bevölkerung eines Bundesstaates den Eid auf die Verfassung der USA geleistet hatten, konnten sie eine neue Regierung einsetzen und waren wieder vollwertige Mitglieder der Union. Louisana und Arkansas taten dies schon 1864.

Nachdem Lincoln ermordet worden war (14. April 1865), setzte sein Nachfolger Andrew Johnson einen noch milderen Kurs durch: die abtrünnigen Staaten mußten ihren Sezessionsbeschluß rückgängig machen und das 13. Amendment[15], das die Sklaverei für verfassungswidrig erklärte, ratifizieren. Bis Ende 1865 taten dies auch alle und nahmen somit wieder gleichberechtigt am politischen Leben der Union teil. Dazu begnadigte Johnson noch zahlreiche hohe Amtsträger der Konföderierten. Eine ironische Folge der Aufhebung der Sklaverei bestand zudem darin, daß die potentielle Stärke des Südens im Kongreß gewachsen war, zählten die Schwarzen als Bevölkerung nicht wie zuvor nur zu drei Fünftel, sondern in ihrer vollen Zahl.

Als allerdings im Herbst 1865 einige der Südstaaten prominente Vertreter der früheren Konföderierten in Staats- und Bundesämter wählten, verweigerte der Kongreß ihnen das Sitzrecht und setzte gegen den Präsidenten andere Regeln durch. Im April 1866 wurde der Entwurf für das 14. Amendment vorgelegt, nach dem kein Bundesstaat die Bürgerrechte der Vereinigten Staaten einschränken oder einem Bürger ohne ein ordentliches Gerichtsverfahren Leben, Freiheit oder Besitz nehmen durfte, genausowenig wie ihm Rechtsgleichheit und Rechtsschutz verwehrt werden durfte. Damit wurden den Schwarzen die Bürgerrechte und Gleichheit vor dem Gesetz auf dem Papier garantiert. Als der Süden sich weigerte, dieses Amendment zu ratifizieren, wurde er im Frühjahr 1867 in fünf Bezirke eingeteilt und unter Militärverwaltung gestellt.[16] Alle erwachsenen schwarzen Männer sollten als Wähler registriert werden, neue Staatenverfassungen ausgearbeitet und neue Parlamente gewählt werden. Es entstanden die sogenannten Reconstruction Governments, in denen unionstreue weiße Südstaatler, Republicans aus dem Norden und Schwarze zusammenarbeiteten. So kam es, daß Schwarze insgesamt mehr als 600 Parlamentsabgeordnete stellten und eine Reihe von Regierungsämtern bekleideten. Dreizehn Schwarze wurden in das US-Repräsentantenhaus und 1870 der erste[17] in den US-Senat gewählt. In South Carolina hatten Schwarze sogar die Mehrheit in der Legislative[18], aber sie bekleideten nicht so viele Ämter wie es ihrem Anteil an der Bevölkerung entsprochen hätte.

Es wurde versucht, soziale und humanitäre Reformen durchzusetzen. Im März 1865 waren die Freedmen's Bureaus[19] gegründet worden, die den Schwarzen Lebensmittelhilfen, Beratung, Rechtschutz, Kredit und Ausbildung boten.[20] Unter Schwarzen tauchte das auf, was William Edward Burghardt DuBois das »Verrücktsein nach Schulen«[21] nannte. »Einen Stapel Bücher kann man fast in jeder Hütte sehen, selbst wenn keine Möbel, ausgenommen ein schlechtes Bett, ein Tisch und zwei oder drei kaputte Stühle vorhanden sind.«[22] Eine ganze Schar schwarzer und weißer LehrerInnen[23] drängte in den Süden, um den befreiten Schwarzen die drei ›R's‹ beizubringen: Reading, Writing, Rithmetic. Sie hatten viel zu tun, lag doch die Analphabetenrate bei 95%. Es wurden im Nachkriegssüden Schulen, Seminare und Universitäten für Schwarze gegründet, unter anderem die Atlanta University in Atlanta (1865), die Fisk University in Nashville (1866), die Howard University in Washington (1867), und das Hampton Institut in Hampton (1868). Allerdings waren die Schulen für Schwarze aufgrund der geringen Mittel, die in sie gesteckt wurden, oft nur eine Karikatur ihrer eigentlichen Aufgabe.

Um Arbeitsplätze für die landlosen ehemaligen SklavInnen zu schaffen, sollte Industrie angesiedelt werden. Gerade das mißlang weitgehend.

Bis 1871 waren alle Bedingungen formal erfüllt, die Südstaaten wieder Teil der Union. Die reale Lage sah jedoch anders aus. Konservative und rassistische Weiße waren in die Staatenparlamente zurückgekehrt und hatten die Kontrolle wieder an sich gerissen. Ehemalige Soldaten und Offiziere der Konföderierten bildeten Geheimgesellschaften, die Terror- und Mordkampagnen durchführten, um die politischen Gegner einzuschüchtern und die Schwarzen wieder gefügig zu machen. Die bekannteste dürfte der Ku Klux Klan sein, bereits 1866 in Tennessee gegründet, der sich zu einer Art ›militärischem Arm‹ der Democratic Party im Süden entwickelte. Zwar vom Kongreß verboten und von den Militärgouverneuren unterschiedlich konsequent bekämpft, ließ sich der von ihm verbreitete Schrecken nicht hinreichend eindämmen.

Der Ku Klux Klan trat dort am deutlichsten in Erscheinung, wo Schwarze eine Minderheit oder nur eine knappe Mehrheit der Bevölkerung bildeten. Er trat weitaus weniger stark auf in Gegenden, in denen es eine große schwarze Bevölkerungsmehrheit gab. Aber überall schlug ihm auch Gegenwehr der Schwarzen entgegen. Viele schwarze Veteranen hatten ihre Handfeuerwaffen behalten und etliche von ihnen organisierten sich in Milizen, um ihre lokalen Gemeinschaften zu schützen.

Nach dem Krieg war es auch wiederholt zu ›Rassenunruhen‹ gekommen. So im Winter 1865/66, bei denen die Opfer größtenteils Schwarze waren, oder Weiße, die sich mit ihnen solidarisiert hatten. In Memphis und New Orleans kam es im Mai und im Juli 1866 zu weiteren Ausschreitungen, bei denen Schulen, Kirchen und Wohnungen von Schwarzen niedergebrannt, diese ermordet und verwundet, schwarze Frauen vergewaltigt wurden. Zu ähnlichen Ausschreitungen kam es 1871 in Meridian, Mississippi.

Eingriffe in die Ökonomie blieben aus. Das Versprechen von ›forty acres and a mule‹, vierzig Morgen und einen Esel für Schwarze wurde nirgendwo eingelöst, ebensowenig wie Rebellenbesitz oder Staatsdomäne für arme Schwarze oder Weiße neu aufgeteilt wurde. Als gravierendster Punkt, der einer Veränderung im Wege stand, dürfte die Nicht-Umsetzung einer umfassenden Bodenreform anzusehen sein, der die Schwarzen und auch einen beträchtlichen Teil der Weißen in ökonomischer Abhängigkeit der traditionellen Pflanzer- und Unternehmereliten beließ. Nur wenige Schwarze gelangten in den Besitz einer Farm oder fanden Siedlungsland außerhalb des Südens. Einige kamen in der Industrie unter, die meisten aber blieben als Lohnarbeiter oder Kleinpächter auf ›ihren‹ alten Baumwoll-, Zucker- oder Reispflanzungen. Gebrauch von den ihnen nun juristisch zugestandenen Rechten konnten sie kaum machen.

Der Bürgerkrieg hatte die Sklaverei beendet. Jedenfalls formell. Nach dem 13. Zusatzartikel zur Verfassung 1865 waren die Schwarzen von ihrem SklavInnenstatus befreit.[24] Zu den Freemen, den schon vor dem Bürgerkrieg freien Schwarzen, kamen nun die Freedmen, die durch den Bürgerkrieg befreiten. Im Verständnis der Weißen – und zwar sowohl im Norden wie im Süden – blieben sie eine untergeordnete Rasse, bestenfalls Bürger zweiter Klasse, denen kein gleichberechtigter Anteil am politischen und sozialen Leben zukam. In den Südstaaten wurden rasch sogenannte Black Codes in Kraft gesetzt, bestimmte Regelungen und Restriktionen für Schwarze, z.B. die Verweigerung der freien Wahl des Arbeitsplatzes, Zwangsarbeit, spezielle Strafgesetze, Verbot der Aussage vor Gericht,... Zwar wurde ein Bürgerrechtsgesetz erlassen, das die Black

Codes annullieren und die Schwarzen rechtlich mit Weißen gleichstellen sollte. Aber faktisch veränderte all dies nicht viel an der Situation von Schwarzen, genausowenig wie der 14. Zusatzartikel zur Verfassung von 1868, der allen Bürgern ›equal protection of the laws‹ zusicherte.[25] Der 15. Zusatzartikel zur Verfassung von 1869 ›garantierte‹ schließlich den Schwarzen, nicht jedoch den Frauen, das Wahlrecht.[26] Das führte in der Folge zur Aufkündigung der Bande zwischen der Bewegung der AbolitionistInnen und der Frauenbewegung[27], weil erstere nicht auf das Wahlrecht für Schwarze, sprich schwarze Männer, verzichten wollten und letztere eine Vorzugsbehandlung und zum Teil eine Vorherrschaft schwarzer Männer über weiße Frauen befürchteten.

1876 zogen die letzten Truppen ab und der Süden verwaltete sich wieder selbst. Wirtschaftlich war er durch die Kriegsfolgen weit hinter den Norden zurückgefallen.

Diese Jahre nach dem Ende des Bürgerkriegs bis zum Abzug der Militärverwaltungen 1876 werden als Reconstruction bezeichnet. Es bleibt die Frage, was wiedererrichtet wurde.

11 Theorie III
Rassismus als Grundstruktur der abendländischen Gesellschaft

»Sozialtheoretisch gedacht sind Identitäten [...] nichts anderes als Markierungen *sozialer Positionen*. Denn ebensosehr wie Sexualität, Geschlecht (oder Ethnizität, ›Rasse‹, Klasse) Orte der Selbst-Definition markieren, dienen diese Kategorien auch als soziale und politische Markierungen. Sie positionieren die Individuen an der sozialen Peripherie oder im Zentrum; plazieren sie in einer bestimmten und bestimmenden Relation zu institutionellen Ressourcen, zu sozialen Möglichkeiten, rechtlichem Schutz und sozialen Privilegien sowie in Relation zu einer Bandbreite von Formen sozialer Kontrolle, die vom Ausschluß aus Bürgerrechten bis zu physischer Gewalt oder verbaler Verhöhnung reichen. Identität in diesem Sinne als Markierung einer *sozialen Position* verstanden, die innerhalb eines mehrdimensionalen sozialen Raumes verortet ist, hebt folglich die makrosoziale Bedeutung von Identität hervor; Identitäten werden dadurch sichtbar als Schauplätze fortwährender sozialer Regulierung. Identität als soziale Positionierung zu begreifen, hieße darüber hinaus auch, sich von der Vorstellung zu verabschieden, daß alle Individuen, die eine bestimmte soziale Position teilen, auch eine gemeinsame oder gar identische Geschichte bzw. identische soziale Erfahrung teilen.«[1]

Die Crux an der Identität ist, daß in ihr schon immer das Schreckgespenst der Nicht-Identität angelegt ist, der Differenz. Differenz kann nur zwischen Identitäten, nicht in ihr selbst gedacht werden. Somit kann es Identität nur um den Preis des Ausschlusses der Differenz, des somit Anderen, der Verdrängung und Verwerfung der Nicht-Identität geben.[2]

›Fremdes‹ wird zu etwas, das beängstigt. Das soll vom ersten Moment des Lebens an sein. In der Psychoanalyse und weiten Teilen der Pädagogik wird der Verlust der Symbiose Mutter/Kind bei der Geburt für das Kind als Trauma beschrieben, da es nun mit einer fremden Welt konfrontiert ist. Selbst noch bei Marx wird der Sachverhalt, daß den Menschen ihre eigenen Arbeitsprodukte als verselbständigte Gegenstände gegenübertreten, mit Entfremdung tituliert. Immer erscheint dieses Fremde, Andere als Schreckgespenst, als Grund, sich unwohl zu fühlen, sich zu ängstigen, stört es, gilt es zu überwinden, eventuell zu zerstören, anstatt es als Quell der Auseinandersetzung, der Inspiration zu begreifen. Warum soll das aus dem Mutterleib herausgeglittene Kind nicht die Welt als etwas Spannendes, zu Entdeckendes sehen können?

Im Rassismus wird aus der Einteilung der Menschen in Rassen eine Einteilung, die an die körperlichen Merkmale soziale bindet. Aus der Vererbung der ersteren wird die Vererbung der letzteren gefolgert. Daraus folgt eine differenzierte Hierarchisierung der Gruppen zwischen den Polen Höher- und Minderwertig. Manche Rassen wurden und werden zu bestimmten Zeiten und an bestimmten Orten gar als aus der Menschheit ausgeschlossen oder an deren Rand stehend betrachtet.[3]

Das geht oft einher mit einer Ethnozentrik. Die eigene Gruppe scheint im Zentrum der Welt oder des Universums zu stehen, alle anderen befinden sich außenherum, sind sekundär und niedrigerstehend. Dabei ist der Mittelpunkt die Norm, drumherum findet sich die Abweichung. Dem Rassismus vorausgesetzt ist immer eine Xenophobie, eine Fremdenangst, die sich zu Fremdenfeindlichkeit und -haß steigert.[4] »Unterschiede in physischem Aussehen, in Kleidung und Tracht, Sitten und Gewohnheiten, z. B. beim Essen, in Sprache und Religion, vor allem in der Entwicklungs- und Kulturstufe: Alles ist Stoff für Fremdenfeindlichkeit in allen Gesellschaften zu allen Zeiten.«[5] Das korrespondiert mit einem weiteren Element des Rassismus: Wenn das Fremde gefürchtet und gehaßt wird, muß das Eigene geschützt werden. Das Fremde darf nicht eindringen. Das eigene Blut, als Symbol für Vererbung, muß reingehalten werden.[6]

Solch ein Gebilde ist selbstverständlich äußerst labil. Imanuel Geiss fragt richtig: »Wie ›schwarz‹ sind ›Negriden‹?« und führt dazu an: »›Reine Rassen‹ gab es nie [...]«[7], da die Kategorie Rasse, wenn sie schon benutzt wird, biologisch einen Pool von Genen zur Weitergabe äußerer Merkmale bedeutet, mithin also keine Klone beherbergt, sondern eine Kontinuität von Varianten. Eigentlich ist die ganze Menschheit somit ein Mischprodukt. Dem Gedanken von der Reinheit der Rassen muß daher der ›Mischling‹, der ›Bastard‹, der ›Mulatte‹, der ›Mestize‹ ein Dorn im Auge sein.[8]

Im Rassismus erfährt diese Grundstruktur der abendländischen Gesellschaft, die des Einteilens und In-die-Tiefe-gehens, eine radikale Zuspitzung. Rassismus ist mit der abendländischen Wissens- und Subjektkultur untrennbar verbunden. Der abendländische Rassist, der seinen

Subjektstatus als erkennendes und bedeutungsstiftendes Wesen um jeden Preis aufrechterhalten will, muß sich im Falle des Aufeinandertreffens mit ihm andersartig erscheinenden Menschen bedroht fühlen, da er ihn nicht erkennen kann. Also muß er dessen Andersartigkeit überwinden, indem er ihn sich einverleibt. Das schafft er, indem er sie zu Pathologien seiner selbst erklärt. Dadurch ist sowohl der Andere, der nun nicht mehr anders ist, zu erkennen als Abweichung von der Norm. In der Betrachtung dieser Abweichung erkennt sich der Rassist auch selbst als diese Norm. Damit schafft er es sogleich, all das aus sich selbst auszuschließen und auf den Nicht-mehr-Anderen zu übertragen, was ihm an ihm selbst fremd erscheint. Er ›reinigt‹ sich von den Aspekten, die im Zuge der ›zivilisatorischen Entwicklung‹ und des individuellen ›Erwachsenwerdens‹ aus dem Bereich des gesellschaftlich Geduldeten oder Gebotenen verbannt wurden. Diese in ihm immer noch vorhandenen Aspekte projiziert er auf den ungleichen Gleichen.[9]

12 Theorie IV
Zuschreibungen: Natur

Die Unterscheidungen waren gemacht worden und sind somit ›da‹. Ein Rassenverhältnis war etabliert worden, welches Schwarze auf eine tiefere Stufe als Weiße stellte und sie systematisch benachteiligte und diskriminierte. Aber die Unterscheidungen mußten gefüllt werden. Als Füllung bot sich vieles an. Aber sollte sie nicht flüchtig sein und damit immer wieder neu herzustellen, sondern dauerhaft, mußte sie eine mit Essenzen sein.

Das alteuropäische Denken zog eine Differenz zwischen res corporales und res incorporales. Im christlich-theologischen Denken vollzog sich die Trennung von Körper und Seele. Die Seele galt als Trägerin höherer Qualitäten, der Körper als seinen Trieben überlassen.[1] Mit der Aufklärung spitzte sich dieses Denken zu.

1637 erschien René Descartes *Discours de la méthode pour bien conduire sa raison et chercher la vérité dans les sciences*, in der er einen der prägenden Sätze der Aufklärung schrieb: »ich denke, also bin ich«.[2] Im folgenden[3] wurde das Denken, der Geist vom Körper getrennt[4] und über diesen als etwas höheres auf einen Sockel gestellt. Das neuzeitliche Denken mit seiner idealistischen Unterscheidung von Subjekt und Objekt begann. Dieses Denken, das »Rationalität schätzt und Logik für Gesundheit hält«[5], muß umgekehrt Irrationalität und Unlogik, Paradoxien und Uneindeutigkeiten für pathologisch halten und erklären.

Eine andere Unterscheidung korrespondierte damit, die zwischen Wildnis, Natur und Zivilisation. Die Natur konnte sowohl die vom Menschen domestizierte Landschaft als auch die Wildnis beinhalten. Die Wildnis war die von der ordnenden Hand unberührte Natur. Der Mensch konnte sich zwar in sie einfügen, aber sie wurde nicht von ihm bestimmt. Ihr wurden bestimmte Zuschreibungen gemacht: »In der klassischen Mythologie war sie bevölkert von Dämonen und triebhaften Wesen von halb menschlichem und halb tierischem Körper mit übernatürlichen Kräften. Pan, der sinnliche Gott mit der unerschöpflichen Energie, zeigte sich mit menschlichem Körper und den Beinen, den Ohren und dem Schwanz eines Ziegenbockes.

Ähnlich in Aussehen und Triebhaftigkeit trieben im tiefen Wald auch die Satyrn ihr Unwesen, denen in der römischen Mythologie die Faune entsprachen.

Wilde, unheimliche Wesen, die im Wald Schabernack treiben oder Unheil über den mutigen oder ahnungslosen Menschen bringen, der sich in ihre Welt vorgewagt hat, sind in der europäischen Folklore weit verbreitet.

In den skandinavischen Ländern sind es die Trolle, die in der Tiefe des Waldes leben, in slavischen Mythen wird von einem Wesen mit dem Gesicht einer Frau, dem Körper eines Wildschweines und den Beinen eines Pferdes berichtet, und in Deutschland war es der ›Wilde Jäger‹, der mit Sturm und Getöse durch die Wildnis brauste.«[6]

Die Wildnis galt also als unheimlich und gefährlich, als Bedrohung.[7] Sie mußte zwecks des eigenen Überlebens besiegt und gefügig gemacht werden. Natur und Kultur waren getrennte Bereiche, aber es gab Berührungspunkte und Übergänge. Zwischen Wildnis und Zivilisation dagegen war keine Verbindung möglich, es waren Antithesen, zwei Eckpunkte eines Spektrums.

Die Zivilisation und die Kultur griffen in die Natur ein, um sie sich gefügig zu machen. Die Natur wurde kontrolliert und erschien damit als etwas Niederwertiges.[8]

Die Unterscheidung Mann-Frau wurde mit der Unterscheidung Kultur-Natur gekoppelt.[9] Gab es schon zuvor Aussagen über den unterschiedlichen Stand, über die unterschiedlichen sozialen Positionen und die damit in Verbindung stehenden Tugenden der Geschlechter, so veränderten und verfestigten sie sich Ende des 18. Jahrhunderts zu Theorien über den Geschlechtscharakter von Männern und Frauen. Der Mann galt der Kultur näherstehend, die Frau der Natur.[10]

Wurde den Frauen zuvor mit der Kopplung mit der Natur Sinnlichkeit, Fleischeslust, Unberechenbarkeit zugeschrieben, waren sie als Hexen wegen der »Unersättlichkeit ihrer fleischlichen Begierde«[11] auf dem Scheiterhaufen verbrannt worden, so veränderten sich die Zuschreibungen im 18. Jahrhundert und die Begierde galt dem weiblichen Körper als wesensfremd. Die Frau als Sexualwesen wurde eliminiert und »in das geschlechtsneutrale Korsett der Mutter geschnürt«.[12] Auch die Zuschreibungen an den Mann wandelten sich umgekehrt-äquivalent: War die weibliche Triebhaftigkeit zuvor größer als die männliche, so war es nun andersherum; der Mann gewann an Sinnlichkeit, Körperlichkeit und Geschlechtlichkeit hinzu. Hatte die Definition von Männlichkeit zuvor in der Unterscheidung vom Tier bestanden, welches für die Definition von Weiblichkeit hatte herhalten müssen, so wurden nun die Theorien über Männlichkeit zum Teil vom Verhalten der Tiere abgeleitet.

»Die aus den zeitgenössischen Texten des letzten Drittels des 18. Jahrhunderts hervorgehenden Geschlechtsspezifika sprechen dem Mann die Bestimmung nach außen, nach Weite und dem öffentlichen Leben zu, während die Frau nach innen, nach Nähe und nach dem häuslichen Leben orientiert ist. Charakteristisch für den Mann ist die Aktivität, die bestimmt wird durch Stärke, Willenskraft, Tapferkeit und Festigkeit; charakteristisch für die Frau ist ihre Passivität, die sich aus ihrer Schwäche, ihrem Wankelmut, ihrer Bescheidenheit und ihrer Lust an der Hingabe ergibt. Das Tun des Mannes ist selbständig, zielgerichtet, wirksam, erwerbend und gebend; das der Frau abhängig, betriebsam, bewahrend und empfangend. Männer zeichnen sich durch Durchsetzungsvermögen und die Bereitschaft zur Gewalt aus, Frauen durch Selbstverleugnung, durch Liebe, Güte und Sympathie. Der Mann ist das rationale Geschlecht; er verkörpert Geist, Vernunft, Verstand, Denken, Wissen, Abstraktionsvermögen und Urteilskraft. Die Frau ist das emotionale Geschlecht, sie ist bestimmt durch ihr Gefühl, durch Empfindungen, Empfänglichkeit, Rezeptivität und Religiosität. Tugenden sind nicht die natürliche Stärke der Männer, außer der Würde findet sich wenig in dieser Hinsicht in den diversen medizinischen, pädagogischen, psychologischen und literarischen Texten, die auf ›Geschlechtseigenthümlichkeiten‹ Bezug nehmen, während der Schamhaftigkeit, der Keuschheit, der Liebenswürdigkeit, dem Taktgefühl, der Verschönerungsgabe und der Anmut der Frauen viel Raum gegeben wird.«[13]

Teilweise wurden solche Zuschreibungen mit Rückgriff auf die Biologie begründet: Der Mann sei aktiv, wie es auch sein Sperma sei, die Frau passiv, da auch ihre Eizelle passiv sei. Als eine weitere Begründung für die Nähe der Frau zur Natur wurde ihre Gebärfähigkeit gesehen.[14]

Die Ansichten über die Sexualität der Frau blieben ambivalent. Besaßen Frauen in älteren Überzeugungen eine gefährliche sexuelle Macht, so trat im viktorianischen Zeitalter der Glaube an ihre Leidenschaftslosigkeit an diese Stelle, konnten erstere aber nicht ganz verdrängen. Die beiden Gedanken vermischten sich.[15]

Eine andere Vermischung war die, daß Sexualität allgemein, also sowohl ›männliche‹ als auch ›weibliche‹, mit Natur verquickt wurde. »Gegen die Mitte des 18. Jahrhunderts ermöglicht schließlich der Begriff der Natur, für die jetzt verstärkt als solche thematisierte Sexualität und für leidenschaftliche Gefühle einen gemeinsamen Nenner zu finden, der zugleich ausdrückt, daß Liebe sich aus den Fesseln der Gesellschaft herauslöst und als Natur dazu ein Recht hat. [...] Als Natur war Sexualität einerseits Teil des durch Sünde verdorbenen Wesens des Menschen, aber doch auch etwas Gottgewolltes, also nicht schlechthin Vorwerfbares gewesen.«[16]

Diese Zuschreibungen Mann = Kultur und Frau = Natur waren wackelig und wurden durch ältere Zuschreibungen und ihre eigenen Widersprüchlichkeiten immer wieder in Frage gestellt. Bei der keuschen Frau konnte immer wieder die triebhafte Hexe durchbrechen. Wenn die Frau Natur war, mußte sie dann nicht eine ›natürliche‹ Sexualität besitzen? Wenn der Mann Kultur war, wie paßt dann seine Triebhaftigkeit und Aggression dazu?

Rüntzler spricht für die USA generell von einer Veränderung dieser Zuordnung von Mann = Kultur und Frau = Natur. Während der Frau in Europa neben der Nähe zur Natur auch ›wilde Anteile‹ zugesprochen wurden, erschien sie in den USA als Gegenpol zur Wildnis. Sie wurde zur Inkarnation der Zivilisation schlechthin. Die Zivilisation war dabei der Bereich der Kultur, der nicht mehr von der Wildnis bedroht werden konnte, da hier Tradition, Ordnung und Triebkontrolle das Sein der Menschen bestimmten. Dagegen standen die Männer der Wildnis näher, ihre Triebe drohten die Fesseln der Zivilisation zu sprengen und sie benötigten die Hilfe der Frauen, um sich zu kontrollieren.[17]

Gegen Ende des 19. Jahrhunderts, als es die Frontier nicht mehr gab und auf dem nordamerikanischen Kontinent kein Land mehr zu entdecken war, wandelte sich das Verhältnis zu Natur und Zivilisation. Die Auswirkungen der sich ausbreitenden Industriegesellschaft schienen unkontrollierbar zu sein und die Menschen zu Maschinen zu machen. Die wachsenden Großstädte wurden als ›Dschungel‹ betitelt.

Die wilden Anteile der Natur bedrohten die Männer, bestand doch die Gefahr, wenn sie sich in sie begaben, daß sie von der Zivilisation entfremdet, irre würden. Auf der anderen Seite brauchten sie die Auseinandersetzung mit der Natur, um ›frei zu sein‹, um ›zu sich selbst zu finden‹, um zum Individuum zu werden, um sich zu ›reinigen‹ von den schlechten Seiten der Zivilisation für die Zivilisiertheit.[18]

Im Prozeß dieser Zuschreibungen wurde auch hier der Frau die Lust an der Verführung und Sexualität abgesprochen. Anthony Trollope schrieb 1862: »wäre Eva eine Frau aus dem Westen der USA gewesen, würde sie Adam nicht mit dem Apfel verführen, sondern ihn dazu bringen, sich sein Essen selbst zu kochen«.[19]

Die Verkörperungen dieser Stereotypen finden sich zum einen in der Figur der Lehrerin, die sich in den Westen aufmacht, um der dortigen Bevölkerung, die der Verwilderung anheimzufallen droht, die Zivilisation beizubringen. Die andere Verkörperung ist der Cowboy, der in der Natur lebt, in perfekter Übereinstimmung mit ihr, keine Probleme mit seiner Einsamkeit hat, gleichzeitig aber ein Teil einer Gruppe Gleichgesinnter ist, auf die er sich immer verlassen kann.[20]

Diese Zuschreibungen sind in den USA jedoch nicht für alle gemacht worden. Sie betrafen Weiße.[21]

Eine Ausnahme war der Süden der USA, in dem die Frauen als sinnlich, schwach und moralisch anfällig angesehen wurden. Hier hing ihre Moral von der Aufsicht der Männer ab, ohne deren Schutz sie Versuchungen hilflos ausgesetzt gewesen wären.[22]

Es gab eine weitere Unterscheidung – die zwischen schwarz und weiß.

Wulf D. Hund verweist auf die jahrhundertealte abendländische Farbsymbolik. Die Farben Rot, Weiß, Gelb und Schwarz waren schon in der Antike auf je spezifische Weise mit den Jahreszeiten, den Elementen, den Himmelsrichtungen und eben auch mit Körpersäften und Temperamenten in Beziehung gesetzt worden.[23]

Laut Robert Miles verfügte die antike Kultur über eine feste Farbsymbolik. In dieser galt das Weiße als positiv, das Schwarze als negativ. Letzteres wurde mit dem Tod und der Vorstellung einer Unterwelt assoziiert. Das westliche Christentum[24] versah, darauf aufbauend, die beiden Farben mit weiteren Bedeutungen: gut – böse, makellos – teuflisch, geistig – fleischlich, Christus – Satan. Die Farbe wurde zum dichotomen Ausdruck einer Bewertung.[25]

13 Historie VI
Der Aufstieg zur Weltmacht

Im Westen waren zwischen 1864 und 1896 zehn neue Bundesstaaten entstanden.[1] Neues Land wurde zur Kultivierung erschlossen, mehr als in den 250 Jahren davor. Dazu hatte u.a. der Homestead Act von 1862 beigetragen, nach dem für 10 Dollar jeder 160 Acres Land bekam, der versprach, es fünf Jahre zu bearbeiten. Bis zur Jahrhundertwende haben davon 600.000 Familien, immerhin etwa 2,5 Millionen Menschen, Gebrauch gemacht.[2] Die Agrargüter machten 83% (1880) des Exports der USA aus. Erst gegen Ende der 1890er Jahre erreichte die Industrie den gleichen Anteil wie die Landwirtschaft am Volkseinkommen.

Allerdings war bis 1890 viermal mehr Land den Eisenbahngesellschaften verkauft oder gratis überlassen worden, als die bis dahin registrierten Homesteads zusammen umfaßten. Hochwertige Böden gingen oft an Bodenspekulanten, so daß das Land der Homesteaders oft karg war. Somit war es nicht einfach, sich mit eigenem Grund und Boden eine gesicherte Existenz aufzubauen. Die Gefahr von Naturkatastrophen und Mißernten war groß, Unterstützung seitens der Regierungen in Notfällen gering. Die meisten Farmen waren bald hoch und dauerhaft verschuldet. Viele Familien mußten ihren Besitz wieder aufgeben.

Gold und Silber, aber auch Kupfer, Zinn und Zink waren gefunden worden, die nun von den Bergbaugesellschaften gefördert wurden. Eine neue Frontier bildete sich, die Mining Frontier, an der sich eine eigene Gesellschaft herausbildete mit der Boom Town als Mittelpunkt. Diese Orte wuchsen oft innerhalb weniger Wochen auf mehrere tausend EinwohnerInnen an, konnten ein paar Jahre später aber schon als Geisterstädte verlassen daliegen. Sie zogen Leute wie Wyatt Earp, Doc Holliday, James B. ›Wild Bill‹ Hickock, ›Calamity Jane‹ (Martha Jane Cannary), ›Little Annie‹ Oakley an, Figuren, die uns heute aus Filmen und Romanen bekannt sind. Es war die Zeit, die uns die Mythen von Cowboys und Revolverhelden bescherte. Der steigende Fleischbedarf in den Städten ließ Rinderherden im Westen und Südwesten entstehen, die von den Cowboys in großen Herden zu den Verladebahnhöfen in Abilane und Dodge City getrieben wurden, wo sie auf die Reise zu den Schlachthöfen von Chicago, Kansas City und St. Louis geschickt wurden. Die Cowboys waren in der Regel Lohnarbeiter, unter ihnen etwa 10% Mexikaner und 20% Schwarze[3], mit einem Gehalt von 30 Dollar im Monat. Seit Mitte der 1880er Jahre kauften einige wenige Großunternehmer das Weideland auf und verwandelten unter Zuhilfenahme wissenschaftlicher Methoden bei der Züchtung und Fütterung das romantisch verklärte ranching in eine rationelle Rinder-Industrie. Die Besitzer der großen Ranchs saßen zumeist in England oder an der Ostküste. Zahlenmäßig waren die Cowboys gegenüber anderen Arbeitern im Westen eine Minderheit: auf einen von ihnen kamen 1.000 Landarbeiter und die Minen- und Eisenbahnarbeiter waren zahlenmäßig vierzigmal soviele. Im Unterschied zu den Mythen trug der Cowboy in der Regel keine Waffen, da sie viel zu schwer waren und sie bei der Arbeit behindert hätten. Auch besaß er meist kein eigenes Pferd, da deren Unterhalt viel zu teuer war. Pferde wurden vom Ranchbesitzer gestellt. Dieser verbot seinen Arbeitern, Whiskey zu trinken, Karten zu spielen und Fremden am Lagerfeuer Kaffee und Essen anzubieten. »Für seine Zeitgenossen sollte der Cowboy ein zuverlässiger, gehorsamer und nüchterner Angestellter sein, der seine auf ihn zugeschnittene Arbeit machte [...]. Die Cowboys wurden Teil eines Systems, das ihnen nicht nur ihre Arbeitsbedingungen diktierte, sondern auch bis in den Privatbereich hinein seinen Einfluß geltend machte.«[4] Die Gewalttätigkeit des ›Wilden Westens‹ entpuppt sich ebenfalls als Mythos. Laut den Mordstatistiken von Abilane, Newton, Witchita, Caldwell und Dodge City wurden dort zwischen 1867 und 1887 insgesamt 45 Morde registriert, also im Durchschnitt 0,45 Morde pro Jahr und Stadt. Gefährlicher für die Cowboys war es, Vieh durch angeschwollene Flüsse zu treiben oder von einem Stier aufgespießt oder zertrampelt zu werden. Sie konnten auch vom Pferd stürzen, von Schlangen gebissen werden, im Schneesturm erfrieren, im Präriefeuer verbrennen oder sich Finger mit dem Lasso abquetschen. Zudem hatten sie Hunger, Durst, Kälte, Staub und Schlafmangel zu ertragen.

In der Anfangsphase war das Gebiet der Frontier vorwiegend von Männern bevölkert gewesen, durchsetzt mit einer Atmosphäre von Gewalt und Gesetzlosigkeit. Doch schon bald wurden strengere Maßstäbe durchgesetzt. Frauen begleiteten ihre Männer und Brüder und arbeiteten im Haushalt, in Restaurants oder Wäschereien. Mehr als die Männer kümmerten sie sich um das Gemeinschaftsleben und starteten nicht selten Kampagnen gegen Alkohol, Gewalttätigkeit und andere Laster.

Im Winter arbeiteten viele Cowboys gar nicht oder nahmen Gelegenheitsjobs in den Städten an. Dort unterhielten manche von ihnen Beziehungen zu Prostituierten und gingen machmal sogenannte ›Winterehen‹ ein. Oftmals unterhielten ganze Crews als Kollektiv Beziehungen zu einzelnen Prostituierten. Seit etwa 1830 hatte die Prostitution derart zugenommen, so daß die Prostituierten in manchen Städten des Westens die Mehrheit der weiblichen Bevölkerung stellten. Waren die Viehtrails zwar grundsätzlich eine Männerdomäne, so bedeutete das nicht, daß es keine weiblichen Cowboys gab. Viele Frauen richteten sich auf ihrem Anwesen einen Ranch-Betrieb ein und übernahmen dort, vor allem, wenn sie verwitwet waren, auch die Arbeit mit dem Vieh.

Neben der Rinderzucht war die Schafzucht in denselben Gebieten ein weit verbreitetes und zeitweise recht einträgliches Geschäft. Teilweise überstieg die Zahl der Schafe diejenige der Rinder, wie in Montana 1881 oder in vielen Counties Wyomings. Selbst in Texas hatte sie zwischen 1850 und 1860 von 100.000 auf 750.000 zugenommen.

Die Landwirtschaft löste die Viehzucht als wichtigsten Agrarzweig bald ab. Auch hier lag der Trend zu leistungsfähigen Großunternehmen, die sich die voranschreitende Mechanisierung zu Nutze machten und die Produktion stark ansteigen ließen. Das Vordringen der Eisenbahn hatte in den Great Plains im Mittleren Westen zuerst zur Gründung riesiger ›Bonanza‹-Farmen geführt, auf denen mit Hilfe von Wanderarbeitern Weizen angebaut wurde. Sie erlitten Schiffbruch. In den 80er Jahren wurden sie durch Familienunternehmen abgelöst, auf denen z.B. ein Vater-Sohn-Team mit Hilfe landwirtschaftlicher Maschinen eine Farm von 200 acres, also knapp 80 Hektar, erfolgreich für den Markt bebauen konnte.

Ähnliche Mechanisierung und den Trend zu Großunternehmen läßt sich bei den Lumber Companies beobachten, die das für den Eisenbahn- und Wohnungsbau sowie zum Heizen unentbehrliche Holz in riesigen Waldgebieten fällten und manche Landstriche kahlschlugen.

Die USA lockten durch die Möglichkeiten, die es zu geben schien, EinwandererInnen an, die in ihren Heimatländern durch die Ausbreitung des Industriekapitalismus und die Kommerzialisierung der Landwirtschaft aus ihren Berufen gedrängt worden waren. Bis 1865 hatte es fast 300 Jahre gedauert, bis das Land 35 Millionen EinwohnerInnen zählte, nur 30 Jahre sollte es brauchen, bis sich diese Zahl verdoppelte. Davon waren 13,5 Millionen (bis 1900) immigriert.[5] Die meisten von ihnen bevölkerten die Städte im »Dreieck der Hoffnung«[6], das von den New England-Staaten im Nordosten, Missouri im Mittleren Westen und der Hauptstadt Washington, D.C., im Südosten begrenzt war. Von den ImmigrantInnen stammten 90% aus Europa; zuerst davon wiederum 90% aus Deutschland, Großbritannien und Irland, aber auch aus Schweden und Norwegen, also aus Nord- und West-Europa. Dann, gegen Ende des Jahrhunderts, verschob sich die Herkunftsregion nach Süd- und Osteuropa und es kamen 75% der EinwanderInnen aus Österreich-Ungarn, Süditalien, Rußland und den Balkanländern, aber es kamen auch PolInnen, Wolgadeutsche, Juden und Jüdinnen. Unter den EinwanderInnen gab es zwischen 1879 und 1918 ungefähr doppelt so viele Männer wie Frauen. Seit 1890 kehrten über 30% der aus Europa neu eingewanderten wieder in ihre Herkunftsländer zurück.

Die Infrastruktur wurde enorm verbessert. Im Mai 1869 war die erste transkontinentale Eisenbahnverbindung zwischen Ost- und Westküste geschlossen worden. Für eine der beiden am Bau beteiligten Bahngesellschaften, der Union Pacific Co., arbeiteten vorwiegend Einwanderer aus Europa und Bürgerkriegsveteranen, darunter viele Schwarze. Die andere, die Central Pacific Co., warb hauptsächlich Chinesen an, die als genügsam und ausdauernd galten. Damit begann die asiatische Einwanderung in die USA, die bald von Ausschreitungen und Diskriminierungen begleitet war. Die ChinesInnen, deren Zahl bis 1880 auf 300.000[7] stieg, war die erste ethnische Gruppe, die, beginnend mit dem Chinese Exclusion Act von 1882, offiziell von der Einwanderung in die USA ausgeschlossen wurde.

Vier weitere Eisenbahnverbindungen zwischen den beiden Küsten folgten bis 1890. Zwischen 1865 und 1900 wurde das Streckennetz der Eisenbahn von 35.000 Meilen (56.000 km) auf fast 200.000 Meilen (310.000 km) ausgeweitet. Damit war es länger als das gesamte europäische Schienennetz einschließlich Rußland. Der Aufstieg der Eisenbahn war nur durch großartige Subventionierungen des Bundes und der Einzelstaaten möglich gewesen. U.a. waren das Landschenkungen von ca. 200 Millionen Acres, was der Größe von Belgien, Großbritannien und Spanien zusammen entspricht. Der Ausbau des Streckennetzes und die Dampfschiffahrt im Ozeanverkehr senkten die Transportkosten drastisch. Diese betrugen 1894 nur noch ein Fünftel der vergleichbaren Kosten des Jahres 1873. Der angebliche Laissez-Faire-Kapitalismus war durch eine massive Interventionspolitik seitens des Bundes, der Einzelstaaten und der Kommunen gefördert worden.

Die vielfältigen Wandlungen dieser Jahre faßt Heideking zusammen: »Eisenschienen wurden durch leistungsfähigere Stahlschienen ersetzt, und Verkehrshindernisse wie verschiedene Spurbreiten und unterschiedliche technische Standards, die zunächst noch üblich waren, konnten in den 1880er Jahren beseitigt werden. Gleichzeitig mit dem Schienenbau zog man Telegraphenleitungen, die während des Bürgerkriegs in Gebrauch gekommen waren, und die nun eine blitzschnelle Nachrichtenübermittlung von einem Ende der Union zum anderen zuließen. Wie der Kanal- und Eisenbahnbau seit den 1820er Jahren zur Entstehung einer Marktwirtschaft zwischen Ostküste und Mississippi beigetragen hatte, so förderte diese neue ›Transport- und Kommunikationsrevolution‹ die Ausbreitung des Marktsystems über den gesamten Kontinent. Die Konsequenzen waren vielfältiger Art: ein Aufschwung der Eisen- und Stahlindustrie, des Kohlebergbaus und des Maschinenbaus; die Verbesserung und Standardisierung der Eisenbahntechnik, die weltweit vorbildlich wurde; eine regionale wirtschaftliche Spezialisierung und Arbeitsteilung als Voraussetzung für den Übergang zur Massenproduktion; eine Reduzierung der Frachtkosten pro Tonne um ca. 50 Prozent von 1870 bis 1890; eine Verringerung der Reisezeit zwischen New York und Chicago um die Hälfte auf 24 Stunden; der Anstieg der Einwandererzahlen und die Beschleunigung der Siedlung im Westen durch massive Werbekampagnen und Landverkäufe der Bahngesellschaften; und ein neues Verhältnis der Menschen zu Raum und Zeit, das vom Eisenbahnfahrplan bestimmt wurde und u.a. in den 1880er Jahren zur Einteilung der USA in vier Zeitzonen führte. Außerdem nahmen die Railroad Companies, die mit neuen Methoden des Managements, der Finanzierung, des Wettbewerbs und des Verhältnisses zwischen Unternehmern und Arbeiterschaft experimentierten, trotz zahlreicher Pleiten und Skandale Modellcharakter für das amerikanische *big business* an.«[8]

Nach dem Bürgerkrieg lag die Macht in der Hand des Finanz- und Industriebürgertums sowie der Repräsentanten der Landwirtschaft des Nordens. Die Pflanzeraristokratie des Südens wurde zur lokalen Elite degradiert, wie der Süden sowieso in Abhängigkeit gehalten wurde. Zum Teil wurden die Plantagen durch nördliche Geschäftsleute von ihren ruinierten südlichen Besitzern aufgekauft und nach traditionellen Methoden bewirtschaftet. Im Mittleren Westen wurde die kommerzialisierte Landwirtschaft ausgebaut und im Norden und Nordwesten begann die Hochindustrialisierung, die zum beherrschenden Sektor wurde. Es bildeten sich die modernen Großunternehmen, die Konzerne, Syndikate etc. mit ihrer Monopolisierungstendenz heraus.[9] Bis zur Jahrhundertwende entstanden etwa 300 große Konzerne mit jeweils über 10 Millionen Dollar Eigenkapital. Oligopole und Monopole bildeten sich heraus, die den Markt kontrollierten und die Industrie beherrschten. Zunehmend Einfluß gewannen sie auch in Übersee. 1909 waren die führenden Konzerne die United States Steel, Standard Oil (später Esso), American Tobacco, International Harvester, Pullman (Eisenbahnwagen), Armour (Fleischkonserven) und Singer (Nähmaschinen). Ein Prozent der industriellen Betriebe produzierte 44% aller Produkte. Unternehmer wie Thomas Edison (der Erfinder der elektrischen Glühbirne und des Grammophons), Andrew Carnegie (Stahlproduzent), John D. Rockefeller (Gründer von Ölraffinerien und der Standard Oil Company), J. P. Morgan (Bankier) und Henry Ford (Automobilfabrikant) nahmen einen hohen gesellschaftlichen Rang ein und verfügten sowohl über viel Geld wie über viel Macht. Gleichzeitig machten technologische Entwicklungen die USA führend in manchen Bereichen. Vor allem auf dem Gebiet der Kommunikation und Elektrik gelangen entscheidende Neuerungen: Schreibmaschine, Telefon, Setzmaschine, Rechenmaschine... Der Industrieausstoß wuchs gewaltig; war er 1865 noch geringer als der von Großbritannien, Deutschland oder Frankreich gewesen, war er 1900 größer als der aller drei Länder zusammen. Allerdings war dieser Prozeß auf den Norden zentriert, aus dem 85 % aller Industrieerzeugnisse kamen, während der Westen Rohstoffe lieferte.[10]

Es war auch die Zeit der großen Kauf- und Versandhäuser, der ersten Ladenketten, die immer neue Umsatzrekorde erzielten. Sie versprachen den grenzenlosen Konsum im »vergoldeten Zeitalter«, dem Gilded Age.[11] 1872 war in Chicago das erste Versandhaus gegründet worden, das in den 1890er Jahren 24.000 Artikel im Sortiment führte und in das ländliche und kleinstädtische Amerika verschickte. Ein anderes Unternehmen, Sears, Roebuck & Co., versandte ganze Wohnungseinrichtungen, die sich die KundInnen vorher im Katalog auswählen konnten. In den Großstädten konnte in Kaufpalästen alles, von der Babynahrung bis zum Notwendigsten für eine Beerdigung bei dudelnder Orgelmusik erstanden werden.

Der Besitzer eines Drugstores in Atlanta mixte 1886 ein künstliches Mineralwasser mit Sirup und den Extrakten von peruanischen Coca-

Blättern und afrikanischen Cola-Nüssen als Mittel gegen Kopfschmerzen. Der Siegeszug von Coca Cola begann.

Die Icecream Industrie brachte die Eiswaffel auf den Markt, Suppenpulver und kondensierte Suppen der Firma Campbells bereicherten die Einkaufszettel, Heinz legte Gurken in Dosen ein und nannte das Pikkels, William Wrigley jr. machte das Kaugummi zu einem Massenartikel, der in's ganze Land verfrachtet wurde, Cornflakes verdrängten andere Speisen vom Frühstückstisch.

»Das Alltagsleben vieler Amerikaner veränderte sich in Richtung auf einen früher nicht gekannten Komfort, auf eine größere Bequemlichkeit der Lebensumstände. Die Mechanisierung der Güterherstellung, die sinkenden Preise der Erzeugnisse und die Einführung neuer Produkte revolutionierten das Leben – auch wenn sie nicht gleichermaßen für alle Schichten der Gesellschaft erreichbar waren.«[12]

Heißluftöfen, Innentoiletten, Nähmaschinen, elektrisches Licht, elektrische Bügeleisen und Ventilatoren zogen in manche Haushalte ein.

Ein neues Freizeitverhalten war entstanden.[13] In den Großstädten drängten sich die Menschen nach Arbeitsschluß auf die Straßen, wo an belebten Kreuzungen stets etwas passierte. Die großen öffentlichen Parks wie z.B. der Central Park in New York City waren zuvor noch die Domäne der Mittelklasse, die hier promenierte, Picknicks veranstaltete, Konzerte besuchte oder Boot fuhr. Aber die Arbeiter und Arbeiterinnen eroberten sich auch langsam diesen Raum nach Feierabend oder Sonntags. Ausflüge an diesem Tag in die Umgebung der Städte waren ebenso beliebt.

Der Saloon war ein männlicher Mikrokosmos, »in dem man Freunde und Bekannte traf, über die neusten Sportnachrichten sprach, gegebenenfalls politische Verbindungen knüpfte oder um Wählerstimmen warb und sich in der stets lebendigen Kneipendiskussion selbst bestätigen konnte.«[14] Und wo man in Gesellschaft trinken konnte. In New York City gab es um die Jahrhundertwende 10.000 Saloons. Selbst in Denver, Colorado, mit 134.000 EinwohnerInnen existierten 500 Saloons. Frauen bevorzugten den Frauenklub und suchten dort die Geselligkeit und den Gedankenaustausch mit Altersgenossinnen. In den Ballhäusern trafen sich Männer und Frauen zum Tanz. Ragtime war in den 90ern der Favorit.

Sportvereine und -wettkämpfe boten weitere Unterhaltung. Boxen und Baseball, dann American Football und Basketball gewannen mehr und mehr begeisterte ZuschauerInnen. 1883 wurde von der Zeitung

New York World die erste Sportseite eingeführt. Um die Jahrhundertwende entstand dann der organisierte Sport. Riesige Stadien wurden
gebaut, in denen Baseball und Football gespielt wurde. Ausbildung und
Auftritte der Spieler wurden professionell und kommerziell betrieben.
In Philadelphia wurde 1874 der erste zoologische Garten der USA eröffnet, dessen Hauptattraktionen Bären und Löwen waren. Andere Städte
folgten. Exotische Tiere konnten auch in den Gastspielen von Zirkusen
bewundert werden, neben Wachsfiguren, Dioramen, ausgefallenen
Künstlern, starken Männern, Zwergen. In die Buffalo Bill's Wild West
Show strömten in Chicago an einem Tag 40.000 ZuschauerInnen. Ebenso großen Zuspruch fanden Vaudeville-Theater, in denen Bühnenshows,
Varieté-Auftritte, Possen, Couplets und anderes dargeboten wurde. Sie
wurden zu einer typischen Form us-amerikanischer Unterhaltung.

Allerdings erlebte die Wirtschaft in dem Kreislauf von Aufschwung und
Krise auch drei Depressionen: 1873 bis 1879, 1882 bis 1885 und 1893
bis 1897[15], die hohe Arbeitslosigkeit zur Folge hatten[16] und sogar dazu
führten, daß ganze Familien verhungerten. Das Sicherheitsventil früherer Jahre, der Aufbruch in neues, oft unbekanntes Land, die ›wandernde
Grenze‹, die Frontier, war geschlossen, die Grenzen der USA standen
fest, das kultivierbare Land war Ende des Jahrhunderts erschlossen.[17] Es
wurde jetzt auf eine ›New Frontier‹ hingearbeitet, die Prosperität der
Wirtschaft an außenwirtschaftliche Erfolge geknüpft, auf Imperialismus
gesetzt, der gegen Ende der 1880er Jahre in seine entscheidende Durch-
bruchsphase eintrat. Allerdings handelte es sich nicht, wie von vielen
europäischen Ländern ausgeübt, um eine formelle, direkte Kolonialherrschaft, sondern im Sinne des »Informal Empires« im Großen und Ganzen um einen informellen, indirekten, freihändlerisch-kommerziellen Imperialismus, der nach außen durch Schutzzölle abgeschirmt wurde.
  Anfänglich richtete er sich hauptsächlich auf Latein- und Mittelame-
rika, die Karibik, sowie den Pazifik und Ostasien. Dieser auf außenwirtschaftliche Expansion angelegte informelle Imperialismus scheute sich
selbstverständlich keineswegs, zur Durchsetzung seiner Interessen mas-
sivste Druckmittel anzuwenden. So intervenierten die USA unter anderem bei der chilenischen Revolution 1891 und der brasilianischen Revolution 1893/94. 1894 landete Marineinfanterie in der Moskito-Reservati-
on, um einen Aufstand gegen Nicaragua niederzukämpfen, wie auch
1896, als in Corinto dasselbe passierte.

Der Krieg der USA gegen Spanien brach aus. Anlaß war Cuba, wo mehrfach Rebellionen gegen die spanische Kolonialherrschaft stattgefunden hatten. Die USA hatten schon lange wirtschaftliches Interesse an der Insel und stellten sich gegen die sogenannte spanische Barbarei. Als das us-amerikanische Schlachtschiff Maine scheinbar aufgrund eines Bombenanschlags[18] im Hafen von Havanna explodierte (15. Februar 1898), wurde dies zum Anlaß für eine Resolution seitens des Kongresses genommen, die kubanische Unabhängigkeit (19. April 1898) und gleichzeitig Spanien den Krieg (25. April 1898) zu erklären.[19] Der ›glänzende kleine Krieg‹, wie er zum Teil genannt wurde, war nach 113 Tagen vorbei. Auf Seiten der USA hatten sich rasch eine Million Freiwillige gemeldet, von denen 274.000 eingesetzt wurden. Ein Viertel der Truppen waren Schwarze.[20] Bereits nach wenigen Wochen war die Invasion der Insel erfolgt, die spanische Flotte dort versenkt. Die US-Amerikaner beklagten nur 5.000 Tote, von denen lediglich 400 im Kampf gefallen waren. Der Rest hatte sein Leben aufgrund von Krankheiten verloren. Desgleichen geschah im Pazifik, wo die spanische Flotte vor den Philippinen in der Nähe der Bucht von Manila vernichtet und auch diese spanische Kolonie erobert wurde. Am 12. August 1898 wurden die Friedensbedingungen in Washington unterzeichnet. Cuba erhielt bald offiziell seine Unabhängigkeit, stand aber faktisch unter dem Protektorat der USA; an die USA fielen Puerto Rico, dessen BewohnerInnen 1917 die us-amerikanische Staatsbürgerschaft erhielten, und Guam. Die Philippinen wurden zur Kolonie der USA, was in einen Krieg der USA mit ihren Kolonisierten von 1898 bis 1902 führte. Da die USA aber Kolonien nicht als Zweck an sich, sondern ganz pragmatisch als vorübergehend notwendiges Zwischenspiel zur Wahrung ihrer Interessen betrachteten, ansonsten vielmehr einer Politik der ›Offenen Tür‹ und eines ›Informal Empires‹ verpflichtet blieben, wurden die Phillipinen 1946 in die Unabhängigkeit entlassen.

Etwas anders lag der Fall bei Alaska und Hawaii. Rußland hatte Alaska verkaufen wollen. Es hatte ständig hohe Zuschüsse erfordert und war strategisch für das Zarenreich ungünstig gelegen, da es im Falle eines Angriffs nicht zu verteidigen war. 1867 hatten die USA das rohstoffreiche und für sie wiederum strategisch günstig gelegene Gebiet für 7,2 Millionen Dollar gekauft, »wozu noch die Schmiergelder kamen, die nötig waren, den amerikanischen Kongreß von der Attraktivität des Kaufgegenstands zu überzeugen, der allgemein nur als Ansammlung von Felsen, Gletschern und arktischer Tundra galt«.[21]

Im gleichen Jahr, als Alaska gekauft wurde, annektierten die USA die Midway Inseln.

Den USA war an Hawaii, diesem Posten im Pazifik, aufgrund der Handelswege nach Ostasien viel gelegen. Seit dem Ende des 18. Jahrhunderts trafen sich dort Handelsschiffe mit Pelzen und Sandelhölzern auf dem Weg nach China sowie Walfänger. Protestanten missionierten seit 1820 unter den Eingeborenen, gaben bald ihre Berufung auf, wurden Großgrundbesitzer und Berater der Könige von Hawaii. Bald entwickelte sich etwas wie eine us-amerikanische Kolonie mit neuenglischem Charakter. »Die großartigen Perspektiven, die sich mit der Erschließung von ganz Ostasien zu eröffnen schienen, bewogen Marcy[22] im Frühjahr 1854 zu einem Annexionsangebot an Hawaii, zumal die englischen und französischen Interessen wieder bedrohliche Formen anzunehmen schienen. Da jedoch der amerikanische Vertreter in Honolulu entgegen seinen Instruktionen eine zu hohe Entschädigungssumme für den König und zugleich auch schon die Aufnahme von Hawaii als gleichberechtigtem Bundesstaat in der Union zugesagt hatte, wurde sein Vertragsentwurf in Washington zurückgewiesen. Dort dachte man nicht daran, die Insulaner mit ihrer dünnen nordamerikanischen Oligarchie als gleichberechtigte Bürger aufzunehmen.«[23] Es blieb bei einfachen Wirtschaftsbeziehungen, bis 1875 ein Vertrag zustande kam, der Hawaii die praktisch zollfreie Ausfuhr von Zucker in die USA gestattete. Das eigentliche Interesse der USA richtete sich dabei auf die Verpachtung des Hafens Pearl Harbor.

Auf der einen Seite übten die USA ein verschleiertes Protektorat über die Inseln aus. Auf der anderen Seite lag die offizielle Macht der konstitutionellen Monarchie beim Ministerium und Parlament, deren sämtliche Mitglieder der weißen Mittelklasse und reichen Zuckerpflanzern entstammten.

Als die Königin das Kabinett im Januar 1893 stürzte und einen Halbabsolutismus etablierte, brach ein von der weißen Mittelklasse, die für eine Annexion seitens der USA eintrat, initiierter Aufstand aus, der von us-amerikanischer Marineinfanterie durchgesetzt wurde. Im Juli 1894 wurde die Republik Hawaii gegründet. Die Hoffnung auf Annexion erfüllte sich jedoch erst 1898 und der Beitritt zur Union als neuer Bundesstaat ließ – zusammen mit Alaska – bis 1959 auf sich warten.

Damit kontrollierten die USA weite Teile des Pazifik. »Im Juli 1898 wurde Hawaii formell annektiert. Die Inseln Wake und Guam wurden von Marineeinheiten besetzt. Damit war bis hin zu Manila die lang erwünschte ununterbrochene Stützpunktkette bis dicht vor das asiatische Festland gewonnen.«[24] Außerdem verfügten die USA noch über eine Kolonie in Samoa, nämlich Tutuila mit dem Marinestützpunkt Pago Pago, die ihnen bei der Aufteilung der samoanischen Inseln 1899 in die Hände fiel.

Ab 1900 können die USA mit ihrer wirtschaftlichen Potenz, ihrem Militär und ihrer Hegemonialstellung in weiten Teilen der Welt mit vollem Recht eine Weltmacht genannt werden.

Die politische Landschaft war faktisch auf ein Zweiparteiensystem festgelegt. Die Republicans fanden ihre Massenbasis in den protestantischen städtischen Mittelschichten und bei den Farmern des Mittleren Westens, waren die Partei der WASPs, der White Anglo-Saxon Protestants, und vertraten deren strikten Moralismus. Sie waren auch die Partei der Veteranen der Unionstruppen und der Schwarzen. Weiterhin standen sie den großen Unternehmen nahe. Die Democrats waren die Partei des Südens. Sie warben um die Gunst der katholischen Neueinwanderer in den Städten des Nordostens und waren der Arbeiterschaft gegenüber tolerant, indem sie moralisierende Belehrungen und kulturelle Bevormundung durch das protestantische Establishment ablehnten.

Aber obwohl auf der politischen Bühne Geschrei und Tumult üblich waren, vermieden es beide Parteien tiefschürfende Themen, an denen es eigentlich nicht mangelte, zur Sprache zu bringen. Programme und Verhalten beider sahen sich in wesentlichen Zügen zum Verwechseln ähnlich.

In dieser Zeit wurden Wahlen, die sich eines erstaunlich hohen Grades der Beteiligung erfreuten[25], vollends zu Massenvergnügungen. Paraden, Feste, Rededuelle und Konvente, begleitet von Flugblättern, Broschüren, Kandidatenporträts, Slogans und Anstecknadeln waren das Vorspiel zum Akt des Wählens. All dies geschah ohne eine feste dauerhafte Parteiorganisation und mit einem Minimum an verbindlichen Regeln.

Gegen Ende des Jahrhunderts geriet dieses Zweiparteiensystem in's Wanken. Seit den 1860er Jahren hatte sich der Lebensstandard der Farmer, besonders im Süden und Westen, verschlechtert. Sie litten unter verschärfter ausländischer Konkurrenz und damit sinkenden Preisen, einer sie benachteiligenden Steuergesetzgebung, zu hohen Frachttarifen seitens der Eisenbahnen und in den Jahren um 1890 herum unter Naturkatastophen. Farmervereinigungen ähnlich den Grangers, einer

Genossenschaftsbewegung Anfang der 1870er Jahre, schossen aus dem Boden. Es bildeten sich drei Verbände heraus: die National Farmers' Alliance (Northern Alliance), die Farmers' Alliance and Industrial Union (Southern Alliance) mit einer Million Mitgliedern und die Colored Farmers' Alliance mit eineinviertel Millionen Mitgliedern. Es gab also eine politische Zusammenarbeit zwischen Schwarzen und Weißen. Aus ihnen heraus gründete sich 1892 eine dritte politische Partei, die People's oder Populist Party genannt, in der sich die Protestbewegungen der Arbeiter, Dauerarbeitslosen und der Farmer zusammenfanden. Ihre Forderungen waren die Verstaatlichung der Eisenbahnen, des Telegraphen- und Fernsprechdienstes, staatliche Hilfen für die Landwirtschaft, Enteignung von Spekulanten, eine progressive Einkommenssteuer, kürzere Arbeitszeiten in der Industrie, mehr Mitsprache für die Gewerkschaften und eine Beschränkung der Einwanderung. Sie hatte überraschend hohe Erfolge. Nach den Wahlen von 1892 kamen sie auf 1.500 Sitze in den verschiedenen Staatsparlamenten, drei Gouverneursposten und ein gutes Dutzend Sitze in Washington. Auch Schwarze wurden wieder in Ämter eingesetzt. Nach 1895 gab es 300 schwarze Friedensrichter, einige schwarze deputy sheriffs und Polizisten und ein paar schwarze Stadträte. Langfristig konnte sich die People's Party allerdings nicht etablieren und ging nach den Wahlen von 1896 dann in der Democratic Party auf.

Auf dem Arbeitsmarkt, der nach billigen Arbeitskräften lechzte, wurde hart gespalten. In den USA Geborene verdienten mehr als Eingewanderte, ProtestantInnen mehr als KatholikInnen und JüdInnen, Weiße mehr als Schwarze und AsiatInnen, Männer mehr als Frauen und Kinder.[26] Je niedriger die Arbeit bezahlt wurde, desto härter und schlechter war sie. Zudem war sie gefährlich, weil niedrige Sicherheitsstandards herrschten.

Im Zuge der Industrialisierung begannen sich Organisationen der Arbeiterschaft herauszubilden. Viele Linke schlossen sich 1876/1877 nach schweren Unruhen unter den Eisenbahnarbeitern in der Workingmen's Party of the United States zusammen. Sie erzielte einige Erfolge in den Städten. 1877 benannte sie sich in Socialist Labor Party um und verfügte nach eigenen Angaben über 10.000 Mitglieder. Sie sank aber bald darauf zur Bedeutungslosigkeit ab.

Der National Labor Union, einem überregionalen Zusammenschluß von craft unions, war nur ein kurzes Leben beschieden, von 1866 bis zur Wirtschaftskrise der 1870er Jahre. Die Knights of Labor, 1869 hervorgegangen aus geheimbundartigen lokalen Zellen und bis 1881 geheimgeblieben, nahmen im Unterschied zu den craft unions Arbeiter aus verschiedenen Berufen auf und ließen nach anfänglichem Zögern auch Frauen und Schwarze als Mitglieder zu. Auf dem Wege der Gesetzgebung wollten sie zu Reformen gelangen. Ihre wichtigsten Forderungen waren: Verbot der Kinderarbeit, gleicher Lohn bei gleicher Arbeit für Männer und Frauen, Verstaatlichung der Eisenbahn- und Telegraphengesellschaften, Einführung des Acht-Stunden-Tags und Drosselung der Einwanderung. Ihre Mitgliederzahl erreichte Mitte der 1880er Jahre 700.000, unter ihnen 60.000 Schwarze, in ca. 15.000 Ortsgruppen. Ihr Einfluß sank, als ihr Vorsitzender sich weigerte, den angedrohten Streik von 340.000 ArbeiterInnen für den Acht-Stunden-Tag zu billigen und Streikgelder bereitzustellen. Mitte der 90er Jahre war ihre Mitgliedschaft auf 75.000 gesunken.

Eine Gewerkschaft mit anderem Charakter war die 1881 gegründete American Federation of Labor (AFL), die keinen Wert auf die Mitgliedschaft ungelernter Arbeiter, Frauen und Schwarzer legte und die Lage ihrer Klientel schrittweise innerhalb des bestehenden Systems verbessern wollte. Anders als die Knights, die nach geographischen Grenzen gegliedert waren, organisierte sie sich nach Berufsgruppen. Bis zur Jahrhundertwende wuchs sie auf eine Million Mitglieder in 40 Einzelgewerkschaften an, was bei knapp 30 Millionen Beschäftigten immer noch sehr gering war.

Da sich die alten Eisenbahnergewerkschaften, die 1863 gegründete Brotherhood of Locomotive Engineers, die 1868 gegründete Brotherhood of Railway Conductors und die 1873 gegründete Brotherhood of Firemen, sich nicht um ungelernte Arbeiter kümmerten, entstand 1893 die American Railway Union (ARU). Ein Jahr später verfügte sie bereits über 350.000 Mitglieder.

1903 taten sich Frauen, unter anderem die von den Arbeitsbedingungen mit am härtesten Betroffenen, die Arbeiterinnen in den sweatshops der Textilindustrie, in der Women's Trade Union League zusammen, die für den Schutz am Arbeitsplatz, Frauenbildung und das Frauenwahlrecht eintrat.

1877 fand ein Eisenbahnerstreik aus Protest gegen Lohnkürzungen statt, der in West Virginia begann, aber eine Solidarisierungswelle anderer Industrien auslöste und bis an die Westküste reichte. Die Eisenbahngesellschaften antworteten mit Massenentlassungen, Streikbrechern und Unterwanderung der Streikkomitees durch Privatdedektive der Agentur Pinkerton. Es kam zu schweren Kämpfen zwischen Streikenden und Staatenmilizen in Pittsburgh, Chicago und St. Louis. Niedergeschlagen wurde der Streik dann durch den Einsatz von Bundestruppen. Am Rande des Streiks entstanden die ersten unabhängigen Arbeiterparteien und anarchistische Zirkel.

1885 wurden die Eisenbahngesellschaften im Südwesten durch Streiks und Boykottaktionen gezwungen, Lohnkürzungen zurückzunehmen.

Die Arbeitslosigkeit stieg wegen der wirtschaftlichen Krisen beträchtlich an und das gespannte Verhältnis zwischen Kapital und Arbeit führte zu Konflikten und blutigen Streiks. Zwischen 1880 und 1900 kam es zu insgesamt 23.000 Streiks, an denen 6,6 Millionen Menschen beteiligt waren. Zum Teil gab es dabei Tote, wie z.B. 1877, als die Eisenbahn Lohnkürzungen bekannt gab und Truppen gegen die Streikenden vorgingen, was 100 von denen das Leben kostete. Oder 1886 bei dem berühmten Vorfall auf dem Haymarket Square in Chicago, wo Polizisten zwei Streikende erschossen. Bei einer darauf folgenden Protestversammlung wurden am 4. Mai noch weitere sieben Menschen durch eine Bombe getötet, welche die Polizei zum Anlaß nahm, in die Menge zu schießen und weitere vier zu töten. In der Folge wurden acht Anarchisten verhaftet, gegen die es keine Beweise gab. Da Schuldige gebraucht wurden, verurteilte die Justiz vier von ihnen zum Tode.[27]

Andere Niederlagen waren 1892 der Streik der Stahlarbeiter gegen den Carnegie-Konzern in Homestead, Pennsylvania oder 1894 der Lohnkampf gegen George Pullman, dem Besitzer der größten Eisenbahnwagenfabrik in Chicago. Letzterer hatte fast die Form eines Generalstreiks angenommen und wurde in Chicago, seinem Ursprungsherd, mit Bundestruppen niedergerungen.

Auf dem Tiefpunkt der Depression 1894 waren über 2,5 Millionen Menschen arbeitslos und es gab 1.300 Streiks im ganzen Land.

Während der Streiks wurden Schwarze bevorzugt als Streikbrecher eingesetzt. Während des Ausstands bei Pullman organisierten die Arbeiter in den Schlachthöfen Chicagos aus Solidarität Massenstreiks, worauf zügeweise Schwarze aus dem Süden herangeschafft wurden. Während des Streiks in den Schlachthäusern des Jahres 1904 wurden 18.000 schwarze Streikbrecher angeheuert.[28] Aufgrund dessen wurden sie als scab race betrachtet, als ›räudige Rasse‹.[29] »Der so entstandene Rassismus spaltete die Arbeiter in zwei Fronten: Die weißen Einwanderer, die Streikbrecher von gestern, schossen auf die Schwarzen, die Streikbrecher von heute.«[30]

Die Frauenbewegung, die sich 1848 gegründet hatte, spaltete sich nach dem Bürgerkrieg an der Frage des Frauenwahlrechts. Die National Woman Suffrage Association[31] ging aus Enttäuschung darüber, daß die Republicans dieses nicht in einem Verfassungszusatz verankert hatten, auf Distanz zu beiden Parteien. Die American Woman Suffrage Association unterstützte genauso die Forderung nach dem Wahlrecht, versuchte es aber in Zusammenarbeit mit der Republican Party und ehemaligen Abolitionisten zu erreichen. 1890 gründete sich ein Dachverband, die National American Woman Suffrage Association, der bis 1896 allerdings erst in vier westlichen Staaten – Wyoming, Utah, Colorado und Idaho – das Ziel durchsetzen konnte. »Die Fortschrittlichkeit des Westens ist zum einen darauf zurückzuführen, daß Frauen an der Frontier viele Tätigkeiten ausführen mußten, die normalerweise Männern vorbehalten blieben; zum anderen ließ es der Männerüberschuß im Westen geraten erscheinen, siedlungswilligen Frauen ›Privilegien‹ wie das Wahlrecht in Aussicht zu stellen.«[32] In manchen anderen Staaten wurde Frauen allerdings das Wahlrecht auf lokaler Ebene zugestanden.

Paradoxerweise wurde Frauen das passive Wahlrecht zugestanden. Schon 1872 hatte sich die Feministin, Spiritualistin, Anhängerin für die Bewegung der freien Liebe und Marxismus angehauchte Victoria Woodhull bei der Wahl für das Amt des Präsidenten von der Equal Rights Party aufstellen lassen.

Die Women's Christian Temperance Union (WCTU), die Mitte der 1870er Jahre aus spontanen Aktionen von Frauen gegen Bars und Saloons in Ohio hervorgegangen war, entwickelte sich zu einer bedeutenden Organisation mit unionsweit 150.000 Mitgliedern (1890). Ihre Betätigungsfelder waren das Sozial- und Gesundheitswesen, Bildung und Erziehung, öffentliche Moral und internationaler Frieden. Auch sie unterstützte die Forderung nach dem Wahlrecht für Frauen.

Stimmen gegen ›abweichende‹ Sexualität und Moral, die ab 1820 leise zu vernehmen waren, wurden immer lauter. Maßnahmen gegen die Red Light Districts, die ›Utopian Communities‹, gegen Sex außerhalb der Ehe wurden gefordert. Ab 1880 kann von einer Verfolgung ›abweichender‹ Sexualität gesprochen werden, welche von dem Social Purity

Movement, einer um 1890 bundesweit organisierten und institutionalisierten Bewegung, getragen wurde. Obwohl die Sprecher des Social Purity Movement in erster Linie Männer waren, die sich die mögliche sexuelle und soziale Kontrolle des männlichen Körpers zur Aufgabe gemacht hatten, wurde die Bewegung von vielen Frauen getragen, die gegen die Prostitution und die Verführung Minderjähriger vorgingen. Die Initiative der Bewegung führte zur Beschlagnahmung von Büchern, Fotos und, wie es heißt, Artikeln aus »Gummi, die für unmoralische Zwecke für beide Geschlechter«[33] produziert worden seien. Es kam zu Geldstrafen und Verhaftungen.

Eine der gesetzlichen Grundlagen dafür war das 1873 verabschiedete sogenannte Comstock Law, benannt nach seinem Unterstützer Anthony Comstock. Dieses Gesetz verbot die Veröffentlichung von Informationsschriften über Schwangerschaftsverhütung und ihre Versendung durch die Post. Zwischen 1860 und 1890 verabschiedeten 40 Bundesstaaten Gesetze, die die Möglichkeiten des Schwangerschaftsabbruchs einschränkten. Dies führte zu einer Stärkung der Ärzteschaft in dieser Frage. Sie meldeten sich auch in anderen Fragen der Sexualität zu Wort, sahen sie doch z.B. in der Prostitution ein Gesundheitsproblem, dem ebenfalls durch Verordnungen begegnet werden sollte.

Die sexuellen Normen des Mittelstandes sollten für alle verbindlich gemacht werden. Und obwohl das selbstverständlich nicht gelang – die Prostitution florierte weiter, die Scheidungsrate stieg, die Geburtenrate der weißen Mittelklasse sank, die Charity Girls[34] vergnügten sich in den Großstädten, erste schwule und, vorsichtiger, lesbische Subkulturen keimten in den Städten[35] – wurde der Bewegung erstaunlich wenig Widerstand entgegengebracht.

Die Zahl der Schwarzen verdoppelte sich zwischen 1860 und 1890 von 4,4 auf 8,8 Millionen[36], die hauptsächlich immer noch im Süden lebten. Nach einer kurzen Phase, die auf den Bürgerkrieg gefolgt war, in der es schien, als ob sich ihre Situation verbessern würde, war davon nun nichts mehr zu verzeichnen. Ihr Leben war dem des früheren SklavInnendaseins recht ähnlich. Viele lebten als sharecroppers, d.h. sie lebten auf dem Besitz des Pflanzers und erhielten für ihre Arbeit einen Teil der Ernte. Andere waren Pächter (tenants), denen zumeist Farmgebäude, Vieh und Werkzeug selbst gehörten.[37] Der Süden steckte wirtschaftlich in einer Dauerkrise. Da das Geld aus dem Verkauf der Baumwolle selten ausreichte, den Lebensunterhalt der Familien zu bestreiten, waren die Pächter und sharecroppers bald hoffnungslos verschuldet. »Auf diese Weise gerieten sie in eine Abhängigkeit von den Plantagenbesitzern, Kaufleuten und Kreditgebern, die dem Sklavenstatus schon wieder nahekam. Die Tatsache, daß auch viele Pflanzer in wirtschaftlichen Schwierigkeiten steckten, erhöhte nur noch den Druck auf die Afro-Amerikaner, für geringes Entgelt mehr zu arbeiten.«[38]

Die in der Landwirtschaft beschäftigten Schwarzen, sei es als Pächter, Pachtbauern oder LandarbeiterInnen, »waren oft gezwungen, mit den Landbesitzern ›Verträge‹ abzuschließen, die die Vorkriegsverhältnisse wiederherstellen sollten. Die Terminierung des Vertragsendes war oft nur eine bloße Formalität, da die Grundbesitzer geltend machen konnten, daß die Arbeiter ihnen mehr als den Gegenwert der vorgeschriebenen Arbeitsperiode schuldeten. Nach der Emanzipation fand sich die Masse der Schwarzen – Männer wie Frauen – in einem Zustand unbegrenzter Dienstverpflichtung durch Verschuldung wieder. Die Pächter, die angeblich die Produkte ihrer Arbeit besaßen, waren nicht besser dran als die rechtlosen Landarbeiter. Diejenigen, die direkt nach der Emanzipation Land ›pachteten‹, besaßen kaum Geld, um die Pacht zu bezahlen oder andere Bedarfsartikel zu kaufen, bevor sie die erste Ernte einbringen konnten. Da die Zinsen bis zu 30 Prozent betrugen, pfändeten die Grundbesitzer und Kaufleute ihre Ernten.«[39] Im ganzen Süden gab es 1890 nur 121.000 schwarze Landbesitzer.

Der Arbeitsmarkt drängte die Schwarzen immer weiter an den Rand. Hatte es am Ende des Bürgerkriegs 100.000 bis 120.000 schwarze Handwerker gegeben, so waren sie um 1890 praktisch verschwunden.

1890 gab es 2,7 Millionen schwarze Frauen und Mädchen über 10 Jahren. Von ihnen arbeiteten über eine Million[40] für Lohn: 38,7% nach wie vor in der Landwirtschaft, 30,8% als Bedienstete in einem Haushalt, 15,6% in Wäschereien und 2,8% in Fabriken, wo sie in der Regel die schmutzigste und am schlechtesten bezahlte Arbeit verrichteten. In 32 von 48 Bundesstaaten war die Dienstbotentätigkeit die hauptsächliche Beschäftigung von schwarzen Männern und Frauen. Delaware war der einzige Bundesstaat außerhalb des Südens, in dem die Mehrheit der Schwarzen nicht als Hausbedienstete arbeitete, sondern als Landarbeiter und Pächter.

Die Lage der Hausbediensteten war nicht besser als die der in der Landwirtschaft Beschäftigten. Sie arbeiteten mehr als vierzehn Stunden pro Tag. In der Regel war nur einmal alle vierzehn Tage ein Nachmittagsbesuch bei ihrer eigenen Familie erlaubt. Sie wurden mit ihrem Vornamen gerufen und nicht selten wurden sie weiterhin als ›Nigger‹ bezeichnet. Zudem waren die Frauen den sexuellen Belästigungen der Hausherren wie deren Söhne unterworfen.

Eine weitere Methode, den Zustand der Sklaverei unter anderem Namen weiterzuführen, war das Sträflingsverleihsystem. Schwarze wurden unter dem geringsten Vorwand verhaftet – es genügte, Alkohol getrunken zu haben –, um dann von den Behörden als SträflingsarbeiterInnen verliehen zu werden. Bei Frauen war dies besonders einfach, wurden sie doch zum Teil dann schon ins Gefängnis geworfen, wenn sie sich den sexuellen Zudringlichkeiten von Weißen erwehrten. Im Arbeitslager bekamen sie meistens Fußfesseln und wurden zu den berüchtigten ›Chain-Gangs‹ zusammengefaßt. Einige Plantagenbesitzer beschäftigten ausschließlich Sträflinge, teilweise Kolonnen von hunderten von Schwarzen. Kannten die SklavInnenbesitzer noch eine Beschränkung ihrer Grausamkeit, wollten sie ihren wertvollen Besitz doch nicht vernichten, so entfiel diese Beschränkung bei den Sträflingsausleihern, mieteten sie die menschliche Arbeitskraft doch nur für eine bestimmte, relativ kurze Frist, in der sie alles aus ihr herausholen wollten.

Diese Veränderungen gegenüber der SklavInnenzeit veränderte auch die schwarze Familienstruktur. Die Familie wurde zu einer ökonomischen Einheit zusammengeschweißt, deren Überleben auf ihrer eigenen Fähigkeit zu produzieren beruhte. Der Mann wurde juristischer Vertragspartner nach außen, was seine Position innerhalb der Familie erhöhte. Er dirigierte die Arbeit seiner Frau und der Kinder.

Die Schwarzen wurden auch anderweitig weiterhin unterdrückt. Sogenannte Jim Crow Laws[41] verweigerten ihnen im Süden Bürgerrechte bis hin zum Wahlrecht. 1883 wurde das Bürgerrechtsgesetz von 1875 aufgehoben, das die Diskriminierung von Schwarzen in der Öffentlichkeit verbot. Durch das Urteil des Supreme Court im Fall Plessy gegen Ferguson 1896 wurde die ›Rassentrennung‹, die Segregation mit dem Spruch ›seperate but equal‹ zum Verfassungsgrundsatz erhoben.[42]

Wie diese Trennung aussah, beschreibt eine schwarze Dienstbotin: »Ich bin mit den weißen Kindern in der Straßenbahn oder mit dem Zug gefahren, und ... ich konnte sitzen, wo ich wollte, hinten oder vorn. Wenn ein weißer Mann zufällig einen anderen weißen Mann fragte: ›Was macht der Nigger hier?‹ und ihm gesagt wurde: ›Oh, sie ist das Kindermädchen dieser Kinder vor ihr‹, dann war sofort Ruhe. Alles war in Ordnung, solange ich in dem Teil der Straßenbahn, der für den weißen Mann reserviert war, oder im Wagen des weißen Mannes als Dienerin – als Sklavin – zugegen war; aber wenn ich mich nicht als Bedienstete gezeigt und keine weißen Kinder bei mir gehabt hätte, wäre ich sofort auf die ›Nigger‹-Plätze oder in den ›Wagen für Farbige‹ verwiesen worden.«[43]

Die wenigen Rechte, die die Schwarzen bekommen hatten, wurden restriktiv beschnitten. Ihr Wahlrecht wurde abhängig gemacht von einer Kopfsteuer (Poll Tax)[44], sie mußten ihre Lese- und Schreibfähigkeit in einem Test nachweisen oder ob sie die Verfassung ›richtig‹ interpretieren konnten. In Louisiana war die Grandfather Clause rechtens, bei der Schwarze, die wählen wollten, nachweisen mußten, daß schon ihr Großvater wahlberechtigt gewesen war. Diese waren aber nicht wahlberechtigte Sklaven gewesen. In der Folge implementierten weitere Bundesstaaten diese Regel. Die Schwarzen wurden aus Parks, Theatern, Hotels, Gaststätten usw. verbannt und es gab für sie von Weißen getrennte Institutionen, wie Schulen, Gefängnisse, Krankenhäuser und Friedhöfe. Diese waren schlechter ausgestattet. Mancherorts war es vor Gericht sogar verboten, daß Schwarze und Weiße beim Schwören dieselbe Bibel benutzten. Ideologisch wurde das alles untermauert mit der Doktrin ›seperate but equal‹. Die Segregation war geboren.

Auf der Ebene der Sexualität wurde die vorherige Trennung beibehalten. Während weiße Frauen, zumindest die der Mittelschicht, ›unberührt‹ in die Ehe gehen sollten und sie, damit diese Norm erfüllt wurde, sorgfältig überwacht wurden, sammelte ein Großteil der männlichen Weißen im Alter von 15 oder 16 Jahren seine ersten sexuellen Erfahrungen bei schwarzen Frauen. Samstagsnachts waren die jungen Weißen im schwarzen Teil der Städte auf der Suche nach einem schnellen Stelldichein zu sehen.

Selbst im Norden gestanden nur sieben Staaten Schwarzen das volle Wahlrecht zu. Und mehrheitlich war die Mischehe verboten.

Die Sichtweise auf die Schwarzen wird anhand einiger Zitate von Politikern deutlich. Im Kongreß bezeichnete der Abgeordnete DeArmond aus Missouri die Schwarzen als »beinahe zu dumm zum Essen, kaum klug genug zum Atmen, nichts als menschliche Maschinen«. Senator Tillman aus South Carolina gab zum Besten: »Wir haben unser Bestes getan. Wir haben uns unsere Köpfe zerbrochen, um herauszufinden, wie wir die letzten unter ihnen ausrotten können. Wir haben ihnen die Wahlurnen verschlossen, wir haben sie erschossen. Wir schämen uns dessen nicht.«[45] Er selber rühmte sich öffentlich, nicht zu wissen, wie viele Schwarze er umgebracht habe.

Die Trennung setzte sich überall durch, bis hin zu Landstreichern, Obdachlosen und Trinkern, wo sie krasse Ausmaße annahm.[46] In der weißen Hobohemia[47] gab es keinen Platz für Schwarze, die weiße und die schwarze Skid Row[48] lagen an unterschiedlichen Orten in der Stadt.

Die schwarzen Kirchen, vollkommen getrennt von ihren weißen ›Bruder‹kirchen, dienten ihren Mitgliedern durch ökonomische Selbsthilfe und schufen eine gewisse soziale Stabilität. Sie gaben wohlfahrtliche Unterstützung, gründeten oder unterstützten Heime für Waisen und Alte, unterhielten Kindergärten und Schulen. Sie gewannen in dieser Zeit an Mitgliedern und Bedeutung. Neben den bereits bestehenden entstanden neue: die Colored Methodist Episcopal Church (1870)[49] und die National Baptist Convention, USA (1880).

Schwarzer Selbsthilfe dienten ebenso mutual aid societies und business leagues. Durch Geldsammlungen oder Spenden konnten Krankenhäuser, Kindergärten, Waisenhäuser und Sanatorien für Schwarze gebaut werden. Eine der Organisationen, die diese Aufgaben versah, war die 1896 gegründete National Association of Colored Women, die zudem schwarzen Müttern beibringen wollte, wie sie für ihre Kinder zu sorgen hätten.

Eine gewisse soziale und kulturelle Verbesserung der Lage der Schwarzen machte sich in dem vermehrten Auftauchen von Literatur und wissenschaftlichen Veröffentlichungen, vor allem historischer Werke, seitens Schwarzer bemerkbar.[50] Um 1900 gab es drei schwarze Tageszeitungen, denen allerdings nur ein kurzes Leben beschieden war, aber 150 wöchentlich erscheinende schwarze Zeitschriften. Mit dem ›Neger-Problem‹ beschäftigten sich eine Reihe von Konferenzen Ende des Jahrhunderts, von denen manche nur einmal abgehalten wurden, andere jährlich stattfanden, manche ohne daß ein Schwarzer zugegen war, andere unter Federführung von Schwarzen.

Um ihrer miserablen Lage im Süden zu entkommen, suchten viele Schwarze ihr Los im Westen zu verbessern. Mit dem später so genannten Exodus of 1879 begann eine Migration von 15.000 bis 20.000 armen Schwarzen nach Kansas.[51] Innerhalb einiger Jahre hatten sie 20.000 Acres Land erworben.

Eine weitere Hoffnung für Schwarze schien in Oklahoma herauf. Nachdem die Regierung sich jahrelang nicht entscheiden konnte, ob sie unbesetztes Land im indianischen Territorium den Natives belassen oder

es für weiße SiedlerInnen öffnen sollte[52], wurde am 22. April 1889 der
run auf das Gebiet erlaubt. Unter denen, die innerhalb weniger Stunden
ihr Land absteckten, befanden sich auch 10.000 Schwarze. Bis 1910 stieg
die schwarze Bevölkerung des Territoriums auf 137.000. Es entstanden
30 schwarze Städte, d.h. Siedlungen, in denen fast nur Schwarze lebten
und sich auf lokaler Ebene selbst verwalteten. Als die Aufnahme von
Oklahoma in die Union anstand, wollten die Schwarzen über Stimmen
im Kongreß und in der neuen Regierung des zukünftigen Bundesstaates
verfügen. Sie forderten Garantien, daß keine Jim Crow Laws verabschiedet würden.[53] 1907 wurde Oklahoma aufgenommen und drei Jahre später die Bürgerrechte für Schwarze beschnitten. 1915 war es der erste
Staat, der Telefonzellen segregierte.[54]

Auch vor und nach diesen ›Exodi‹ gingen Schwarze westwärts: zwischen 1870 und 1910 vervielfachte sich die schwarze Bevölkerung von
Montana, Nebraska, Idaho, Wyoming, Colorado, New Mexico, Arizona, Utah, Washington, Oregon und California. Das mußte allerdings
quantitativ nicht so viel bedeuten, da sich z.B. die schwarze Bevölkerung von Idaho zwischen 1880 und 1900 fast versechsfachte, was bedeutete, daß ihre Zahl von 53 auf 293 stieg. Um 1910 lebten 137.600 Schwarze in Oklahoma und ca. 200.000 in den Rocky Mountains- und Pazifik-
Staaten. Und auch im alten SklavInnenstaat Texas nahm die schwarze
Bevölkerung rapide zu, so daß zu der Zeit 690.000 Schwarze dort lebten. Ansonsten waren Colorado, Kansas, Nebraska und California, hier
besonders San Francisco und etwas später Oakland, zahlenmäßig be-
deutsamere Siedlungsgebiete.

Es entstanden einige schwarze Siedlungen im gesamten Westen.
Nicodemus in Kansas wird in diesem Zusammenhang meist genannt,
aber auch in California, Colorado, New Mexico, Oklahoma und sogar
in dem alten konföderierten Bundesstaat Texas gab es schwarze Gemeinden. Und es wurden um 1900 60 Zeitungen für Schwarze westlich des
Mississippi herausgegeben.

Der Westen war nicht frei von Unterdrückung und Rassismus, aber
hier sah die Lage besser aus. Schwarze gab es in der ganzen Bandbreite,
wie sie uns in den Western von Weißen gespielt wird: als Cowboys,
Foremen, Sheriffs, Marshals, Revolverhelden und Banditen. Zusammenstöße allein aufgrund der Hautfarbe waren selten. Gerade außerhalb der
Städte lebten Schwarze und Weiße relativ gleichberechtigt nebeneinader.
In den Bars in den Städten existierte manchmal eine informelle Segrega-

tion, bei der Weiße auf der einen, Schwarze auf der anderen Seite der Theke bedient wurden. Wovon Schwarze absolut ausgeschlossen waren, waren die weißen Bordelle. Sie hatten eigene.

Im Westen wurden auch die schwarzen Einheiten des Militärs eingesetzt. Es gab vier schwarze Regimenter: die Ninth und die Tenth Cavalry, die ein Fünftel der Kavalerie im Westen ausmachten, und die Twenty-fourth und die Twenty-fifth Infantry. Sie waren alle nach dem Bürgerkrieg gebildet worden und operierten in dem Gebiet vom Mississippi bis zu den Rocky Mountains, von der kanadischen Grenze bis zum Rio Grande und manchmal bis nach Mexico hinein. Sie bauten Straßen, sicherten Postkutschen und Landvermessungen, nahmen Verbrecher fest, schlugen Aufstände nieder, verfolgten Natives, die ihre Reservate verlassen hatten und nahmen an den Kriegen[55] gegen sie teil. Befehligt wurden sie dabei von weißen Offizieren. An der Militärakademie West Point gab es im 19. Jahrhundert insgesamt 20 schwarze Kadetten, die Offiziere werden wollten. Aufgrund der sie unterdrückenden Bedingungen dort schafften nur drei von ihnen den Abschluß. Sie dienten dann als Offiziere bei den Kavalerie-Regimentern. Die Ausrüstung der schwarzen Soldaten war zum Teil schlechter als die weißer Regimenter, bekamen sie doch oft deren altes Gerät. Selbst das Banner der Tenth Cavalry war selbstgemacht und abgenutzt, im Gegensatz zu den seidenbestickten weißer Regimenter. Disziplinarstrafen fielen bei ihnen härter aus.[56]

Eine weitere schwarze Einheit waren die Seminole Negro Indian Scouts, bei denen es sich um Nachfahren von entlaufenen SklavInnen handelte, die bei Stämmen der Seminolen in Florida Unterschlupf gefunden hatten. Sie waren dann weiter nach Mexico gezogen, wo sie mit dem Versprechen auf Land und Nahrung 1870 für die US-Army rekrutiert wurden. 200 Männer, Frauen und Kinder siedelten daraufhin nach Texas um. Aus 50 ihrer Männer wurde die Einheit gebildet, von der Katz[57] sagt, sie sei eine der schlagkräftigsten und meistdekorierten der US-Militärgeschichte gewesen. Als klar wurde, daß das Versprechen der Regierung nicht eingehalten würde, wurden einige von ihnen zu Banditen, manche gingen zurück nach Mexico. Die Einheit wurde aufgelöst.

Die Unterdrückung der Urbevölkerung sah noch einmal anders aus. Die Existenzgrundlage der nomadischen Prärieindianer, die riesigen Büffelherden, war vernichtet worden, als in den 1870er Jahren die geschätzten

30 Millionen Tiere dem Nahrungsmittelbedarf der Eisenbahnbautrupps und der steigenden Nachfrage nach ihren Häuten im Osten fast vollständig zum Opfer fielen. Die wirtschaftlich und ökologisch ausbalancierte Subsistenzkultur der Prärieindianer brach zusammen und sie gerieten immer mehr in die Abhängigkeit der Produkte der Weißen. In Washington war man hauptsächlich an dem Schutz der vordringenden weißen SiedlerInnen und der Verkehrswege interessiert und wollte das ›Indianerproblem‹ durch die Errichtung neuer Reservate lösen. Die Natives fügten sich nicht widerstandslos diesem neuen Schicksal, so daß es nach Beendigung des Bürgerkriegs, in dem sich die Natives zumeist neutral verhalten hatten, quasi zu einem 25 Jahre andauernden Krieg kam. Die im Bürgerkrieg angewandte ›Strategie der verbrannten Erde‹ kam wieder zum Einsatz, indem systematisch indianische Siedlungen zerstört und ihre Nahrung vernichtet wurden. Einige Kämpfe, Massaker und Personen erreichten Symbolcharakter bis in die heutige Zeit hinein. Dazu gehört die Schlacht am Little Bighorn River, in der die 250 Mann starke Kavallerieeinheit von Colonel George A. Custer am 25. Juni 1876 vollständig vernichtet wurde und die Tötung von 340 wehrlosen Natives am Wounded Knee Creek in South Dakota am 29. Dezember 1890, sowie Namen wie Sitting Bull, Crazy Horse und Geronimo. Die Folge dieser Indianerkriege war die Ausrottung eines großen Teils der Urbevölkerung. Die Überlebenden – 1900 waren das noch ca. 240.000 – wurden in unzureichende und abgelegene Reservate zusammengepfercht. Ihre Rechte oder Kultur galten nichts, Verelendung und Trostlosigkeit, Armut und Abhängigkeit prägten den Alltag.

14 Historisch-theoretische Verschränkung III

Die Bevölkerungszusammensetzung der USA veränderte sich. Zum einen immigrierte eine ›neue Rasse‹. Seit ca. 1850 bis Anfang der 1880er Jahre kamen über 200.000 AsiatInnen, vorwiegend ChinesInnen, in's Land, die sich hauptsächlich an der Westküste niederließen.[1]

Diese ›neue Rasse‹ traf nicht auf die anderen ›nicht-weißen Rassen‹. Die Natives waren in Reservate abgeschoben, somit isoliert und unsichtbar. Die Schwarzen lebten in anderen Gegenden der riesigen Nation.[2] Weiße trafen auf Natives, AsiatInnen und Schwarze, während diese keinen Kontakt zueinander hatten.[3]

Zum anderen hatte sich die Einwanderung aus Europa verändert. Waren zuvor die Menschen aus dem Norden und Westen dieses Kontinents gekommen, hatte seit den 1880er Jahren die Einwanderung aus Süd- und Osteuropa begonnen. Sie stellten in diesen Jahren 20% der EinwanderInnen, in den 1890er Jahren mehr als die Hälfte und im nächsten Jahrzehnt schließlich 70%. »Diese Ankömmlinge waren meistens nicht nur fremder Sprache und Rasse, sondern auch fremder Religion – katholisch, orthodox oder jüdisch. Ihre Gegenwart erhöhte den Eindruck des Ungeordneten, ja Chaotischen, den die Städte in diesen Jahrzehnten ohnehin boten.«[4]

Die EuropäerInnen wurden nach ihren Ethnien sortiert. Dabei bezieht sich diese Ordnungskategorie »auf die soziale und kulturelle Herkunft von gesellschaftlichen Gruppen, die der Eingliederung im Einwanderungsland vorhergeht und in Form überlieferter Traditionen, kultureller Eigenarten und sozialer Werte in der neuen Umgebung konserviert wird.«[5] Sie diente im populären Bewußtsein auch der Hierarchisierung, denn Ethnien waren ›die Anderen‹, die ItalienerInnen, PolInnen, RussInnen etc., also die Ethnien süd- und osteuropäischer Herkunft, die nicht zu den ersten Migrationsschüben gehört hatten. Mit Ausnahme der IrInnen wurden Anglo-AmerikanerInnen nicht als ›Ethnics‹ angesehen und selten ImmigrantInnen und deren Nachkommen deutscher und skandinavischer Herkunft. Zur Unterscheidung Schwarzer nach bestimmten Herkunftsregionen, woher sie oder ihre Vorfahren aus Afrika kamen, diente der Begriff nicht.[6]

Geiss führt an, daß es dort, wo Einheimische und Neuankömmlinge aufeinandertrafen, zu Spannungen, zu Xenophobie gekommen sei. Diese sei durch Integration und Assimilation oft nach ein bis zwei Generationen beseitigt gewesen. »Die Integration verlief um so schneller, je geringer die Zahl der Einwanderer war, je geringer die Unterschiede in Sprache, Kultur, Religion, sozioökonomischem Niveau und äußerem Aussehen waren, je weniger Druck zur Assimilation herrschte.«[7]

Es muß angefügt werden: unter den EuropäerInnen. Sie konnten sich – trotz ihrer vermeintlichen Unterschiede – als Weiße definieren, als Weiße ›fühlen‹, war doch ihre Ethnizität überlagert durch die Rasse.

Heideking sieht darin eine Form, die es dem Norden und dem Süden der USA nach dem Bürgerkrieg ermöglichte, sich auf dem Rücken der Schwarzen miteinander auszusöhnen. »Die gemeinsam gehegten Vorurteile und Antipathien gegen die Afro-Amerikaner erleichterten es den Weißen in Nord und Süd, gegen Ende des Jahrhunderts die bitteren Erinnerungen hinter den Wunsch nach Versöhnung und nationaler Harmonie zurücktreten zu lassen. Im Laufe der 1880er Jahre verloren die Bürgerkriegskontroversen an Bedeutung, und gleichzeitig machte sich ein intensiveres amerikanisches Nationalgefühl bemerkbar. Parallel dazu breitete sich in intellektuellen Kreisen des Nordens ein Geist der Versöhnung aus, der in der Romantisierung des Südens und der Verharmlosung der Sklaverei durch Literaten und Historiker gipfelte.«[8]

Gegen Ende des Jahrhunderts begann sich also ein us-amerikanischer Nationalismus zu entwickeln, ein Gefühl der Zusammengehörigkeit und der nationalen Einheit entstand. Unterstützt wurde es durch die Erhöhung nationaler Feiern und Symbole. Zum Beispiel begann mit der Forderung von Veteranenverbänden, allen Schulkindern einen täglichen Eid auf das Sternenbanner abzunehmen, ein regelrechter Fahnenkult. Die nationalen Interessen der USA wurden dabei mit dem Wohl der Menschheit in eins gesetzt, was eine politisch-militärische Führungsrolle rechtfertigte. Dieser Nationalismus ging zum Teil mit der Vorstellung der Überlegenheit einer angelsächsischen Rasse einher, die berufen sei, andere Völker zu missionieren und politisch zu erziehen. Der frühere Bruch zwischen Nord- und Südstaaten erhielt hierdurch weiteren Kitt. Der Süden wurde weiter romantisiert als Hort traditioneller Tugenden. Immer häufiger wurden Lincoln und Robert E. Lee als Helden Seite an Seite gestellt.

Aber: Dieser us-amerikanische Nationalismus war durchwoben mit einem ethnischen Nationalismus. EinwanderInnen waren sowohl zur Assimilierung gezwungen, wie sie andererseits ausgegrenzt und auf die ›eigene Volksgruppe‹ zurückgeworfen wurden. »Der *melting pot* versagt den Dienst, und wie bei einer mißglückten Mayonnaise trennen sich die Bestandteile. Die Gesellschaft ist in gegeneinander abgegrenzte Segmente unterteilt.«[9] Diese einzelnen durch ›Volksgruppen‹ gebildeten Segmente entwickelten sich getrennt voneinander und standen untereinander in Konkurrenz, suchten andererseits aber nach Zusammenhalt. So folgert D'Eramo: »Die Nationalismen überlagern sich vielmehr, und der ethnische Nationalismus stärkt den amerikanischen Nationalismus, statt ihn zu schwächen. Die Amerikanisierung ist nur vollendet in Verbindung und Überlagerung mit dem Nationalismus der Herkunft.«[10]

15 Theorie V
Zuschreibungen: Begehren

Es gab noch einen anderen Versuch der Füllung der Unterscheidungen. Suchten die Menschen die ›Wahrheit‹ über sich in der Sexualität, so konnte eine Füllung nicht ohne den Versuch auskommen, diese miteinzubeziehen.

Das antike Denken verfügte über die Annahme eines fiktiven Anderen, die Existenz von Barbaren, Wilden, die jenseits der Grenzen der eigenen Gesellschaft angesiedelt wurden. Ihnen wurde eine aggressive und ungezähmte Sexualität unterstellt. Die weibliche Wilde galt als Verführerin.

Als im Zuge der europäischen Expansion nunmehr auf die ›realen Anderen‹ gestoßen wurde, fanden sich in den Reiseberichten regelmäßig Bemerkungen über die Hautfarbe und die Beschaffenheit des Haares und oft über die Nacktheit oder Halbnacktheit der eingeborenen Bevölkerungen. »Die ungezähmte Aggressivität, Sexualität und Bestialität des zuvor in den Waldgebieten am Rande (und innerhalb) Europas angesiedelten mythischen ›Wilden‹ fand nun eine genauere geographische Verortung in der Neuen Welt.«[1] Und, müßte hinzugefügt werden, in anderen Gebieten, die nun ›entdeckt‹ wurden. Afrikanerinnen galten als überaus sexbesessen, Afrikanern wurde ein ungewöhnlich großer Penis und kraftstrotzende Männlichkeit nachgesagt.[2]

Schwarze Frauen begehren weiße Männer. Sagt Frantz Fanon.[3] Durch einen Kontakt, durch eine Vereinigung hoffe die schwarze Frau, daß etwas von der Weiße auf sie ›abfärbe‹, daß sie weißer werde. Eine Statusverbesserung wäre die Folge.[4]

Und der schwarze Mann? »Ich vermähle mich mit der weißen Kultur, der weißen Schönheit, der weißen Weiße. In diesen weißen Brüsten, die meine allgegenwärtigen Hände streicheln, mache ich mir die weiße Zivilisation und Würde zu eigen.«, läßt Fanon ihn analog sagen.[5]

Gleiches sagt Eldridge Cleaver[6], und mehr. Bei ihm wird das Begehren zu einer Kreuzbeziehung der Wechselseitigkeit: Schwarze Männer begehren weiße Frauen wie vice versa, schwarze Frauen begehren weiße Männer wie ebenfalls vice versa. Kein Begehren existiert in diesen Vorstellungen zwischen schwarzen und weißen Männern und zwischen schwarzen und weißen Frauen.[7]

Ähnliches beschreibt Malcolm X: »Nun, zu dieser Zeit war es in Roxbury wie in jedem anderen schwarzen Ghetto in Amerika für den durchschnittlichen schwarzen Mann ein Statussymbol ersten Ranges, wenn er eine weiße Frau hatte, die keine stadtbekannte Hure war.«[8]

Was bei diesen Autoren aus persönlichen Erfahrungen und der Auswertung einiger Romane geschlußfolgert wird, taucht bei der Sexualforscherin Nancy Friday als Ergebnis ihrer Untersuchung über sexuelle Phantasien auf. »Der Neger ist für sexuelle Phantasien wie geschaffen. Alles an ihm, real oder nicht, gießt Öl in die Flammen: Wegen seiner Farbe ist er verboten; seinem Schwanz schreibt man mythische Proportionen zu; und seit Jahren geht das Gerücht um, daß sein fachmännisches Geschick beim Ficken an Schwarze Magie grenzen soll.«[9] Eine Frau berichtet über ihren Wunsch nach dem großen Penis eines Schwarzen; eine andere schreibt über ihre Vorstellungen von Sex mit einer schwarzen, vollbusigen Frau; eine dritte schwärmt vom Geschlechtsverkehr mit schwarzen Männern, weil dem der Reiz des Verbotenen anhafte.[10]

»In den Vereinigten Staaten sind Furcht und Faszination, die von der weiblichen Sexualität ausgehen, auf die schwarzen Frauen projiziert worden; die leidenschaftslose Lady entstand in Symbiose zur primitiv sexuellen Sklavin.«[11] Die Sexualität, die den weißen Frauen weitgehend abgesprochen worden war, wurde den schwarzen Frauen angediehen.

Vergleichbare Phantasien schwarzer Frauen und Männer, die Friday so gut wie nicht befragt hat[12], oder weißer Männer finden sich bei ihr nicht.[13]

Das sind die Phantasien und Mythen: Begehren nach dem anderen Geschlecht und der anderen Hautfarbe. Real sieht es anders aus. Friday folgert aus ihren Befragungen, daß die meisten weißen Frauen noch nie Sex mit einem schwarzen Mann gehabt haben.[14] So auch Arnold Rose, der zu dem Schluß kommt, daß sexuelle Beziehungen zwischen Schwarzen und Weißen äußerst selten sind.[15] Ebenso sei der Glaube an die große Triebhaftigkeit und die überragenden sexuellen Fähigkeiten schwarzer Frauen und die übergroßen Penisse schwarzer Männer falsch.[16]

Gäbe es dieses große Begehren, müßte es sich wenigstens zum Teil in realen Beziehungen äußern. Aber nach dem Ende des Bürgerkrieges nahmen schwarz-weiße sexuelle Kontakte ab. Auch nach dem Wegfall gesetzlicher Hinderungen in Bezug auf Eheschließungen zwischen Schwarzen und Weißen nahmen diese nicht signifikant zu.[17]

Selbst in pornographischen Filmen, die doch mit erotischen Wünschen spielen, ›lockerten‹ sich die sexuellen Beziehungen zwischen

Schwarzen und Weißen nur sehr langsam. In der dritten Dekade des 20. Jahrhunderts zeigte gerade 1% dieser Filme Sex zwischen weißen Frauen und schwarzen Männern und 6,8% zwischen weißen Männern und schwarzen Frauen. »Der Kreis der Zuschauer bestand offensichtlich vorwiegend aus weißen Männern, denen es weniger ausmachte, wenn eine Frau von einem Hund als von einem schwarzen Mann ›bestiegen‹ wurde.«[18] Erst in den fünfziger Jahren wurden pornographische Filme hergestellt, in denen schwarze Darsteller vermehrt auftraten und die gängigen Klischees vom ›schwarzen Sex‹ bedienten. Zuvor waren sie in der Regel als Nebenfiguren, bizarre Opfer oder frustrierte Voyeure zu sehen gewesen, nun konnte ›richtiger‹ ›Geschlechtsverkehr‹ zwischen schwarzen und weißen Menschen beschaut werden.[19]

Sehr verbreitet scheint ›schwarz-weißer Sex‹ allerdings selbst im pornographischen Film nicht zu sein. Jedenfalls taucht etwas in der Art in einer Typisierung der Filme nicht als gesonderte Kategorie auf.[20]

Nur in bestimmten Bereichen kommt das mythische Begehren real zum Vorschein. Malcolm X beschreibt Episoden aus seiner Zeit, als er ProstitutionskundInnen zu den Orten ihrer ›Erfüllung‹ führte: »In Harlem war neben dem Bordell meiner Madam das Apartment eines großen, rabenschwarzen Mädchens eine der wichtigen Spezialadressen, zu denen ich die Freier schleppte. Sie war stark wie ein Ochse und hatte Muskeln wie ein Dockarbeiter. Eine verrückte Sache: Meistens waren es die älteren Männer, so um die sechzig und manchmal auch um die siebzig. Sie konnten sich noch gar nicht erholt haben von den letzten Peitschenhieben, da wollten sie von mir schon wieder an der 45. Straße Ecke Broadway abgeholt werden. Zurück in das Apartment, um dort auf ihren Knien herumzurutschen und unter den erneuten Peitschenhieben des schwarzen Mädchens zu winseln und um Gnade zu betteln. Einige von ihnen zahlten extra mehr dafür, daß ich mitkam und zusah, wie sie geschlagen wurden. Das Mädchen schmierte seinen mächtigen Amazonenkörper von Kopf bis Fuß mit Öl ein, um seine Haut glänzend zu machen und noch schwärzer auszusehen. Sie benutzte kleine geflochtene Peitschen, mit denen sie ihre Kunden blutig schlug. Und diese alten weißen Männer verhalfen ihr zu einem kleinen Vermögen.

[...] Fast alle diese Weißen betonten ihre besondere Vorliebe für schwarze Haut – ja schwarz: ›Je schwärzer desto besser!‹ Meine Chefin, die das schon lange wußte, hatte dementsprechend in ihrem Haus nur die schwärzesten Freudenmädchen, die sie finden konnte.

Während meiner gesamten Zeit in Harlem habe ich niemals mitbekommen, daß eine weiße Prostituierte von einem weißen Mann berührt worden wäre. Es gab weiße Mädchen in verschiedenen Harlemer Bordellen, die Spezialservice anboten. Sie waren dazu da, den von weißen Freiern am häufigsten vorgebrachten voyeuristischen Wunsch zu erfüllen: Sie wollten zusehen, wie ein geschmeidiger schwarzer Mann Sex mit einer weißen Frau machte. [...] Einige Male hatte ich sogar Kunden, die ihre weißen Frauen mitbrachten, damit sie bei so etwas zuschauen konnten. Ich schleppte niemals weiße Frauen an, außer in den genannten Fällen, wenn sie von ihren eigenen Männern mitgebracht wurden oder wenn der Kontakt durch eine weiße Lesbe zustande gekommen war, die ich kannte und die ein anderes spezielles Serviceangebot meiner Chefin war.

Diese Lesbe, eine bildhübsche Weiße, [...] hielt sich einen Stall voll schwarzer Männer. Auf Bestellung versorgte sie wohlsituierte weiße Frauen mit schwarzen Liebhabern.

[...] Auch ihr war die Vorliebe der Weißen für schwarze Haut aufgefallen. [...] Fast jede weiße Frau in ihrer Kundschaft wolle ›einen richtig schwarzen‹ haben, manchmal verlangten sie auch ›einen echten‹, womit ebenfalls *schwarz* gemeint war, und nicht Schwarze mit eher brauner oder rötlicher Hautfarbe.«[21]

16 Theorie VI
Lösung des Verortungsproblems: Clustern

Obwohl nach der Sklaverei die sexuellen Begegnungen Schwarzer und Weißer seltener wurden, sie teilweise nur in gesellschaftlichen Randbereichen stattfanden, wurde allen schwarzen Männern Begierde nach weißen Frauen unterstellt. Weißen Frauen wurde einerseits nachgesagt, sie fänden die Begierde nach schwarzen Männern abstoßend, andererseits schwebte die Angst im Raum, sie könnte doch vorhanden sein. Weißen Männern wurde die Begierde nach schwarzen Frauen nicht nachgesagt, sondern nur als Ausrutscher, als Suche nach außergewöhnlichem Sex gedeutet, wollten sie doch sonst nur weiße Frauen. Schwarze Frauen wollten weiße Männer, so wie sie alle Männer in ihrer sexuellen Gier wollten. Homosexualität in ihrer schwulen oder lesbischen Ausprägung bleibt bei all dem schwarz-weißen Begehren ausgespart, scheint nicht zu existieren, ist ein Tabu.

»Der Körper ist ein äußerst umstrittener Schauplatz – sein Fleisch ist sowohl Empfänger als auch Ursprung des Verlangens, der Lust und des Hasses. Als Unterpfand der Technologie ist er heilig und aufopferungsvoll und trägt die politischen Überzeugungen von Staat und Gesellschaft. Der Körper ist unser gemeinsames Band; er trennt uns aber dadurch, daß er Identität, Rasse und Geschlecht preisgibt.«[1]

Foucault wäre begeistert: so viele produzierte Sexualitäten. Es sind aber keine des Wissens, sondern welche des Glaubens. Während die Körper der Menschen kolonisierter Länder vermessen wurden, ihre Größe, ihre Schädelform etc., und daraus ihre charakterlichen und intellektuellen Fähigkeiten abgeleitet wurden, gibt es keine systematischen Untersuchungen ihrer Penislängen, Brustgrößen, der Häufigkeit und Länge ihrer Kopulationen etc. ›Schwarze Sexualität‹ ist nicht immer feiner untersucht, katalogisiert, zugeordnet, eingeteilt worden, sondern der Glaube um sie resultierte aus Annahmen, aus einem »hartnäckigen Willen zum Nichtwissen«.[2]

›Schwarze Sexualität‹ steht für Natur, Wildheit, Lust, Unersättlichkeit, Unerschöpflichkeit. Sie steht damit auch für Erfüllung. Sie scheint ein Überbleibsel der alten ars erotica: »absolute Körperbeherrschung, einzigartige Wollust, Vergessen der Zeit und der Grenzen, Elixir des Lebens, Bannung des Todes und seiner Drohungen«.[3] Wenn sie für

Natur steht, steht sie damit aber doch gleichzeitig für Tod, denn die Natur ist vergänglich und sterblich. Sie muß durch Kultur und Zivilisation überwunden werden. ›Schwarze Sexualität‹ ist also Tod und Nicht-Tod zugleich.

Wurde Sex in dem Diskurs über ihn in zwei Stränge eingeteilt, in den der Gesundheit und den des Pathologischen, den der Ehe und Fortpflanzung und den der Abweichungen und Perversionen[4], so ist interessant, daß ›schwarze Sexualität‹ an sich nicht mit dem Verdikt der Perversion belegt wurde, sondern nur dann, wenn sie sich mit ›weißer Sexualität‹ paarte.

Was sieht mensch also? Ein großes Durcheinander, eine große Inkonsistenz: Natur, Kultur, Zivilisation, Körper, Geist, Tod, Nicht-Tod, Wille zum Wissen, Wille zum Nichtwissen, unterstellte Begierden, nicht thematisierte Begierden.

Neben der ganzen Rationalität und der instrumentellen Durchdringung wird ein Feld belassen, das nicht angerührt wird, nur teilweise gefüllt mit in sich widersprüchlichen Belegungen. Frauen und Schwarze konnten nicht genau eingekreist werden.

Die Unterscheidungen Mann – Frau und Weiß – Schwarz wollen nicht so recht Anschluß finden. Immer wieder tauchen Zuschreibungen auf, verhärten sich für einen Augenblick, um dann wieder schwammig zu werden und sich zu wandeln. Es weiß, trotz ihrer unglaublichen Alltäglichkeit, niemand so recht, was das eigentlich sein soll, ein Mann, eine Frau, ein Weißer, ein Schwarzer, eine Weiße, eine Schwarze. Was ist ihr Wesen, ihre Essenz? Was sind sie an sich und was sind sie für sich?

Die Menschen werden und sollen sich selbst im Koordinatensystem genau verorten. Sie müssen dort ein klar definierter Punkt sein. Vom Standpunkt einer Verortung aus erscheinen andere nun leider als unscharf, verschwommen.

Das stört das Ordnungsdenken und verunsichert. Und mit einmal erscheint das eigene ›sich auf den Punkt gebracht haben‹ ebenso als (zumindest möglich) unscharf.

Der ›Inhalt‹ der Punkte wird zu allem und damit zum Nichts, die Hülle, der Körper zum angenommenen Bedeutungsträger. Die Punkte werden eher zu Löchern auf der Orientierungskarte.

Die Identität manifestiert sich nur im und am Körper: männlich = Anwesenheit eines Penis, weiblich = Abwesenheit eines Penis[5], weiß =

weiße Hautfarbe, schwarz = schwarze Hautfarbe. Diese Attribute werden zur Identifizierung der ›Identität‹. Der Penis oder die Abwesenheit des Penis' und die Hautfarbe sind mehr oder weniger sichtbar, die sexuelle Orientierung wird über andere Zeichen wie Kleidung, Gesten etc. vermutet.
Darauf reduziert sich dann die Identität. Mehr bleibt nicht.

Was macht nun dieses sich selbst konstituierende abendländische Subjekt? Es muß sich in dem Koordinatensystem verorten, findet dort aber keine Koordinaten vor, keine essentiellen Zuschreibungen, an die es für immer und ewig Anschluß finden könnte. Dort ist nur ein Loch.
Das sich selbst konstituierende abendländische Subjekt clustert. Es bastelt sich aus Einzelteilchen einen Klumpen zusammen, das es dann ist. Es sucht sich Zuschreibungen, die in gewisser Form zusammenpassen, die untereinander hohe ›Korrelationen‹ haben und sich gegenüber ›außen‹ gut abgrenzen lassen.[6]
Es sucht sich selbstverständlich positiv besetzte Einzelteilchen zusammen, wie z.B. rational, sauber, naturbeherrschend, ehrlich, autonom,...
Aus der Aufzählung wird schon deutlich, daß sie von einem Punkt oder wieder besser Loch des Koordinatensystems ausgeht, nämlich von dem weißen heterosexuellen Mann. Er ist der Referenzpunkt. Die anderen Löcher werden nun entweder von ihm in mehr oder weniger starker Abgrenzung oder aber von denen selbst in Abarbeitung an seinen für ihn selbst gesetzten Vorgaben ›gefüllt‹.
Diese ›Füllung‹ wird dadurch erschwert, daß nicht binär codiert werden kann, wenn es mehr als zwei Löcher gibt. So muß es immer auch Annäherungen und Überschneidungen geben. Ist der weiße heterosexuelle Mann rational, müssen Schwarze irrational sein. Aber was ist mit dem schwarzen Mann? Irgendwo müssen er und der weiße Mann doch einen Verbindungspunkt haben?
Es läßt sich also sehen, daß diese neue Konstruktion ebenso labil, unsicher, vage ist, wie die vorherige des Füllens mit Essenzen. Sie hat aber einen Vorteil. Da es sich bei ihr nicht um Essenzen handelt, um ›das an sich Seiende für immer und ewig‹, kann sie nicht mit einemal umgestoßen werden, sondern sie kann sich immer wieder neu füllen. Sie ist also das Terrain gesellschaftlicher Kämpfe um die Einzelteilchen der Füllung.

17 Theorie VII
Zuschreibungen: Faulheit, Dummheit

Zuschreibungen mit Essenzen wollen nicht recht gelingen. Es existieren zwei weitere Kategorien, die mit Schwarzen immer wieder in Verbindung gebracht wurden: Faulheit und Dummheit.

»Making the lazy nigger work« war einer der ›Schlachtrufe‹, mit denen sich EuropäerInnen nach Afrika aufmachten, um die europäische Arbeitsgesellschaft dort zu installieren. Der »›faule Neger‹ sollte durch Arbeit zivilisiert werden.«[1]

Auch in den USA galten und gelten Schwarze als faul. Auch dieses ›Laster‹ wurde versucht in der Biologie der Schwarzen festzumachen. Von ihrer Natur her seien Schwarze Müßiggänger. Anders als bei den Zuschreibungen von Natur und Begehren äußerte sich die Faulheit – oder ihr Gegenteil – historisch konkret. Schwarze waren als ArbeitssklavInnen nach Amerika verschleppt worden. Sie leisteten die schwere körperliche Arbeit auf den Plantagen. So war diese Zuschreibung nur über einen Trick aufrechtzuerhalten. Mit der Trennung von geistiger und körperlicher Arbeit und einer Höherbewertung ersterer galt letztere als nicht ganz richtige Arbeit. Sie mußte zudem erzwungen werden. Somit resultierte sie nicht aus dem eigenen Antrieb der Schwarzen.

Diese Zuschreibung, ein Erbe der Sklaverei, setzte sich historisch fort durch die Ausschließung von Schwarzen aus vielen Berufszweigen. Sie konnten so nur die gesellschaftlich am niedrigsten angesehen Arbeiten verrichten. Bis heute setzt sich dieser Trend fort, verschärft dadurch, daß viele schwarze Männer ganz aus dem Bereich der Lohnarbeit verdrängt wurden und arbeitslos sind. Gebrochen wird er heutzutage durch die Existenz einer schwarzen Mittelschicht.

Eng mit dieser Zuschreibung verflochten ist die der Dummheit. Wenn Schwarze nichts leisten, nur unter Zwang und Aufsicht arbeiten können, im Berufsleben nicht vorankommen, so der logische Schluß, müssen sie dumm sein. In gewisser Hinsicht ›dumm‹ waren sie aufgrund anderer Tatsachen gewesen. Während der SklavInnenzeit war ihnen in den Südstaaten verboten gewesen, lesen und schreiben zu lernen.

Auf die Widersprüchlichkeit weist Davis hin: »Nach der herrschenden Ideologie waren die Schwarzen angeblich zu intellektuellem Fortschritt unfähig. Da sie als Sklaven lebendes Eigentum gewesen waren, galten sie im Vergleich zum weißen Prototyp des Menschen nach alledem natürlich als minderwertig. Wenn sie aber tatsächlich biologisch minderwertig gewesen wären, hätten sie weder eine Sehnsucht nach Wissen noch die Fähigkeit, sich dieses anzueignen, haben können. Ergo wäre auch kein Lernverbot notwendig gewesen.«[2]

Auch hier setzte die Geschichte den Trend fort. Mit dem Urteil Seperate but equal wurden Schwarze in schlechtere Schulen verbannt als Weiße.

Diese beiden Zuschreibungen gehen nicht so ›tief‹ in die Biologie[3], sondern sind ›oberflächlicher‹ der konkreten Geschichte verbunden, scheinbar empirisch evidenter. Sie sind aber durch ihre Verbundenheit mit der Historie auch vermehrt Verwandlungen unterworfen.

18 Historie VII
Reform(en) und Reaktion(en)

Die ersten zwei Jahrzehnte des neuen Jahrhunderts waren vom Progressive Movement geprägt, einem bunten Gemisch aus Unternehmern, Politikern, Journalisten, Sozialreformern, Wissenschaftlern und Intellektuellen, also im wesentlichen der alteingesessenen städtischen Mittel- und Oberschicht, verbunden mit den kleinen Farmern und Geschäftsleuten, vornehmlich aus dem Mittleren Westen. Die vom Progressive Movement induzierten Reformen stießen auf einen breiten gesellschaftlichen Konsens. Die Überzeugung, die dahinterstand, war, daß der Staat bei den Veränderungen von Gesellschaft, Wirtschaft und Politik die entscheidende Rolle spielen müsse, um die Kehrseite der Industrialisierung und die Folgen der ökonomischen Zentralisation und Monopolisierung einzudämmen. Die Idee war, Staat und Gesellschaft könnten mit Hilfe von Wissenschaft und Technik effizienter, rationaler und gerechter gestaltet werden.[1] Maßnahmen in der Bankpolitik, der Wirtschaftskontrolle, der Arbeits- und Sozialgesetzgebung und der Farmerunterstützung wurden dazu ergriffen. Verbraucher- und Naturschutz, Gesundheitsfürsorge und Hygiene wurden zu Themen, bei denen Initiative ergriffen wurde. Die Wahlgesetze wurden verändert, um sie zu demokratisieren. U.a. garantierte der 19. Zusatz zur Verfassung ab 1920 den Frauen das Wahlrecht.[2] 1924 wurde den Natives das volle Bürgerrecht gewährt.

Die Reformbewegung wollte Auswüchse des Systems mildern und auf keinen Fall die herrschende Ordnung verändern. Sie verfügte über kein Programm und setzte sich aus vielfältigen, oft widersprüchlichen und zum Teil recht fragwürdigen Interessen zusammen. So nahm das Ganze mit der Zeit einen moralistischen Ton und repressive Züge an. Glücksspiele und Amüsierparks, Tanzsäle und Kinos galten als Stätten der Unmoral. Das Eintreten für Einwanderungsbeschränkungen sowie für Zwangssterilisation von aufgrund sexueller Vergehen Verurteilter gehörten genauso zur Bewegung. Ein Symbol für diese Ära ist der 18. Zusatzartikel zur Verfassung (1919), der Herstellung, Verkauf, Transport und Genuß alkoholischer Getränke verbot.[3]

Öffentliche Moral und gesellschaftliches Leben klafften auseinander. Kurz nach der Geburt des Films und des Kinos tauchten die ersten pornographischen Streifen auf. Es »war in den Guckkästen unter Titeln wie *One Way of Tacking a Girl's Picture*, *The Pajama Game*, *Her Morning Exercise* eine längere, starre Aufnahme einer Frau zu sehen, die sich bis auf die Unterwäsche entkleidete, um dann ein paar Schritte, wenn es ganz schlimm kam: im Schlafzimmer, zu unternehmen. Das Publikum war begeistert, wenn eine mit einem engen Mieder angetane Schöne das Fenster öffnete und ein paar gymnastische Übungen vollführte.

Noch fand man nicht allzuviel dabei, wenn sich der Vater an seinem Automaten an einer für damalige Verhältnisse ausgesprochen spärlich bekleideten Dame erfreute, während die Mutter sich die Sieben Weltwunder und die Kinder den Boxkampf des Jahrhunderts ansahen.«[4]

Ab 1908 entstanden auf lokaler Ebene Zensurinstanzen, so daß der legale Film ›züchtig‹ wurde und der pornographische Film in die Illegalität abtauchte. Später kam die institutionalisierte Zensur bundesweit auf. 1927 wurde eine Liste der Bilder erarbeitet, die unter allen Umständen verboten, und solcher, die mit Vorsicht zu behandeln waren. Drei Jahre später wurde der Motion Picture Production Code verfaßt, der 1934 durch die Möglichkeit der Verhängung von Geldstrafen verbindlich gemacht wurde. Verboten war nunmehr die Darstellung vollständiger Nacktheit und die der geschlechtlichen Beziehung zwischen Weißen und Schwarzen.

Es konsolidierte sich Anfang des Jahrhunderts schnell ein zweiter Markt für diese dirty movies oder stag films. Auch hier tauchte wieder ›die Natur‹ auf. Während es den frühen europäischen pornographischen Film nach innen trieb, in Salons und Studios, Badezimmer und Bordelle, so den us-amerikanischen nach draußen. Entweder spielte sich alles im Auto ab oder in der freien Natur, im freien Land, wohin man mit dem Auto gelangt war. »Es ging in ihm immer um Menschen, die ein paar Häuser weiter zumindest hätten wohnen können; ihr eigentliches Thema aber war das entwurzelte, ländliche Subproletariat, das seinen moralischen Halt verloren hatte, und das aufstrebende Kleinbürgertum, das von dieser Situation nicht nur ökonomisch, sondern auch sexuell profitierte.«[5] In den pornographischen Filmen ging es um männliche Dominanz und beständige ›Unterwerfung‹ der Frau, Unterwerfung der Moral unter die Anforderungen der ›Natur‹ sowie um die generelle Unmoral des Lebens. Nicht zu sehen war Sexualität zwischen Schwarzen und Weißen. Der Kreis der Zuschauer bestand überwiegend aus weißen proletarisch-kleinbürgerlichen Männern, die die pornographischen Filme oft in Gruppen in Hinterzimmern von Bars konsumierten. Der Konsum wurde zu einem fast selbstverständlichen Teil der Freizeitbeschäftigung. »Der Pornofilm und die Erweckungspredigt hatten einen solch stabilen sozialen und kulturellen Frieden miteinander gefunden, daß niemand etwas dabei fand, wenn beides nun zum Sonntag gehörte wie Apfelkuchen.«[6]

Pornographie konnte auch in anderer Form konsumiert werden. Neben erotischer und pornographischer Literatur und Photos, deren Verbreitung allerdings mit dem Aufkommen des Films zurückging, waren Comics ein beliebtes Medium. Die sogenannten Eight Pagers zeigten bekannte Comic Figuren wie Popeye, Flash Gordon, Dagwood oder Henry in sexuellen Aktionen und konnten in den 30er Jahren für 5 bis 50 Cents unter dem Ladentisch erworben werden.

In diese Zeit gehört auch eine wachsende Organisierung politischer und sozialer Interessen. Die beliebteste Organisationsform dabei war die Association, ein von Staat und Parteien unabhängiger Verein oder Verband. Seit den 1890er Jahren schossen Hunderte solcher Associations, Leagues, Federations und Clubs aus dem Boden.

Die Arbeiterbewegung blieb auf Distanz zum Progressive Movement und versuchte, eigene Wege zu gehen. 1900 wurde die International Ladies' Garment Workers' Union in der New Yorker Textilindustrie gegründet und erzielte mit Streiks 1909 und 1911 einige Erfolge. Die ›Wooblies‹, die Industrial Workers of the World (IWW) wurden 1905 in Chicago gegründet und ihre bis zu 30.000 Mitglieder entstammten dem unteren Ende der ArbeiterInnenhierarchie. Sie vertraten einen syndikalistischen Ansatz. In der AFL waren 1920 ein Fünftel der außerhalb der Landwirtschaft Beschäftigten organisiert, was vier Millionen Menschen entsprach. Selbst die 1901 gegründete Socialist Party of America mit immerhin 100.000 Mitgliedern erreichte bei den Wahlen 1912 6%, was 900.000 Stimmen entsprach. Sie sollte für zwei Jahrzehnte die wichtigste Vertreterin des Marxismus in den USA sein. Frauen wurden in ihr aufgenommen, aber der Frage des Rassismus wandte sie keine besondere Aufmerksamkeit zu, äußerte sich zur Gleichstellung der Schwarzen und der Beschränkung der Einwanderung eher in rassistischer Sprache. Ihre Anhänger waren nicht weniger fremdenfeindlich als die Bevölkerung insgesamt. 1919 spaltete sie sich und aus der stärksten Gruppierung entstand die Communist Party of America.

Um die Jahrhundertwende waren die Erfolge des Bürgerkriegs für die Schwarzen in den Südstaaten hinfort. Das Wahlrecht für schwarze Männer wurde faktisch gekappt.[7] In den einzelnen Bundesstaaten wurde die Diskriminierung der Schwarzen verfassungsrechtlich abgesichert und sanktioniert. Zum Beispiel waren in den meisten Bundesstaaten Heirat und freie Liebe zwischen Weißen und Schwarzen verboten, in den meisten anderen als ›Rassenschande‹ geächtet.[8] In Louisville, Kentucky, war 1912 ein Gesetz verabschiedet worden, daß Schwarzen verbot, sich in weißen Wohngebieten aufzuhalten.[9] Andere Städte zogen nach, einige verboten Schwarzen ganz, sich dort niederzulassen. Aber auch der offene Terror hatte wieder Einzug gehalten. Neben den Lynchmorden kam es 1898 zu Ausschreitungen gegen Schwarze in Wilmington, North-Carolina, zu schweren Zusammenstößen 1900 in New York und New Orleans, 1906 in Atlanta und 1908 in Springfield, Illinois.

Vor dem Bürgerkrieg waren Schwarze selten gelyncht worden, da sie für die SklavInnenbesitzer zu wertvoll gewesen waren und andere Formen der Repression sie in Schach gehalten hatten. In der Zeit hat das Lynchen überwiegend weiße AbolitionistInnen getroffen, nach William Lloyd Garrisons *Liberator* in den beiden auf 1836 folgenden Jahrzehnten über 300 Menschen. Nach dem Bürgerkrieg wurde es zum Mittel, Schwarze, die nun keinen Marktwert mehr besaßen, durch Terror wieder in ihre alten Schranken zu weisen. Zuerst wurde es ideologisch gerechtfertigt mit der konstruierten Bedrohung von Konspiration und Aufstand und einer daraus folgenden Vorherrschaft seitens der Schwarzen, später dann mit dem Mythos vom schwarzen Vergewaltiger, vor dem die weißen Frauen (präventiv) zu schützen seien. Konkret wurden aber die meisten nicht wegen des Vorwurfs der Vergewaltigung oder versuchten Vergewaltigung an weißen Frauen gelyncht, sondern aufgrund der Beschuldigungen von Mord, Totschlag, Raubüberfall, Beleidigung Weißer und einer Reihe anderer Vergehen. Und es wurden nicht nur Männer, sondern, wenn auch in sehr viel geringerem Ausmaß, auch Frauen gelyncht. Als Ida B. Wells 1895 ihre erste Broschüre *A Red Record* vorlegte, hatte sie für den Zeitraum von 1865 bis 1895 über 10.000 Lynchmorde errechnet. »Es sind weder alle noch fast alle Morde, die während der vergangenen dreißig Jahre von weißen Männern verübt wurden, ans Licht gekommen, aber die Statistiken, die von Weißen erstellt und aufrechterhalten wurden und nicht bezweifelbar sind, zeigen, daß während dieser Jahre mehr als zehntausend Neger ohne formelles Gerichtsurteil und eine gesetzliche Hinrichtung kaltblütig ermordet worden sind. Und als Beweis für die absolute Straflosigkeit, mit der der weiße Mann sich unterstehen kann, einen Neger zu töten, belegen die gleichen Berichte, daß bis jetzt während all dieser Jahre und für all diese Morde nur drei weiße Männer angeklagt, schuldig gesprochen und hingerichtet worden sind. Da kein weißer Mann wegen Mordes an Farbigen gelyncht worden ist, sind diese drei Hinrichtungen die einzigen Beispiele der Todesstrafe, die wegen der Ermordung von Negern über weiße Männer verhängt worden ist.«[10] Die meisten Lynchmorde fanden im Süden, vor allem in Mississippi, Alabama, Georgia und Louisiana, statt, aber auch in einigen nördlichen Bundesstaaten, vor allem denen des Mittleren Westens.

Brandes und Burke[11] behaupten, unter den Schwarzen hätten sich Resignation und Passivität ausgebreitet. Die radikalen AbolitionistInnen waren zumeist aus dem politischen Leben ausgeschieden und die Republican Party, einige Jahre lang die Unterstützerin von GegnerInnen der Rassendiskriminierung, war hinsichtlich dieser Frage nicht mehr von den südlichen Democrats zu unterscheiden.

Eine neue politische Elite trat unter den Schwarzen hervor. Sie entsprang einer Art Mittelschicht, deren Wurzeln sich bis zu den freien Schwarzen vor dem Bürgerkrieg zurückverfolgen lassen. Diese soziologisch oft falsch als Black Bourgeoisie bezeichnete Schicht unterschied sich von den anderen Schwarzen weniger durch Beschäftigung und Einkommen, als durch soziale Unterschiede wie Bildung oder durch ein höheres Prestige durch eine hellere Hautfarbe. Sie hatte die Kontrolle über die segregierten Institutionen wie Schulen und Kirchen inne. 1910 gab es fast 30.000 schwarze LehrerInnen[12], über 17.000 Geistliche, 3.000 Ärzte und fast 800 Anwälte und Richter, zudem fast 10.000 SchauspielerInnen, MusikerInnen und KünstlerInnen. Im Zeitraum zwischen 1866 und 1919 erreichten allerdings nur 23 Schwarze einen Ph.D.[13]

Eine dieser neuen Führungspersönlichkeiten war Booker Taliafero Washington, wohl die bedeutenste dieser Epoche. Er war 1858[14] als Sohn einer Sklavin und eines Weißen geboren worden. 1881 gründete er in Alabama das Tuskegee Institute of Agriculture and Technology, eine Berufsschule.[15] Als Ziel proklamierte er wirtschaftliche Gleichberechtigung von Schwarzen mit Weißen, was die Schwarzen schrittweise durch harte Arbeit, die Aneignung handwerklicher Fähigkeiten und den Erwerb von Eigentum erreichen sollten. Die Schwarzen könnten dadurch ihr Selbstwertgefühl stärken und beweisen, daß sie bildungs- und anpassungsfähig seien. Allerdings wollte er sie nicht für die Berufe der industriellen Massenproduktion ausbilden, sondern die Frauen sollten Kochen, Nähen und Kinderpflege, die Männer Handwerk oder Landwirtschaft lernen. Fächer wie Naturwissenschaften, Mathematik oder Geschichte hielt er für unangebracht, da ihm die bestehenden Machtverhältnisse auf diesen Gebieten keine Entfaltungsmöglichkeiten zu bieten schienen.

Seine Programmatik bestand neben harter Arbeit in der sonstigen Unterordnung unter die Weißen. Somit konnte er auch nur an deren schlechtes Gewissen und guten Willen appellieren, gerechter mit den Schwarzen umzugehen. In einer bedeutenden Rede 1895 erklärte er zu dem Verhältnis von Schwarzen und Weißen: »Wie wir euch unsere Treue in der Vergangenheit bewiesen haben, indem wir eure Kinder behüteten, am Krankenbett eurer Mütter und Väter wachten und sie oft mit Tränen in den Augen zu ihrem Grab begleiteten, so werden wir euch auch in Zukunft auf unsere bescheidene Weise mit einer Ergebenheit zur Seite stehen, gegen die kein Fremder etwas vermag, bereit, im Notfall unser Leben für das eure herzugeben. Wir werden unser Leben als Arbeiter, Gewerbetreibende, Bürger und Religionsanhänger so mit dem euren verweben, daß die Interessen beider Rassen eins sein werden.« Und: »In allen rein sozialen Dingen können wir so getrennt sein wie die Finger, aber in allen Dingen, die für den beiderseitigen Fortschritt wesentlich sind, so eins wie die Hand.«[16]

Booker T. Washington war allerdings auch die schwarze politische Schlüsselfigur, über die alle Kontakte zur Regierung verliefen. Die wenigen Ernennungen von Schwarzen in öffentliche Ämter erfolgten auf seine Empfehlungen hin. Und heimlich unterstützte er finanziell die ersten Gerichtsverfahren gegen die Segregation.

1900 gründete er die Negro Business League, die in New York buy black-Kampagnen startete. Aber: »Nur in jenen Randbereichen, an denen die weißen Kapitalisten kein Interesse zeigten, konnte die ›Black Bourgeoisie‹ kleine Erfolge verzeichnen: im Versicherungs- und Bankwesen, da schwarze Amerikaner unter weißen nicht als versicherungs- und kreditwürdig galten, auf dem ›schwarzen‹ Kosmetikmarkt, als Besitzer kleinerer Geschäfte, Restaurants, Bars, Stehkneipen, Friseur- und Schönheitssalons, Reinigungsanstalten, Reparaturwerkstätten, Beerdigungsunternehmen usw.«[17] Der Wert dieser Geschäfte überstieg äußerst selten 10.000 Dollar. Ihre Anzahl stieg von 2.000 im Jahr 1863 über 17.000

1893 auf 25.000 1903 und erreichte 1913 40.000. Diese kleine schwarze Elite war nicht auf New York oder den Norden beschränkt, sondern fand sich auch im Süden.

Der schärfste Gegner Booker T. Washingtons wurde William Edward Burghardt DuBois, 1868 geboren, der an der schwarzen Fisk University und in Berlin studiert und in Harvard als erster Schwarzer promoviert hatte[18], dann als Professor in Atlanta lehrte. In seinem Essay *Of Mr. Booker T. Washington and Others* (1903) beschuldigte er ihn, sich der weißen Vorherrschaft anzupassen, anstatt Widerstand zu leisten. DuBois dagegen forderte gleiche Bürgerrechte. Er setzte seine Hoffnung auf das ›begabte Zehntel‹ der Schwarzen, von denen er sich einen Ansporn auf die übrigen Schwarzen zu ihrer ›Kultivierung‹ erwartete.[19]

1905 organisierte er auf der kanadischen Seite der Niagara-Fälle – auf der us-amerikanischen Seite hatte man ihnen Hotelzimmer verweigert – die politische Vertretung dieses ›begabten Zehntels‹, das Niagara Movement. Diese von Schwarzen geführte Bewegung forderte die Abschaffung der Rassendiskriminierung, Anerkennung der Menschenrechte, Rede- und Pressefreiheit. 1910 löste sich die Bewegung allerdings schon wieder auf.

Für die Rechte der Schwarzen traten fortan die 1909 gegründete National Association for the Advancement of Colored People (NAACP), die 1911 gegründete National Urban League (NUL) und die aus dem Jahr 1920 stammende American Civil Liberties Union (ACLU) ein.

Die NAACP war wohl die bedeutendste dieser Organisationen. 1914 verfügte sie über 50 Zweigstellen und ca. 6.000 Mitglieder. William E. B. DuBois fungierte als Herausgeber ihrer Zeitung *The Crisis*, die den Untertitel *Record of the Darker Races* führte. Sie erreichte 1918 eine monatliche Auflage von 100.000. Ansonsten lag die Führung der NAACP überwiegend in der Hand reformerisch gesinnter weißer Anwälte. Die Organisation kümmerte sich hauptsächlich um die Schwarzen in den Städten, weniger um die sharecroppers und Pächter auf dem Land, obwohl 1920 immer noch 80% aller Schwarzen im Süden lebten. »Mit öffentlichen Kampagnen gegen die Lynchjustiz und mit der Verteidigung von Afro-Amerikanern vor Gericht wurden einige praktische Erfolge erzielt. An der Segregation, der Armut in den Ghettos und der Verschuldung und Abhängigkeit der *sharecroppers* änderte das aber kaum etwas.«[20]

Die National Urban League konzentrierte sich in ihren politischen Bemühungen auf die Volkswirtschaft und versuchte, Schwarzen Arbeitsmöglichkeiten in der Industrie zu eröffnen. Sie unterhielt enge Beziehungen zu dem Kreis um Booker T. Washington.

Ein anderer Raum, in dem sich zumindest Protest gegen die Lebensbedingungen artikulierte, waren die segregierten Kirchen.

Auch international war das Thema Rassismus und die Lage der Schwarzen ein Thema. 1911 fand in London der First Universal Races Congress statt. Die Initiative kam aus pazifistisch-humanitären Kreisen einiger weißer Europäer und US-Amerikaner.[21] Andere Länder waren schwach vertreten, am stärksten noch Indien.[22] Vom afrikanischen Kontinent kamen drei Vertreter aus Südafrika und einer aus Westafrika. Von den Schwarzen der USA nahm DuBois teil.

Insgesamt bot der Kongreß einen Überblick über die verschiedenen, heterogenen, zum Teil sehr konträren Kritiken dieser Zeit am Rassismus. Geiss charakterisiert ihn als eine »Art emotionaler Zusammenfassung diffuser Ansätze zur Überwindung des euramerikanischen Rassismus«, der eine »Geste des guten Willens« bot.[23] Die geplante Fortsetzung mit einem zweiten Kongreß 1915 mußte wegen des ausgebrochenen I. Weltkriegs ausfallen.

Im Februar 1919 fand in Paris der erste Pan-African Congress mit 75 Delegierten statt. Auch hier war DuBois einer der 16 Vertreter von Schwarzen aus den USA. Die Ergebnisse des Kongresses waren sehr begrenzt, riefen sie die Welt doch nur auf, die Interessen farbiger Menschen mehr zu beachten. Auch die folgenden Kongresse zeigten keine Erfolge und hielten mehr die Idee an sich am Leben.

Doch nicht nur progressive Kräfte mobilisierten sich. Im Juli 1917 kam es in East St. Louis, Illinois, zu einem Rassenpogrom aufgebrachter armer Weißer, dem viele Schwarze zum Opfer fielen. Und zwischen 1917 und 1919 warfen weiße Gangs 24 Bomben auf die Wohnungen Schwarzer, die es gewagt hatten, sich in weißen Stadtvierteln anzusiedeln. 1915 war der Ku Klux Klan wieder aufgelebt, dehnte sich auch auf den Norden aus und hatte um die Mitte der 20er Jahre stolze 3 Millionen Mitglieder[24], darunter 500.000 Frauen. Er verfolgte nicht nur Schwarze, sondern auch JüdInnen, AsiatInnen, KatholikInnen und KommunistInnen. Seine Zusammensetzung wird wie folgt charakterisiert: »Er trat besonders stark im Süden, Mittleren und Fernen Westen hervor, zumal in Städten mit einem dominanten Anteil gebürtiger, protestantischer Amerikaner, die häufig aus der Arbeiterschicht stammten, zu denen aber auch Angestellte und kleine Geschäftsleute gehörten. Seine Forderungen nach ethnischer, moralischer und religiöser Reinheit in Amerika sprachen besonders jene Amerikaner an, die eine geringe Bildung hatten, tief religiös waren, ökonomisch auf wackeligen Beinen standen und durch den rapiden sozialen und moralischen Wandel verunsichert wurden.«[25] Nach einer Reihe spektakulärer politischer Erfolge brach der Klan 1925 aufgrund skandalöser Enthüllungen zunächst zusammen.

Im ersten Jahrzehnt des Jahrhunderts gewannen die eugenische Bewegung[26] und rassehygienische Kampagnen an Popularität. Die weiße Rasse sollte ›sauber‹ gehalten werden; es sollte mehr Kinder von ›Tauglichen‹ denn von ›Untauglichen‹ geben; die Weißen sollten nicht von Schwarzen oder anderen Rassen übervölkert werden. 1932 gab es in 26 Bundesstaaten Gesetze über die Zwangssterilisation, die bei tausenden von ›untauglichen‹ Personen operativ durchgeführt worden war. Wer damit gemeint war, wurde von Margaret Sanger, einer Vorantreiberin der Geburtenkontrolle, deutlich ausgesprochen: »Schwachsinnige, geistig Behinderte, Epileptiker, Analphabeten, Arme, Arbeitsunfähige, Kriminelle, Prostituierte, Rauschgiftsüchtige«.[27] Welche Bevölkerungsgruppen über ein großes Potential solcher ›Untauglichen‹ verfügen, wurde aus Verlautbarungen der Befürworter der Geburtenkontrolle klar: »Die Masse der Neger, besonders im Süden, vermehrt sich immer noch sorglos und verheerend, mit dem Ergebnis, daß der Zuwachs – noch stärker als bei den Weißen – gerade bei dem Teil der Neger am größten ist, die am wenigsten taugen und am wenigsten in der Lage sind, ihre Kinder ordentlich aufzuziehen.«[28]

Die Bewegung für Geburtenkontrolle, die im Jahrhundert davor begonnen hatte, damals emanzipatorisch darauf ausgerichtet, Frauen durch Verhütungsmittel und Abtreibung die Mittel in die Hand zu geben, selber darüber zu bestimmen, wann und ob sie Mutter werden wollten, ging in weiten Teilen nun in der eugenischen Bewegung auf. »Die Bewegung war ihres fortschrittlichen Potentials beraubt, weil sie nicht mehr das individuelle Recht der Farbigen auf *Geburtenkontrolle* verteidigte, sondern vielmehr die rassistische Strategie der *Bevölkerungskontrolle* verfolgte.«[29]

Auch staatlicherseits hatte solch Denken Einzug gehalten. Die Einwanderungsbehörde veröffentlichte 1911 ein Buch mit dem Titel *Immigrants and Crime*, in dem sie ein Schema der »Rassen und Nationalitäten mit klar definierten kriminellen Eigenschaften«[30] entwarf. Jede Nationalität besaß danach eine genetische Prädisposition für bestimmte Verbrechensarten: Iren neigten zu Trunkenheit und Landstreicherei, Französinnen und Jüdinnen zur Prostitution, die Italiener zu Gewaltverbrechen bis hin zu Mord.[31]

Als ein Spiegel für die Stimmungen und Auffassungen im mainstream dieser Zeit kann David Wark Griffith Werk *The Birth of a Nation* (1915) angesehen werden. Es gilt als ein Meilenstein in der Entwicklung des Films und erstreckt sich über eine Dauer von 120 Minuten. Sechs Wochen wurden für ihn geprobt, gefilmt wurde er in neun Wochen und dann drei Monate bearbeitet; ein absolutes Novum für die Zeit. Der Film kostete die damals unglaubliche Summe von 110.000 Dollar, spielte aber 20 Millionen Dollar ein.[32]

Das *Lexikon des Internationalen Films* beschreibt ihn als: »Ein Filmwerk von hohem ästhetischen und politischen Rang. Der Stummfilm, in dem sich David Wark Griffith andererseits als naiver Moralist ausweist und dem ›weißen Süden‹ der USA seine uneingeschränkte Sympathie zollt, gilt als der erste große Propagandafilm der Kinematografie.«[33]

Basierend auf Thomas Dixons Roman *The Clansman*, was auch der ursprüngliche Titel des Films war, wird die Geschichte der Familie Cameron aus Piedmont, South Carolina, erzählt. Vor dem Bürgerkrieg lebte diese Familie auf eine idyllische und altmodische Weise. Dr. Cameron und seine Söhne sind sanfte und gütige ›Väter‹ für ihre SklavInnen, die ihrerseits nicht glücklicher sein könnten. Diese pflükken zufrieden Baumwolle auf den Feldern und tanzen und singen abends in ihren Quartieren für ihre Masters. Kurz, alle kennen ihren Platz und alles ist in Ordnung. Dann bricht der Bürgerkrieg aus und alles geht drunter und drüber. Die Camerons werden von einem Trupp Schwarzer terrorisiert und der ganze Süden wird von Plünderung und Zerstörung heimgesucht. Danach kommt die Reconstruction, die auch nicht viel Besseres bringt. Schwarze aus dem Norden kommen nach Piedmont, beeinflußen die ehemaligen SklavInnen, verwandeln die ehemals Untergebenen in Aufsässige, verhelfen deren quasi biologisch in ihnen steckenden Sadismus und Bestialität zum Ausbruch. Sie schweifen auf den Straßen umher und stoßen die Weißen von den Bürgersteigen. Sie gewinnen die Wahlen, was in einem orgiastischen Fest endet, bei dem sie singen, tanzen, trinken und sich freuen. Später halten sie einen schwarzen Kongreß ab, bei dem die frisch gewählten schwarzen

Gesetzgeber als lüstern, arrogant und idiotisch gezeigt werden. Sie essen Hühnerbeine und trinken Whiskey aus Flaschen, während sie die nackten Füße auf den Tischen ausstrecken. Weil der Gestank ihrer Füße so unerträglich ist, besagt das erste Gesetz, welches sie verabschieden, daß die Abgeordneten während einer Sitzung die Schuhe anbehalten müssen. Die Spannung des Films spitzt sich zu, als der Schwarze Gus versucht, die jüngere Cameron-Tochter zu vergewaltigen. Sie flieht vor ihm und stürzt sich selbst eine Klippe hinunter. Dann versucht der Mulatte Sylas Lynch die Weiße Elsie Stoneman dazu zu zwingen, ihn zu heiraten. Als es für die Weißen hoffnungslos aussieht, taucht eine Gruppe guter, aufrechter weißer Südstaatenmänner auf, angeführt von Ben Cameron, bekleidet mit weißen Umhängen und Kapuzen, die die Schwarzen in einer direkten Konfrontation besiegen. Donald Bogle schreibt dazu: »Verteidiger weißer Weiblichkeit, weißer Ehre und weißen Ruhms; sie gaben dem Süden alles wieder, was er verloren hatte, eingeschloßen seine weiße Vorherrschaft. Da haben wir die Geburt einer Nation. Und die Geburt des Ku Klux Klan.«[34] Dessen Mitgliedschaft verdreifachte sich innerhalb von Monaten nach der Uraufführung.

Griffith verstand es, seine schwarzen Frauen-Charaktere mit ihrer individuellen Hautfarbe zu koppeln. Die (tragische) Mulattin Lydia, die Weiße haßt, ist denoch die Geliebte von Senator Stoneman. Sie wurde blackface gespielt. Ebenso eine Mammy, die jedoch dunkler geschminkt ist. In den mittleren Jahren, übergewichtig und schwarz, fungiert sie, anders als Lydia, nicht als Sexobjekt. So weist Bogle darauf hin, daß auch in späteren Jahren Mammys und Aunt Jemimas von sehr dunklen Schwarzen gespielt wurden, die kaum eine andere Rolle bekamen, während ›hellhäutigeren‹ Schwarzen manchmal die Chance einer Hauptrolle gegeben wurde. Er weist darauf hin, daß schwarze Frauen mit Sexappeal im Film immer, wie er es nennt, »cinnamon-colored gal« mit »Caucasian features« waren.

Gegen den Film erhob sich selbstverständlich Protest. Bei der New Yorker Premiere demonstrierte die NAACP und bezeichnete den Film als rassistische Propaganda. In Chicago und Boston desgleichen. Andere Organisationen zogen nach. In mehreren Städten kam es zu riots. Kritiken sprachen davon, daß der Film den Ku Klux Klan glorifiziere. Zuguterletzt wurde der Film in fünf Staaten und neunzehn Städten verboten. Auch in späteren Jahren, wenn der Film wieder einmal gezeigt werden sollte, kam es zu Protesten.

Der Anfang des Jahrhunderts war das Zeitalter der Städte in den USA. Lebten 1900 30 Millionen US-AmerikanerInnen in Städten und 46 Millionen auf dem Land, waren es zwanzig Jahre später 54 zu 52 Millionen. Die Städte wuchsen und mit ihnen die Probleme. Als Paradebeispiel fungiert die Stadt New York. Immer neue Viertel der EinwandererInnen oder Migrierten entstanden. Zusammengepfercht lebten viele von ihnen in Wohnblöcken, oft ohne Trinkwasser, Kanalisation, Müllabfuhr oder Feuerschutzmaßnahmen. Die Zimmer waren oft fensterlos und unbelüftet. Die Infrastruktur war miserabel. Die Kehrseite dieser Viertel wurde von der sprunghaft gestiegenen Zahl der Angestellten[35] bewohnt. »Dieser neue, selbstbewußte Mittelstand unterhalb der Eliten der alten Familien und Industriemagnaten drückte politisch und sozial den Städten ihren Stempel auf.«[36] Allerdings wohnten sie zunehmend in den Vororten und kamen nur zum arbeiten in die Innenstädte. Neue Verkehrsmöglichkeiten machten diese Mobilität möglich. 1887 waren elektrische Eisenbahnen eingeführt worden, Hochbahnen folgten. 1895 begann der Bau der ersten Untergrundbahn der USA in Boston. »Wer auch nur ein mittleres Einkommen hatte, konnte nun fünfzehn oder zwanzig Kilometer weg von den schmutzigen Stadtzentren wohnen und Armut als ein ihm ferner und ferner rückendes Problem ignorieren.«[37]

Die Städte wuchsen doppelt so schnell wie die Gesamtbevölkerung. Ein gewaltiger Bauboom wurde dadurch ausgelöst, der Wahrzeichen wie das Chrysler Building und das Empire State Building hervorbrachte. Die durch die Erfindung der Stahlkonstruktionen und des Personenaufzugs möglich gewordenen Hochbauten drückten den Großstädten ihre Silhouetten auf.

Viele Schwarze wanderten vom Süden in die Städte des Nordens ab, wo sie hofften, in der Industrie Arbeit zu finden. Zwischen 1870 und 1890 waren nur 80.000 Schwarze migriert, zwischen 1890 und 1910 waren es schon 200.000. Allerdings lebten 1920 immer noch 80% der Schwarzen im Süden. Zwischen 1910 und 1920 wuchs die schwarze Bevölkerung New Yorks von 90.000 auf über 150.000, die Chicagos von 44.000 auf 110.000 und die Detroits von knapp 6.000 auf 40.000. Harlem wurde zur ›Race Capital‹, zur größten schwarzen Metropole der Welt. Diese sogenannte Great Migration führte zur Bildung schwarzer Ghettos.

Die sozialräumliche Segregierung nahm zu. Während sich vor allem die schwarze Bevölkerung, von denen in den 1920er Jahren noch einmal

1,5 Millionen aus dem Süden migrierten, in den Ghettos am Rande der Innenstädte sammelte, zogen immer mehr Weiße in die Vorstädte, deren EinwohnerInnenzahl 5 bis 10 mal so schnell zunahm wie die der Zentren. Für die alteingessenen Schwarzen waren die Neuankömmlinge schmutzig und ungebildet. Die Old Settlers reproduzierten damit die Vorurteile der Weißen gegenüber Schwarzen. Eine weitere Hierarchisierung war die zwischen hellhäutigeren und dunkelhäutigeren Schwarzen. Im Süden war diese stärker als im Norden, aber auch hier waren nun Blue Vein Societies zu finden mit ihren Clubs der schwarzen ›upperclass‹, benannt nach ihrem Wunsch, nur solche Schwarzen zuzulassen, deren Haut so hell war, daß die Adern blau durch sie hindurchschimmerten.

Ansonsten schlug den Schwarzen nicht so ein allgegenwärtiger offener Rassismus wie im Süden entgegen. Zwar waren sie in feineren Restaurants und Clubs unerwünscht und in Chicago z.B. waren die Badestrände segregiert, aber in Bussen und Straßenbahnen war diese Art der Trennung nahezu unbekannt. Auch wurde von ihnen nicht erwartet, daß sie Weiße mit Sir oder Ma'm anredeten oder vom Bürgersteig in die Gosse auswichen, wenn ihnen Weiße entgegenkamen. Oder – um dies auszumalen – wie ein Schwarzer sagte: »eine schwarze Frau müsse einen Hut nicht deswegen gleich kaufen, weil sie ihn einmal anprobiert habe.«[38]

Außenpolitisch war diese Zeit geprägt von der Festigung der USA als Weltmacht. Durch einen intensivierten Flottenbau standen sie seit 1907 an zweiter Stelle der Seemächte hinter Großbritannien. Ihre Einflußsphären dehnten sich aus. Cuba war praktisch us-amerikanisches Protektorat. Cuba durfte kaum eigene wirtschaftliche Maßnahmen ergreifen. Alle völkerrechtlichen Verträge Cubas bedurften der Genehmigung seitens des us-amerikanischen Kongresses. Auch militärisch äußerte sich die Protektoratsstellung: Nachdem die USA 1902 die Insel verlassen hatten, besetzten sie sie erneut von 1906 bis 1909 und dann wieder 1912. Erst 1922 verließen die letzten Besatzungstruppen die Insel. Bis heute besitzen die USA dort den ausgedehnten Marinestützpunkt Guantánamo. Um ihr Interesse eines Kanals durchzusetzen, der Atlantik und Pazifik verbinden und damit die langwierige Umschiffung von Kap Horn vermeiden sollte, inszenierten die USA eine Revolution in Panama, das daraufhin von Kolumbien getrennt wurde. Am 15. August 1914 wurde, nach mehrjähriger Bauzeit, der Panamakanal eröffnet.[39]

Die Karibik wurde als Vorgarten oder Hinterhof angesehen. 1905 übernahmen die USA die Finanzverwaltung der bankrotten Dominikanischen Republik. Sie sahen sich zudem in der Rolle eines internationalen Polizisten, der für Ordnung, Stabilität und Sicherheit zu sorgen habe, und übten diese Rolle in Nicaragua und Mexico sogar mehrfach aus. Allein in der Dominikanischen Republik landeten zwischen 1902 und 1916 dreißigmal Marineinfanteristen. 1917 kauften die USA die Virgin Islands von Dänemark.

In Ostasien beteiligten sie sich an der Niederschlagung des Boxeraufstands in China (1900). Im russisch-japanischen Krieg waren sie wesentlich in die Friedensverhandlungen involviert, die 1905 zum Erfolg führten. Sie waren damit und mit ihren sonstigen Machtdemonstrationen[40] zum mächtigsten Rivalen des japanischen Expansionismus geworden.

»Am Vorabend des Ersten Weltkriegs hatte ein *American Empire* Konturen gewonnen, nicht als Kolonialreich im herkömmlichen Sinne, sondern als weltweites System unterschiedlicher Rechtstitel und abgestufter Einflußmöglichkeiten: Neben der einzigen ›echten‹ Kolonie, den Philippinen – deren Einwohnern 1916 die Unabhängigkeit in Aussicht gestellt wurde –, gehörten hierzu Territorien mit U.S.-Gouverneuren (Puerto Rico, Hawaii), Flottenstützpunkte auf dem Weg nach Asien (Samoa, Guam, Midway und weitere Pazifikinseln), Protektorate, in denen der amerikanische Botschafter wie ein Statthalter residierte (Kuba, Panama, Dominikanische Republik, Haiti, Nicaragua), und Staaten, deren Politik weitgehend von U.S.-Konzernen kontrolliert wurde (etwa Costa Rica und Honduras von der United Fruit Co. und das afrikanische Liberia vom Kautschukproduzenten Firestone). Die meisten Staaten Mittel- und Südamerikas waren inzwischen schon so stark auf den nordamerikanischen Markt ausgerichtet, daß sich auch ihr politischer Handlungsspielraum verringerte. In der westlichen Hemisphäre übten die USA also bereits eine Hegemonie aus, und in Europa und Südostasien machte sich ihr Gewicht allmählich stärker bemerkbar.«[41]

Zurückhaltender verhielten sich die USA im I. Weltkrieg. Nach dessen Ausbruch gab Präsident Wilson sogleich eine Neutralitätserklärung ab. Kredite wurden an beide Seiten vergeben, wenn auch in unterschiedlichem Ausmaß.[42] Doch aufgrund enger Verflechtungen mit Großbritannien und Frankreich, der fortwährenden Verletzung neutraler Rechte durch den wiederaufgenommenen uneingeschränkten U-Bootkrieg seitens Deutschlands und des Bekanntwerdens des sogenannten Zimmermann-Telegramms, in dem Deutschland den mexikanischen Präsidenten zu einem Bündnis gegen die USA aufforderte[43], traten die US-Amerikaner am 6. April 1917 auf Seiten der Alliierten in den Krieg ein. Ihre Beteiligung sollte von ausschlaggebender Bedeutung für den Krieg in Frankreich werden.

Die allgemeine Wehrpflicht wurde eingeführt. Zwei Millionen US-Amerikaner kamen in Frankreich zum Einsatz, darunter ca. 400.000 Schwarze, die jedoch strikt segregiert blieben und hauptsächlich Einsätze hinter der Front verrichteten.[44] Frauen taten freiwillig Dienst als Krankenschwestern im U.S. Nurse Corps und als Sekretärinnen oder Technikerinnen bei der U.S. Navy und im U.S. Army Signal Corps.

Nicht nur die menschlichen, auch die materiellen Ressourcen wurden mobilisiert. Das fiel relativ leicht, da genügend Produktionsreserven vorhanden waren. Von einer Zwangs- oder Mangelwirtschaft, wie sie in Europa herrschte, waren die USA weit entfernt, obwohl die Preise und die Lebenshaltungskosten kräftig stiegen. Für die zusätzlich gebrauchten Arbeitskräfte wurden nun Frauen in den Produktionsprozeß einbezogen. Sie stellten binnen kurzem ein Fünftel der in der Kriegsindustrie Beschäftigten. Die durch die Great Migration in die Industriestädte des Nordens gekommen Schwarzen wurden ebenfalls in diesen Prozeß hineingezogen.

Auf den Schlachtfeldern Frankreichs gewann der us-amerikanische Einsatz von Mensch und Material ab dem Frühjahr 1918 ausschlaggebende Bedeutung. Die deutsche Offensive konnte gestoppt und in den beiden folgenden Monaten die gegnerischen Armeen weit zurückgedrängt werden. Am 5. Oktober sandte die Reichsregierung ein Waffenstillstandsgesuch an den Präsidenten.

Großbritannien und Frankreich hatten ihre Wirtschaft auf Rüstungsproduktion umstellen müssen und waren daher nicht in der Lage gewesen, die umfangreichen Lieferungen der USA mit Exporten zu bezahlen. Sie hatten sie durch den Verkauf von Wertpapieren und die Aufnahme von us-amerikanischen Krediten finanziert. So gingen die USA aus dem Weltkrieg als größte Gläubigernation der Welt hervor. »Damit hatten die USA die Volkswirtschaften und Finanzmärkte Europas von sich abhängig gemacht und die eigene Position gestärkt, zumal sie durch hohe Zollmauern ausländische Waren vom eigenen Markt fernhielten und zugleich mit erheblichen Auslandsinvestitionen aggressiv eigene

Wirtschaftsinteressen in der Welt verfolgten.«[45] Andererseits beteiligten sie sich nicht an der politischen Gestaltung der Nachkriegsordnung, was dazu führte, daß von Isolationismus gesprochen wurde. Nicht einmal dem Völkerbund, eine Idee des Präsidenten der USA, und dem Versailler Vertrag traten sie bei.

Sie engagierten sich jedoch an anderer Stelle militärisch. Im Sommer 1918 waren us-amerikanische Truppen nach Nordrußland und Sibirien entsandt worden, um gegen die Konsolidierung des bolschewistischen Systems zu kämpfen. Mit ihrer Niederlage 1920 wurden sie wieder abgezogen.

Die USA mischten sich fortan anders in die internationale Politik ein. Sie waren darauf bedacht, ihre Interessen nicht mit Waffengewalt, sondern »durch vertragliche Rüstungsbegrenzung und Rüstungskontrolle; durch die Stabilisierung des *Status quo* in Europa; durch verbesserte Beziehungen zu den Staaten der westlichen Hemisphäre; und durch die Propagierung von Prinzipien und Doktrinen wie der *Open Door*, der friedlichen Schlichtung von Konflikten, der Nichtanerkennung gewaltsamer Veränderungen und der Ächtung des Krieges« durchzusetzen.[46]

Die Wirtschaft erlebte 1920/1921 eine kurze Rezession, der ein rasanter Aufschwung mit Vollbeschäftigung und jährlichen Wachstumsraten um die 5% folgte. Die industrielle Produktion, die Kapitalerträge und die Unternehmensgewinne stiegen in der Dekade um gut zwei Drittel an. Die Produktivität pro Arbeitsstunde nahm um 35% zu.

An der New Yorker Börse vervierfachte sich fast der Durchschnittspreis einer Aktie zwischen 1921 und 1929. Der Dollar wurde nun neben dem Pfund Sterling zur internationalen Leitwährung; New York begann London aus der Position als führende Finanzmetropole zu verdrängen.

Die tragende Säule der Konjunktur war die Automobilindustrie. Sie zog die Elektro-, Stahl-, Mineralöl-, Chemie-, Gummi- und Glasindustrie sowie Straßen- und Brückenbau mit sich. Die Zahl der Autos stieg von 8 Millionen 1920 auf 23 Millionen 1930 an. Somit kam ein Auto auf fünf Personen. 80% aller Autos weltweit fuhren in den USA.

Das Realeinkommen der ArbeitnehmerInnen nahm um ca. 30% zu. Aufgrunddessen erhöhte sich selbstverständlich die Massenkaufkraft. Das Symbol dafür war wiederum das Auto. Fords Modell T, das 1909 noch 950 Dollar kostete, war 1926 für 320 Dollar bei einem durchschnittlichen Jahreseinkommen von 1.300 Dollar für Industriearbeiter zu haben.

Allerdings verbesserte sich nicht die Lage aller. Das Realeinkommen der Farmer, die 1920 immer noch ungefähr 11 Millionen der 42 Millionen Arbeitskräfte ausmachten, stagnierte oder ging sogar leicht zurück. Viele von ihnen mußten ihr Land aufgeben. Längere Dürreperioden und die Plage des Baumwollkapselkäfers, der seit 1892 die Plantagen heimsuchte und ganze Ernten zerstörte, hatten im Süden Mitte des zweiten Jahrzehnts des 20. Jahrhunderts zu Hunger und Not geführt.

Von dem Aufschwung ausgeschlossen blieben auch solche Industriegebiete, wie die Textilindustrie in New England und die Kohlebergwerke in den Appalachen, die mit ernsten wirtschaftlichen Problemen zu kämpfen hatten. Die Schwarzen, die während der Kriegsjahre Arbeit gefunden hatten, wurden zugunsten der weißen Kriegsheimkehrer wieder aus dem Produktionsprozeß gedrängt. Außer im Bergbau, wo sie einen beträchtlichen Anteil der Arbeitskräfte ausmachten, fanden sie in der Industrie keine Beschäftigung. Sie waren auf die härtesten, schmutzigsten und am schlechtesten bezahlten Arbeitsplätze festgelegt, wie z.B. auf den Docks oder den Lagerhäusern der Hafenstädte. Schwarze Frauen arbeiteten vornehmlich als Dienstkräfte.[47] Verschiedenen Versuchen, eigene schwarze Gewerkschaften zu gründen, war wenig Erfolg beschieden.

Es gab noch eine andere Seite am Aufschwung. Die anfänglichen ökonomischen Schwierigkeiten in der Umstellung von der Kriegs- auf eine Friedenswirtschaft, der im Krieg gewachsene Nationalismus und eine damit verbundene Intoleranz, politische Desillusionierung sowie die Furcht vor dem Bolschewismus führten zu einem irrationalen und teilweise hysterischen Klima. Eine Streikwelle von vier Millionen ArbeiterInnen[48], blutige Rassenunruhen in mehreren großen Städten[49] und Bombenattentate von Anarchisten lösten 1919/1920 eine Art kollektive Paranoia, den sogenannten Red Scare, aus. Streiks bekamen den Beigeschmack eines Angriffs auf die Verfassung. Versammlungen linksgerichteter Gruppen wurden gestört, ihre Büros verwüstet. Tausende von vermeintlichen Sozialisten und Kommunisten wurden landesweit ohne Haftbefehl festgenommen und mehrere Hundert nach Europa deportiert.

Die folgende Dekade von 1920 bis 1929 galt als die der ›stürmischen zwanziger Jahre‹ mit Wohlstand und nach außen gekehrter Fröhlichkeit: »Der ungezügelte Konsum bestimmte die sozialen Werte und Normen. Eine neue Massenkultur trat an die Stelle traditioneller Lebensgestaltung, Supermarkt und Freizeit wurden zu neuen Bezugsgrößen.«[50] Neue Medien begannen das Leben mitzubestimmen: Radio, Kino, Buchklubs, Massenpresse. Vor allem Radio und Film traten als neue Medien den Siegeszug an. 1920 nahm in Philadelphia die erste kommerzielle Radiostation ihre Sendungen auf, 1926 gab es ein landesweites Rundfunknetz der National Broadcasting Corporation (NBC). Hollywood wurde zur Metropole der Filmindustrie. 1930 besuchten von den 120 Millionen US-AmerikanerInnen 60 Millionen wöchentlich die Kirchen, 100 Millionen die Kinos. In weiten Teilen fand eine Liberalisierung der Sitten statt. Im Zuge der Prohibition wurde illegales Trinken in den Großstädten zum Abenteuer, verrufene Lokale wurden chic und jetzt zum erstenmal auch von jungen Frauen besucht. Der Flachmann in der Tasche wurde Mode.[51] Sex war als Diskussionsgegenstand nicht mehr tabu und die Ansicht, gelegentliche Untreue in der Ehe sei keine Katastrophe und sexuelle Erfahrungen vor der Ehe für Frauen von Vorteil, nicht unüblich.

Die erste ›Konsumgesellschaft‹ entstand, basierend auf Massenproduktion, Massenverbrauch und Massenkommunikation. Die Werbung als Mittel, die neuen Waren an den Mann und die Frau zu bringen, nahm zu. Von vielen wurde individueller Konsum als Schlüssel zur Selbstverwirklichung und zur Öffnung neuer Freiräume und Erfahrungen angesehen.

Der weitverbreitete Traum war das von einem Garten umgebene und möglichst von Bäumen überschattete Haus in einem Vorort. Es mußte mit elektrischem Strom, einem Radioapparat, einem Staubsauger, einer Waschmaschine und einem Kühlschrank ausgestattet sein. Das Auto schuf eine »Nation von Nomaden«[52], die auf den immer weiter ausgebauten Landstraßen mit Würstchenständen über riesige Werbeplakate bis zu Motels bedient wurden. Die Einführung des Ratenkaufs lenkte die Nachfrage in Richtung teurer Produkte. Ende der 20er Jahre wurden etwa 60% aller Kraftfahrzeuge und 75% aller Möbel auf Abzahlung gekauft. Die hohe Zahl der säumigen RatenzahlerInnen weist darauf hin, daß ein erheblicher Teil der KäuferInnen sich die neuen Konsumgüter gar nicht leisten konnte.[53]

Optimismus und Fortschrittsgläubigkeit herrschten. Sozialistische Ideen galten als überholt. Die Mitgliederzahlen der Gewerkschaften fielen von 5 Millionen 1920 auf 3,6 Millionen 1929.

Die Freizeit nahm mehr Raum ein. Komödien und Musicals wurden in großen Sälen aufgeführt, wo auch Bälle veranstaltet wurden. Neue

Tänze wie Turkey Trot und Foxtrott waren entstanden. Im Rahmen der Little-Theatre-Bewegung wurden an vielen Orten auf kleinen Bühnen neben romantischen auch sozialkritische Stücke zur Aufführung gebracht.

Familien fuhren am Wochenende mit dem Fahrrad oder später mit dem Auto in Parks oder Naherholungsgebiete. Ein weiteres beliebtes Ausflugsziel waren die Vergnügungsparks wie z.b. Coney Island in New York City, »ursprünglich ein Seebad der Mittelklasse, das nach zwei Bränden seit 1895 als Amüsierbetrieb mit Wasserrutschbahn, mechanischem Pferderennen und unzähligen anderen Attraktionen für ein Millionenpublikum neu entstand und zwischen Mai und September Besucher aller sozialer Schichten anzog. [...] Für viele von ihnen war ein Vergnügungspark wie Coney Island mit seinen glitzernden Tanzpavillions, seiner abendlichen elektrischen Lichterfülle, mit den Schaustellern, Achterbahnen und Riesenrädern, mit seiner ganzen faszinierenden Traumwelt das eigentliche Leben.«[54]

Um die Jahrhundertwende entstand der organisierte Sport. Riesige Stadien wurden gebaut, in denen Baseball und Football gespielt wurde. Ausbildung und Auftritte der Spieler wurden professionell und kommerziell betrieben. Die erfolgreichen unter ihnen wurden zu Helden und Berühmtheiten, deren Namen in aller Munde waren.

Es waren die sogenannten Ballyhoo Years. Der Begriff bezeichnet die stete Begeisterung für das Sensationelle. »Eines der auffallenden Kennzeichen der Zeit [...] war die beispiellose und einhellige Schnelligkeit, mit der Millionen Männer und Frauen ihre Aufmerksamkeit, ihre Gespräche und ihr emotionales Interesse einer Serie gewaltiger Lappalien zuwandten - einem Schwergewichtsboxkampf, einem Mordprozeß, einem neuen Automodell, einem Transatlantikflug.«[55]

Die vorangegangene Reformbewegung kippte. Formen direkter Demokratie wie Vorwahlen und Volksabstimmungen hatten die politische Partizipation nicht verbessern können, denn der Trend zu geringerer Wahlbeteiligung setzte sich fort. Die Anti-Trust Gesetze und die neuen Interventionsmöglichkeiten der Bundesregierung bewirkten auch nicht viel, saßen in den ›unabhängigen‹ Kommissionen doch oft Repräsentanten der Industrie. Der Supreme Court entschied gegen eine Reihe progressiver Maßnahmen, u.a. zur Kinder- und Frauenarbeit. Der Kongreß bestimmte Einwanderungsquoten, die sich vor allem gegen süd- und

osteuropäische, chinesische und japanische Einwanderung richtete.[56]
Amerika sollte amerikanisch bleiben, was immer das heißen sollte.

Eine Kluft zwischen Tradition und Moderne spaltete die Gesellschaft in Drys, Protestanten, die in den USA geboren worden waren, und Wets, die Liberalen, Intellektuellen, EinwanderInnen in den großen Städten. Ein Ereignis dieser Zeit macht diese Kluft deutlich: »Der soziale und moralische Wandel der Zeit hatte den traditionellen amerikanischen Protestantismus, der die moderne Naturwissenschaft als unverhohlenen Angriff auf die etablierte Religion betrachtete, in höchstem Maße verunsichert. Zum eklatantesten Ausdruck dieses Kampfes des fundamentalistischen, rückwärtsgewandten, ländlichen Amerika gegen das städtische, wissenschaftlich orientierte Amerika wurde 1925 der berüchtigte ›Affenprozeß‹ in Tennessee um das Verbot der Darwinischen Evolutionstheorie in den öffentlichen Schulen des Staates, in dem sich Clarence Darrow aus Chicago, der berühmteste Strafverteidiger des Landes, und William Jennings Bryan aus Nebraska in einem großen Medienspektakel gegenüberstanden. Für Darrow war es ein leichtes, Bryan zu demütigen und ihn und seine ganze Bigotterie der Lächerlichkeit preiszugeben.«[57]

Nichtsdestotrotz ging der Prozeß verloren und der Bann gegen die Evolutionslehre blieb an den öffentlichen Schulen einiger Südstaaten noch 30 Jahre in Kraft.

Dudley Baines führt zu diesem Ereignis an: »Die faszinierende Frage war nicht etwa das Problem der Lehrfreiheit oder ob der Mensch vom Affen abstamme, sondern die Frage, ob nicht alles menschliche Verhalten ebenso rational erklärt und gesteuert werden könne wie ein Fließband. Daß dies möglich sei, war eine verbreitete Ansicht und, zum Äußersten getrieben, war sie ebenso eine Religion wie das fundamentalistische Christentum, mit dem es keine Koexistenz geben konnte. Die betont Modernen verwendeten in ihren täglichen Unterhaltungen gerne Ausdrücke wie ›Kalorien‹, ›Vitamine‹, ›Funktion‹ und ›Frustration‹, oft ohne genau zu wissen, wovon sie sprachen. Sie lehnten die Moral ihrer Eltern ab und setzten an ihre Stelle eine neue Moral der Naturwissenschaften und des Rationalismus.«[58]

Eine Alternative zu den bürgerlich-gemäßigten Organisationen der Schwarzen stellte Marcus Aurelius Moziah Garvey (1887-1940), der 1916 von Jamaica nach New York gekommen war, mit seiner Universal Negro

Improvement and Conservation Association and African Communities League (UNIA) auf. Er propagierte kämpferische Selbsthilfe, schwarzen Nationalismus und die Auswanderung nach Afrika, vor allem nach Liberia.

Er schwang radikal-nationalistische Reden und umgab sich mit dem Prunk eines orientalischen Herrschers, hatte er sich doch selbst zum ›Provisorischen Präsidenten von Afrika‹ ernannt. Er scheute auch nicht den Kontakt zum Ku-Klux-Klan und zum Faschismus.[59] Andererseits benutzte er ideologische Versatzstücke des Kommunismus, des modernen Industrialismus und eines synthetischen, romantisierten Neofeudalismus.

Geiss bezeichnet die von Garvey propagierte Ideologie als schwarzen Gegenrassismus und sieht ihre Historie: »Seit 1844 fanden sich immer wieder Autoren, die im Schwarz-Weiß-Verfahren die ganze Weltgeschichte schwarz ›anstrichen‹, jetzt aber positiv gewendet, wie ein Negativbild des weißen Rassismus: Die Antike, von Ägypten bis Rom, beruhe eigentlich auf afrikanischer Basis, alle bedeutenden Persönlichkeiten dieser Zeit stammten von Afrikanern ab. Hamiten und ihre Nachfahren seien die eigentlichen Schöpfer aller Kultur. Rassenvermischung und Integration heute komme dem Eingeständis gleich, daß die ›schwarze Rasse‹ minderen Ranges sei. Erforderlich sei ein eigener Rassenstolz der Schwarzen [...].«[60] Garvey drehte auch die Hierarchie, nach der Schwarze je nach der Helligkeit ihrer Hautfarbe weiter ›oben‹ standen, um. Er beschimpfte Mischlinge als eine von Weißen korrumpierte Zwischenschicht, die nur ›misleader‹ der ›richtigen‹ Schwarzen seien.

Er hatte Erfolg und Anhängerschaft mit seinen Ideen. Plessner beschreibt die psychologischen Momente: »Geschickt arbeitete er dabei mit Prestigeanreizen. Irgendeine kleine schwarze Köchin in irgendeinem weißen Haushalt in Manhattan war eine von ihm ernannte Herzogin oder Gräfin von Uganda, Benin usw. und hatte die stolze Genugtuung, ihren Brotherren insgeheim gesellschaftlich turmhoch überlegen zu sein.«[61]

Er baute zahlreiche Hilfsorganisationen auf, forderte schwarze Fabriken, Geschäfte und Banken, gründete selbst einige Unternehmen, u.a. eine Schiffahrtslinie, die Black Star Line, für die ›Rückführung‹ nach Afrika. 1920 berief er einen internationalen Konvent nach Harlem ein.

Als Garveys Schiffahrtslinie bankrott ging und er 1923 wegen Postbetrugs zu fünf Jahren Gefängnis verurteilt wurde, zerfiel auch die Bewegung. Er hatte Aktien für ein Schiff auf dem Postweg verkauft. Er wurde 1927 begnadigt und des Landes verwiesen. 1940 starb er in London.[62]

In den zwanziger Jahren entstanden weitere nationalistische Bewegungen oder bestehende vergrößerten sich: Father Devines (1919), Movement for the 49. State, verschiedene abyssinische Sekten und Moorish Temples (1916), aus der später die Nation of Islam hervorgehen sollte.

Nicht nur im politischen Bereich kam es zu Bewegung, auch im künstlerischen. Die Harlem Renaissance sollte bedeutsam für die Schwarzen werden.[63] W. E. B. DuBois und seine Freunde hatten künstlerisch begabte Schwarze aus den ganzen USA nach New York geholt und förderten ihr Schaffen durch Stipendien. Die Anthologie *The New Negro*, 1925 erschienen, 452 Seiten dick, war ein Manifest der Bewegung.[64] Innerhalb der Harlem Renaissance bildeten sich zwei Richtungen heraus. Die einen wollten eine der weißen Mittelschicht angepaßte ›hohe Kunst‹ schaffen. Die anderen sahen in der Kunst ein Mittel für Unabhängigkeit, Selbstbewußtsein und einen eigenen Rassenstolz. Um die Frage, ob Spirituals, Folk Songs, Blues und Legenden ein erniedrigendes Erbe der Sklaverei oder ein wichtiger Teil der eigenen Geschichte seien, wurde gestritten. Namen wie Langston Hughes, Alain Locke und Zora Neale Hurston[65] sind mit dieser Bewegung verbunden und sollten später zu Leitfiguren der Bürgerrechtsbewegung und Teilen des Feminismus werden.[66] Die Harlem Renaissance zerfiel langsam Anfang der 30er Jahre.

Es hatten sich inzwischen auch eine Handvoll Filmgesellschaften gegründet, die ausschließlich für den Markt der ca. 400 Kinos für Schwarze und die getrennten Vorführungen für Schwarze der anderen Kinos produzierten. Bill Foster, auch unter dem Namen Juli Jones bekannt, gründete 1910[67] als erster Schwarzer eine Produktionsgesellschaft für Filme, die Foster Photoplay Company in Chicago. Zwischen 1912 und 1916, dem Jahr, in dem sie ihre Produktion stoppte, brachte sie eine Menge Filme hervor.

1916 gründeten einige Schwarze in Los Angeles die Lincoln Motion Picture Company. Sie waren sich darin einig, daß »blacks should make movies with black performers for black audiences....that there was a market waiting for such films and that the black entrepreneur would profit financially.«[68] Die Lincoln Motion Picture Company produzierte ernsthafte Erzählungen, die sich um schwarze, ländliche Helden drehten, die einen bewundernswerten Ehrgeiz realisierten. Damit waren es auch Filme, die im Zeichen des amerikanischen Individualismus und der puritanischen Arbeitsethik standen.

Einer der bekanntesten schwarzen Produzenten war Oscar Micheaux. Von ihm stammt *The Wages of Sin* und *The Broken Violin* (beide 1914). Er finanzierte seine Filme dadurch, daß er zu Kinobesitzern fuhr, ihnen Fotos zeigte, von denen er behauptete, sie wären aus seinem letzten Film, sie um 20 Dollar Vorauszahlung für die Zusendung des Films bat und so innerhalb kurzer Zeit das Geld zusammenbekam, um den Film überhaupt drehen zu können. Da er nicht in einem Studio drehen konnte, benutzte er seine eigene Wohnung, den Central Park oder die Straßen als Drehorte. Er schrieb die Scripts, machte die Beleuchtung, führte Regie, bearbeitete das Material und sorgte für die Vertreibung des Endprodukts. In seinen Filmen nutzte er jeden Trick, um sein Publikum zu beeindrucken und zu fesseln. Vor allem Nacktheit und Gewalt. Zum Beispiel zeigte er Vergewaltigungsszenen mit halbnackten DarstellerInnen oder er führte Szenen ein, die nicht zu der übrigen Handlung paßten, wie eine Harlemer Tanztruppe, die in einem Western auftritt. Diese Produktionen für ein schwarzes Publikum waren auf Unterhaltung ausgerichtet. Das Thema ›racial injustice‹ wurde auch hier nicht behandelt. Das hatte seinen Grund nicht nur in der ökonomischen Struktur, sondern es war einfach zu gefährlich, solch einen Film zu drehen. Das Kino, das ihn gezeigt hätte, wäre höchst wahrscheinlich am nächsten Tag Schutt und Asche gewesen. Seine späteren Filme streiften die Problematik eher. Die Produktionen können als Action-Filme bezeichnet werden, die in die Harlem Renaissance gehören und als Reflexion auf einen stolzen und aggressiven ›New Negro‹ verstanden werden können. Schwarze Filmemacher dieser Zeit schufen in ihren Filmen Gegenbilder zu den Stereotypen, die sich im weißen Kino niederschlugen.

Auch am Theater entstand ein eigenständiger schwarzer Bereich. Nachdem nach 1910 Schwarze von den Bühnen in Downtown New York verschwanden, tauchten sie in den folgenden Jahren in Harlem wieder auf, wo sie vor einem hauptsächlich schwarzen Publikum Stücke aufführten. Ab 1919 standen auch vereinzelte Schwarze wieder in anderen Theatern auf der Bühne und spielten zusammen mit Weißen. Schwarze traten auch in Revues auf und wurden bekannt für ihre übermütige, sorglose Witzelei. Schwarze Musical Shows ernteten große Erfolge.

Ein anderer, zum Teil damit verbundener künstlerischer Bereich, der sich in breiteren Kreisen als Massenkonsumgut etablierte, war der Jazz. »Der Jazz war mit den Leuten, die ihn erfunden und gemacht hatten, aus dem Süden in den Norden gekommen. In ihm hatten sich die Improvisationen des Blues und der Folk-Musik des Südens, die *call- and response*-Traditionen der afrikanischen und afroamerikanischen religiösen Lieder, die Synkopisierung der Klaviermusik des Ragtime und die Phrasierungstechniken der klassischen Blasmusik aus New Orleans vereint. Das Ergebnis war eine Musik, die einen neuen Rhythmus transportierte, und die Möglichkeit, diesem auch durch Gesang Ausdruck zu verleihen. Die Musikstilrichtungen, die zur Entstehung des Jazz beigetragen hatten, also Ragtime, Country Blues, New Orleans Dixieland und Folk, hörten nicht auf zu existieren, sondern entwickelten sich neben dem Jazz weiter und beeinflußten diesen unterschiedlich in den verschiedenen Gegenden der Vereinigten Staaten.«[69] Schwarze Musiker konnten in den Tanzorchestern Arbeit finden. Einer der herausragendsten und bekanntesten Musiker war Lois ›Satchmo‹ Armstrong, dessen Popularität in den Zwanzigern ständig wuchs. Weitere berühmte Namen waren Fletcher Henderson, Edward Kennedy ›Duke‹ Ellington, William ›Count‹ Basie, Bessie Smith, um nur einige zu nennen. Und in den Anfangsjahren des Jazz gab es auch einige weibliche Bandleader. Lillian Smith, Freda Shaw, Evelyn Bundy und Edythe Turnham gehörten fest zur Jazz-Szene von Seattle.[70]

Diese ganze Bewegung stieß sogar auf Gegenliebe bei Weißen. »Die weiße Prominenz und geistige Elite fand Interesse an den exotischen, bunten und rauschhaften Zügen des Lebens in Harlem. Aus ihrer Sicht hob sich die ›Natürlichkeit‹ und ›Vitalität‹ der Schwarzen vorteilhaft von der Langeweile der Massenkultur ab.«[71]

Weiße strömten in die Clubs und Tanzsäle nach Harlem für das, was slumming genannt wurde, wohl am besten übersetzt mit ›auf den Kiez gehen‹.[72] »*Slumming* konnte bedeuten, daß sich Millionäre und Politiker mit europäischen Adligen bei der Musik Duke Ellingtons unterhielten oder zusammen den *Black Bottom* oder den *Charleston* im *Cotton Club* tanzten. Ironischerweise bedeutete dies für African Americans, daß ihr Zugang zu Veranstaltungen dieser Art begrenzt war, sogar in Harlem oder auf der Südseite Chicagos. Außer zu besonders festgelegten Gelegenheiten oder bei *jam sessions* am frühen Morgen hatten African Americans selbst im *Cotton Club* oder in *Connie's Inn* nur in ihrer Eigenschaft als Musiker oder Angestellte des Etablissements Zutritt.«[73] Allerdings gab es auch Ausnahmen und ein paar der Läden öffneten ihre Türen für ein gemischtes weißes und schwarzes Publikum. Harlem entwickelte sich zum Vergnügungszentrum und Touristenanziehungspunkt. Das Showgeschäft und seine Zubringerökonomie fingen für kurze Zeit auf, was sich nach dem I. Weltkrieg abzuzeichnen begonnen hatte: schwarze Arbeitslosigkeit.

Eine weitere Sparte, in der Schwarze einigen Erfolg verbuchen konnten, begann sich langsam aufzutun – der Sport. Besonders beim Rennen, im Football und als Jockeys waren sie erfolgreich. Das aufgeladenste Feld aber war das Boxen. Zuvor hatten sich weiße Boxer oft geweigert gegen schwarze anzutreten[74], aber 1908 war Jack Johnson der erste schwarze Schwergewichtsweltmeister geworden.[75] In der Folge seines Sieges kam es zu Aufständen, ausgelöst von seinen begeisterten Anhängern. Als er 1910 die ›große weiße Hoffnung‹ James J. Jeffries besiegte, wiederholte sich dies. Der Kongreß verbot daraufhin den Handel mit Filmen des Kampfes. Jack Johnson wurde als unbesiegbar angesehen und so wurde für kurze Zeit eine Weltmeisterschaft nur für Weiße eingeführt. Jack Johnson galt für viele als »arroganter Emporkömmling, ein Schwarzer, der nicht wußte, wo sein Platz war und sich dazu noch sehr für weiße Frauen interessierte«.[76] Er ging ins Exil nach Europa, nachdem ihm eine einjährige Gefängnisstrafe drohte, weil er, so die Anklage 1913, aus ›unmoralischen Gründen‹ mit einer weißen Frau über die Grenze von einem Bundesstaat in einen anderen gefahren war. 1915 verlor er dann einen Titelkampf in Cuba und für die nächsten 22 Jahre sollte die Schwergewichtskrone in weißer Hand bleiben.[77]

19 Historisch-theoretische Verschränkung IV

Um 1930 lebten 11.891.100 Schwarze in den USA, womit sie einen Bevölkerungsanteil von 9,7% ausmachten. Von ihnen lebten 9,6% im Nordosten, 10,6% in den zentralen nördlichen Bundesstaaten, immer noch 78,7% im Süden und nur 1% im Westen. Im Norden und Westen lebten 88% von ihnen in städtischen Gegenden, gegenüber 32% im Süden.

Schwarze Männer hatten eine durchschnittliche Lebenserwartung von 40,5, schwarze Frauen eine von 42,3 Jahren. Die Vergleichswerte von Weißen lagen bei 54,1 und 56,4 Jahren. Es kam ein Krankenhausbett auf 1.941 Schwarze und eins auf 139 Weiße.

Die Analphabetenrate unter Schwarzen lag bei 16,3%, wobei 93,6% von ihnen im Süden lebten.

Unter den ungelernten ArbeiterInnen repräsentierten Schwarze 60% aller TabakarbeiterInnen, 24% der ChemiearbeiterInnen, 21% der Bauarbeiter, 39% der Sägewerkarbeiter. Weiterhin bildeten sie 29% der GlasarbeiterInnen, 42% der FischpackerInnen und 32% der Hafenarbeiter.[1]

Die ökonomische Situation der Schwarzen war größtenteils schlecht und durchschnittlich schlechter als die von Weißen, was nichts Neues war. Aber der Trend in der Psychologie, der Anthropologie und den Sozialwissenschaften, soziale Gruppenunterschiede mit der Milieutheorie zu erklären, führte dazu, daß streng biologistische Erklärungen für Rassenunterschiede hinfälliger wurden.[2]

Neben anderen Faktoren brachte dies eine Veränderung hinsichtlich ihrer Stereotypisierung mit sich. Zuvor waren diese Stereotypen: Der Tom, der Sklave, der immer herzlich, unterwürfig, stoisch, großzügig, selbstlos und freundlich bleibt, niemals sich gegen seinen Massa wenden würde, auch wenn er beleidigt, gequält, verfolgt, gejagt und ausgepeitscht wird. Der Coon ist der unzuverlässige, leicht verrückte, faule ›Nigger‹, der zu nichts anderem taugt als Wassermelonen zu essen, Hähnchen zu stehlen oder die englische Sprache zu verunstalten. Von diesem gab es zwei Subtypen. Einmal den Pickaninny, das harmlose Kind, das mit großen Augen in die Welt schaut. Zum zweiten den harmlosen Uncle Remus, der sich durch seine wunderliche, naive und komische Philosophiererei auszeichnet. Diese drei sind also die Possenreißer. Der nächste ist der tragische Mulatte, der ein Opfer seiner gemischten Rasse ist. Die Mammy, die groß, fett und zänkisch ist, und die gekennzeichnet ist durch ihre grimmige Unabhängigkeit. Ein Ableger davon ist die süße, lustige und leicht angepaßte Aunt Jemima, also höflicher und nicht so dickköpfig wie die Mammy. Die beiden letzten Typen sind kaum unterschiedliche Varianten. Es ist zum einen der barbarische Black Brute, der Verwüstung verursacht. Oft liegt seine Gewalttätigkeit in sexueller Unterdrückung begründet. Der verwandte Typ ist der Black Buck, der große ›baadddd nigger‹, übersexualisiert und grausam, gewalttätig und rasend.[3]

Im Zuge der Harlem Renaissance wurden alte, schon vorhandene Bilder umgedreht. Die mit Erotik behaftet scheinende Welt von Harlem führte zu neuen Stereotypen. Die bisherige negative Sichtweise der ›sexuell hemmungslosen schwarzen Naturmenschen‹ wurde in's Positive verkehrt. Aus dem Mythos vom schwarzen Vergewaltiger wurde der schwarze Freudenspender, aus dem Bild der Schwarzen als Hure wurde das der Scheherezade, des schwarzen Vamp, der gefeierten Grande Cocotte.

Die neben der Furcht auch schon immer vorhandene Faszination für das Andere, das Fremde, erfuhr zu dieser Zeit einen Höhepunkt. Der Exotismus, die Hochstilisierung der Exotik als Variante des Rassismus, erlebte eine Blüte. Die Umdrehung früherer Stereotypen ließ einen neuen Schwarzen und eine neue Schwarze entstehen, die ebenso nichts mit den real lebenden Menschen zu tun hatten. Und der Exotismus änderte auch nichts an miserablen Lebensbedingungen und Diskriminierung.

Aber noch etwas anderes brach auf, wenn auch nur in Kleinigkeiten. Schwarze Jazz-Bands spielten an der Westküste in schwarzen und weißen wie ebenso in asiatischen und Latino Clubs. Die verschiedenen Rassen redeten miteinander, gingen zusammen essen, tranken zusammen, kamen in Kontakt miteinander. Die Rassentrennung zwischen ›nicht-weißen‹ Gruppen wurde an diesen Stellen brüchig.[4]

20 Historie VIII
New Deal und II. Weltkrieg

Am 24. Oktober 1929 erfolgte der Zusammenbruch der New Yorker Börse. Sie erholte sich kurzfristig, aber am späten Nachmittag des 28. und am 29. Oktober entstand eine neue Panik und der Verkauf von Wertpapieren erreichte Rekordhöhen. Die Weltwirtschaftskrise begann.[1] In den USA fielen die Aktien und Preise ins Bodenlose. Das Bruttosozialprodukt, das private Einkommen, der Außenhandel sowie die Industrieproduktion halbierten sich bis 1933. 9.000 Banken brachen zusammen. An privaten Ersparnissen gingen 2,5 Milliarden Dollar verloren. Die Investitionen sanken im gleichen Zeitraum von 10 Milliarden auf 1 Milliarde Dollar. Die Agrarpreise fielen durchschnittlich um 60%. Allein im Jahr 1933 wurden 5% der Farmen wegen Hypotheken- und Steuerschulden konfisziert oder zwangsversteigert. 1932/1933 standen 15 Millionen Arbeitslose auf der Straße, also 25% der arbeitsfähigen Bevölkerung.

Aber das Elend traf die Menschen unterschiedlich hart. Die Arbeitslosenquote im Norden lag bei weißen Arbeitern bei 18,1%, die der farbigen bei 38,9% (1937). Da die Löhne der Schwarzen ohnehin niedrig waren, hatten sie keine finanziellen Rücklagen, auf die sie hätten zurückgreifen können. Da die Mieten nicht sanken, konnten sie oft nicht mehr bezahlt werden. Standen auf den Bürgersteigen Möbel herum, so war dies ein Zeichen dafür, daß ein Vermieter wieder einmal eine Familie vor die Tür gesetzt hatte. Wurde in den Städten die Not teilweise durch Fürsorge gelindert, so entfiel diese für die Landbevölkerung nicht selten. Generell bekamen Weiße Fürsorge eher als Schwarze.

Es gab keine staatliche Fürsorge, die diese Not und dieses Elend auffing, sondern die Menschen waren auf die Armenhilfe der Gemeinden und auf private Wohltätigkeit angewiesen. Lange Schlangen bildeten sich tagtäglich vor den kirchlichen und karitativen Suppenküchen. Einige von ihnen gaben kein Essen an Schwarze aus.

Die Selbständigen unter den Schwarzen mit ihren kleinen Lebensmittelläden, Friseurgeschäften, Wäschereien etc. mußten oft schließen, aufgrund der gesunkenen Kaufkraft ihrer schwarzen KundInnen.

Der Bereich, in dem Schwarze trotzalledem Arbeit finden konnten, war der künstlerisch-unterhaltende, vor allem der Jazz. »Die Musik, und zwar sowohl die Branche als auch die Musiker selbst, war von der

Depression ebenfalls betroffen; jedoch wußten sie sich, indem sie sich alsbald ganz auf Unterhaltung und Tanz umstellte, einen neuen wirtschaftlichen Aufschwung, einen neuen Sinn und eine neue gesellschaftliche Funktion zu geben: bei Schwarzen wie bei Weißen die düsteren Gedanken zu verjagen. Woraus die Industrie entstand, die wir kennen. Um Vergessen zu können, genügte es den Leuten nicht mehr, zu trinken; sie tanzten.«[2] So vervielfachte sich in diesen Jahren die Zahl schwarzer Orchester. Und schwarze Musiker, Sängerinnen und Sänger fanden auch in gemischten Orchestern Arbeit und nicht nur im Jazz. In Musicals waren sie schon zuvor zu finden gewesen, in Gospels sowieso. Die Oper hatte einige entdeckt. Indes, Hollywood tat sich schwer mit schwarzen SchauspielerInnen, wie auch die Theater. Sie waren zumeist auf Rollen wie die der Dienstboten festgelegt.

Dennoch brachen für Schwarze im Filmgeschäft jetzt bessere Zeiten an, denn der Tonfilm brauchte Musik, Rhythmus, Gesang, Tanz, und wer war getreu dem Mythos rhythmischer oder musikalischer als Schwarze? So stieg in den Jahren zwischen 1927 und 1940 die Zahl der in Hollywood beschäftigten Schwarzen enorm an.

Ein Beispiel für diese Zeit ist das Musical *Hearts in Dixie* (1929), dessen Besetzung ganz aus Schwarzen bestand. Auf einer Plantage in den Südstaaten tollten und rannten Pickaninnies, Toms verehrten ihre Masters, arbeiteten tagsüber auf den Feldern und spielten in der Nacht. Es waren Szenen zu sehen, wie das Dampfboot Nellie Blue den Fluß hinunterfuhr, vorbei an Feldern, auf denen die SklavInnen sangen. Da war eine traurige Kollektion Schwarzer, die schmalzig »Massa's in the cold, cold ground« zum Besten gab. Es wurden Menschen dargestellt, die in Hütten lebten, von Sonnenaufgang bis Sonnenuntergang arbeiteten und immer, anstatt zu leiden, auf einer euphorischen Welle zu schweben schienen. »Die Stimmung der südlichen Neger ungefähr ein Jahr nach dem Bürgerkrieg ist gescheit eingefangen«, schrieb die New York Times in einer Filmkritik. »Es ist irgendwie ruhig, ein sprechendes und singendes Bild, das sanft in der Stimmung und wahrhaftig in seiner Reflektion schwarzer Männer in jenen Tagen jenseitig unten in den Kornfeldern ist.«[3] Bogle konstatiert, daß die SchauspielerInnen ihre Rollen als glückliche SklavInnen übertrieben spielten und damit auf ein Problem der nächsten fünfzig Jahre hindeuteten, auf die blackface fixation, wie er es nennt. »The actor becomes a black man in blackface.«[4] Schwarze spielten danach nicht Schwarze, gaben keine Interpretation vom Leben Schwarzer, sondern gaben die Vorstellungen von Weißen über Schwarze wieder. Was auf der anderen Seite *Hearts in Dixie* auszeichnete, waren die exzellenten Tanzszenen, deren Schritte zum Teil von afrikanischen Stammestänzen abgeleitet waren und damit ein Stück schwarze Kultur auf die Leinwand brachten.

Im Zeichen der Wirtschaftskrise erlebte das Land einen erneuten ›Reformaufschwung‹. Franklin D. Roosevelt, der 1933 Präsident wurde[5], war die Leitfigur dieses New Deal. Unter seiner Federführung wurden vielfältige Maßnahmen in Angriff genommen: eine strikte Bankenaufsicht, Naturschutzprojekte, Errichtung von Nationalparks, Bau von Staudämmen und Brücken, Verbesserung der Wirtschaftsstruktur in benachteiligten Gebieten, Unterstützungs- und Überbrückungshilfen, Anerkennung von Gewerkschaften, wirtschaftliche Steuerungsmechanismen,... Er war auch der erste Präsident, der vermehrt Schwarze in seine Administration berief. Berühmt wurde sein Black Brain Trust, auch Black Cabinet genannt, der ihn in Fragen betreffs der Politik gegenüber Schwarzen beriet. Bei all dem handelte es sich weniger um koordinierte Aktionen, die der Krise entgegenwirken konnten, als um einen zum Teil kontraproduktiven Aktionismus, der allerdings symbolisieren sollte, daß es wieder aufwärtsgehe, wenn man nur anpacke.

So wirkte der New Deal auch nur kurzfristig im Sommer 1933, im nächsten Jahr waren die ökonomischen Eckdaten wieder ungünstig. Kritik am ›Konzept‹ wurde laut, von denen sich Roosevelt aber nicht beirren ließ. Er antwortete 1935 mit dem zweiten New Deal. Auch hierbei handelte es sich um ein Bündel von Reformen. Mit einer drastisch anwachsenden Staatsverschuldung wurde überall im Land gebaut. Millionen von US-AmerikanerInnen erhielten direkte staatliche Unterstützung. Renten-, Arbeitsunfall- und Arbeitslosenversicherungen wurden eingeführt, Arbeitnehmer- und Gewerkschaftsrechte ausgebaut. Die Bankenaufsicht wurde weiter verschärft und der Steuersatz auf höhere Einkommen sowie die Unternehmenssteuer erhöht.

Aber die wirtschaftliche Genesung wurde nicht erreicht. Nur der psychologische Effekt, daß Lethargie und Zukunftsangst durchbrochen worden waren, blieb bestehen.

»Hatte sich die Regierung bislang um eine Harmonisierung der Interessen von Unternehmern, Bankiers, Farmern und Arbeiterschaft bemüht, so waren die Gesetze des sog. ›zweiten‹ *New Deal* ab 1935 weiter

›links‹ auf der politisch-ideologischen Skala angesiedelt. Sie begünstigten bewußt die Gewerkschaften und die breiten Bevölkerungsschichten, während die Unternehmen wieder einem stärkeren Wettbewerb ausgesetzt und höher besteuert wurden.«[6]

Aber: »So garantierte der ›National Labor Relations Act‹ (1935) das gewerkschaftliche Vertretungsrecht in den Betrieben, führte jedoch gleichzeitig eine staatliche Schlichtungs- und Aufsichtsbehörde ein, um die wachsende Zahl wilder Streiks wirkungsvoller bekämpfen zu können. Auch der ›Social Security Act‹ (1935), der die Altersversorgung und Arbeitslosenversicherung in den USA einführte, war ein derartiges Scheinzugeständnis. Da das Gesetz Landarbeiter und Hausangestellte ausklammerte, war die Mehrzahl der Farbigen von seinen bescheidenen Verbesserungen ausgeschlossen. Ebenso nahm auch der ›Fair Labor Standards Act‹ (1938), der Minimallöhne und eine maximale Arbeitszeit festsetzte, Landarbeiter und Hausangestellte von seinen Bestimmungen aus.«[7]

Und: Aus Furcht vor dem Zusammenbruch der Immobilienpreise fügte die Federal Housing Administration, 1934 zur finanziellen Unterstützung beim Hausbau gegründet, Klauseln in die Verträge ein, die Weiße verpflichteten, in einer von Weißen bewohnten Gegend nicht an Schwarze zu verkaufen, da »nicht harmonische Gruppen von Nationalitäten und Rassen« zu einer Instabilität des Viertels führen würden.[8]

1934 kam es in San Francisco und Minneapolis zu Generalstreiks. Im selben Jahr nahm ein bundesweiter Streik in der Bekleidungs- und Textilindustrie zeitweise bürgerkriegsartige Zustände an. Weitere Streiks fanden in der Automobil-, Elektro- und Gummiindustrie statt. Es waren primär keine Lohnkämpfe, sondern sie waren gegen die despotischen Zustände und die private Autokratie der Unternehmer am Arbeitsplatz gerichtet. »1933 war die typische amerikanische Fabrik eine Institution, in der neue Produktionstechnologien mit nackter Gewalt und Brutalität gegen die Belegschaften kombiniert wurden. In den Ford-Fabriken in Dearborn und ›River Rouge‹ z.B. wurden Fließbandarbeiter für solche ›Vergehen‹ wie Sprechen bei der Arbeit geschlagen. Die despotischsten Verhältnisse bestanden jedoch in den ›Stahlstädten‹ Ohios, Pennsylvanias, Illinois' und Indianas, wo die ›Stahlbarone‹ eine unangefochtene lokale Diktatur ausübten.«[9] In den Jahren 1936 und 1937 kam es zu einer neuen Welle militanter Arbeitskämpfe.

Neue Industriegewerkschaften gründeten sich, die, anders als die AFL, auch ungelernte ArbeiterInnen aufnahmen. Ziel war es, alle Beschäftigten, ungeachtet ihrer Einstufung im Betrieb und ohne Rücksicht auf ihre Ausbildung, in derselben Industrie-Gewerkschaft zu vereinen. Sie schlossen sich 1938 unter dem Dachverband Congress of Industrial Organizations (CIO) zusammen. Insgesamt stieg die Anzahl der Gewerkschaftsmitglieder von 3 Millionen 1933 auf über 9 Millionen 1941 an.[10]

Außenpolitisch erwies sich Roosevelt ebenfalls als Reformer. Er zog die letzten Truppen aus der Dominikanischen Republik und Haiti zurück und verfügte, daß die New Yorker National City Bank die Kontrolle der haitianischen Zentralbank an die Regierung der Insel abgab. 1933 wurde die Sowjetunion diplomatisch anerkannt. Cuba erhielt 1934 wieder mehr Souveränität und den Philippinen wurde die Unabhängigkeit in den nächsten Jahren in Aussicht gestellt. Aus dem spanischen Bürgerkrieg hielt sich die USA offiziell heraus.[11] Insgesamt herrschte im Land die isolationistische Stimmung, gepaart mit Friedenssehnsucht und Kriegsangst.

Mit Roosevelt hatte sich die Democratic Party wieder auf die nationale Bühne geschwungen und war zur Mehrheitspartei geworden, deren heterogene WählerInnenschaft aus südstaatlichem Protestantismus mit antimodernistischem Ressentiment und städtischen, vornehmlich katholischen Massen kaum zu schlagen war. Das Image der Republican Party war reduziert auf eine Minderheitspartei der östlichen Geschäftselite.

1939 gab es nur 30.000 Einzelhandelsgeschäfte im Besitz Schwarzer, in denen 43.000 Personen beschäftigt waren. Schwarze waren aus Bereichen, in denen sie ein paar Jahrzehnte zuvor noch tätig waren, herausgedrängt worden. Aus dem gehobenen Restaurantbetrieb waren sie nahezu verschwunden, da es inzwischen nötig geworden war, große Kapitalsummen zu investieren, die sie nicht aufbringen konnten. Ebensowenig waren sie noch im Friseur- und Wäschereigeschäft zu finden. 1940 gab es 3.500 schwarze Ärzte, womit sie 2,2% der Ärzteschaft ausmachten. Weiße gingen in der Regel nicht zu einem schwarzen Arzt, Schwarze zogen ebenfalls zumeist weiße Ärzte vor. 7.192 schwarze Krankenschwestern waren im Dienst, was nicht einmal 2% der Berufsgruppe ausmachte. Weniger als 1% der Anwälte waren Schwarze, was einer Anzahl von 1.063 entsprach. Im Süden war es ihnen zum Teil nicht erlaubt, im Gerichtssaal anwesend zu sein. Zwei Drittel der schwarzen Anwälte praktizierte außerhalb des Südens. Unter Polizisten, Sheriffs und Detektiven fanden sich 2.000 Schwarze.

Es gab nicht einmal 1.000 schwarze Eigentümer und Geschäftsführer von Finanz-, Grundstücks- oder Versicherungsunternehmen. Das war weniger als 1% des Anteils der Weißen in diesem Metier.

Eine Ausnahme bei hohen politischen Ämtern war die Aufstellung eines schwarzen Kandidaten für das Amt des Vizepräsidenten bei den Wahlen von 1932 und 1936 seitens der CPUSA. Nach dem Vorbild von Lenins Konzeption für nationale Minderheiten in der Sowjetunion propagierte sie eine Negro Sowjet Republic im Süden der USA. Einige links gesinnte schwarze SchriftstellerInnen arbeiteten in ihrem Umfeld und in engem Kontakt zur Arbeiterbewegung. Das waren Claude McKay, William Attaway, Margaret Walker, Ralph Ellison und vor allem Richard Wright. Der direkte Kontakt zur Partei wurde in Zusammenschlüssen wie The American Writer's League, The League of American Writers, in den John Reed Clubs und unter dem Vorsitz von Langston Hughes in der League of Struggle for Negro Rights hergestellt.[12]

Die Festschreibung schwarzer Frauen auf bestimmte Arbeiten dauerte an. 1940 arbeiteten 59,8% von ihnen immer noch als Hausangestellte, 10,4% in den übrigen Dienstleistungsbereichen und ca. 16% in der Landwirtschaft. Diejenigen, die in der Industrie untergekommen waren, hatten dort die am schlechtesten bezahlten Jobs inne. Die schwarzen Hausangestellten gewerkschaftlich zu organisieren, stellte sich als schwierig heraus. Die 1934 gegründete New Yorker Gewerkschaft der Dienstboten hatte fünf Jahre später von den 100.000 Bediensteten in diesem Staat gerade mal 350 geworben.

In den Städten, vor allem den großen, hatte sich eine schwarze Unterwelt aus Kleindieben, Schiebern, Schwindlern, Prostituierten, Zuhältern, Schmugglern und Drogenhändlern entwickelt. Ein großer Teil des Geschäfts ging an Weiße, die z.B. im Besitz der teureren Bordelle waren oder als Hintermänner des Verkaufs von Drogen und Pornographie fungierten.

Zwischen Schwarzen und Weißen galten gewisse Umgangsweisen im täglichen Aufeinandertreffen. Intermarriage, die Heirat zwischen den Rassen, war gesetzlich verboten in allen südlichen Bundesstaaten, in – bis auf fünf – allen nördlichen westlich des Misissippi, aber von den nördlichen östlich des Mississippi nur in Indiana. Sexuelle Beziehungen zwischen weißen Männern und schwarzen Frauen gab es noch, sie waren aber selten geworden. Umgekehrt waren diese zwischen weißen Frauen und schwarzen Männern im Süden undenkbar. Im Norden ›experimentierten< bohemische und radikale Kreise damit und einige weiße Prostituierte ließen sich mit schwarzen Männern ein. Im Süden hingegen hätte allein das Tanzen eines schwarz-weißen Paares das Leben des/ der Schwarzen in Gefahr gebracht. Aufgrund der Sichtbarkeit nackter Körperteile war Schwimmen an einem gemeinsamen Strand oder in einem Swimming Pool ein absolutes Tabu. Viel besser war das im Norden allerdings auch nicht.

Gemeinsames Essengehen war im Süden ebenso undenkbar. Selbst Geschäftsessen bei Konferenzen sahen so aus, daß Schwarze in anderen Räumen oder bestenfalls noch an gesonderten Tischen ihre Mahlzeiten zu sich nehmen durften. Dies war im Norden anders.

Die Konversation zwischen Schwarzen und Weißen im Süden war streng reglementiert. Politik, ob lokale, nationale oder internationale, war als Gesprächsthema ausgeklammert, ebenso wie persönliche Schwierigkeiten. Nicht nur der Inhalt, sondern mehr noch die Form unterlag einem Reglement. Schwarze mußten Weiße mit Mister, Mistress oder Miss anreden, während sie umgekehrt, auch wenn sie nicht miteinander bekannt waren, mit ihrem Vornamen angeredet oder boy, uncle, elder oder aunty genannt wurden. Auch nigger und darky waren üblich. Das Angebot des Händeschüttelns hatte von den Weißen auszugehen und niemals durfte eine weiße Frau die Hand eines schwarzen Mannes schütteln. Betraten Schwarze weiße Häuser, hatte das durch die Hintertür zu geschehen. Betrat ein weißer Mann das Haus Schwarzer, brauchte er keine Höflichkeitsformen einzuhalten: er konnte ohne anzuklopfen eintreten; er brauchte seinen Hut nicht abzunehmen; er brauchte nicht aufzustehen, wenn eine schwarze Frau den Raum betrat. Aber es kam sowieso kaum dazu, daß ein Weißer schwarze Häuser aufsuchte. Wollte er etwas von einem/einer Schwarzen, ließ er sie zu sich kommen oder parkte vor dem Haus und hupte. »Der offenbare Zweck dieser Etikette der Konversation ist die Herstellung einer kontinuierlichen Demonstration, daß der Neger untergeordnet unter den weißen Mann ist und seine Untergeordnetheit ›anerkennt‹.«[13] Diese Etikette existierte im Norden nicht.

In seiner Autobiographie *Black Boy* (1945) erinnerte sich der schwarze Schriftsteller Richard Wright an eine Begebenheit, die nicht jeden Typus schwarz/weißen Verhaltens charakterisierte, aber doch symptomatisch für manches Verhältnis zwischen Schwarzen und Weißen war: »Der interessanteste Neger im Betrieb war Shorty, der Dicke, der den Lift bediente. Er hatte glänzende Äuglein, die mit hartem, aber humorvollem Blick zwischen Fettwülsten hervorlugten. Er hatte die gelbe Hautfarbe eines Chinesen, eine niedrige Stirn und ein dreifaches Kinn. In psychologischer Hinsicht war er die erstaunlichste Spezies eines Negers aus dem Süden, die ich jemals kennengelernt habe. Eigensinnig, empfindsam, ein Bücher- und Zeitschriftenleser, war er stolz auf seine Rasse und entrüstet über das Unrecht, das ihr zugefügt wurde. Aber in Anwesenheit von Weißen spielte er die Rolle eines Clowns vom geringsten und entwürdigtesten Schlage.

Eines Tages brauchte er fünfundzwanzig Cent fürs Mittagessen.

›Paß auf, wie ich mir das Geld vom ersten Weißen hole, den ich sehe‹, sagte er zu mir, als ich an diesem Morgen im Aufzug stand.

Ein Weißer, der in dem Gebäude arbeitete, trat in den Lift und erwartete, zu seinem Stockwerk befördert zu werden. Shorty sang mit leisem Gemurmel, lächelte, rollte die Augen und sah den Mann verschmitzt an.

›Ich habe Hunger, weißer Herr. Ich brauch fünfundzwanzig Cent fürs Mittagessen.‹

Der Weiße beachtete ihn nicht. Shorty hielt den Hebel des Aufzugs in der Hand und sang weiter: ›Ich kann diesen verdammten Lift nicht in Bewegung setzen, bevor ich nicht fünfundzwanzig Cent bekommen habe, weißer Herr.‹

›Zum Teufel mit dir, Shorty‹, sagte der Weiße, ohne darauf einzugehen, und kaute an seiner Zigarre.

›Ich habe Hunger, weißer Herr. Ich lechze nach fünfundzwanzig Cent‹, sang Shorty gedehnt und summend.

›Wenn du mich nicht zu meinem Stockwerk hinauffährst, wirst du sterben‹, sagte der Weiße und lächelte zum erstenmal.

›Aber dieser schwarze Hurensohn braucht wirklich fünfundzwanzig Cent‹, sang Shorty, grimassierend wie ein Clown, ohne der Drohung Beachtung zu schenken.

›Los, los, du schwarzer Bastard, ich muß an meine Arbeit‹, sagte der Weiße, den das mitspielende sadistische Element reizte und belustigte.

›Es kostet Sie fünfundzwanzig Cent, weißer Herr, nur ein Vierteldollar, nur ein bißchen‹, stöhnte Shorty.

Es herrschte Schweigen. Shorty betätigte den Hebel, der Aufzug ging in die Höhe und hielt etwa anderthalb Meter vor dem Stockwerk, wo der Weiße arbeitete.

›Kann nicht weiter, weißer Herr, wenn ich meinen Vierteldollar nicht kriege‹, sagte Shorty in weinerlichem Tone.

›Was würdest du für einen Vierteldollar tun?‹ fragte der Weiße, der immer noch wegblickte.

›Für einen Vierteldollar würde ich alles tun‹, sang Shorty.

›Was zum Beispiel?‹ fragte der Weiße.

Shorty kicherte, drehte sich um, bückte sich und zeigte auf sein dickes Hinterteil. ›Sie können mir für einen Vierteldollar einen Tritt geben‹, sang er und sah den Weißen aus den Augenwinkeln spitzbübisch an.

Der Weiße lachte leise, ließ ein paar Münzen in seiner Tasche klimpern, holte eine hervor und warf sie zu Boden. Shorty bückte sich danach; der Weiße entblößte die Zähne und versetzte Shorty mit aller Kraft einen Tritt in den Hintern. Shorty stieß ein brüllendes Gelächter aus, das im ganzen Liftschacht widerhallte.

›So, mach die Tür auf, du gottverdammter schwarzer Hurensohn‹, sagte der Weiße, mit schmalen Lippen lächelnd.

›Zu Befe-ehl, Hä-ärr‹, sang Shorty, aber zuerst hob er den Vierteldollar auf und steckte ihn in den Mund. ›Der Affe hat seine Nüsse bekommen‹, schmunzelte er.

Er machte die Tür auf; der Weiße trat hinaus und blickte auf Shorty zurück, während er zu seinem Büro ging.

›Du bist schon recht, Shorty, du Hurensohn‹, sagte er.

›Das weiß ich!‹ schrie Shorty und brach in wildes Lachen aus.

Diese Szene oder ihre Abwandlung erlebte ich mindestens ein dutzendmal, und ich empfand keinen Ärger oder Haß, nur Abscheu und Verachtung.

Einmal fragte ich ihn: ›Wie kannst du das nur tun?‹

›Ich brauchte einen Vierteldollar, und ich hab' ihn bekommen‹, antwortete er sachlich, aber stolz.

›Aber mit einem Vierteldollar ist das, was er dir angetan hat, nicht bezahlt‹, sagte ich.

›Paß auf, Nigger‹, sagte er zu mir, ›mein Hinterteil ist widerstandsfähig, und Vierteldollars sind knapp.‹

›....danach habe ich nie wieder mit ihm über die Sache gesprochen‹.«[14]

Ein Justiz-Fall, der 1931 sogar internationale Aufmerksamkeit auf sich zog, war die Anklage gegen neun junge Schwarze, bekannt geworden als die Scottsboro Boys. Sie waren mit mehreren anderen Schwarzen und Weißen, darunter zwei Mädchen, auf einem Güterzug getrampt. Es kam zum Streit, bei dem fünf Weiße vom Zug gestoßen wurden. Diese verkündeten, als sie in der nächsten Stadt angekommen waren, daß die Schwarzen sich mit zwei weißen Mädchen in dem Zug aufhielten. Als der Zug in die nächste Stadt einlief, war dahin schon telegraphiert worden und eine ärgerliche Menge erwartete ihn schon. Die Schwarzen flohen, aber neun von ihnen wurden geschnappt. Die beiden Mädchen sagten aus, sie seien vergewaltigt worden. Obwohl es sonst keinen Beweis gab und die Indizien eher widersprüchlich waren, wurden acht zum Tod auf dem elektrischen Stuhl verurteilt. 1932 entschied der Supreme Court, daß der Fall neu verhandelt werden müsse, da die rein weiße Jury befangen gewesen sei. In der Neuauflage des Verfahrens widerrief eine der beiden Frauen, die angeblich vergewaltigt worden war, ihre Aussage von damals. Trotzdem fällte eine wiederum rein weiße Jury erneut Todesurteile. Das Verfahren ging wieder an den Supreme Court, der entschied, daß die Besetzung der Jury nur mit Weißen ein Verstoß gegen die verfassungsmäßigen Rechte der Angeklagten sei, wie diese im 14. Verfassungszusatz garantiert seien. Der Fall war inzwischen öffentlich aufgebauscht und verschiedene Organisationen, unter ihnen die NAACP und die CPUSA, schlossen sich in einem Verteidigungskomitee zusammen, um den Widerstand gegen die Hinrichtungen zu intensivieren. 1937 wurden vier der Angeklagten freigelassen, drei erhielten Gefängnisstrafen zwischen 75 und 99 Jahren und die Todesstrafe gegen den achten wurde später vom Gouverneur in lebenslängliche Haft umgewandelt. Der letzte bekam eine 20jährige Haftstrafe wegen des Angriffs auf einen Polizisten bei einem Ausbruchsversuch. Zwischen 1943 und 1950 wurden vier der Verurteilten wegen guter Führung auf Bewährung freigelassen. Der fünfte starb 1952 im Gefängnis.

Ein neuer Schatten senkte sich über die Welt: der Faschismus und der II. Weltkrieg. Auch hier, wie im I. Weltkrieg, waren die USA zögerlich, was ihren Eintritt anbelangte. Zu Beginn der nationalsozialistischen Ära, vor Ausbruch des Krieges, schienen den US-AmerikanerInnen die Nazis eher komisch denn gefährlich und sie hegten zum Teil eine gewisse Sympathie für die effiziente, antikommunistische ›Ordnungsmacht‹.

Nach dem Münchener Abkommen von 1938, dem deutschen Überfall auf die Tschechoslowakei und dem italienischen Einmarsch in Albanien 1939 schlug die Stimmung langsam um. Roosevelt ersuchte den Kongreß um zusätzliche Mittel für den Verteidigungsetat.[15] Allerdings bezogen die USA immer noch keine klare Stellung. Auch nach der

Reichspogromnacht wollten sie die Einwanderungsquote für deutsche Juden nicht erhöhen. Bis dahin waren 80.000 in die USA geflohen. Nach dem deutschen Überfall auf Polen am 1. September 1939 und im Hinblick auf die Wahlen stockte Roosevelt den Verteidigungsetat nochmals auf und überließ Großbritannien 50 alte Zerstörer gegen sechs Flottenstützpunkte in der Karibik und in Canada. Aber er betonte weiterhin, daß sich die USA aus dem Krieg heraushalten würden.

Trotzdem wurde die allgemeine Wehrpflicht ausgerufen, Truppen besetzten Grönland und Island, damit sie nicht in die Hände der Nazis fielen und britische Transportschiffe erhielten Begleitschutz. Roosevelt gab grünes Licht für ein streng geheimes britisch/us-amerikanisches Atomwaffenprogramm, das Manhattan Projekt.

In den Krieg traten die USA aber erst nach der Bombardierung von Pearl Harbor auf Hawaii am 7. Dezember 1941 durch die Japaner und der dadurch erfolgten Zerstörung ihrer Pazifik- und Luftflotte ein.

Der Krieg vermittelte ein ›Wir‹-Gefühl und schweißte die Nation zusammen. Aber Zusammenschluß hat auch Ausschluß zur Folge. Die etwa 110.000 US-AmerikanerInnen japanischer Abstammung an der Westküste wurden in Lager im Landesinneren deportiert, wo sie die gesamte Kriegszeit verbringen mußten. Zudem büßten sie ihren Besitz fast vollständig ein. Gegen die Deutsch- und Italo-AmerikanerInnen wurde weit weniger drastisch vorgegangen. Sie wurden lediglich durch das FBI und die Foreign Nationalities Branch des OSS[16] überwacht.

Der Krieg schaffte, worin der New Deal versagt hatte. Die Produktion lief auf Hochtouren. Binnen kurzem wurde die gesamte Produktion unter das Office of War Mobilization gestellt und das Land zur größten Waffenschmiede der Welt.[17] Das hatte Effekte auf die Sozialstruktur. Die Arbeitslosen verschwanden von der Straße. Über 6 Millionen Menschen verließen die ländlichen Gegenden und zogen in die Industriezentren des Mittleren Westens und in die Pazifikregion. 16 Millionen Menschen[18] dienten in den Streitkräften, darunter eine Million Schwarze und ca. 200.000 Frauen im Women's Army Corps. Bei den reichsten 5% der Bevölkerung fiel der Anteil am nationalen Gesamteinkommen von 26% auf 20%, umgekehrt stieg der Anteil der unteren 40% von 13% auf 16%. Während sich die Unternehmergewinne verdoppelten, erhöhten sich die Realeinkommen um ca. 50%. Da nun häufig mehrere Familienmitglieder verdienten, stieg das Einkommen der Privathaushalte von 1940 bis 1945 durchschnittlich um 135%. Die Gewerkschaften erhielten von 1941 bis 1946 einen Mitgliederzuwachs von mehr als 4 Millionen auf 13 Millionen.[19] Die Mittelklasse verdoppelte sich. Frauen strömten vermehrt ins Lohnarbeitsleben, bis sie ein Drittel der Arbeitsplätze innehatten, viele in welche, die bisher als ›Männerberufe‹ galten. Auch die Lage der Minderheiten, wie der Hispanoamerikanerinnen und Schwarzen, verbesserte sich. Zwei Millionen Schwarze kamen in die Städte und fanden Anstellung in der Industrie oder beim Militär. 1940 hatten 4,4% der schwarzen Arbeiter eine Anstellung als Facharbeiter, 1944 waren das 7,3%. Bei den angelernten Arbeiten erhöhte sich die Zahl von 13% auf 22,4%.[20] Auch in die Gewerkschaften fanden sie nun Zutritt, vor allem zum CIO. Die NAACP erhielt großen Zulauf, ebenso wie der 1942 gegründete Congress of Racial Equality (CORE).

1940 gab es nur vier aktive Truppenteile des Heeres, in denen Schwarze dienen konnten. Das waren die nach dem Bürgerkrieg aufgestellten vier schwarzen Regimenter mit weißen Offizieren. Insgesamt gab es nur fünf schwarze Offiziere, von denen drei Militärgeistliche waren. In der Marine gab es Schwarze nur in den Küchen und Messen. Zur Marineinfanterie, zur Küstenwache und zu den Marineluftstreitkräften hatten sie überhaupt keinen Zugang. Selbst die Blutkonserven in den Apotheken des Roten Kreuzes wurden streng nach Hautfarbe der SpenderInnen getrennt.

Dies änderte sich langsam. Die Regierung erklärte sich bereit, einen gewissen Anteil von Schwarzen in allen Truppengattungen des Heeres zuzulassen. Offiziersausbildungslager und eine Fliegerschule wurden für sie eingerichtet. Oberst Benjamin O. Davis wurde zum ersten schwarzen General in der us-amerikanischen Geschichte ernannt. Aber: Von den fast 1 Million Schwarzen, die im Krieg dienten, erhielten weniger als 8.000 ein Offizierspatent. Das war nicht einmal ein Zehntel des ansonsten üblichen Prozentsatzes. Ab 1942 wurden Schwarze zum allgemeinen Dienst in der Marine und der Marineinfanterie zugelassen. Am Prinzip der Rassentrennung und der Praxis der Rassendiskriminierung wurde jedoch weitgehend festgehalten. Erst als im Dezember 1944 aufgrund der deutschen Ardennenoffensive dringend Truppen benötigt wurden, wurden schwarze und weiße Einheiten zusammengelegt.

An der Heimatfront, wo bezüglich der Arbeitsplätze ebenso Diskriminierung herrschte und die Zahl der schwarzen Arbeitslosen im Gegensatz zu den weißen stagnierte, konnte aufgrund der vehementen Proteste Schwarzer ein Fortschritt erzielt werden. Am 25. Juni 1941 wurde von der Regierung die Beendigung der Diskriminierung in der

Rüstungsindustrie angeordnet. In Verträgen mit Rüstungsbetrieben sollten entsprechende Klauseln aufgenommen werden und ein Ausschuß zur Behandlung von Beschwerden wurde eingesetzt. Diesem Ausschuß war allerdings nicht viel Erfolg beschieden, was nicht zuletzt an der dürftigen Unterstützung durch staatliche Stellen lag. Seinen größten Mißerfolg erlitt er mit den Eisenbahngesellschaften im Süden, von denen sich 16 schlicht weigerten, ihre diskriminierenden Praktiken einzustellen. 1946 wurde der Ausschuß aufgelöst, als Senatoren aus dem Süden verhinderten, daß seine Haushaltmittel verlängert wurden.

In vielen Großstädten kam es ab 1943 zu schweren ›Rassenunruhen‹, weil Weiße die Zuwanderung von Schwarzen verhindern wollten und weil sie Roosevelts Anweisung, bei Einstellungen in die Kriegsindustrie die Hautfarbe nicht zu einem Kriterium zu machen, als Zumutung empfanden. Es gab 242 Krawalle in 47 Städten. In Detroit waren sie am heftigsten, dauerten fünf Tage und kosteten 25 Schwarzen und 9 Weißen das Leben. Mehr als tausend wurden verletzt. Bundestruppen stellten die Ordnung wieder her.

Die meisten Fortschritte erzielten die schwarzen ArbeiterInnen nicht durch politische Maßnahmen, sondern aufgrund des Arbeitskräftemangels nach 1942. In dem Jahr waren nur 3% der Rüstungsarbeiter Schwarze, 1944 waren es 8%. Von 1940 bis 1944 stieg die Anzahl Schwarzer mit einem Arbeitsplatz von 4,4 Millionen auf 5,3 Millionen an, die Arbeitslosenzahl sank von knapp einer Million auf 151.000. Aber dennoch: 1945 verdiente eine schwarze Familie im Durchschnitt nur halb so viel wie eine weiße.

Die USA hatten in diesem Krieg zwar 300.000 Gefallene und 670.000 Verwundete zu beklagen, ihre Verluste waren jedoch gemessen an dem der übrigen Großmächte gering. Als einziger Staat gingen die USA wirtschaftlich gestärkt aus dem Krieg hervor. Und sie allein verfügten über eine neue Massenvernichtungswaffe, die Atombombe, von denen sie noch zwei in den letzten Kriegsmonaten über Japan zündeten.

Anders als nach dem I. Weltkrieg beteiligten sich die USA nach dem Ende des II. Weltkriegs aktiv an der Neuordnung der Welt. Sie ratifizierten die Charta der Vereinten Nationen. Der Dollar wurde durch das System von Bretton Woods als internationale Leit- und Reservewährung mit Goldeinlösegarantie etabliert. Die USA waren nun eine Supermacht mit weltweiter Präsenz.

21 Historie IX
Kalter und heißer Krieg

Der blutigste Krieg der Geschichte war vorüber.

Neun Millionen Veteranen mußten innerhalb weniger Monate in die Zivilgesellschaft integriert werden. Das gelang aufgrund der Zurückweisung vieler während des Krieges in die Produktion gelangter Frauen und Schwarzer und der Umstellung der Kriegsproduktion in eine Verbrauchsgüterproduktion, die zu einem ein Vierteljahrhundert andauernden Wirtschaftsboom führte. Es mußten, anders als in Europa, keine Kriegsschäden beseitigt werden und die großen Unternehmensgewinne aus dem Krieg sowie Steuersenkungen führten zu massiven Investitionen.

Die USA erhoben den Anspruch auf eine weltpolitische Führungsrolle. Aufgrund ihrer wirtschaftlichen und militärischen Vormachtsstellung hatten sie dafür die Mittel in der Hand. Sie erwirtschafteten 50% des Weltbruttosozialprodukts, stellten 60% aller Industrieprodukte her und bestritten knapp 50% des Welthandels. Der quasireligiöse Glaube an eine besondere us-amerikanische Mission und Auserwähltheit tat ein übriges. Die UNO-Charta erschien als Fortschreibung der eigenen Constitution. Demokratie westlicher Prägung und Marktwirtschaft sollten überall zum Wohle der Menschheit herrschen. Wirtschaftswachstum, politische Stabilität und Frieden sollten aus dieser Sicht die Folgen sein.

Die Zeit nach dem II. Weltkrieg war außenpolitisch vom Kalten Krieg geprägt. Der Kommunismus sollte eingedämmt werden. Das containment-Konzept ging auf den Diplomaten George F. Kennan zurück, der in einem Artikel die Sowjetunion als einen von totalitärer Ideologie und paranoiden Unsicherheitsgefühlen zu grenzenloser Expansion getriebenen Staat charakterisierte. Ein Entgegenkommen würde diesen Drang nur noch verstärken, wie es das Appeasement im Falle Hitlers getan habe. Eine Politik der entschlossenen Eindämmung sei zu betreiben, die an jedem Punkt, an dem die Sowjetunion die Interessen einer stabilen und friedlichen Welt zu verletzen suchten, diese mit unüberwindlicher Gegenmacht konfrontiere.

Aufgrunddessen wurde die politisch-militärische Führungsstruktur reorganisiert und gestrafft. Neue Institutionen und Behörden wurden geschaffen. Zum Beispiel wurde das 1945 aufgelöste Office of Strategic Services durch die Central Intelligence Agency ersetzt. Der National Security Council sollte den Präsidenten in allen innen-, außen- und militärpolitischen Fragen beraten, die für die nationale Sicherheit relevant waren. Die politische Macht konzentrierte sich immer mehr im Weißen Haus, weg vom Kabinett und der Ministerialbürokratie. Entscheidungen wurden mehr und mehr in exekutiven Gremien oder ad hoc-Komitees unter dem Vorsitz des Präsidenten getroffen.

Ein umfassendes Bündnissystem mit anderen Staaten wurde aufgebaut, das mit dem seit Washingtons und Jeffersons Zeiten bestehenden Grundsatz brach, keine langfristig bindenden Verpflichtungen außerhalb des Kontinents einzugehen. NATO, ANZUS, OAS, SEATO und einige andere entstanden nach und nach.[1]

Das containment-Konzept wurde weiter verschärft[2]: »Als konkrete Maßnahmen wurden vorgeschlagen eine massive Aufrüstung im konventionellen Bereich und der Bau der Wasserstoffbombe; die Erhöhung der Militär- und Wirtschaftshilfe an verbündete und befreundete Staaten; offene psychologische Kriegsführung und verdeckte subversive Interventionen zur Unterminierung des kommunistischen Herrschaftsbereichs; und in den USA selbst die Reduzierung der normalen Staatsausgaben zugunsten von Rüstungs- und Zivilschutzprogrammen.«[3] Heideking urteilt, das sei »Ausdruck eines manichäischen Weltbildes, das nach klaren Unterscheidungen zwischen ›Gut‹ und ›Böse‹ verlangte«.[4]

Der Marshallplan wurde umgesetzt, der, angesichts der Stärke kommunistischer Parteien in einigen westeuropäischen Ländern, diesen den Nährboden entziehen und allgemein die Weltwirtschaft beleben sollte und eine Unterstützung von 17 Milliarden Dollar[5] für 16 europäische Staaten bedeutete.[6]

Die USA übernahmen als UNO-Treuhänder die strategisch wichtigen Inselgruppen der Marianen, Karolinen und Marshall Islands. Die Philippinen wurden 1946 in die ihnen schon 12 Jahre zuvor versprochene Unabhängigkeit entlassen. Allerdings hatten sich die USA dort Flottenbasen und Luftstützpunkte gesichert.

Gegen den einstigen Waffen›bruder‹ Sowjetunion und seinen vermeintlichen Expansionismus wurde rigoros verfahren. Jedes Mitspracherecht in Bezug auf Japan, wo General Douglas MacArthur quasi als Diktator herrschte, wurde ihm untersagt.[7] Im Fall des Iran wurde der Sowjetunion sogar mit Truppen gedroht, falls sie sich nicht aus dessen Norden zurückziehen sollte.

In China gelang es den USA jedoch nicht, den Kommunismus aufzuhalten, so daß Chiang Kai-shek nach Taiwan fliehen mußte. 1950 vereinbarten die Sowjetunion, die inzwischen auch über Atombomben verfügte, mit China einen Militär- und Wirtschaftshilfevertrag. Es schien ein mächtiger kommunistischer Block entstanden zu sein.

In Indochina mischten die USA mit, um der französischen Kolonialmacht zu helfen, sich dort wieder zu etablieren. Nordkoreanische Truppen hatten Südkorea angegriffen. Im nun folgenden Koreakrieg, der am 24. Juni 1950 ausbrach, intervenierten die USA schon nach drei Tagen unter dem Oberbefehl von MacArthur. Insgesamt beteiligten sich 15 Staaten an der durch die UNO sanktionierten militärischen Aktion. Zuerst sollte es sich um einen begrenzten Krieg zur Zurückdrängung des Aggressors handeln, aber er weitete sich zu einem sogenannten Befreiungskrieg für ein »vereintes, unabhängiges und demokratisches« Korea aus, in den auf der anderen Seite 300.000 chinesische Soldaten eingriffen. Er blieb etwa an der vormaligen Grenze zwischen dem Norden und dem Süden entlang des 38. nördlichen Breitengrades stecken. Die us-amerikanische öffentliche Meinung schwang um: Waren laut Umfragen zuvor 77% für die Intervention gewesen, so sprachen sich nun 66% für einen Truppenabzug aus. MacArthur hingegen wollte einen Landkrieg gegen China mit dem Einsatz von Atombomben durchsetzen. Präsident Truman enthob ihn daraufhin am 10. April 1951 seines Befehls und setzte Verhandlungen durch, die am 26. Juli 1953 beendet wurden und zu der fortdauernden Teilung Koreas führten. Die US-Amerikaner beklagten 54.000 Tote, etwa 100.000 Verwundete und 54 Milliarden Dollar an Militärausgaben.

In Guatemala hatte die linksgerichtete Regierung Arbenz Guzmán den Landbesitz der United Fruit Company entschädigungslos enteignet. Zudem hatte sie Waffen aus dem Ostblock gekauft. Um die Regierung zu Fall zu bringen, intervenierte die CIA 1954 mit paramilitärischen Mitteln.

Eine andere Region, die von den USA bedacht wurde, war der Nahe Osten. 1953 half die CIA im Iran dabei, Schah Resa Pahlewi wieder auf seinen Thron zu heben, um die vom Premierminister Mossadegh vorgenommene Verstaatlichung der Anglo-Iranian Oil Company rückgängig zu machen. Zum Hauptgegner avancierte ab 1956 der panarabische Nationalismus, als dessen Personifizierung der ägyptische Staatspräsident Gamal Abdel Nasser galt. 14.000 Marinesoldaten landeten 1958 im Libanon, um die konservativen Regierungen dieses Landes und Jordaniens zu stützen, da sie nach dem Umsturz im Irak gefährdet schienen.

Dippel spricht für diese Phase von einer Militarisierung der Außenpolitik.[8]

Innenpolitisch wurde das begleitet von einem rigorosen Antikommunismus, der seinen extremsten Ausdruck in der Politik von Senator Joseph R. McCarthy fand. Von 1950 an durchkämmte seine Jagd sämtliche Institutionen und die Gesellschaft nach vermeintlichen KommunistInnen, unterwarf Millionen Menschen Sicherheitsüberprüfungen und »zerstörte die politische Linke, diskreditierte den amerikanischen Liberalismus und unterminierte die militante Gewerkschaftsbewegung. Schweigen und politische Apathie an den Universitäten [...] waren ebenso die Folgen wie die Vertagung aller innenpolitischen Reformen.«[9] Fünf Jahre lang währte dies, bis endlich eine Mehrheit im Senat bereit war, gegen McCarthy Stellung zu beziehen.

Auch auf einem anderen Terrain war die Freizügigkeit vergangener Jahrzehnte vorbei. Neben den Kommunisten galten auch Schwule und Lesben als Bedrohung der Ordnung. Und wurden ebenso gejagt. Nachdem der Senat im Juni 1950 eine Untersuchung über die Beschäftigung von »homosexuals and other moral perverts«[10] in der Regierung und dem Staatsapparat ins Leben gerufen hatte, wurden ebendiese, die Streitkräfte und Betriebe, die für die Regierung arbeiteten, durchsiebt. Ebenso stürzte sich die Polizei auf Bars und Parks und verhaftete die ›bedrohlichen‹ Subjekte. Im District of Columbia waren das jährlich etwa 1.000 Personen in den frühen 50ern, in Philadelphia 100 pro Monat und in anderen Städten wie New York, New Orleans, Miami, San Francisco, Baltimore und Dallas sah es ähnlich aus. Unter den Schwulen gaben 20% an, daß sie Schwierigkeiten mit Polizei und Gesetzen hätten.

Diese Angst vor sexueller ›Andersheit‹ konnte stattfinden in einer Zeit, als der Befragung von Kinsey zufolge immerhin 50% der Männer bestätigten, erotische Gefühle anderen Männern gegenüber empfunden zu haben, über ein Drittel über postadoleszente homosexuelle Erfahrungen verfügte, die in einen Orgasmus gemündet hatten, vier Prozent sich sexuell ausschließlich auf das eigene Geschlecht bezogen und ein Achtel für eine Zeitspanne von mindestens drei Wochen zeitweise schwul war.

In den ersten Jahren, die auf den II. Weltkrieg gefolgt waren, hatten auch die Rassenkonflikte in Form direkter Übergriffe auf Schwarze zugenommen. Zum Beispiel waren im Juli und August 1946 sechs Kriegsheimkehrer von weißen Mobs gelyncht worden.

Reformiert wurde die Einwanderungsgesetzgebung. Mit dem McCarran-Walter-Gesetz von 1952 wurden die Quoten für die Einwanderung neu festgelegt. Ein Sechstel Prozent der bei der Volkszählung von 1920 in den USA lebenden Personen, die in dem betreffenden Land geboren waren, durften einreisen. Die Diskriminierung von ethnischen Gruppen aus Asien und dem Pazifik wurde aufgehoben. In der Präambel des Gesetzes ist allerdings vermerkt, daß bestimmte Nationalitäten anderen überlegen seien.

Die meisten EinwanderInnen waren in dem Zeitraum kurz zuvor nicht über die Quoten in's Land gekommen, sondern durch Ausnahmeregelungen. Der Chinese Exclusion Act war 1943 als Entgegenkommen an Chiang Kai-shek aufgehoben worden. 1946 gab es einen Sonderstatus für die Philippinen. Im selben Jahr wurde 120.000 Ehefrauen und Kindern von Soldaten aus Europa und Asien die Einreise gestattet. Zwischen 1948 und 1953 kamen 600.000 Displaced Persons, Vertriebene aus Deutschland, Osteuropa und Korea. Ab den 50er Jahren nahm die Anzahl der mittel- und lateinamerikanischen ImmigrantInnen zu, vor allem aus Mexico, Puerto Rico und, nach dem Sieg Fidel Castros 1959, aus Cuba.

Ansonsten waren die fünfziger Jahre, »in denen das Leben angeblich so leicht, das Benzin billig, die Autos groß, die Familien intakt und das Leben in den Vorstädten so angenehm war«[11], rückblickend verbunden mit dem Attribut golden. Herbert Marcuse sollte später darüber urteilen: »Die Menschen erkennen sich in ihren Waren wieder; sie finden ihre Seele in ihrem Auto, ihrem Hi-Fi-Empfänger, ihrem Küchengerät. Der Mechanismus selbst, der das Individuum an seine Gesellschaft fesselt, hat sich geändert, und die soziale Kontrolle ist in den neuen Bedürfnissen verankert, die sie hervorgebracht hat.«[12] Heideking charakterisiert die Stimmung in diesen Jahren folgendermaßen: »Das öffentliche Leben wurde beherrscht von einem unreflektierten Patriotismus, der gelegentlich die Grenze zur Selbstbeweihräucherung überschritt. Nach dem Erlebnis der Großen Depression, des New Deal und des Zweiten Weltkriegs verstanden sich die Amerikaner nun ganz fraglos als eine Nation und betrachteten ihr Gemeinwesen als einen Nationalstaat. Dieser Bewußtseinswandel kam schon darin zum Ausdruck, daß Institutionen, die man früher als ›Federal‹ bezeichnet hätte, nun durchweg das Attribut ›National‹ im Namen führten, wie etwa der National Security Council oder die 1958 gegründete National Aeronautics and Space Administration (NASA). Das Sternenbanner schmückte nicht nur öffentliche Gebäude und Einkaufszentren (shopping malls), sondern tauchte zunehmend in den Fenstern und Vorgärten von Privathäusern auf, und die Nationalhymne wurde bei jedem einigermaßen wichtigen Anlaß gespielt. Durch Autobahnen und Flugverkehr rückten die Amerikaner einander näher, und selbst die Konsumgewohnheiten schienen dazu beizutragen, Klassengegensätze und regionale wie ethnische Unterschiede in einer homogenen amerikanischen Nationalkultur aufzuheben.«[13]

Neben diesem Nationalismus erhielt ebenso die Religion Zulauf. Kirchenmitgliedschaft und Kirchenbesuche nahmen zu. Die Kirche paßte sich den neuen Medien an. Zum Beispiel nutzte der charismatische Prediger Billy Graham das Fernsehen für seine Erweckungsbewegung. Der Kongreß versah Geldscheine und Münzen mit der Aufschrift »In God We Trust« und der Präsident eröffnete die Kabinettssitzungen mit einem Gebet.

Auf der einen Seite herrschten in den 1950er Jahren Normalität und Konformität, auf der anderen Seite wurden Empfindungen der inneren Leere, Entfremdung und Einsamkeit thematisiert.

Neben der Automobilindustrie wurden Chemie und Elektronik zu Schlüsselsektoren. Die Agro-Industrie verdrängte endgültig die Familienfarm. Die Rüstungsindustrie wurde im Zuge der Aufrüstung ebenfalls zu einem bedeutenden Sektor. Allein zwischen 1950 und 1953 stiegen die jährlichen Ausgaben hierfür von 13 Milliarden Dollar auf knapp 50 Milliarden, wo sie mit einem leichten Rückgang Mitte des Jahrzehnts 1960 wieder landeten. California und der Südwesten von Texas waren bevorzugte Orte der Ansiedlung der Rüstungsindustrie. Es kündigte sich die Entstehung des sun belt an, der die traditionellen Industriegebiete des Nordostens als präferierte Wachstumszone ablösen sollte.

Die Monopolisierung und Oligopolisierung in der Wirtschaft schritt voran. In den 1960er Jahren vergrößerten die sieben Dutzend Industrieunternehmen mit einer Bilanzsumme von über einer Milliarde Dollar ihren Anteil am Wirtschaftsprodukt von einem Viertel auf fast die Hälfte. Weniger als 1% aller Firmen verbuchten 88% aller Gewinne.

Der Staat griff vermehrt durch direkte und indirekte Ausgaben in die Wirtschaft ein. Die Zahl der von ihm Beschäftigten stieg rapide an. Das hatte unter anderem einen Grund in dem sogenannten Sputnik-Schock. 1957, als die Sowjetunion ihren ersten künstlichen Satelliten namens Sputnik am 4. Oktober ins All schoß, wurde befürchtet, daß die USA auf Platz zwei hinter den real existierenden Sozialismus zurückfallen würde. Eilig wurden Milliardenbeträge in das Raumfahrtprogramm und in das Bildungswesen, die Grundlage für wissenschaftlichen und technologischen Fortschritt, gesteckt. Fernstraßenbau, Förderung des Wohnungsbaus, sowie auch verbesserte Sozialleistungen waren neben der Rüstungsindustrie die Sektoren, in die ansonsten Geld floß.

1946 war es noch in mehreren Industrien, unter anderem in der Automobilindustrie, der Stahlindustrie, dem Bergbau und den Eisenbahngesellschaften, zu Streiks um Lohnerhöhungen gekommen, die erfolgreich waren. Mit 4,8 Millionen ArbeiterInnen, die zeitweise ihren Arbeitsplatz verlassen hatten, und 116 Millionen bestreikten Arbeitstagen waren es die schwersten Arbeitskämpfe in der ganzen us-amerikanischen Geschichte.

1947 hatte der Kongreß die Rechte der Gewerkschaften beschnitten. Der closed shop, d.h. der Zwang für alle ArbeiterInnen eines Betriebes, einer Gewerkschaft beizutreten, wurde verboten. Die Gewerkschaften wurden verpflichtet, vor Streikbeginn eine ›Abkühlzeit‹ von 60 Tagen verstreichen zu lassen. Weiterhin mußten sie ihre Konten offenlegen und galten als juristische Personen, die auch vor Gericht angeklagt werden konnten.

1955 schlossen sich die Gewerkschaften AFL und CIO zusammen, ihr Einfluß aber schwand. Neben den gesetzlichen Einschränkungen taten ihre übermäßige Bürokratisierung und einige Korruptionsaffären ein übriges, so daß ihre Mitgliedschaft, die 1946 ihren Höhepunkt bei 37% der Lohnarbeitenden gehabt hatte, kontinuierlich sank.

Die ersten beiden Nachkriegsjahrzehnte waren eine Periode des langen Booms. Das reale Bruttosozialprodukt wuchs von 213 Milliarden Dollar 1945 auf über 500 Milliarden Dollar 1960 an.[14] Das Wirtschaftswachstum lag bei 4% jährlich. 1960 arbeiteten 35 Millionen Menschen als White collar workers[15], als Bürokräfte, Verkaufspersonal, Verwaltungskräfte, im Management oder in Akademikerberufen, 32 Millionen waren in der Landwirtschaft oder als ArbeiterInnen beschäftigt. Das Realeinkommen stieg, ohne allerdings die ungleiche Einkommensverteilung anzutasten. Die Zahl der Familien, deren Jahreseinkommen höher als 6.000 Dollar lag, stieg von 1947 bis 1960 von 29% auf 47% und diejenigen mit mehr als 7.500 Dollar von 17% auf 31%. 1940 hatten 42% der Familien ein Eigenheim besessen, 1960 traf das auf 62% zu. Auto,

Waschmaschine, Fernseher, Telefon, Staubsauger, Geschirrspüler gehörten für viele zum Standard; Fünf-Tage-Woche und zwei Wochen bezahlter Urlaub pro Jahr ebenfalls. Eine gewisse Egalität machte sich breit: »Alle kauften im Grunde gleiche Produkte in gleichartigen Kettenläden und Supermärkten, wenn auch die Markennamen verschieden waren.«[16] Es war eine Wohlstandsgesellschaft entstanden, eine affluent society, wie der Ökonom John Kenneth Galbraith sie 1958 bezeichnete.

Fast war Vollbeschäftigung erreicht.[17] Nachdem während des Krieges die Zahl der Frauen, die einer Lohnarbeit nachgingen, von 12 Millionen auf 16 Millionen geklettert war und sie zunehmend in ›Männerberufen‹ gearbeitet hatten, in Fabriken, Stahlwerken, Flugzeugwerken und Schiffswerften[18], hatten nach dem Krieg zwei Millionen Frauen ihre Stelle aufgegeben. Ihr Anteil an der erwerbstätigen Bevölkerung war von 36% auf 29% gesunken. Nun wurden wieder mehr Frauen als zuvor erwerbstätig. Verbesserte Bildung wurde für die Mittelschicht selbstverständlicher. Von 1940 bis 1960 stieg der Anteil der Neunzehnjährigen, die ein College besucht hatten, von 15% auf 45%. Es gab eine Bevölkerungsverschiebung vom Norden in den Westen und vom Land in die Stadt. Die Verstädterung setzte sich also fort. Der Anteil der Menschen, die auf dem Land lebten, ging von 17,5% auf 4,7% zurück[19], was einem Zuzug von 25 Millionen Menschen in die Städte entsprach. In ihnen setzte sich die Suburbanisierung fort. Vor allem weiße Mittelstandsfamilien nahmen für den vermeintlichen Komfort in den Vorstädten die langen Arbeitswege in die Innenstädte in Kauf.

Mit Alaska und Hawaii kamen der 49. und der 50. Bundesstaat 1959 zur Union, die nun 180 Millionen EinwohnerInnen zählte. Das waren 40 Millionen oder knapp 30% mehr als 1945. Die Gründe lagen im Baby Boom der frühen Nachkriegszeit, der sinkenden Kindersterblichkeit und der ansteigenden Lebenserwartung.[20]

18.871.831 Schwarze lebten 1960 in den USA und machten damit einen Bevölkerungsanteil von 10,5% aus. Ähnlich wie Anfang des Jahrhunderts setzte unter ihnen eine Migration ein. 1960 lebte zum ersten Mal die Hälfte aller Schwarzen außerhalb des tiefen Südens. Allerdings, wenn der gesamte Süden betrachtet wird, lebten immer noch 59% der Schwarzen dort. Ansonsten verteilten sich 16% auf den Nordosten, 18,3% auf den zentralen Norden und immer noch nur 5,8% auf den Westen. Zwischen 1940 und 1960 kamen somit drei Millionen in den Norden, wo sie sich hauptsächlich in den Städten und dort wiederum in bestimmten Stadtteilen konzentrierten. »Von den 11,5 Millionen Bewohnern des Staates Illinois sind 1,7 Millionen Schwarze. Von diesen leben 1,5 Millionen in Cook County, dem Verwaltungsbezirk, zu dem auch die Stadt Chicago gehört; von diesen leben wiederum 1,4 Millionen in der Kommune Chicago im engeren Sinn. Die Schwarzen machen also 16 Prozent der Bevölkerung des Staates aus, 29 Prozent der Einwohner des Verwaltungsbezirkes und 42 Prozent der Einwohner der Kommune.«[21] Während sich die Masse der Schwarzen auf bestimmte Viertel in der Stadt konzentriert, siedeln die Weißen in den Vororten: »Chocolate city with vanilla suburbs«, wie es in einem Lied über Chicago heißt. Das bedeutete ein Sinken der Grundstückswerte in den Zentren, eine Reduzierung der städtischen Steuerbasis und in deren Folge überfüllte Schulen, unzureichende öffentliche Verkehrsbetriebe etc.

Auf der Kehrseite standen auch die mehr als 1 Million ArbeiterInnen in der Verbrauchsgüterindustrie, die durch wirtschaftliche Modernisierungen von 1955 bis 1961 ihren Arbeitsplatz verloren hatten. Und viele von ihnen blieben arbeitslos. Insgesamt waren 1960 5,6% der erwerbsfähigen Bevölkerung, das entsprach fast 4 Millionen Menschen, arbeitslos. In den darauffolgenden Jahren verschlimmerte sich die Situation aufgrund der Wirtschaftsrezession, so daß 8%, das waren 5 Millionen, arbeitslos waren, unter ihnen eine Million bis zwei Millionen Dauerarbeitslose.

45 Millionen Menschen lagen 1960 unter der amtlich definierten Armutsgrenze von 3.000 Dollar Jahreseinkommen pro Familie. Die meisten von ihnen waren Schwarze oder NeueinwanderInnen aus Mittel- oder Lateinamerika. Sie lebten vor allem in den Städten und dort in den Zentren, die die Mittelklasse auf ihrem Weg in die Vororte geräumt hatte. Aber auch Gebiete in den Appalachen, West Virginia und Kentucky, in denen der Bergbau zurückgegangen war, waren von großer Armut betroffen. »Bei der Volkszählung von 1960 zeigte sich, daß 9 der insgesamt 53 Millionen bewohnten Wohnungen keine eigene Toilette, kein Bad und kein fließendes Wasser hatten. Eine der Ungereimtheiten der Wohlstandsgesellschaft lag darin, daß es mehr Wohnungen mit Fernsehgeräten gab als solche mit ausreichenden sanitären Einrichtungen.«[22]

Hatten Schwarze nach dem Zweiten Weltkrieg im Norden noch eine Chance auf einen Arbeitsplatz in der Industrie, sah es nun wieder schlechter aus. Durch Rationalisierung und vor allem ›Verwissenschaftlichung‹ der Produktion und Verlagerung arbeitsintensiver Teile der Produktion in den sun belt und in Länder des Trikonts nahmen die industriellen Arbeitsplätze in den großstädtischen Zentren wieder ab.

Beschäftigte schwarze Frauen arbeiteten 1960 noch immer zu einem Drittel als Dienstbotinnen, ein weiteres Fünftel in den übrigen Dienstleistungsbereichen.

Nach 1958 lag die Arbeitslosenquote der Schwarzen ständig über 10% und war damit doppelt so hoch wie die der Weißen. Von den 3,6 Millionen schwarzen Männern, die über Lohnarbeit verfügten, arbeiteten 40% als ungelernte Arbeiter. 1960 war der Prozentsatz der Schwarzen, die unter 3.000 Dollar im Jahr verdienten, auf 20,8% gestiegen. Und 75% aller Schwarzen verdienten weniger als das durchschnittliche jährliche Einkommen von Weißen von 5.981 Dollar.

Während Schwarze generell nur sehr langsam beruflich aufstiegen, öffnete sich ihnen neben der Unterhaltungsbranche noch eine andere Sparte, in der sie erfolgreich und zu einigem Wohlstand kommen konnten. Bis zum II. Weltkrieg waren Sportvereine und -mannschaften segregiert gewesen. 1947 wurde dann Jacki Robinson bei den Brooklyn Dodgers, einem Team der obersten Baseballklasse, unter Vertrag genommen. Schon ein Jahr zuvor hatten vier Schwarze bei Vereinen der Profiliga im American Football Aufnahme gefunden und 1950 spielten die beiden ersten Schwarzen in der National Basketball Association.[23] Von da an nahm der Anteil Schwarzer auch in den höherbezahlten Bereichen des Profisports zu.

Unter Dwight D. Eisenhower, der 1952 zum Präsidenten gewählt worden war, wurden einige Reformen wie die Miet- und Preiskontrollen wieder zurückgenommen. Privatisierungen bei der Nutzung von Bodenschätzen und Energie wurden von ihm durchgeführt sowie überhaupt die Unternehmen mehr als zuvor begünstigt wurden.

Aber andererseits fand eine Liberalisierung statt. Die Sozialversicherung und die Arbeitslosenversicherung wurden ausgebaut sowie der Mindeststundenlohn angehoben. Und Eisenhower berief liberale Richter an den Supreme Court. Eine dessen nachhaltigsten Entscheidungen fiel 1954, im Jahr des Sturzes McCarthys, mit dem Fall Brown versus Board of Education of Topeka, als die Seperate but equal-Doktrin dadurch aufgehoben wurde, daß die Rassentrennung an Schulen für verfassungswidrig erklärt wurde. Alle Richter schlossen sich der Meinung des schwarzen NAACP-Anwalts Thurgood Marshall an, die Segregation an Schulen verletze das 14. Amendment, nach dem die Bundesstaaten verpflichtet waren, ihren BürgerInnen die equal protection of the law zu gewährleisten. Getrennte Bildungseinrichtungen seien aber notwendigerweise ungleich, urteilten sie.[24]

Hunderte südstaatlicher Mitglieder des Repräsentantenhauses kritisierten das Gericht öffentlich und riefen zur Mißachtung des Urteils auf. In einigen Städten versammelte sich der Mob, um schwarzen Kindern den Eintritt in die Schulen zu verwehren. Nicht selten trafen BürgerrechtlerInnen und Schwarze auf offene Gewalt. Auch der Ku-Klux-Klan trat wieder in Erscheinung.

Es folgte seitens der Schwarzen eine Phase des Ringens um Bürgerrechte und Befreiung. Am 1. Dezember 1955 weigerte sich die schwarze Arbeiterin Rosa Parks in Montgomery, Alabama, in einem Bus einen Sitzplatz, der ausschließlich Weißen vorbehalten war, zu verlassen und sich in den für Schwarze erlaubten hinteren Teil zurückzuziehen. Sie wurde deswegen aufgrund der lokalen Rassentrennungsverordnung festgenommen. Damit war sie die fünfte Person, die in dem Jahr in Montgomery wegen Verletzung der Sitzordnung in Bussen verhaftet wurde. Es war schon vorher über einen Busboykott geredet worden und nach dem erfolgreichen Beispiel von Baton Rouge ein Jahr zuvor waren auch schon konkrete Schritte geplant worden. Nun wurde der Anlaß aufgegriffen. 12 Monate dauerte der Busboykott. Dann fällte der Oberste Gerichtshof die Entscheidung, daß die Gesetze des Staates Alabama sowie entsprechende lokale Verordnungen über die Rassentrennung in öffentlichen Verkehrsmitteln verfassungswidrig seien. Die sogenannte Bürgerrechtsbewegung war geboren, als deren Führer der Baptistenprediger Dr. Martin Luther King in der Öffentlichkeit gesehen wurde.

Die Bundesregierung und der Kongreß vermieden es im Gegensatz zum Supreme Court, das heiße Eisen der Rassenbeziehungen anzufassen. Als der Gouverneur von Arkansas 1957 allerdings schwarzen Schülern den Zugang zu einer High School in Little Rock verweigerte und sich damit gegen die Rechtssprechung stellte, schickte Eisenhower Truppen in den Süden und stellte die Nationalgarde von Arkansas unter Bundesaufsicht.

Allerdings schafften es südliche Bundesstaaten weiter, die Umsetzung der Rassenintegration in den Schulen hinauszuzögern. Sechs Jahre nach Urteilsspruch war sie nicht an einer einzigen Schule in South Carolina, Georgia, Alabama, Mississippi oder Louisiana umgesetzt worden.

Der Mann, der Amerikas Aufbruch zu verkörpern schien, war der Democrat John F. Kennedy, der 1960 zum Präsidenten gewählt worden war. Schätzungsweise 70% der Schwarzen, die wählen durften und dies auch taten, stimmten für ihn. Seine Metapher war die New Frontier, die den Aufbruch zu neuen Grenzen symbolisieren sollte. Doch sein Kurs war zwiespältig und von Halbherzigkeiten geprägt. Sein innenpolitisches soziales Reformprogramm kam nicht durch. Hinsichtlich der Forderungen der Bürgerrechtsbewegung blieb er zurückhaltend. Erst im Sommer 1963 entschloß er sich, einen Civil Rights Act zu entwerfen, der die Rassendiskriminierung in öffentlichen Gebäuden verbot und das Justizministerium ermächtigte, von sich aus gegen die Segregation einzuschreiten. Den unter der Führung von Martin Luther King im August stattfindenden Marsch auf Washington, an dem 200.000 Schwarze und Weiße teilnahmen, unterstützte er nach anfänglichem Zögern und erklärte in einer Fernsehansprache, die Nation werde »nicht wirklich frei sein, bis alle ihre Bürger frei sind.«[25]

Außenpolitisch zeichnete er sich eher als Vertreter einer härteren und militaristischen Linie aus. Um Cuba aus den Fängen der Revolution zu befreien, ließ er 1961 mit Hilfe der CIA und dem Generalstab 1.500 kubanische Exilanten zu der Insel schiffen, die einen Aufstand beginnen sollten. Ihre Landung in der Schweinebucht geriet zum Debakel.

Die wirkliche Cubakrise folgte 1962. Die Sowjetunion hatte Basen für Mittelstreckenraketen auf Cuba errichtet. Kennedy drohte mit der Zerstörung der Basen, falls sie nicht demontiert würden. Die Sowjetunion lenkte ein und im Gegenzug wurde von den USA der Verzicht auf eine Invasion Cubas erklärt. Vertraulich hatte Kennedy zudem den Abzug der von Moskau beanstandeten us-amerikanischen Mittelstreckenraketen aus der Türkei versprochen. Erst 1992, als die Russen das Geheimnis lüfteten, wurde klar, wie nahe die Welt an einem Atomkrieg vorbeigegangen war. Die US-Amerikaner wußten damals nämlich nicht, daß bereits 36 einsatzbereite Atomsprengköpfe auf der Insel lagerten, die mit ihren Trägerraketen jeden Punkt der USA hätten erreichen können. Weiterhin war der us-amerikanischen Aufklärung ebenfalls entgangen, daß die Sowjets taktische Atombomben auf die Insel gebracht hatten, die gegen angreifende Truppen hätten eingesetzt werden können.

Das Engagement der USA in Vietnam verschärfte sich. Die frühere Kolonie Frankreichs war nach der Niederlage der französischen Truppen 1954 geteilt worden. Der Norden orientierte sich an der Sowjetunion und China. Im Süden wurde durch Wirken der USA der antikommunistische Katholik Ngô Dinh Diêm als Regierungschef eingesetzt, der fortan seine politischen Gegner ausschaltete und eine Gewaltherrschaft aufbaute. Das führte zum Anschluß der nationalgesinnten bürgerlichen Kräfte an die kommunistisch geführte Front National de Libération (NFL), kurz Vietcong genannt. Diese führten einen Guerillakrieg gegen das Regime Diêms.

Die USA, die in ihren globalen Plänen die Region als Rohstoff- und Absatzmarkt für Japan und Europa geplant hatten, befürchteten, sollte Südvietnam kommunistisch werden, ein Umkippen anderer Staaten der Region ebenfalls zum Kommunismus wie hintereinander aufgestellte Dominosteine, bei denen das erste angeschubst wird.

Den Süden des geteilten Landes wollten die USA als regionales Bollwerk aufbauen. Ab 1955 ließen sie jährlich ca. 200 Millionen Dollar in das Land fließen. Und die Zahl der us-amerikanischen Militärberater nahm zu. 1960 belief sich ihre Zahl auf 700, zwei Jahre später waren es 6.000. Aber der aus Nordvietnam unterstützte Widerstand der NLF gegen die Diktatur Diêms wuchs und fand Unterstützung in der Bevölkerung.

Als klar wurde, daß Ngo Dinh Diêm über keinen Rückhalt in der Bevölkerung mehr verfügte, gab Washington grünes Licht für einen Militärputsch. Am 1. November 1963 wurde Diêm gestürzt und kurz darauf ermordet.

Am 22. November 1963 wurde Kennedy in Dallas, Texas, erschossen, als er im offenen Wagen durch eine jubelnde Menge fuhr. Ein Mythos entstand: »Kennedys plötzlicher Tod ließ das Bild eines heldenhaften, potentiell großen Präsidenten, der die Hoffnung einer ganzen Generation verkörpert und Amerika zu neuen Ufern geführt hätte, um so heller erstrahlen und darüber vergessen, daß er nur ein Drittel seiner Gesetzesprojekte tatsächlich durch den Kongreß gebracht hatte und daß er stets vom Frieden gesprochen und dennoch die Welt um Haaresbreite an der Apokalypse vorbeigeführt und mehr als jeder andere Präsident in Friedenszeiten das Land aufgerüstet hatte.«[26]

Eine Reformphase wurde eher von dem ihm folgenden Lyndon B. Johnson initiiert. Im Juni 1964 gelang ihm die Durchsetzung des noch unter Kennedy vorbereiteten Bürgerrechtsgesetzes, das das weitreichendste seit der Reconstruction war. Es verbot jegliche Diskriminierung auf

Grund von Hautfarbe, Religion und Geschlecht. Die Rassentrennung in der Öffentlichkeit wurde explizit aufgehoben. Mit dem 24. Amendement, ebenfalls von 1964, wurde die Erhebung von Wahlsteuern verboten, die im Süden dazu gedient hatte, arme Schwarze und Weiße von den Urnen fernzuhalten. Ähnliche Gesetze folgten in den nächsten Jahren, wie z.B. die Abschaffung von Schreibprüfungen als Bedingung, wählen zu dürfen. Die Zahl der Schwarzen, die sich in WählerInnenlisten registrieren ließen, stieg von 20% 1960 auf über 60% Anfang der 70er Jahre. Und sie erhielten durch Veränderungen der Wahlkreiseinteilungen auch bessere Chancen, selbst gewählt zu werden.

Gleichzeitig wurde die Equal Employment Opportunity Commission (EEOC) eingesetzt, um Diskriminierungen aufgrund von Rasse, Religion, nationaler Herkunft und Geschlecht zu begegnen. Die Sozialprogramme wurden als »bedingungsloser Krieg gegen die Armut in Amerika« verkauft und waren verhältnismäßig weitgehend. Dahinter steckte die Vision der Great Society, die Armut und Rassismus ein Ende bereiten sollte und Johnsons Wahlkampfmotto gewesen war.[27]

»So wurde erstmals in der amerikanischen Geschichte ein umfassendes Hilfsprogramm für die Elementar- und Sekundärerziehung verabschiedet. Das Voiting Rights Act suspendierte Rechtschreibetests und ermächtigte Bundesbeauftragte, die Registrierung der Wähler vorzunehmen. Mit dem Medical Care Act wurden eine Krankenversicherung für ältere Menschen (Medicare) und die kostenlose Gesundheitsvorsorge für Sozialhilfeempfänger (Medicaid) aus Bundesmitteln eingeführt. Milliarden flossen in den sozialen Wohnungsbau und das Wohngeld. Das Einwanderungsgesetz von 1965 hob das diskriminierende Quotensystem von 1924 auf und liberalisierte die Einwanderung. Es wurden Maßnahmen zur Verbesserung der Infrastruktur und Entwicklung der Appalachen-Region, dem Armenhaus der Nation, ergriffen und Gelder für bedürftige Collegestudenten sowie für Bibliotheken und Forschungseinrichtungen bereitgestellt. Gesetze zur Reinhaltung von Luft und Wasser wurden verabschiedet und neue Ministerien errichtet, darunter das Department of Housing and Urban Development, an dessen Spitze Robert Weaver berufen wurde, der erste schwarze Minister in der Geschichte der USA. Nicht alle diese Programme und Initiativen waren ausgefeilt und hinreichend durchdacht, so daß etliche bereits bald wieder aufgegeben werden mußten. Doch was blieb, hat viele Hoffnungen erfüllt und das amerikanische Leben seither nachhaltig verändert; für

Konservative verkörpert es bis heute die schlimmsten Auswüchse des politischen Systems, die allesamt wieder abgeschafft werden müßten.«[28]

Die Zahl der unter dem offiziellen statistischen Existenzminimum lebenden Menschen veringerte sich zwischen 1960 und 1970 von 22,4% auf 12,6%. Unter Schwarzen bedeutete das eine Verringerung von 55,1% auf 31,0%.

So weitgehend diese Reformen auch waren, die Regierung der USA gab zwanzigmal soviel Geld für den Krieg in Vietnam aus wie für den »Krieg gegen die Armut«. Nachdem Diêm gestürzt worden war, hatte sich die Lage dort nicht stabilisieren können. 40% des Landes befanden sich unter der Kontrolle des Vietcong. In den Provinzen um Saigon waren es sogar bis zu 90%. Die Gesprächsangebote des Vietcong mit deren Forderungen nach Waffenstillstand, freien Wahlen, Bildung einer Koalitionsregierung, Verhandlungen mit dem Norden und Wiedervereinigung wurden ausgeschlagen.

Anfang August 1964 wurde behauptet, zwei nordvietnamesische Patrouillenboote hätten zwei us-amerikanische Kriegsschiffe im Golf von Tonking unprovoziert angegriffen. Johnson forderte den Kongreß auf, ihn zu weitergehenden Maßnahmen zu berechtigen, um weiteren Angriffen begegnen zu können, was dieser auch tat. Die Eskalierung des Krieges begann. Jetzt wurde auch offen gegen Nordvietnam gekämpft. Das bedeutete massive Luftangriffe, die Entlaubung ganzer Dschungelregionen, sowie die Verminung von Häfen.[29] Und das, was hatte vermieden werden sollen, war angesichts der Situation und der Art der Kriegsführung unvermeidlich geworden: die Entsendung von Bodentruppen. Innerhalb von drei Jahren stieg die Anzahl der us-amerikanischen Soldaten von 23.000 auf 500.000. Die allgemeine Wehrpflicht wurde in den USA ausgerufen. Mit der Truppenverstärkung stiegen auch ihre Verluste. Fielen 1964 147 GI's und wurden 1.000 verwundet, so waren es 1968 14.500 Tote und fast 93.000 Verletzte. Anders als in früheren Kriegen wurden vermehrt Schwarze eingesetzt, die zumeist die unteren Dienstränge bekleideten und an den direkten Kampfhandlungen beteiligt waren. Die Nicht-Weißen stellten 11,5% der gesamten Mannschaftsstärke, aber 22% aller toten US-Soldaten.

Trotz des gewaltigen Aufgebots an Menschen und Material gelang es einer der stärksten Militärmächte der Welt nicht, Herr der Lage zu werden. Es gelang weder den Nachschub aus dem Norden zu unterbinden, noch die Guerrilla und die bäuerliche Bevölkerung zu entzweien. Als Ende Januar 1968 die Tet-Offensive des Vietcong stattfand, die rein militärisch betrachtet kein Erfolg war, hatte sie allerdings starken psychologischen und politischen Nachhall. Zu offensichtlich war dieser Krieg für die USA im bisherigen Stil nicht weiter führbar. Die öffentliche Meinung verlangte zumindest eine Reduzierung des militärischen Engagements und auch in der Administration und im Kongreß mehrten sich die Stimmen gegen diese Form von Devisenabfluß.

Das militärische Disaster außerhalb der Landesgrenzen fand eine Entsprechung im Inneren. Die Ghettos explodierten, was als ›heiße Sommer‹ in die Geschichte einging. 1964 passierte das nur in einer Handvoll Städte, am heftigsten wohl noch in New York und Rochester. 1965 erlangte dann Watts, das Schwarzen-Viertel von Los Angeles, Berühmtheit. »Eine Woche lang mordete, marodierte und brandschatzte der schwarze Mob«, schrieb damals die Presse. Das Resultat: 35 Tote, über 800 Verletzte, 700 niedergebrannte Häuser, die Verwüstung eines 77 Quadratkilometer großen Gebiets, 40 Millionen Dollar Sachschaden. Im Sommer 1966 kam es schon in mehr als zwei Dutzend Städten in den ganzen USA zu Aufständen. 1967, im vierten ›heißen Sommer‹ waren schon über 100 Städte betroffen. Die »[...] schwerste amerikanische Krise seit dem Bürgerkrieg«, so Senator Robert Kennedy[30], »die größte Tragödie in der langen Reihe der Explosionen in den Farbigen-Gettos«, so die Washington Post[31], fand vom 24. bis zum 28. Juli in Detroit statt, nach einer Polizei-Razzia gegen eine illegale Farbigen-Kneipe. »Rollende Barrieren räumten die Straßen: Panzer mit aufgesessenen Fallschirmjägern, die – in Viererformation nebeneinander – den Raum von Häuserfront zu Häuserfront ausfüllten. Ihre Maschinengewehre schossen auf alles, was sich auf Straßen und Plätzen bewegte. Über den Dächern kreisten Dutzende Hubschrauber – sie feuerten auf Dachluken und Simse. Ganze Stadtviertel brannten, Straßenzüge waren nur noch rauchgeschwärzte Ruinen. Auf Bürgersteigen und in Hausfluren lagen Tote, zum Teil verkohlt. Draußen trieben Uniformierte mit Kolbenstößen Gefangene zusammen. In vier Tagen und vier Nächten Straßenkampf säuberten Polizisten, Nationalgardisten und Fallschirmjäger der 82. und der 101. US-Division Straße um Straße, Haus um Haus. Dann – am letzten Wochenende – schwiegen die Karabiner der Heckenschützen, aber die Paras[32] hatten eine zerstörte Stadt erobert: nicht eine feindliche Kapitale, sondern die fünftgrößte Stadt des eigenen Landes, die Auto-Hauptstadt der Welt, Detroit am Erie-See im US-Bundesstaat Michigan.«[33] 41 Menschen starben in diesen Tagen in Detroit, 2.000 wurden verletzt, 3.200 verhaftet, Tausende obdachlos. 1.500 Geschäfte wurden geplündert, 1.200 Brände gelegt, ein Sachschaden von 500 Millionen Dollar verursacht und die Autoproduktion gestoppt.

Die Bürgerrechtsbewegung unter Führung von Martin Luther King und der von ihm 1957 gegründeten Southern Christian Leadership Conference (SCLC) war auf gewaltlose Aktionen zur Erringung der rechtlichen Gleichstellung der Schwarzen mit den Weißen eingeschworen gewesen. Sie hatte mit konsequent gewaltlosen Aktionen wie Demonstrationen und Boykotten agiert. Nun tauchten neue Organisationen auf. Das Student Non-Violent Coordinating Commitee (SNCC), meist snick genannt, war aus den spektakulären sit-ins hervorgegangen, mit denen schwarze Studenten in den Bars und Restaurants von Greensboro, North Carolina, die Aufhebung der Segregation erzwungen hatten. Der Congress of Racial Equality (CORE), schon während des Zweiten Weltkriegs gegründet, ging ebenso gegen die Segregation vor. Begonnen mit dieser Praxis hatte er schon 1947 im Westen. Damals war sein Betätigungsfeld die Segregation in Restaurants und an Schulen gewesen, sowie dafür zu sorgen, daß schwarze ArbeiterInnen eingestellt wurden. Nun war sein Ziel das Ende der Segregation in Bussen und anderen Verkehrsmitteln. Mit den freedom rides, Busfahrten schwarzer und weißer BürgerrechtlerInnen, im tiefen Süden versuchte er ab 1961 dagegen vorzugehen.

1962 waren im Süden lediglich 25% der Schwarzen als WählerInnen registriert. Zahllose Restriktionen weißer Beamter verhinderten ihre Aufnahme in die Listen. Für die Durchsetzung des uneingeschränkten Wahlrechts organisierten SNCC und CORE registration drives, die, wie auch ihre anderen Aktionen, oft auf erbitterte Gegenwehr der lokalen weißen Bevölkerung stießen. Es kamen mehr als zehn BürgerrechtlerInnen dabei ums Leben. Häuser und Kirchen von Schwarzen wurden angezündet oder durch Bomben zerstört. Allein zwischen Juni und Oktober 1964 traf dies 24 Kirchen in Mississippi. Auch der Ku Klux Klan trat wieder auf den Plan und Mitglieder paradierten öffentlich gegen Rassengleichheit.

Das Ziel der Bürgerrechtsbewegung war die Beseitigung der extremsten Auswüchse des Rassismus und die Integration der Schwarzen in das amerikanische System. Dieses Ziel brachte Martin Luther King in einer Rede zum Ausdruck: »[...] trotz der Schwierigkeiten von heute und morgen habe ich einen Traum. Es ist ein Traum, der tief verwurzelt ist im amerikanischen Traum. Ich habe einen Traum, daß eines Tages diese Nation sich erheben wird und der wahren Bedeutung ihres Credos gemäß leben wird: ›Wir halten diese Wahrheit für selbstverständlich: daß alle Menschen gleich erschaffen sind.‹ Ich habe einen Traum, daß eines Tages auf den roten Hügeln von Georgia die Söhne früherer Sklaven und die Söhne früherer Sklavenhalter miteinander am Tisch der Brüderlichkeit sitzen können. [...] Das wird der Tag sein, an dem alle Kinder Gottes diesem Lied eine neue Bedeutung geben können: ›Mein Land, von dir, du Land der Freiheit, singe ich. Land, wo meine Väter starben, Stolz der Pilger, von allen Bergen laßt die Freiheit erschallen.‹ Soll Amerika eine große Nation werden, dann muß dies wahr werden.«[34] Für diesen Traum stand die Hymne der Bürgerrechtsbewegung: ›We shall overcome – some day‹.

Am 4. April 1968 wurde Martin Luther King ermordet. Die spontanen Reaktionen auf die Ermordung ließen erneut die Ghettos explodieren: »Die dem Guardian vom 13.4.1968 entnommene folgende Aufstellung berücksichtigt nur die ersten vier Tage der Rebellion. 72 Städte waren bis zu diesem Zeitpunkt betroffen, 32 Tote, 13.876 Verhaftungen und wenigstens 2.266 Verletzte gezählt. Eine von der New York Times am 14. April veröffentlichte Übersicht sprach dann von 125 betroffenen Städten, 46 Toten, mindestens 2.600 Verletzten und 21.270 Verhafteten. Unter den Toten befanden sich nur 5 Weiße und nicht ein einziger Polizist. Der Sachschaden wurde auf 45 Millionen Dollar geschätzt. Außer der Polizei waren Militärs in Stärke von 55.000 Mann im Einsatz, davon 21.000 Mann Bundestruppen und 34.000 Mann Nationalgarde.«[35] »Vor dem Capitol zogen erstmals seit über 35 Jahren Soldaten auf. Polizisten riegelten das Weiße Haus ab. ›Washington‹, so entsetzte sich das US-Nachrichtenmagazin ›Newsweek‹, ›glich der belagerten Hauptstadt einer Bananenrepublik‹.«[36]

Eine Organisation, die ganz andere Ideen als die Bürgerrechtsbewegung vertrat, war die Nation of Islam, eher bekannt als Black Muslims. Ihre Wurzeln lagen in nationalistischen Strömungen der Schwarzen, die sich in den zwanziger Jahren ausgebreitet hatten. 1930 von Wali Farrad gegründet, wurde die Nation of Islam seit 1934 von Minister Elijah Muhammad geleitet. Sie war in erster Linie eine religiöse Sekte mit strengen Regeln. Alkohol, Rauchen, Rauschgift, Tanzen, Flirten, Kinobesuche, schuldhafter Verlust des Arbeitsplatzes etc. waren streng verboten. Sie entfaltete eine Fülle religiöser und sozialer Aktivitäten. Neben Tempeln in den Ghettos unterhielt sie Restaurants, Läden, Schulen und ihre eigene Muslim Universität in Chicago. Eine eigene Selbstverteidigungsgruppe, die Fruit of Islam, sorgte für ihren Schutz. Ihre Ideologie basierte auf dem Glauben an die Überlegenheit der schwarzen Rasse, darauf, daß die schwarze Rasse von Gott, der schwarz sei, auserwählt worden sei und die Weißen letztendlich mit dem weißen Teufel untergehen würden. Mit der Weltgemeinschaft des Islam hatte sie wenig gemein und bezog sich paradoxerweise faktisch mehr auf die Bibel als auf den Koran. So war ihr Ziel ein eigenständiger schwarzer Kapitalismus, aufgebaut nach strengen moralischen Vorschriften, in dem Fleiß und Tüchtigkeit zum Erfolg führen sollten und die Bildung eines eigenen schwarzen Staates auf dem Boden der USA. Dadurch, daß sie schwarzes Selbstbewußtsein förderte, konnte sie tausende durch sie geheilte Süchtige und Gefängnisinsassen rekrutieren. Schätzungen zufolge besaßen sie auf ihrem Höhepunkt 75.000 bis 150.000 Mitglieder in 27 Bundesstaaten. Diese führten ein Drittel bis ein Viertel ihres Einkommens an die Organisation ab. Ihr bekanntestes Mitglied war der Boxweltmeister Muhammad Ali alias Cassius Clay. Die Ablehnung des amerikanischen und die Annahme eines afrikanischen oder arabischen Namens war ein häufig anzutreffendes Phänomen jener Jahre.

Ihr bedeutendster Führer wurde Malcolm Little, 1925 in Omaha, Nebraska, geboren, den wohl niemand unter diesem Namen kennt, aber viele als Malcolm X. »Seinen Familiennamen Little hat er bewußt abgelegt, mit der Begründung, er sei seinen Vorfahren von weißen Sklavenhaltern gegeben worden. Das X bedeutete, ›daß ich nicht weiß, wer ich bin‹ und dies zuzugeben, schien ihm besser, als einen von Weißen gegebenen Namen zu haben.«[37] Seine bewegte Jugend als Krimineller brachte ihm 1946 eine zehnjährige Haftstrafe wegen Raubüberfall ein. Im Gefängnis kontaktierte er mit Black Muslims und nach seiner vorzeitigen Entlassung 1952 wurde er ihr bedeutendster Führer und Organisator. Längere Zeit leitete er den Tempel in Harlem, New York. Anfang März 1964, nach einer Pilgerreise nach Mekka, die ihn auch in andere Staaten des Nahen Ostens und Afrikas führte, kam es zum Bruch zwischen Malcolm X und den Black Muslims. Er stimmte nicht mehr mit ihrer Rassentheorie überein und sah mehr in der Politik als in der

Religion eine Möglichkeit zur Beendigung der schlechten Lebensbedingungen der Schwarzen. Er sagte sich von der Nation of Islam los. In den USA ›predigte‹ Malcolm X Militanz im Gegensatz zur Bürgerrechtsbewegung, denn »mit Knien und Beten erkämpft man sich kein Recht«[38]. In einer Rede sagte er: »Die schwarze Revolution ist in Afrika, Asien und Lateinamerika im Gang; wenn ich sage schwarz, meine ich nicht weiß, sondern schwarz, braun, rot oder gelb. Unsere Brüder und Schwestern in Asien, die von den Europäern kolonisiert wurden, unsere Brüder und Schwestern in Afrika, die von den Europäern kolonisiert wurden, und in Lateinamerika die Bauern, die von den Europäern kolonisiert wurden, sie alle befinden sich seit 1945 in einem Kampf, um die Kolonialisten oder die Kolonialmächte, die Europäer, aus ihrem Land wegzukriegen. Das ist eine wirkliche Revolution. Revolution basiert immer auf Land. Revolution basiert niemals darauf, daß man jemand um eine integrierte Tasse Kaffee bittet. Revolutionen können niemals erkämpft werden, indem man die andere Backe hinhält. Revolutionen basieren niemals auf ›Liebet Eure Feinde und betet für die, die Euch beleidigen und verfolgen‹. Und Revolutionen werden niemals mit dem Absingen von ›We Shall Overcome‹ durchgeführt. Revolutionen basieren auf Blutvergießen. Revolutionen sind niemals Kompromisse; sie beruhen niemals auf Verhandlungen. Revolutionen beruhten niemals auf irgendeiner Art von Geschenken; Revolutionen beruhen auch nicht einmal darauf, daß man darum bettelt, in eine korrupte Gesellschaft oder ein korruptes System aufgenommen zu werden. Revolutionen stürzen Systeme. Und auf dieser Erde gibt es kein System, das sich korrupter, verbrecherischer als dieses System erwiesen hätte, das im Jahr 1964 immer noch 22 Millionen Afro-Amerikaner kolonisiert, immer noch 22 Millionen Afro-Amerikaner versklavt.«[39]

Am 21. Februar 1965 wurde er, während einer Ansprache in Harlem, niedergeschossen. Viele vermuteten, daß Elijah Muhammad den ›Abtrünnigen‹ umbringen ließ; Beweise dafür gibt es nicht.

Als am 6. Juni 1966 wieder einmal ein Bürgerrechtler auf einem freedom ride in Mississippi angeschossen wurde, radikalisierte sich ein Teil der Bewegung. Der Ruf nach Black Power wurde laut. Dahinter verbarg sich kein geschlossenes Konzept, sondern eher ein Sammelsurium verschiedener Ideen. Nachgedacht wurde über eine radikale Umwälzung des us-amerikanischen politischen, ökonomischen und kulturellen Systems, sowie über eine Änderung der Mittel, politische Erfolge zu erzielen: von der strikten Gewaltlosigkeit wurde Abstand genommen. Die Parole ›black is beautiful‹ predigte schwarzen Rassestolz.

1966 wurde die Black Panther Party gegründet. Sie stellte sich selbst als marxistisch-leninistische Kaderpartei dar, die allerdings eine eigene Variante marxistischer Theorie lieferte. Im Zuge der weltweiten antikolonialen Bestrebungen sah sie, wie Teile der Black Power Bewegung, die schwarzen Ghettos in den USA als ›Kolonie im Mutterland‹ an. Ihr galt nicht das schwarze oder weiße Proletariat als revolutionäres Subjekt, sondern das schwarze Lumpenproletariat, welches sie organisieren wollte. Dafür veranstaltete sie viele Selbsthilfemaßnahmen, wie kostenlose Frühstücke für schwarze Ghettokinder, Rechtsberatungen, Gesundheitshilfen etc. Bekannt, sogar international bekannt wurde sie aber vor allem durch ihre bewaffneten Patrouillen, mit denen sie Schwarze vor Polizeiübergriffen schützen wollte. J. Edgar Hoover, der Direktor des FBI, sollte dann bald die Black Panther Party als die größte Gefahr für die innere Sicherheit des Landes bezeichnen.

Andere ethnische Minderheiten, wie die PuertorikanerInnen, ChinesInnen, MexikanerInnen und Natives, begannen sich ebenfalls zu organisieren, oftmals nach dem Vorbild der Black Panther Party.

Der Protest der Bürgerrechtsbewegung und der Black Power-Bewegung floß zusammen mit der Anti-Kriegsbewegung. Deren Wurzeln rührten noch aus den 50er Jahren her, in den Kampagnen gegen Atombombenversuche und Aufrüstung. Die Students for a Democratic Society (SDS) waren eine der zentralen Organisationen. In ihrem *Port Huron Statement*, bereits von 1958, hatten sie die Beendigung des Kalten Krieges, echte partizipatorische Demokratie sowie die Sicherung der Bürgerrechte und der persönlichen Freiheit gefordert. Gegen Ende der 60er Jahre hatten sie etwa 100.000 Mitglieder.

Der fortgesetzte Krieg in Vietnam war einer der wichtigsten Brennpunkte der verschiedenen Bewegungen. An ihm zeigte sich die Renitenz in Teilen der Gesellschaft. Das Verbrennen von Einberufungsbescheiden oder die Flucht vor der Einberufung nach Canada oder Übersee war nicht unüblich. Allein in Europa desertierten 1967 12.000 GI's, um einem möglichen Einsatz zu entgehen, insgesamt 120.000 Wehrpflichtige setzten sich über die Jahre hinweg ab. Zudem war die Moral der kämpfenden Truppe in Vietnam am Boden. Befehlsverweigerungen waren an der Tagesordnung, ebenso wie das fragging[40], d.h. Morde an unliebsamen Vorgesetzten. Ganze Einheiten waren zeitweise nicht einsetzbar, weil die Soldaten verschiedenste Rauschmittel intus hatten.

Wie in Westeuropa wurden auch in den USA Fidel Castro, Ernesto Che Guevara, Mao Tse-tung und Ho Chi Minh zu Idolen der politisierten Jugend.

Gegen ihre Benachteiligung im Berufsleben und ihre Herabwürdigung zu Sexualobjekten wurden Frauen aktiv. Sie versuchten, oft erfolglos, diese Probleme in den verschiedensten Fraktionen der New Left zur Sprache und zur Diskussion zu bringen. 1966 wurde die National Organization of American Women (NOW) nach dem Vorbild der NAACP von Betty Friedan gegründet. Berufen wurde sich in der Argumentation auf den Civil Rights Act, der die Gleichbehandlung von Männern und Frauen gewährleisten sollte. Der radikalere Flügel der Frauenbewegung schloß sich im women's liberation movement in kollektiven Zirkeln ohne zentrale Leitung zusammen. Aufmerksamkeit erreichten sie durch spektakuläre Aktionen, wie z.B. der Verhinderung der Miss America Wahlen. Sie strebten die revolutionäre Umwandlung der Geschlechterbeziehungen und die Überwindung der patriarchalen Strukturen an. Das Private galt fortan als politisch. 1972 verabschiedete der Kongreß dann auch den 27. Zusatz zur Verfassung, der die rechtliche Gleichstellung der Geschlechter feststellte, aber, wie Sautter schreibt: »[...] Ende 1975 fehlte zu seinem Inkrafttreten nur noch die Zustimmung weniger Staaten.«[41] Die lassen allerdings bis heute auf sich warten.[42]

Wie nicht anders zu erwarten, organisierten sich auch lesbische Frauen im women's liberation movement und in der NOW. Sie stießen aber auch hier, besonders in letzterer Organisation, oft auf Unverständnis bis Ablehnung. Auch ein Teil der frauenbewegten heterosexuellen Frauen sahen lesbische Sexualität als abartig an. So gründeten Lesben ihre eigenen Zirkel. Da sie sich aus der emotionalen Umklammerung mit Männern gelöst hatten und sich auf Frauen bezogen, sahen sie sich bald als Avantgarde im Kampf gegen die ›Zwangsheterosexualität‹.

Während der 50er und 60er Jahre war eine schwule und lesbische Subkultur entstanden, die schon das Interesse der Medien geweckt hatte und somit über eine gewisse Öffentlichkeit verfügte. Einzelne AktivistInnen waren gegen Polizeiübergriffe und Diskriminierungen in's Feld gezogen. Als Geburtsstunde der Bewegung gilt aber ein anderes Datum. Am Freitag, dem 27. Juni 1969, setzte eine Gruppe Polizisten dazu an, das Stonewall Inn, eine Schwulenbar in Greenwich Village, zu schließen.

Razzien gegen solche Treffpunkte waren zu der Zeit üblich. Doch anders als an anderen Tagen stießen die Polizisten diesmal auf erbitterte Gegenwehr, die sich zu einer Straßenschlacht über die ganze Nacht ausweitete. Am nächsten Morgen waren Graffitis an den Hauswänden zu sehen, die Gay Power verkündeten. Kurz darauf wurde die Gay Liberation Front (GLF) in New York gegründet, eine Organisation für Schwule und Lesben, die sich der New Left zugehörig fühlte und in ihrer Rhetorik die Revolution beschwor. Eine bundesweite Graswurzelbewegung entstand. 1973 gab es 800 Organisationen bundesweit. Schwule und lesbische Kirchen, Synagogen, Reisebüros, Restaurants, Stadtteilzentren, Anwaltskanzleien, Zeitungen, Schallplattenverlage, democratic Clubs, republican Clubs,... wuchsen aus dem Boden. Schwarze, hispanische, asiatische, junge, alte Schwule und Lesben gründeten ihre eigenen Organisationen. Die Bewegung verzeichnete einige Erfolge. 1970 eliminierten die Hälfte der Bundesstaaten die Gesetze, die Homosexualität unter Strafe stellten. 1974 strich die American Psychiatric Association Homosexualität von ihrer Liste geistiger Störungen. Ein Jahr später ließ die Regierung Einstellungen von Schwulen und Lesben in Behörden zu. Zu einer Vermischung der Szenen über Rassengrenzen hinweg kam es allerdings selten.

Zu diesem politischen und sozialen Protest gesellte sich etwas, das unter den Begriff counter-culture gefaßt wurde. Es waren Intellektuelle und Jugendliche, vor allem, aber nicht nur aus der weißen Mittelschicht, die nach Alternativen zur normalen Konsumkultur und technokratischen Rationalität der modernen Gesellschaft suchten. Sie lehnten die Konventionen, Zwänge und Tabus des mainstream ab. Lösungen sahen sie in Musik, Drogen, fernöstlicher Meditation und Religiösität sowie einem freizügigeren Umgang mit Sexualität. Als Höhepunkt der counter-culture wird häufig das legendäre Woodstock-Festival angesehen, bei dem sich 1969 über 400.000 Menschen in den New Yorker Catskill Mountains versammelten.

Mit anderen Lebensformen wurde experimentiert. 1970 sollen, so die Schätzungen, etwa 40.000 Menschen in über 200 Kommunen gelebt haben.

22 Historisch-theoretische Verschränkung V

Es hatte eine Veränderung gegeben. Schwarze waren zum ersten Mal in massiver Form aktiv auf der politischen Bühne erschienen. Ihre Ziele bewegten sich – wie schon früher – zwischen Integration und Separation, Assimilierung und schwarzem Nationalismus. Sie forderten dies als Rasse ein, verließen also nicht diese Einteilung, sondern deuteten ›nur‹ Zuschreibungen um.

Allerdings weichten sie in und durch ihre Aktivitäten die Grenzen zwischen den ›nicht-weißen Rassen‹ auf. War es zuvor, selbst in den Anfängen der Bürgerrechtsbewegung, schwer gewesen, zu gemeinsamen Forderungen und Aktionen zu gelangen, gelang dies Ende der 60er Jahre immer öfter. Die Hierarchie zwischen den ›nicht-weißen Rassen‹ wurde brüchiger. Zuvor wurden z.B. AsiatInnen von den Weißen höher geschätzt als Schwarze und sie sahen sich zum Teil selbst so. Im Zuge der weltweiten antikolonialen Kämpfe sahen sich vermehrt Angehörige der ›nicht-weißen Rassen‹ immer mehr als die gemeinsamen Opfer der ›weißen Rasse‹, die sie kolonisiert hatte. Einen Ausdruck fand das in dem Wort People of Color, mit dem eben alle Nicht-Weißen gemeint waren.[1]

Durch die politischen Aktivitäten veränderte sich zwar nicht die Aufteilung in Rassen, aber die ungleiche Verteilung von Macht, Ressourcen und Einfluß, von Bildung, Chancen und Besitz schien nicht mehr auf der angeborenen Überlegenheit der Weißen zu beruhen, als quasi natürliches Faktum. Sie wurde auf Seiten der People of Color vermehrt als Produkt von Gewalt und Unterdrückung angesehen. Und auch Weiße sahen dies jetzt teilweise als Produkt struktureller gesellschaftlicher Ungleichheit.

Es deutete sich zu der Zeit aber schon die Tendenz an, rassische Herkunft zu einem Instrument im Wettbewerb um Gelder, Privilegien und Ressourcen, im Verteilungskampf zu machen. Um ihren Einfluß zu stärken, nahmen die Gruppen ihre Einteilung in Rassen auf, um sich dadurch zur Großgruppe mit der Berechtigung an der Teilhabe zu machen. Und in der Umdeutung früherer negativer Zuschreibungen in positive konstruierten sie sich vermehrt rassische Identitäten.

Das bedeutete aber auch die Gefahr einer Konkurrenz der Rassen. Zum Beispiel begannen Schwarze, Natives und MexikanerInnen einen Streit darüber, welche die benachteiligste Gruppe sei.[2]

23 Historie X
Auf der Schwelle zum 21. Jahrhundert

Der Vietnamkrieg erfuhr im Frühjahr 1970 eine Ausweitung durch den Einmarsch us-amerikanischer Truppen in Kambodscha und Laos. Zwar wurden massiv Truppen aus Vietnam abgezogen[1], die durch südvietnamesische Einheiten ersetzt wurden, aber der Luftkrieg stand im Zeichen einer massiven Bombardierung Nordvietnams.

Trotzdem war der Krieg für die USA ökonomisch und politisch nicht weiter führbar. Sie wollten eine ›ehrenhafte Beendigung‹. Im Oktober 1972 wurde in Paris ein Waffenstillstandsabkommen vereinbart. Kurzfristig kam es danach noch einmal zu einer massiven Bombardierung seitens der USA, um bessere Vertragsbedingungen durchzusetzen, aber Ende Januar 1973 konnte in Paris ein Friedensabkommen in kaum veränderter Form unterzeichnet werden. Die Kampfhandlungen wurden eingestellt und die USA verpflichteten sich, ihre Soldaten binnen 60 Tagen abzuziehen.

Der Krieg hatte 58.000 US-Amerikanern das Leben gekostet, 300.000 waren verwundet worden, während die Gegenseite über zwei Millionen Tote zu beklagen hatte.

1975 konnte dann Nordvietnam den Süden erobern. Das Trauma eines verlorenen Krieges beherrschte nunmehr die USA. Und Verdrängung setzte ein.

Die Außenpolitik wandelte sich. Die Infragestellung der Legitimität des kommunistischen Systems und der explizit gewollte innere Wandel der Sowjetunion waren nicht mehr das Ziel der USA, sondern die Stabilisierung der internationalen Beziehungen und der Erhalt des Status Quo. Eine ideologiefreiere Gleichgewichtspolitik sollte die 70er Jahre bestimmen. Die fünf ›Kraftzentren‹ der Welt – Nordamerika, Westeuropa, Japan, die Sowjetunion, China – sollten sich wechselseitig in Balance halten, wobei der USA eine Schlüsselrolle zukommen sollte.

Eine Annäherung an China wurde erreicht, welches sich seit 1969 in einem offenen Grenzkonflikt mit der Sowjetunion befand. Die Befürchtung eines großen kommunistischen Blocks konnte damit ad acta gelegt werden.

Die Entspannungspolitik zwischen den USA und der Sowjetunion konnte gleichzeitig leicht vorangetrieben werden. Eine echte Abrüstung fand nicht statt, aber es wurden Höchstgrenzen für interkontinentale

Atomraketen und die Begrenzung des Aufbaus ballistischer Raketen-
abwehrsysteme vereinbart. Das ›Gleichgewicht des Schreckens‹ sollte
intakt bleiben.

Die verschiedenen sozialen Bewegungen, die an vielen Punkten zusam-
mengearbeitet oder gleiche Ziele vertreten hatten, fächerten sich in verschiedenste Initiativen und Gruppen auf, die unterschiedliche Wege bestritten und andere Ziele verfolgten. Nach der Ausweitung des Krieges
auf Kambodscha und Laos hatte es noch eine kurzfristige Massen-
mobilisierung der Anti-Kriegsbewegung gegeben, die die Behörden mit
der Verhängung des Kriegsrechts über mehrere Universitäten und dem
Einsatz von Militär beantworteten. Nach der Erschießung von vier Studenten durch die Nationalgarde an der Kent State University bröckelte
die Bewegung. Der langsame Abzug us-amerikanischer Truppen aus Vietnam trennte liberale KriegsgegnerInnen und PazifistInnen, die ihr Ziel
erreicht sahen, von denen, die eine radikalere Gesellschaftskritik frön-
ten. Mehr und mehr ehemalige AktivistInnen flüchteten sich in ›alternative‹ Lebensformen, die aus Drogen, mysthischen Kulten und dem Leben in abgeschiedenen Kommunen bestanden. Kurzfristig nahmen die
Aktivitäten der quantitativ geschrumpften Gruppen der sogenannten
ethnischen Minderheiten, der Frauenbewegung, des gay and lesbian
movements und der UmweltschützerInnen noch zu. Aus ihren Reihen
entstanden, ähnlich wie in einigen westeuropäischen Ländern, bewaffnet
kämpfende Gruppen. Stark verfolgt von der Polizei, blieben sie hinsichtlich ihrer Mitgliederzahlen und ihrer Erfolge jedoch marginal.

Die Black Panther Party, vor der 25% der Schwarzen laut Umfragen
großen Respekt hatten und 64% durch sie ›ein Gefühl von Stolz‹ erhielten, war ebenso nahe dem Nullpunkt angelangt. Zerissen von internen
Streitigkeiten und den COINTELPROs[2] des FBI, der Unterwanderung
durch Informanten und Provokateure, Fälschung interner und Presse-
mitteilungen und sogar Ermordungen, spaltete sie sich und war ab 1973
nur noch in der Gegend um San Francisco aktiv, wo sie auf Gewalt-
freiheit, Parlamentarismus und Sozialarbeit orientiert war. 1982 hörte sie
ganz auf zu existieren. Sie hat allerdings immer noch Bedeutung für die
politischen Debatten über Wege und Ziele einer schwarzen Bewegung,
wie einige Veröffentlichungen in den 1990ern über sie bekunden.

Eine zaghafte schwarze feministische Bewegung entwickelte sich aus
der schwarzen Mittelschicht mit der National Black Feminist Organiza-

tion (NBFO), dem Combahee River Collective und der Black Women Organized for Action (BWOA), die allerdings relativ wenig Zuspruch und Unterstützung fanden.

Die Bewegung der Natives konnte ein paar Erfolge verbuchen. Mit dem Indian Self-Determination Act von 1974 wurde die Souveränität der Stammesregierungen in den Reservaten gestärkt. Vier Jahre später wurden durch den American Indian Religious Freedom Act die indianischen Kulte auf gleiche Stufe mit den bereits etablierten Religionen gehoben. Auch materielle Entschädigungen für vertragswidrige Landenteignungen seit der Kolonialzeit waren keine Unmöglichkeit mehr.

Die affirmative action-programs, die seit 1968 eingeführt worden waren, legten Quotenregelungen und Vorzugsbehandlungen von bisher Benachteiligten fest. Die Einstellungspraxis von Behörden und öffentlichen Betrieben, die Aufnahmepraxis von Universitäten und die Vergabe von öffentlichen Aufträgen veränderte sich.[3]

Um die Desegregation von Schulen voranzutreiben, billigte 1971 der Oberste Gerichtshof das busing, bei dem SchülerInnen zu Schulen außerhalb ihrer Nachbarschaft gefahren wurden. »Es stellte sich als einfacher heraus, schwarze Kinder mit dem Bus in weiße Schulen zu bringen, als Weiße zu veranlassen, die von ihnen beanspruchten Wohngebiete mit schwarzen Familien zu teilen.«[4] Das Ziel sollte also sein, Schulen ethnisch und rassisch mehr zu durchmischen. In der Praxis wurden heruntergekommene Innenstadtschulen und reiche Vorortschulen allerdings nicht durchmischt.

Insgesamt hatte sich die Lage der Schwarzen Anfang der 70er Jahre verändert. Ihr mittleres Einkommen hatte sich innerhalb eines Jahrzehnts um 50% erhöht, betrug aber immer noch nur drei Fünftel von dem Durchschnittseinkommen der Weißen. Ihre Lage differenzierte sich weiter aus. Ihr Anteil am ärmsten Fünftel der Bevölkerung hatte sich von 26% 1960 auf 32% 1972 heraufgeschraubt und betrug damit fast dreimal so viel wie ihr Anteil an der Gesamtbevölkerung. Lag die Arbeitslosenrate (1977) bei 6,3% bei Weißen, so lag sie bei Schwarzen bei 13,2%. Bei Jugendlichen war die Diskrepanz noch größer: bei Weißen lag die Rate bei 15%, bei Schwarzen bei 40% bis 55%.

Anderen gelang in zunehmendem Maße der Aufstieg in die Mittelklasse und der Umzug in die Vorstädte. Der Anblick schwarzer wohlhabender Geschäftsleute und erfolgreicher Politiker war keine Seltenheit mehr in den Städten. 1973 saßen über 200 Schwarze in den Parlamenten von 37 Bundesstaaten, 16 waren im Kongreß in Washington, D.C., darunter vier Frauen. In mehreren Städten gab es schwarze Bürgermeister. Allerdings waren 1976 erst 58,5% aller möglichen schwarzen WählerInnen registriert. Und es wählten auch nur 48,7%. Unter jungen Schwarzen im Alter zwischen 18 und 24 Jahren waren nur 38% registriert und nur 26% wählten.

1976 verdienten 30% der schwarzen Familien mehr als 15.000 Dollar im Jahr. Die Anzahl wohlhabender Schwarzer hatte seit dem II. Weltkrieg zugenommen, und es gab inzwischen auch eine ansehnliche Zahl schwarzer Millionäre. Sie waren in traditionellen Geschäften wie dem Bankwesen, Versicherungen, Produktion oder Verlagen zu finden, aber auch in der Kunst, der Unterhaltungsindustrie und im Sport.

In diesen Bereichen traten Schwarze vermehrt in's Licht der Öffentlichkeit, auch der weißen Öffentlichkeit. Und sie waren akzeptierter als zuvor. Schwarze Schriftsteller und vor allem Schriftstellerinnen erzielten hohe Auflagen und gewannen Preise.[5] In der Poesie und der bildenden Kunst fanden Schwarze ebenfalls Beachtung. In den großen Symphonieorchestern sah man bis 1986 allerdings selten ein schwarzes Gesicht, während schwarze Vokalisten und Vokalistinnen es da besser hatten. Im Jazz und in populäreren Musikrichtungen hatten Schwarze schon länger ein Bein im Geschäft, konnten jetzt aber zum Teil mehr Geld damit verdienen. Mit Rap und HipHop schufen sie neue Musikrichtungen, die auch zum Ausdrucksmittel ihrer speziellen Lebenssituation wurden. Nachdem Sidney Poitier während der 50er und 60er Jahre der einzige schwarze Filmstar gewesen war, änderte sich auch dies. Mit den Blaxploitation-Filmen tauchte wieder so etwas wie Black Cinema auf, was sich in den 80ern mit Filmen von Spike Lee und Mario van Peebles fortsetzte. Im Fernsehen hatte es früher schon besser für Schwarze ausgesehen, sie wurden nun aber in sit-coms, soap operas und talk shows auch als schwarze Mittelklasse sichtbar. 1980 wurde das Black Entertainment Network als Teil des Kabelfernsehens gegründet. Sogar als Kolumnisten und Kommentatoren waren Schwarze zu sehen. Im Sport stieg ihre Zahl unaufhaltsam. Im Basketball Dream Team der USA sollten Schwarze in den 90ern mehr als die Hälfte der Mannschaft ausmachen. In dieser Sportart waren Schwarze so stark vertreten, daß sich Funktionäre die Frage stellten, ob weiße Zuschauer die Spiele noch weiter verfolgen würden. Es wurden Programme entwickelt, um weiße Spieler gezielt zu fördern und damit ihre Anzahl wieder zu vergrößern. Im Profiboxen machten Schwarze seit dem Sieg von Charles Sonny Liston 1962 den Weltmeistertitel im Schwergewicht unter sich aus. Ebenso entwickelten sich andere Sportarten zu Domänen von Schwarzen. Speziell beim Basketball, Football oder Baseball unterschrieben schwarze Athleten oft mehrjährige Millionenverträge.

Auch in anderen Bereichen, die früher für sie undenkbar gewesen waren, tauchten nun Schwarze auf. Nachdem am 21. Juli 1969 die ersten beiden Menschen auf dem Mond gelandet waren, die USA damit den Wettlauf im Weltraum mit der Sowjetunion gewonnen hatten, wurde 1983 der erste schwarze Astronaut in's Weltall geschossen. Im gleichen Jahr wurde erstmals eine Schwarze zur Miss America gekürt.[6]

Die Gesellschaft hatte sich verändert. Aufgrund der Aufbruchsstimmung der Jugend, der Frauen und der Minderheiten in den 60er Jahren waren die politischen Verhältnisse letztendlich nicht ins Wanken geraten, aber ›neue‹ Lebensformen, vor allem hinsichtlich sexueller Freizügigkeit, waren akzeptierter als zuvor. Die Ehe stand zum Teil in Frage[7], vor- und außerehelicher Geschlechtsverkehr sowie gleichgeschlechtliche Liebe verloren ihre Tabuisierung und zum Teil ihre Marginalisierung. Die Abtreibung innerhalb der ersten drei Schwangerschaftsmonate wurde völlig freigegeben.[8]

Rassistische und sexistische Einstellungen waren nicht beseitigt worden, aber ihre offene Form war nicht mehr erwünscht.

Aber das Engagement vorheriger Jahre war vorbei. »Die Ruhe der mittsiebziger Jahre hatte ihre Ursachen jedoch wohl vor allem in einer natürlichen Erschöpfung der vorhandenen Energien, in der Resignation vor dem zähen Beharrungsvermögen des Establishments und wohl auch im Nachlassen der Wirtschaftskonjunktur. Gute Noten beispielsweise und ein sicherer Arbeitsplatz stellten nun ganz offenbar wieder erstrebenswerte Ziele dar.«[9]

All das hatte selbstverständlich eine Gegenbewegung zur Folge. Große Teile der Mittelschicht einschließlich der Blue collar workers drifteten nach rechts ab. Konservative Anhänger einer ›natürlichen Ordnung‹ und christlich-fundamentalistische Kreise versuchten die Entwicklung zurückzudrängen. Die New Christian Right agitierten via Radio, Fernsehen und Büchermarkt gegen den atheistischen Kommunismus, den sie in der Sowjetunion verkörpert fanden, gegen Liberalismus, den Zerfall der Familien, mangelnde christliche Erziehung, Abtreibung, Pornographie, freiere Sexualität, Homosexualität, Rauschgiftkonsum, Dekadenz, Niedergang... Die Organisationen der New Christian Right mögen nicht über übermäßig viele Mitglieder verfügt haben, aber ihre Botschaft von der Rückkehr zu ›den alten amerikanischen Werten‹ von Familie, Kirche und Patriotismus fiel bei weiten Teilen der Bevölkerung auf fruchtbaren Boden.[10]

Ihre Thesen sollten ein paar Jahre später unwillkommene Unterstützung erhalten. Anfang der 80er Jahre brach die Immunschwäche AIDS aus. Die ersten Todesfälle ereigneten sich in San Francisco, Los Angeles und New York und zwar in den Schwulenhochburgen und ausschließlich in ihnen. Es schien, als ob eine Art ›Schwuler Krebs‹ die befallen würde, die sich gegen die heterosexuelle monogame Ordnung erhoben hatten.[11] So jedenfalls argumentierten Anhänger der Rechten und der fundamentalistischen Christen.

Reaktionäres Gedankengut fand sich auch an anderer Stelle und verschaffte sich praktische Relevanz. Nach Angaben des Ministeriums für Gesundheit, Bildung und Soziales (HEW) wurden allein im Jahr 1972 zwischen 100.000 und 200.000 Sterilisationen von der Bundesregierung gefördert. Dabei waren die ethnischen Gruppierungen nicht relativ zu ihrem Bevölkerungsanteil vertreten. 43% der Frauen, die hiervon betroffen waren, waren schwarz. Schätzungen zufolge waren 20% der verheirateten schwarzen Frauen, ungefähr genausoviele Chicanas und 24% Natives sterilisiert worden. Während in den späten 70er Jahren Bundesmittel für Abtreibungen weitgehend gestrichen wurden, wurden Sterilisationen weiter staatlich gefördert und waren für arme Frauen kostenlos.

Vielfach wurde mit der Sterilisation Mißbrauch betrieben, wenn – nur als ein Beispiel – ein Arzt darauf bestand, daß Frauen, die von ihm Geburtshilfe geleistet haben wollten, gleichzeitig in ihre Sterilisation einwilligten, falls sie zwei oder mehr Kinder hatten und staatliche Krankengelder bekamen, sprich arm waren.

Und die Todesstrafe, die in den 60er Jahren von den meisten Bundesstaaten abgeschafft worden war, wurde wieder en vogue. Nachdem 1976 der Supreme Court Hinrichtungen erlaubt hat, haben inzwischen 38 Bundesstaaten sie wieder eingeführt. Das sollte dazu führen, daß Vollstreckungen bis zum Ende des Jahrtausends rapide zunahmen.

Bei weiten Teilen der Bevölkerung geriet das Vertrauen in das us-amerikanische System in's Wanken. Richard Nixon, 37. Präsident der USA, ließ 1972 in das Hauptquartier der gegnerischen Democratic Party im Washingtoner Watergate-Gebäudekomplex eindringen, um sie auszuspionieren. Nachdem verschiedenste Verschleierungsversuche ob der Verstrickung des Weißen Hauses und des Präsidenten in diesem Fall nichts gebracht hatten, trat Nixon 1974 von seinem Amt zurück. Einer drohenden Strafe aufgrund von Justizbehinderung, Amtsmißbrauchs und Mißachtung des Kongresses konnte er sich durch die Begnadigung durch seinen Nachfolger entziehen.

Weitere Skandale in dieser Zeit, wie der vom Weißen Haus initiierte Einbruch in eine psychiatrische Praxis, um einen mißliebigen Journalisten durch seine Krankengeschichte zu diskreditieren, der Rücktritt des Vizepräsidenten Spiro T. Agnew aufgrund einer drohenden Anklage wegen Korruption und die Steuerhinterziehung durch den Präsidenten Nixon, wurden durch den Watergate-Skandal überschattet.

»Die Watergate-Angelegenheit enthüllte nicht nur die mangelnde moralische Integrität einzelner führender Staatsdiener; sie rüttelte an der hergebrachten Auffassung von der Gewaltenteilung und gab speziell hinsichtlich der Frage nach der Rolle und den Grenzen der Exekutive neue Denkanstöße.«[12]

Der schon in den Jahrzehnten vorher stattgefundene Konzentrationsprozeß der Wirtschaft hatte sich fortgesetzt. Die 200 größten Unternehmen vergrößerten sich weiter, fusionierten mit anderen Unternehmen, erweiterten ihre Produktprogramme und drangen in andere Märkte ein. 1969 besaßen weniger als 1% aller Kapitalgesellschaften 86% des gesamten Industriekapitals. Besonders mächtig war der sogenannte militärisch-industrielle Komplex, in dem 10% der Lohnabhängigen arbeiteten. Waren bis 1956 die Anlagen europäischer Firmen in den USA größer als umgekehrt, drehte sich das Verhältnis langsam um. 1969 verzeichneten die europäischen Tochtergesellschaften einen Umsatz von 142 Milliarden Dollar. Das war mehr als das Bruttosozialprodukt Großbritanniens oder Frankreichs.

Aber die Wirtschaftslage verschlechterte sich, was nicht zuletzt an den immensen Kosten des Vietnamkrieges lag.[13] Arbeitslosigkeit und Preise stiegen, die Handelsbilanz schloß erstmals seit den 30er Jahren mit einem negativen Saldo. 1971 mußte das Bretton Woods-Abkommen mit seinen starren Wechselkursen und der Goldeinlösepflicht aufgekündigt werden. Innerhalb gewisser Grenzen konnte nun gefloated werden. Zwei Jahre später wurde der Wechselkurs gänzlich freigegeben. Der Kurs des Dollars fiel. Ein bislang unbekanntes Phänomen tauchte in der Ökonomie auf: die Stagflation, d.h. geringes Wachstum bei gleichzeitiger Inflation. Zur schwersten Rezession seit den 30er Jahren kam es in Folge der zweiten Ölpreiswelle von 1979.

Die Reaganomics, benannt nach ihrem Initiator, dem 1980 zum Präsidenten gewählten Ronald Reagan, versuchten mit der Senkung von Steuern und Sozialstaatsausgaben einzugreifen, was erstmal zur Folge hatte, daß die Produktion zurückging, viele Farmer und kleinere Betriebe Konkurs gingen, die Arbeitslosenzahlen drastisch auf fast 11% stiegen und das Handelsbilanzdefizit die 100 Milliarden Dollar-Grenze übersprang. 1983 begannen die Wirtschaftmaßnahmen zu greifen, doch nicht zum Wohle aller: »Nahezu der gesamte immense Zuwachs an Wohlstand der achtziger Jahre kam weniger als 2% der Bevölkerung zugute, während der Rest leer ausging oder gar mit weniger auskommen mußte. Noch nie waren Einkommen und Vermögen so ungleich verteilt [...].«[14]

Die Anzahl der Millionäre kletterte von 547.000 im Jahr 1980 auf 1,3 Millionen 1988 und gab es bisher kaum Milliardäre, waren es dann 52. Das durchschnittliche Einkommen der reichsten 1% stieg von 270.000 Dollar 1977 auf 404.500 Dollar 1988, das der ärmsten 10% fiel im gleichen Zeitraum von 4.113 Dollar auf 3.504 Dollar. Die Zuweisungen des Bundes an Einzelstaaten und Gemeinden waren gekürzt worden, was zur Folge hatte, daß fast eine Million der bisherigen EssensmarkenempfängerInnen ihre diesbezügliche Berechtigung verloren und für die übrigen 20 Millionen der Wert der Marken trotz Kaufkraftschwund nicht mehr erhöht wurde. Über 700.000 Familien wurden von den Unterstützungslisten der Wohlfahrtsämter gestrichen und drei Millionen Kinder erhielten in der Schule kein verbilligtes Essen mehr. Innerhalb der kurzen Zeit von 1980 bis 1984 erhöhte sich die Zahl der unter der offiziellen Armutsgrenze lebenden Personen von 29,3 Millionen auf 35,3 Millionen. Ein Reagan nahestehender Theoretiker schrieb: »Um voranzukommen, brauchen die Armen vor allem das Stimulans der Armut.«[15]

Es folgte eine Abkehr von den Ideen des New Deal und der Great Society. Staatliche Interventionen durch keynesianische Maßnahmen wurden abgelehnt, statt dessen das Marktsystem gefeiert. Der Staat sollte sich weitestgehend raushalten, öffentliche Aufgaben privatisiert, Sozialausgaben gekürzt werden. Der oder die Einzelne sollte – ohne schlechtes Gewissen – den eigenen materiellen Vorteil suchen und den Gewinn maximieren. Die Figur des Yuppies stand für dieses Denken. Die Young Urban Professionals stürzten sich ehrgeizig ins Geschäftsleben und spekulierten an der Börse. Unbedingtes Erfolgsstreben, Gewissenlosigkeit und eine gewisse Geringschätzigkeit staatlichen Vorschriften gegenüber kennzeichneten den neuen Materialismus.

Ein neues soziales Leitbild entstand laut Dippel in den späten Achtzigern, das Get rich quick-Schema. Dippel charakterisiert: »Körperliche Fitness, Jogging, natürliche Ernährung, der Kampf gegen das Rauchen u.a. soziale Verhaltensmuster wurden Ausdruck eines neuen Lebensstils, der weitgehend materiell begründet war und in dem Geldverdienen eine ebenso entscheidende Rolle spielte wie eine neue Verbraucherkultur, in der die elektronischen Medien zunehmendes Gewicht bekamen. [...] Vieles davon blieb für die Mittelschichten Illusion, obwohl mehr Frauen denn je berufstätig waren – 1988 waren es 60% und sie stellten damit 41% der Arbeitskräfte [...]. Zwar verfügten inzwischen über 40% aller Schwarzen über einen White collar job, und ungefähr 45% der Schwarzen besaßen ihr eigenes Haus, doch rund ein Drittel aller Schwarzen lebte weiter in Armut und Hoffnungslosigkeit, umgeben von zunehmendem Drogenkonsum, wachsender Gewalt und Schwerstkriminalität – die längst auch in das Leben der weißen Mittelschicht eingedrungen waren. Zwischen beiden Welten hatten sich soziale Barrieren aufgetan mit einer permanenten Unterklasse, die der Regierung eher lästig war.«[16]

Die Neokonservativen bestimmten mehr und mehr die öffentlichen Debatten und nahmen den Liberalen die Meinungsführerschaft ab.[17]

Aus einer anderen Richtung, aber mit zum Teil gleichen Zielen, kamen die Kommunitaristen, die eine Rückbesinnung auf den gemeinschaftsorientierten Republikanismus und die Wiederbelebung lokaler Zwischengewalten forderten. Sie wollten kleine soziale Einheiten, Dezentralisierung, Selbsthilfe und unmittelbare Partizipation.

Aber es war, wenn auch wenig, aufgebrochen in bisherigen politischen Selbstverständlichkeiten. Zum ersten Mal hatte es 1984 mit Jesse Jackson einen ernsthaften Versuch gegeben, bei der Nominierung bei einer der beiden großen Parteien zum Präsidentenamt einen Schwarzen aufzustellen[18], und für das Amt des Vizepräsidenten eine Frau, Geraldine Ferraro.

Mit der Wahl Bill Clintons zum Präsidenten 1993 schien vordergründig die neokonservative Ära Reagan/Bush beendet. Kernstücke seines innenpolitischen Programms waren die grundlegende Reform des Gesundheitswesens durch die Einführung einer allgemeinen Krankenversicherung nach westeuropäischem Vorbild und eine Steuer auf den Energieverbrauch, die die Verschwendung verringern und dem Umweltschutz zugute kommen sollte. Beides konnte er nicht durchsetzen. Stattdessen zeigte sich bei ihm ein »Drang zur Mitte«[19], der ihn von vielen traditionell-liberalen Grundsätzen der Democratic Party Abschied nehmen ließ.

Ende der 70er hatten Entspannungskritiker wieder an Boden gewonnen. Die Sowjetunion hatte im konventionellen Bereich aufgerüstet und zusammen mit Cuba ihren Einfluß und ihre Truppenpräsenz in einer Reihe von Staaten, insbesondere in Afrika, ausgebaut. Mit dem Sturz des Schahs im Iran, der Geiselnahme von 50 us-amerikanischen Diplomaten in der Botschaft in Teheran und dem sowjetischen Einmarsch in Afghanistan, um das dortige kommunistische Regime vor dem Zusammenbruch zu schützen, schlug das Klima zu Aufrüstung und einer Politik der Stärke um. Der Export von Weizen und moderner Technologie in die Sowjetunion wurde verboten und die olympischen Spiele 1980 in Moskau wurden boykottiert. Die CIA leitete Maßnahmen zur Unterstützung afghanischer Widerstandsgruppen ein.

Das us-amerikanische Militär sollte zur Führung eines erfolgreichen Atomkrieges auf allen Stufen der Eskalation ausgebaut werden. Der Bau der Neutronenbombe, die zwar Menschenleben, nicht jedoch Material vernichten konnte, wurde aufgrund der Proteste der europäischen Partner nicht in Angriff genommen. Eine schnelle Eingreiftruppe wurde aufgestellt, um ›amerikanische Interessen‹ überall auf der Welt durchsetzen zu können.

Mit Reagan zog wieder eine aktive Politik des containment ein. Konventionell wurde enorm aufgerüstet und im atomaren Bereich wurden mit der Stationierung von Mittelstreckenraketen und Marschflugkörpern in Westeuropa Akzente gesetzt. Zudem war die Rhetorik des Präsidenten mit der Bezeichnung der Sowjetunion als »evil empire« und »focus of evil in the modern world«[20] extrem aufgeladen. Nicht nur die Friedensbewegung in Europa reagierte darauf. Im Juni 1982 fanden sich 800.000 Menschen im New Yorker Central Park ein, um für die Einfrierung der Atomwaffen zu demonstrieren.

Unter Zuhilfenahme häufiger verdeckter als offener Methoden wurde versucht, Schwächen des sowjetischen Systems auszuweiten. Die in den Untergrund gegangene polnische Opposition wurde unterstützt. In Pakistan und Afghanistan lieferte der Geheimdienst Waffen an die moslemischen Rebellen, um die Verluste der sowjetischen Truppen zu erhöhen.

Und dann brach der Ostblock auseinander. Die Sowjetunion löste sich auf, ihr Machtbereich zerfiel zum Teil, einzelne Staaten lösten sich aus dem ehemaligen Verbund. Auf dem Kaukasus und im Balkan versanken diese zum Teil in blutigen Konflikten und im Bürgerkrieg. Die Deutsche Demokratische Republik und die Bundesrepublik Deutschland ›wieder‹vereinigten sich unter westlich-kapitalistischem Banner am 3. Oktober 1990.

Die USA versuchten im ehemaligen Ostblock marktwirtschaftliche ›Reformen‹ zu fördern und Rußland in das internationale Handels- und Währungssystem einzubinden. In Abrüstungsfragen zwischen den ehemaligen Kontrahenten wurden Erfolge erzielt. Der kalte Krieg war vorbei.

Aber in diesen wie den folgenden Jahren kam das US-Militärpotential nach langen Jahren der Pause mehrfach zum Einsatz. Zwischendurch hatten die USA zwar auch ihre Interessen militärisch wahrgenommen, aber selten direkt (eine Ausnahme war z.B. die mißglückte Befreiung der Geiseln aus der us-amerikanischen Botschaft in Teheran); eher vermittelten sie Geld und Waffen an andere weiter, so daß Dritte in ihrem Interesse vorgehen konnten, wie z.B. in Nicaragua und El Salvador, sowie an den Irak und, in weit geringerem Maß, an dessen Kriegsgegner Iran. Nun schlug das Militär wieder direkt zu: auf der kleinen Karibikinsel Grenada (1983), wo die dortige Linksregierung gestürzt wurde; die Bombadierung Libyens (1986) wegen angeblicher Verstrickung in den vermeintlichen internationalen Terrorismus; die Invasion in Panama (1989); der zweite Golfkrieg (1991). Die Rede war von einer ›neuen Weltordnung‹ mit den USA als globaler Ordnungsmacht.

Eine neue Krise war am persischen Golf enstanden. Der Irak, jahrelang mit Waffen aus den USA versorgt, auch über das Ende des iranisch-irakischen Krieges 1988 hinaus, war im August 1990 in Kuwait einmarschiert. Als der Irak der Forderung des Weltsicherheitsrats, sich dort wieder zurückzuziehen, nicht nachkam, wurde eine alliierte Streitkraft von 500.000 Männern und Frauen[21] aus 28 Nationen unter Führung der USA aufgestellt. Anfang 1991 begann eine massive Bombardierung des Irak und dann die Bodenoffensive, Operation Desert Storm, die Kuwait innerhalb weniger Tage befreite.

Der Krieg stellte die gewaltige technologische Überlegenheit der USA heraus. Sie hatten weniger als 150 Tote zu beklagen. Patriotische Aufwallungen ließen das Vietnamkriegstrauma überwunden erscheinen.

Die Intervention 1993 in Somalia, die die behaupteten Bandenkriege dort beenden sollte, war dagegen ohne erkennbares festes Ziel und verlief chaotischer.

Reibungsloser verlief die Militäraktion, die im September 1994 den von Putschisten gestürzten Präsidenten Haitis wieder in sein Amt einsetzte und zu einer Truppenpräsenz bis 1997 führte.

In Bosnien beteiligten sich die USA an den NATO-Lufteinsätzen Ende August 1995 und, nach dem Friedensschluß zwischen Serben, Kroaten und Moslems am 21. November 1995, mit 20.000 Soldaten an der Operation Joint Endeavor, die das Friedensabkommen in die Praxis umsetzen wollte.

Die Raketenangriffe der USA auf Ziele in Afghanistan und dem Sudan kurz nach Bombenattentaten auf die US-Botschaften in Kenia und Tansania 1998 blieben relativ ergebnislos, was ihr Ziel, den sogenannten islamischen Terrorismus einzudämmen, anbelangt. Ebenso zeigten im gleichen Jahr die schweren Luftangriffe gegen irakische Militär- und Rüstungsinstallationen, die Operation Desert Fox, kaum Erfolg, was die Destabilisierung des Regimes Saddam Husseins betrifft.

Die USA beteiligten sich 1999 an den NATO-Luftangriffen auf Serbien. Innerhalb dieser Organisation haben sie die Führungsrolle inne und werden sie wohl auch weiterhin behalten oder zumindest ein starkes Mitspracherecht in europäischen Angelegenheiten.

Insgesamt war zwar die Konfrontation der Blöcke beseitigt, aber die internationale Lage sah eher unübersichtlicher und instabiler aus.

Die Streitkräfte der USA können im ›nationalen Interesse‹ Präsenz an nahezu jedem Ort der Welt zeigen. Im Pentagon existieren Szenarien für die Durchführung zweier begrenzter Kriege in geographisch weit auseinanderliegenden Regionen.

Nachdem es mehrere Jahre lang, bis auf kleinere Zwischenfälle, relativ ruhig gewesen war, kam es 1992 wieder zu einem Riot. South Central, Los Angeles, ist auch der Handlungsort eines der Filme im Boom des Black Cinema, *Boyz N the Hood*: »Für die Jungs im Viertel, einem

Schwarzenstadtteil von Los Angeles, dreht sich das Leben nicht um Spaß und Konsum, sondern es geht ums Überleben. Es geht darum, sich herauszuhalten aus einem Teufelskreis von Hoffnungslosigkeit und Haß, von Drogenproblemen und Bandenrivalitäten, von Angst und Rache.«[22] – South Central brannte in der Nacht zum 30. April 1992. »Am Boden herrschte Bürgerkrieg«, schrieb Der Spiegel. »Plündernd, prügelnd und brandstiftend zogen Horden meist jugendlicher Randalierer aus den Slums am Rande des glitzernden Geschäftszentrums von Downtown L.A. zunächst durch ihre eigenen Wohngebiete.«[23] Drei neue Brände pro Minute meldete die Feuerwehr.

In der nächsten Nacht breitete sich der Aufstand weiter aus. In L.A. waren immer mehr Stadtteile betroffen. Und aus 15 anderen Großstädten kamen ebenfalls Meldungen über Demonstrationen, Zusammenstöße mit der Polizei, zertrümmerte Scheiben und brennende Autos.

Nach zwei Nächten sowie dem Einsatz von 8.000 kalifornischen PolizistInnen, 9.900 Nationalgardisten (darunter Jugendliche, die zuvor als Plünderer festgenommen worden waren, aber auf Kaution entlassen waren) und 1.000 BundespolizistInnen zur Unterstützung der örtlichen Polizei neben 4.000 kriegserfahrenen Männern und Frauen alarmbereiter Infanterie kühlte Los Angeles langsam ab. An dem Aufstand hatten sich nach Schätzungen 40.000 bis 50.000 Menschen aktiv und etwa 200.000 passiv beteiligt. Zurück blieben – hauptsächlich durch gezielte sowie verirrte Kugeln von Street Gangs, Plünderern und Ladenbesitzern – 55-60 Tote, zumeist Männer und ein großer Teil von ihnen schwarz, 2.383 Verletzte, ca. 13.000 Verhaftete, 5.000 bis 10.000 zerstörte Gebäude, ein Schaden zwischen einer halben und einer Milliarde Dollar. In zwei Nächten des Aufruhrs starb ein Drittel so viele US-Amerikaner wie in den Wochen des zweiten Golfkrieges.

Der Anlaß war, ähnlich wie bei den Aufständen Anfang der 1960er Jahre, das Vorgehen von Polizei und Justiz. Am 3. März des Vorjahres hatten Polizisten aus Los Angeles den 26jährigen schwarzen Autofahrer Rodney Glen King nach einer Verfolgungsjagd wegen überhöhter Geschwindigkeit gestellt. Vier, umringt von 19 anderen, knüppelten mit Schlagstöcken auf den von einem Taser gelähmten und am Boden Liegenden ein. 56 Hiebe waren zu zählen in den 81 Sekunden, die ein Videoamateur durch Zufall aufnahm. Schädelbrüche, eine verletzte Augenhöhle, ein gebrochener Backenknochen, ein gebrochenes Bein, beide Knie verletzt und Nervenschäden, die zu Gesichtslähmungen führten, waren das Resultat. Die vier Polizisten wurden angeklagt, ihr Prozeß aber, damit er vorurteilsfrei ablaufen könne, nach Simi Valley verlegt, einer Kleinstadt, 60 Kilometer entfernt und Wohnort vieler zur Ruhe gesetzter Polizisten und Feuerwehrleute. Eine Jury, sechs Männer, alle weiß, und sechs Frauen, vier weiß, eine asiatischer und eine hispanischer Herkunft, sprach die Polizisten am 29. April 1992 frei. Der am Boden herumkrauchende Rodney Glen King sei »Herr der Situation gewesen«, der »jederzeit die gegen ihn gerichtete Gewalt hätte beenden können.«

Ein Jahr später eröffnete ein Bundesgericht ein neues Verfahren gegen die vier Polizisten wegen der Verletzung der Bürgerrechte von Rodney Glen King. Nach sieben Prozeßwochen wurden zwei der Angeklagten für schuldig befunden. Das Strafmaß belief sich auf jeweils 30 Monate Haft für die beiden Verurteilten. Die mögliche Höchststrafe hatte 10 Jahre und 250.000 Dollar Geldbuße betragen. »Richter Davies gab King bei der Festsetzung des Strafmaßes einen erheblichen Teil an Mitschuld. Dem Schwarzen seien die schwersten Verletzungen durch einen ›legalen‹ Gebrauch von Schlagstöcken zugefügt worden.«[24]

Den Schwerpunkt des Bevölkerungswachstums bildete nicht mehr der Nordosten und das Gebiet um die Großen Seen, sondern der sun belt, der sich von den Bundesstaaten an der südlichen Atlantikküste (Virginia, North Carolina, South Carolina, Georgia) über Florida und Texas bis nach California erstreckte. Die im Nordosten angesiedelten Branchen wie Textil-, Eisen- und Stahlindustrie waren geschrumpft. Der agrarische Mittlere Westen hatte ebenso mit wirtschaftlichen Schwierigkeiten zu kämpfen. Der sun belt dagegen lockte in- und ausländische Investoren mit niedrigen Steuern, mäßigem Lohnniveau und billigen Bodenpreisen an. Seit 1960 sind über 40 führende Industrieunternehmen aus dem Nordosten in den Süden gezogen, lagen dort die Löhne um 20% unter dem nationalen Durchschnitt und war nur eine Minderheit der ArbeiterInnen gewerkschaftlich organisiert. Besonders California galt als high tech-Region mit ihren Unternehmen der Luft- und Raumfahrtindustrie, die sich dort bereits seit dem Zweiten Weltkrieg niedergelassen hatten. Silicon Valley in der Nähe von San Francisco galt lange Zeit als das Sinnbild der Computerindustrie.

Insgesamt hatte sich die wirtschaftliche Dynamik der ersten beiden Nachkriegsjahrzehnte seit 1960 abgeschwächt. Reagan hatte das Haushalts- wie das Handelsbilanzdefizit durch eine immense Hochrüstung in gigantische Zahlen getrieben. 1980 hatte das Haushaltsdefizit ›nur‹ 80 Milliarden Dollar betragen, 1986 war es bei 221 Milliarden Dollar angelangt und brachte 1991 mit 269 Milliarden Dollar einen neuen Rekord. Ebenso stieg die Schuldenlast des Bundes: von 914 Milliarden Dollar 1980 auf 2,6 Billionen Dollar 1988, 4 Billionen Dollar 1993 und 4,7 Billionen Dollar 1995. Damit war innerhalb weniger Jahre ein Schuldenberg angehäuft, der um ein Vielfaches höher lag als alle Schulden seit der Entstehung der Union zusammen. Die einstmals größte Gläubigernation der Welt war zur größten Schuldnernation geworden. Ab 1985 wurde mehr Kapital im- denn exportiert. Allerdings blieb der Dollar trotz seines Wertverlusts gegenüber ›harten‹ Währungen die bevorzugte Weltreservewährung und auch New York behauptete seinen Platz als globales Finanzzentrum.

In den USA hatte 1990 eine Rezession eingesetzt, so daß weiter eingespart und gleichzeitig Steuern und Abgaben erhöht werden mußten. Verschlimmert wurde die Finanzlage noch durch den Zusammenbruch zahlreicher Bausparkassen, die sich im vorhergehenden Aufschwung mit Immobilienspekulationen übernommen hatten und den Staat 200 Millionen Dollar kosteten.

Daher war für viele Fachleute das Wachstum der Wirtschaft um jeweils 4% 1997 und 1998, trotz der Finanzkrisen in Asien, Lateinamerika und Rußland, überraschend. Der Aktienmarkt boomte, die Inflationsrate und die Zinsen blieben niedrig. So gelang es drei Jahre früher als vorgesehen das Haushaltsdefizit vollständig zu stopfen und seit langer Zeit zum ersten Mal 1998/1999 einen Überschuß zu erwirtschaften. Allerdings belief sich das Handelsdefizit immer noch auf 170 Milliarden Dollar.

Die USA führen die Weltstatistik zwar noch klar an, doch ihr Abstand zu den aufstrebenden Wirtschaftsmächten Europas und Asiens, insbesondere der Bundesrepublik Deutschland und Japan, wird kleiner.

Im High Tech-Bereich sind die USA weltweit führend. Ihr Weltmarktanteil lag 1995 bei 28%.[25] Der militärisch-industrielle Komplex des Kalten Krieges hat sich in einen militärisch-technologischen transformiert, der die Forschung vorantreibt und beständig Innovationen produziert.

Es fand eine Verschiebung statt, die oft mit einem generellen Trend zur Dienstleistungsgesellschaft umschrieben wird. Allein in den 70er Jahren waren zwischen 30 und 40 Millionen Arbeitsplätze in der Industrie verlorengegangen. Die Arbeiterschaft des Nordostens und Mittleren Westens war von Jobverlusten und sinkenden Reallöhnen bedroht.

Im sogenannten Dienstleistungssektor waren zwischen 1970 und 1990 allerdings 41 Millionen neue Arbeitsplätze geschaffen worden. Damit waren 1990 76% der Berufstätigen in diesem Sektor beschäftigt und erzeugten ca. 70% des Bruttosozialprodukts. Die Zahl der Erwerbstätigen erhöhte sich in diesem Zeitraum um die Hälfte und die Arbeitslosenquote lag zumeist zwischen 5% und 7%. Im Süden, wo die Betriebe 10% bis 15% billiger produzieren können als im Rest der Union, konnten seit 1993 8,4 Millionen neue Arbeitsplätze geschaffen werden. Viele dieser neuen Jobs nicht nur im Dienstleistungssektor sind allerdings schlecht bezahlt und sozial ungenügend abgesichert. 19 Millionen Menschen gehören den sogenannten working poor an, d.h. sie verdienen gerade den Mindestlohn von 5,15 Dollar pro Stunde oder ein klein wenig mehr. Viele sind darauf angewiesen zwei vollen Jobs gleichzeitig nachzugehen, selbst in relativ hoch angesehenen und nicht ganz schlecht bezahlten Berufen wie KrankenpflegerInnen. Die Gewerkschaften verloren noch mehr an Einfluß; nur noch 16% der in Industrie und Dienstleistung Beschäftigten waren 1990 organisiert.

Die Kluft zwischen arm und reich vergrößerte sich. Das wohlhabendste Fünftel der Haushalte verfügte 1995 über 49% des Gesamteinkommens gegenüber 43% zu Beginn der 80er Jahre. Die reichsten 5% konnten ihr Durchschnittseinkommen zwischen 1980 und 1995 um 40% auf 183.000 Dollar im Jahr steigern. Das ärmste Fünftel mit einem Jahreseinkommen unter 13.000 Dollar rutschte von 4% des Gesamteinkommens auf 3%. Für die Masse der drei Fünftel in der Mitte bedeutete das ebenfalls ein Absinken von 53% auf 48%. Von allen fortgeschrittenen Industrieländern weisen die USA die krassesten Einkommensunterschiede auf.

Jeder und jede Dritte ist nicht krankenversichert, ein Drittel der ArbeiterInnen hat keinen Anspruch auf Arbeitslosengeld, 13 Millionen Menschen sind WohlfahrtempfängerInnen.

Die statistische Armutsgrenze lag bei 13.000 Dollar Jahreseinkommen. Darunter lagen dreimal so häufig Hispanics, viermal so häufig Schwarze wie Weiße. Alleinerziehende Mütter mit ihren Kindern waren ebenso verstärkt von Armut betroffen. 22% aller Kinder galten 1994 als arm. Etwa zwei Drittel der schwarzen Kinder sind auf die Wohlfahrt angewiesen. Unter den 35 Millionen Menschen, die 1990 überhaupt nicht gegen Krankheit versichert waren, waren Schwarze und Hispanics überproportional vertreten.

24 Theorie VIII
Autopoiesis des Rassismus

Der Rassismus kann als ein System betrachtet werden, das sich selbst am Laufen erhält. Luhmann hat für solcherart Systeme den Begriff der Autopoiesis in die Soziologie eingeführt.

Der Begriff Autopoiesis beruht auf den griechischen Wörtern autos, was selbst, und poiesis, was Schöpfung, Dichtung bedeutet. Übersetzt werden könnte es mit Selbstschöpfung oder Selbsterzeugung. Es ist ein Kunstwort, welches im Rahmen der Forschungen des Kognitionsbiologen Humberto R. Maturana entstanden ist. Für Maturana sind z.b. Körperzellen autopoietische Systeme, denn eine Zelle »produziert als arbeitsteiliges Netzwerk die spezifischen Bestandteile (komplexe organische Moleküle), aus denen sie besteht. Gleichzeitig ermöglichen die Zellbestandteile erst die Existenz des durch eine ›Grenze‹ (die Zellmembran) von der Umwelt abgegrenzten Produktionsnetzwerks. Alle Prozesse im Zellinneren sind auf die Selbsterzeugung und Existenzerhaltung der Zelle hin ausgerichtet, also auf die Fortdauer der Autopoiese. Die Zelle hat eine starke Eigendynamik, denn die im Zellinneren ablaufenden Prozesse sind durch die Interaktionen der Elemente untereinander bedingt (=Rekursivität). Umwelteinwirkungen stören (›pertubieren‹) die Zelle lediglich und führen zu Ausgleichsreaktionen. Das Milieu (Umwelt) benötigt Lebewesen, um Nahrung bzw. Energie aufzunehmen, beziehungsweise um Abfallstoffe in die Umwelt abzugeben, aber sie passen sich nicht an sie an.«[1] Ein autopoietisches System ist also von seiner Eigendynamik her auf seine Fortsetzung, auf Aufbau und Erhalt der eigenen Struktur ausgerichtet.[2]

Der Rassismus kann in Anlehnung an diese Gedankengänge als ein autopoietisches System angesehen werden[3], das einen Code herausgebildet hat, den der Hautfarben (bzw. der Abstammung), und sich durch diese Unterscheidung selbst am Laufen hält. Und läuft und läuft und läuft... Der Code selbst ist immer wieder Modifikationen unterworfen, nach welchen Hautfarben oder vielleicht auch anderen Kriterien unterschieden wird. Sein ›Wesen‹ ändert sich aber nicht, ebennämlich dieserart Unterscheidungen zu treffen. Und es ändert sich auch nicht die grundsätzliche Möglichkeit seiner Anschlußfähigkeit. Woran er anschließt ist die Frage. Anschließen kann er nicht an irgendwelche Essenzen, aber an historische Gegebenheiten.

Es geht also darum, etwas zu erklären, was ist und gleichzeitig nicht ist: die Rasse. Sie ist nicht Biologie, sondern Unterscheidung. Luhmanns Theorie eignet sich bei der Erklärung als abstrakte Struktur.

Ganz streng genommen ist der Rassismus selbstverständlich keins seiner Systeme. Aber neben der Autopoiese gibt es noch andere Übereinstimmungen. Es ist ein geschlossenes und ein soziales System. Und zwar geschlossener als manch eines seiner Systeme. Betrachtet man mit einem marxistisch und an der kritischen Theorie geschulten Blick seine beiden Syteme Politik und Wirtschaft, so kann nicht deren Unabhängigkeit behauptet werden. Die für die jeweiligen Systeme geltenden Codes Macht bzw. Geld haben/nichthaben sind zwar nicht synonym, gehen aber ineinander über. »Wer das Geld hat, hat die Macht...« Und hieß es nicht einmal und heute immer noch manchmal, vielleicht treffender, politische Ökonomie? Demgegenüber ist der Code des Rassismus geschlossener.[4]

Unter Ausnutzung dessen könnte Rasse als eine Art Black Box begriffen werden, die allerdings nicht black, also nicht nicht einsehbar ist, sondern gläsern. In ihr ist kein Geheimnis, nicht etwas nicht zu Erklärendes. Aber auch keine Essenz – das macht sie so vertrakt. Durch die Gläsernheit kann immer wieder alles Mögliche, je nach historischer Situation, an ihr andocken. Dieses alles Mögliche sind die Cluster-›wölkchen‹, die an das autopoietische System Rassismus andocken, aber nicht durch seine Grenze hindurch in es eindringen können.

Der Rassismus basiert also auf einer Unterscheidung, die nur die Unterscheidung kennt, keinen Inhalt; auf einer Differenz, die nur die Differenz kennt. Die Differenz ist die Hautfarbe. Somit klammert sich die Differenz an den Körper, diesen Signifikaten der Moderne, und an die Biologie. Diese Hautfarbe wiederum ist nur bestimmt über die Abstammung, nicht durch einen wirklichen Farbton.

Dadurch ergibt sich eine weitere Übereinstimmung mit Luhmann. Obwohl der Rassismus vieles politisch, sozial, psychisch verkompliziert, dient die Einteilung der Menschen in Gruppen doch einer der Hauptfunktionen, die Luhmann Systemen zuschreibt: Reduktion von Komplexität.[5] Ich weiß dank der Hautfarbe, wer die andere Person ist.

25 Theoretisch-historische Verschränkung

Zusammengefasst läßt sich das theoretisch bisher Entfaltete in einem graphischen Schema veranschaulichen. So ergibt sich folgender erster Schritt:

Graphik 2: Die Verortung des Individuums

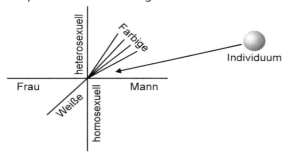

Das ist das Achsensystem, in dem sich die Individuen verorten müssen, um von anderen ›erkannt‹ zu werden, um Identität zu erlangen. Sie können sich dabei nicht beliebig auf einer Achse entlang verorten, sondern nur auf einem Punkt, da es nichts zwischen z.B. Mann und Frau gibt.

Die Achsen sind unterschiedlich starr. Die binäre Unterscheidung Mann – Frau erscheint derart als Natur, daß daran kaum zu rütteln ist. Die Achse der Rassen ist starr binär, was die Unterscheidung Weiße – Farbige anbelangt. Aber auf der Achsenseite der Farbigen haben sich, wie beschrieben, immer wieder Veränderungen ergeben, welche und wieviele Einteilungen in Farbige es gibt. Um das Schema ganz zu vervollständigen, hätte über diese Achse der Rassen noch die der Ethnien angelagert werden müssen. Erstens wäre die Graphik dadurch aber optisch undurchschaubar geworden. Zweitens ist dies keine eigene Achse, sondern Ethnie und Rasse wurden und werden miteinander vermischt. Die dritte Achse scheint am wenigsten starr, gibt es doch Bisexuelle. Sie gelten jedoch als Individuen, die sich noch nicht entschieden haben.[1] Daher, und weil die sexuelle Orientierung von außen nicht so leicht zu sehen, zu identifizieren ist wie die beiden anderen Kategorien, liegt ein Dunstschleier über dieser Achse.

Das Problem ist nun, daß dieses System ein autopoietisches ist und nur die Unterscheidung, nur die Differenz kennt. Es hat um sich eine Grenze zu seiner Um-Welt gezogen.

Graphik 3: Die Grenze um die Verortung

Individuum

Die Schwierigkeit besteht darin, daß zwar das Individuum Zugang in Form der Verortung zum System hat, die übrige Um-Welt aber an der Grenze scheitert und nicht eindringen kann.

Dabei ist die Grenze durchsichtig, das System einsehbar, sonst würde es gar nicht funktionieren. Von außen ist erkennbar, wo ein Individuum verortet ist. Aber es läßt sich nicht hineingreifen.

Graphik 4: Die Systeme der Gesellschaft und das Individuum

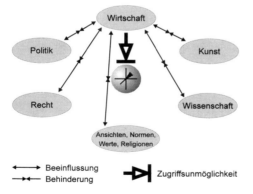

Diese Systeme bilden die Gesellschaft.[2] Das, was hier der Übersichtlichkeit halber nur für den Bereich der Wirtschaft eingezeichnet ist, findet zwischen allen Systemen statt: sie beeinflussen sich gegenseitig und behindern sich gegenseitig. Alle haben mit allen Verbindung. Teilweise dringen sie auch in andere Systeme ein und überlappen sich partiell.[3]

Die Eindringungsversuche der anderen Systeme in das System Rasse/ Geschlecht/ sexuelle Orientierung über (scheinbare) Essenzen, über Natur und Begehren scheitern, führen zu Irritationen und sind somit Störfaktoren.

Deshalb wird zu einem Trick gegriffen:

Graphik 5: Die Systeme und die Cluster

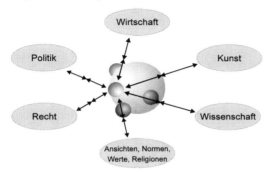

Da in das System nicht eingedrungen werden kann, werden Cluster-›wölkchen‹ drumherum angedockt. Sie sind mit mehr oder weniger zusammenhängenden Zuschreibungen gefüllt. Da sie nur andocken können, nur ›angeklebt‹ sind, keinen Zugang zum Drinnen haben, sind sie Veränderungen in der Zeit und im Ort unterworfen. Manche werden abgestoßen und lösen sich auf, andere entstehen neu, manche verändern sich. Einige konkretere Verdichtungen waren schon aufgetaucht, wie z.B. der (Uncle) Tom oder die Aunt Jemima.

Die Cluster›wölkchen‹ werden von den Systemen beeinflußt wie wiederum umgekehrt. Und genauso behindern sie sich auch. Was hier wieder nur für eines eingezeichnet ist, findet zwischen allen Cluster-›wölkchen‹ und allen Systemen statt.

Das Individuum erhält Zugang über die Systemgrenze hinweg durch die Cluster zu den anderen Systemen und zu anderen Individuuen und damit zu anderen Gruppen, ebenso wie umgekehrt. Ein Individuum befindet sich in einer Situation in Zusammenhang mit jeweils einem Cluster und sieht andere Individuen ebenso in Zusammenhang mit jeweils einem Cluster.

Graphik 6: Der Zugang eines Individuums zu einem anderen
Individuum

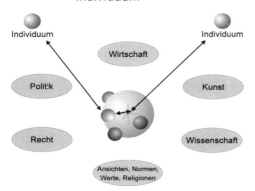

Mit alldem läßt sich Foucaults Machtbegriff verbinden. Laut ihm hat die Macht keinen lokalisierbaren starren Ort. »Die Macht wird nicht besessen, sie wirkt in der ganzen Dicke und auf der ganzen Oberfläche des sozialen Feldes gemäß einem System von Relais, Konnexionen, Transmissionen, Distributionen etc.«[4] Die Macht wirkt somit auf den Linien zwischen den Systemen, zwischen den Individuen und zwischen den Systemen und den Individuen.[5] Sie ist mal mehr hier, mal mehr dort, verdichtet sich oder dreht ihre Richtung um. Sie zu beschreiben ist sowohl Aufgabe der Theorie als auch jeweiliger konkreter historischer Analyse.

Die Macht, die sich auf diesen Bahnen so hin und herbewegt, hat einen Reflex. Und zwar bildet sie sich im Achsensystem nochmal ab. Somit scheint der weiße heterosexuelle Mann die Macht zu haben, z.B. die Definitionsmacht. Da aber laut Foucault niemand die Macht *haben* kann, ist dieser Reflex die Verbindung aus eben dem Widerschein der diesem System äußeren Machtbewegung(en) und der Asymmetrisierung von Unterscheidungen, wie sie in dem System vorhanden sind.

Das bedeutet, daß dieser Reflex sich verschieben, auseinanderziehen, in mehrere, verschieden große sich aufsplitten kann. Der Reflex kann in Richtung des Achsenabschnitts Frauen wandern, zumindest in den weißen Teil. Sub-Reflexe können zwischen den verschiedenen ›Fraktionen‹ der Farbigen aufscheinen, immer in Reaktion auf äußere Verschiebungen.

26 Historisch-theoretische Verschränkung VI

Einige Anti-Rassismus-TheoretikerInnen führen an, daß die Benutzung des Begriffs Rasse nach dem II. Weltkrieg selten geworden sei. Das Wort sei durch seinen Gebrauch durch die Nazis und die von ihnen dadurch ideologisch legitimierte Praxis des Holocausts völlig diskreditiert. Anstelle des Begriffs Rasse zu einer Unterscheidung von Menschen sei der Begriff Ethnie und später Kultur getreten. Kultur bezeichnet in diesem Sinne einen behaupteten gemeinsamen Erfahrungshorizont von Menschen etwa in der Form, daß sie aus einem gemeinsamen ›Ursprungs‹-land oder einer -region kommen, über eine gemeinsame Sprache, über gemeinsame Bräuche, Riten, Sitten etc. verfügen. Der Begriff nimmt also im ersten Augenschein Abstand von einer biologischen Definition von Menschengruppen. Der Begriff Ethnie pendelt zwischen Rasse und Kultur und hat von beiden etwas.[1]

Diese Anti-Rassismus-TheoretikerInnen sehen nun das Aufkommen eines neuen Rassismus, der nicht mehr mit der Verschiedenheit und Hierarchie von Rassen argumentiert, sondern mit der vermeintlichen Unvereinbarkeit von Kulturen. Sie sprechen von einem Rassismus ohne Rassen. Damit habe sich der Rassismus von der Biologie entfernt, naturalisiere aber die als unveränderlich angesehene Kultur.[2]

Diese in Europa anzutreffende Veränderung ist in der Form in den USA bis heute nicht anzutreffen. Dort wird der Begriff Rasse bis heute benutzt. Und er deutet Probleme an.

Die Kategorien für die Einteilung der us-amerikanischen Gesellschaft in Rassen und Ethnien hatte sich seit der Gründung der Nation immer wieder verändert, entsprechend historischen Veränderungen in der Bevölkerung. Im Census von 1900 wurde nur zwischen White und Colored unterschieden, wobei letztere nur African descent only umfaßte. In dem Census von 1953 findet sich eine feinere Unterscheidung: White, Negro und Other races, die wiederum in Indian, Japanese, Chinese und All other unterteilt sind, welche wiederum Asiatic Indians, Koreans, Polynesians und other nonwhite races umfassen. 1960 wurde im Census zum ersten Mal genauer definiert: »›Farbe‹ teilt die Bevölkerung in zwei Gruppen, weiß und nichtweiß. Die nichtweiße Bevölkerung besteht aus Negern, amerikanischen Indianern, Japanern, Chinesen, Philipinen und allen anderen Gruppen, die nicht als weiß klassifiziert sind. Personen mexikanischer Geburt oder Abstammung, die nicht definitiv indianischer oder von anderer nichtweißer Herkunft sind, sind in der weißen Bevölkerung enthalten. Personen von gemischter Elternschaft werden in der Rassen- oder Farbenklassifikation des nichtweißen Elternteils plaziert.«[3]

1973 legte eine Bundeskommission eine neue Rassentaxonomie fest, die am 12. Mai 1977 angenommen wurde. Demnach war die Menschheit in lediglich zwei Ethnien aufgeteilt: eine Gruppe hispanischen und eine nicht-hispanischen Ursprungs. Darüberhinaus teilte sie die Menschheit in vier Rassen auf: Natives (American Indians und Alaska Natives), AsiatInnen und BewohnerInnen der Pazifikinseln, Schwarze, Weiße. Eine weitere Unterteilung basierte auf den vielen Herkunftsorten, woher die Menschen oder ihre Vorfahren irgendwann einmal kamen. So gab es Litauer, Italiener, Schotten etc. etc. Diese Aufteilung wurde 1977 durch die Statistical Policy Directive No. 15, *Race and Ethnic Standards for Federal Statistics and Administrative Reporting des Office of Management and Budget* sanktioniert.

Die Bevölkerung wurde so in Kategorien eingeteilt, die eine eindeutige Zuordnung ermöglichte. Keine Person blieb außerhalb, jeder und jede bekam einen und nur einen klar definierten Platz zugewiesen. Zur Not taucht die Kategorie ›Sonstige‹ oder ›Andere‹ auf, was auch eine Festlegung bedeutete. Die Kategorien überschnitten sich nicht, es gab keine polnischen Waliser oder Frankoböhmen. Also mußte sich eine Person entscheiden, zu welcher sie gehörte, wenn sie z.B. ein Aufnahmeformular für eine Klinik, für eine Schule oder bei der Polizei ausfüllt. Bei einem schwedischen Vater und einer griechischen Mutter mußte zwischen schwedischer und griechischer Herkunft gewählt werden.

Um sich einordnen zu können, mußte sich auf die Suche nach den ›eigenen Wurzeln‹ gemacht werden.

Da es in diesem System keine Mischlinge gab, mußte sich entschieden werden. Bei der Wahl zwischen den Rassen, z.B. zwischen Schwarz und Weiß, galt dabei der Grundsatz des einzigen Tropfens Blut, die one-drop-rule. Sie besagte, daß wer auch nur einen weit entfernten schwarzen Vorfahren hat, als Schwarze oder Schwarzer galt.[4]

Für den Census im Jahre 2000 wurde in den dafür zuständigen Behörden und anderen Institutionen viel über die Kategorien diskutiert. Herausgekommen ist eine Revidierung der bis dahin gültigen Directive

No. 15, dessen Einteilung der Bevölkerung nicht mehr gerecht werde, da diese sich durch Einwanderung und ›interracial marriages‹ verändert habe. Danach gibt es jetzt fünf Rassen: a) American Indian or Alaska Native, b) Asian, c) Black or African American, d) Native Hawaiian or Other Pacific Islander, e) White. Und es gibt immer noch eine Kategorie Some Other Race. Dazu gibt es zwei Ethnien: Hispanic or Latino und Not Hispanic or Latino. Es wurde sich gegen die Aufnahme weiterer ethnischer Kategorien entschieden.[5] Auf eine Kategorie multiracial wurde bewußt verzichtet.[6] Menschen mit Eltern aus verschiedenen Rassen sollen lieber zwei oder mehr Rassen ankreuzen. Einigkeit darüber, ob ebenso zugleich Hispanic und Not Hispanic angekreuzt werden kann, war lange nicht vorhanden. Es wurde dagegen entschieden.

Es wird ausdrücklich darauf hingewiesen, daß es sich bei den Kategorien um ein »social-political construct« handele, welches nicht anthropologisch, wissenschaftlich, biologisch oder genetisch gedacht sei. Rasse und Ethnizität sollten im Unterschied dazu in Form von sozialen und kulturellen Charakteristika als auch der Herkunft gedacht werden.

Von Seiten der Behörden wurde zugegeben, daß ihre Kategorien recht willkürlich und schwankend sind. Ethnien und Rassen purzeln durcheinander, verschwimmen ineinander. Eine auch nur halbwegs klare Definition existiert nicht.[7]

Welche Unübersichtlichkeit dabei herauskommt, wird auch beschrieben: »Für den Census 2000 existieren 63 mögliche Kombinationen der sechs grundlegenden Rassekategorien, eingeschloßen sechs Kategorien für jene, die exakt eine Rasse angeben, und 57 Kategorien für jene, die zwei oder mehr Rassen angeben.«[8]

»Sobald man zuläßt, daß die Weißen und die freigelassenen Neger auf dem gleichen Boden wie zwei fremde Völker nebeneinander leben, versteht man leicht, daß es für die Zukunft nur zwei Möglichkeiten gibt: entweder müssen die Neger und die Weißen sich völlig vermischen, oder sie müssen sich trennen«, schrieb Alexis de Tocqueville 1835 nach seinem Besuch in den USA.[9]

Er sah also die Lösung des Problems zwischen Schwarzen und Weißen in einer ›Mulattisierung‹ der Gesellschaft.

Ende des Jahrhunderts, gleichzeitig Ende des Jahrtausends, sieht die Lage komplizierter und komplexer aus.

Die demographische Struktur der USA hat sich verändert. Seit der Abänderung der Einwanderungsbestimmungen nahm die Zahl der ImmigrantInnen zu. In den 60er Jahren wanderten 3,3 Millionen legal ein, in den 70ern 4,5 Millionen und in den 80ern über 7 Millionen. Nach Schätzungen wandern seit einiger Zeit ebensoviele illegal ein wie legal. Die gleichen Schätzungen gehen von 12 Millionen illegal im Land Lebender aus. Heideking spricht deshalb von einer dritten Welle der Masseneinwanderung.[10] Für ihn sind die USA eines der bevorzugten Zielorte der weltweiten Migrations- und Flüchtlingsbewegungen.[11] Nach dem Vietnamkrieg flohen viele aus den Staaten des ehemaligen Indochina. Die schlechte wirtschaftliche Lage in Mittel- und Lateinamerika ließ viele ihre Hoffnung in den USA suchen. 44% aller ImmigrantInnen kamen von dort, 41,6% aus Asien. Andere wichtige Herkunftsregionen wurden der Nahe Osten, Afrika und nach der Auflösung der Sowjetunion Osteuropa. Der Anteil aus Westeuropa sank.

Ein Viertel aller US-AmerikanerInnen hat nicht-weiße Vorfahren. Die Schwarzen verdoppelten ihre Anzahl von 15 Millionen 1950 auf 30 Millionen 1990, damit stieg ihr Bevölkerungsanteil von 10% auf 12,1%. Schneller wuchs die heterogene Gruppe der Asian-Americans, nämlich von 3,7 Millionen 1980 auf 7,3 Millionen 1990, womit sie 3% der Bevölkerung ausmachten. Die Hispanic-Americans wuchsen von 9 Millionen 1970 auf 22,4 Millionen 1990, was 9% der Gesamtbevölkerung entspricht. Diese Gruppe ist ebenso sehr heterogen, aber die Chicanos und Chicanas, also diejenigen spanisch-mexikanischer Herkunft, überwiegen. Die Natives nahmen von 800.000 1970 auf fast 2 Millionen 1990 zu. Dies ist eine demographisch unmögliche Steigerung. D'Eramo führt als Gründe dafür an, daß es zum Teil als schick gegolten habe, sich als Native zu definieren und/oder der Nutzen der positiven Diskriminierung für Minderheiten bei der Vergabe von Bundesmitteln und Stellen im öffentlichen Dienst dafür verantwortlich sei. Der Census sieht das ähnlich, führt aber als weitere Gründe eine Verbesserung seiner Methoden und eine genauere Zählung an.[12]

Am 1. Mai 2000 hatten die USA 274.708.000 EinwohnerInnen, die sich nach den rassischen und ethnischen Merkmalen des U.S. Bureau of the Census in die folgenden Kategorien gliedern: White 71,5%, Black 12,8%, Hispanic 11,7%, Asian/ Pazific Islander 4,0%, American Indian/ Eskimo/ Aleut 0,9%. Bis zum Jahr 2030 wird erwartet, daß sich der Anteil der Gruppen wie folgt verschiebt: White 60,1%, Black 13,4%,

Hispanic 17,9%, Asian/ Pazific Islander 7,7%, American Indian/ Eskimo/ Aleut 0,8%.[13]

Den Prognosen zufolge wird die weiße Bevölkerung praktisch stagnieren und die Hispanics, Asian-Americans und die Schwarzen werden weiter zunehmen und Mitte des 21. Jahrhunderts die Mehrheit stellen.

Die Lage wird mit Schlagworten wie ›ethnischer Pluralismus‹, ›Multikulturalismus‹, ›Land der ethnischen Minderheiten‹ und, negativer konnotiert, mit ›the browning of America‹ und ›thirdworldization‹ beschrieben.

D'Eramo schließt daraus: »Die Einwanderungswellen von einst werden heute überlagert von Menschenströmen aus Lateinamerika, aus Asien, aus den islamischen Ländern. Dieses neue Amerika ist nicht mehr *westlich*, ist nicht mehr eine durch Europäer mit europäischen Einwanderern aufgebaute Nation, eine weiße, aus weißen Ethnien geschaffene Kultur, die dem afrikanischen, schwarzen Anderssein grausam und feindselig gegenübersteht. Sie ist multirassistisch und multirassisch, arabisch, kambodschanisch, persisch, koreanisch.«[14]

Während offener Rassismus in den 70er Jahren eher geächtet war, er ›nur‹ verdeckt schwelte, taucht er einigen Meinungen zufolge Ende des Jahrhunderts in offen biologistischer Form wieder auf. Der neokonservative Sozialwissenschaftler Charles Murray und der Psychologe Richard J. Herrnstein brachten 1994 an der Harvard University das Buch *The Bell Curve – Intelligence and class structure in American Life* heraus. Danach beruht die geschilderte schlechte Lage der Schwarzen auf ihrem gegenüber den Weißen niedrigeren durchschnittlichen Intelligenzquotienten. Innerhalb weniger Monate wurden mehrere hunderttausend Exemplare verkauft. Eine Meinungsumfrage ergab, daß zwei Drittel der Weißen glauben, daß Schwarze für ihr Elend selbst verantwortlich seien.[15]

Auch in seiner offen-gewalttätigen Form tauchte der Rassismus wieder auf. »Bevor die Skinheads Mike Bunch Robinson erschossen, entstellten sie ihm das Gesicht bis zur Unkenntlichkeit mit Karatetritten und Schlägen. Sie hatten mit einer solch sadistischen Gewalt auf ihn eingeprügelt, daß seine Leiche nur mittels der Fingerabdrücke identifiziert werden konnte. Der zuständige Gerichtsmediziner warnte seine Freundin, sich den zerschmetterten Körper anzusehen. Robinson, ein recht beliebter VW-Mechaniker aus der Arbeitervorstadt San Bernardino in Highland (etwa 100 Kilometer östlich von Los Angeles) starb am 22. August 1995.«[16]

Und er war kein trauriger Einzelfall, sondern er war der fünfte Schwarze, der innerhalb von zwei Jahren umgebracht worden war. Zwischen 1995 und 1996 stieg in Los Angeles die Zahl der Angriffe gegen Schwarze um 50%. In den gesamten USA wurden im Zeitraum von 1990 bis 1996 41 Morde von Skinheads verzeichnet. Die Gewalttaten weißer Skinheads und Rassisten trifft aber nicht nur Schwarze, sondern auch Schwule und Mitglieder anderer Minderheiten und sozial Randständige. Und sie müssen nicht solch drastische Formen annehmen, sondern reichen von diesen Mißhandlungen bis zu Beschimpfungen.[17]

Wie der ganz alltägliche Rassismus sich ›anfühlt‹, beschreibt der schwarze Autor Andrew Hacker: »Auf der Fahrt durch das weiße Herzland empfiehlt es sich für den schwarzen Reisenden, die Geschwindigkeitsbegrenzung peinlichst einzuhalten. Zwar stoppen die Polizisten der Bundesstaaten und Lokalbehörden auch weiße Autofahrer. Aber die Wahrscheinlichkeit, nach der Kontrolle der Papiere auch noch gefilzt und wegen einer Lappalie über Nacht in einer Polizeizelle festgehalten zu werden, ist für einen Afro-Amerikaner ungleich größer.

An einer Tankstelle ist die Toilette leider gerade nicht benutzbar, im Motel kann das Empfangsfräulein die Reservierung nicht finden. Hat das vielleicht etwas mit der Hautfarbe des Fragenden zu tun? Im Selbstbedienungsladen eilt ein Verkäufer zu dem Kunden, er berät ihn umständlich, will kaum von seiner Seite weichen. Beim Bezahlen wird die Kreditkarte peinlich lange geprüft. Endlich kommt die Rechnung. Im Restaurant gibt es wohl einen Platz für den schwarzen Gast, der Tisch steht auch nicht gleich neben der Küche. Und doch kommt der Eindruck auf, nicht willkommen zu sein...

›Wer in Amerika schwarz ist, muß seine Gedanken und Gefühle in einem Maß zügeln, wie es Weiße niemals erfahren haben‹, schreibt Hakker. Fast täglich müsse der Schwarze seine Wut herunterschlucken und dabei auch noch jenes ›falsche Lächeln aufsetzen, das von ihm erwartet wird um den weißen Amerikanern zu versichern, daß er nichts gegen sie hat‹.«[18]

»1997 versuchte Präsident Bill Clinton eine nationale Debatte über Rassismus über die ›Rassengrenzen‹ hinweg zu initiieren. Er ernannte eine *Commission on Race* unter dem Vorsitz des Pioniers der schwarzen

Geschichtsschreibung, John Hope Franklin, eines der wohl bekanntesten African Americans der Vereinigten Staaten. Die Mitglieder der Kommission hatten schon arge Schwierigkeiten bei dem Versuch, überhaupt zu definieren, welches denn die ›Rassenprobleme‹ der USA seien. Einige, unter ihnen auch Franklin, argumentierten, die Existenz der African Americans in der amerikanischen Kultur und die Beziehungen zwischen Weißen und Schwarzen seien von so fundamentaler Bedeutung für die amerikanische Kultur und Geschichte insgesamt, daß sich auf ihrem Hintergrund auch das Zusammenleben anderer ethnischer Kulturen gestalte. Nur um sie sollte es deshalb in der Arbeit der Kommission gehen. Andere Mitglieder der Kommission waren davon überzeugt, daß ›Rasse‹ ein derartig komplexes Problem sei, daß die Probleme der Amerikaner hispanoamerikanischer oder asiatischer Abstammung nicht unter dem Rubrum der weiß-schwarzen Beziehungen verhandelt werden könnten. Deshalb plädierten sie für eine Erweiterung der Kommissionsarbeit, die alle Minderheiten umfassen sollte. Die Kommission hielt Anhörungen im ganzen Land ab, und der Präsident selbst nahm an Diskussionen über die ›Rassenproblematik‹ teil, aber letztlich verlief die Arbeit der Kommission im Sande.«[19]

In den letzten Jahren gab es vermehrte Auseinandersetzungen über einen schwarzen Antisemitismus. Zwar ist es ein Mythos, daß Schwarze und Juden als benachteiligte Minderheiten stets zusammengestanden hätten, doch, so urteilt Cornel West, sei die Zeit zwischen 1910 und 1967 eine »Periode ehrlichen Einfühlungsvermögens und auf Prinzipien begründeter Allianzen« gewesen.[20] Danach verschlechterten sich die Beziehungen und Juden müssen auch für einen Teil der Schwarzen als Sündenböcke herhalten. So wird in einem unter schwarzen Jugendlichen kursierenden Buch behauptet, Juden hätten den SklavInnenhandel beherrscht und 75% der SklavInnenbesitzer im alten Süden seien Juden gewesen. Laut einer Umfrage der jüdischen Anti-Defamation League 1992 gibt es starke antisemitische Vorurteile bei 17% der Weißen und bei 37% der Schwarzen. Dieser Antisemitismus ist unterschiedlich verteilt. Während er bei Weißen in höheren Einkommens- und Bildungsgruppen nachläßt, steigt er unter besser ausgebildeten Schwarzen. »Afro-Amerikaner der Mittelklasse, das ergeben Studien, tendieren mehr zum Judenhaß als arme Schwarze.«[21] Geschürt wurde dieser Antisemitismus, zumindest in der jüngeren Vergangenheit, von schwarzen Führern aus der Nation of Islam, was mehrfach zum öffentlichen Eklat führte. So rhetorisch extrem sich der schwarze Antisemitismus allerdings gibt, hat er sich in der Praxis bislang kaum gewalttätig manifestiert.[22]

Das multi-... im ›ethnischen Pluralismus‹ ist nicht nur zwischen Weißen und Schwarzen nicht konfliktfrei, sondern weitere neue Spannungen tun sich auf.»Im Südwesten und Westen wird die offiziell beseitigte Rassenproblematik zwischen Schwarz und Weiß durch die neuere massive legale wie illegale Einwanderung von Mexikanern überlagert, die ein neues ausländisches Subproletariat (›Chicanos‹, ›Hispanos‹) darstellen, während sich Hunderttausende von Einwanderern aus Vietnam überraschend schnell und oben in der Einwanderungspyramide einfügen.«[23]

Es geht also nicht mehr alleine um den Rassenkonflikt zwischen Schwarzen und Weißen. Es geht nunmehr auch um die Konflikte zwischen Schwarzen und LateinamerikanerInnen und zwischen Schwarzen und AsiatInnen. Als prägnantes Beispiel dafür wird der Aufstand in Los Angeles 1992 angesehen, als Schwarze Geschäfte der anderen Rassen und Ethnien plünderten.[24]

Seit Beginn der 90er Jahre stürzt der Mythos aus den 60er Jahren von der Solidarität zwischen den verschiedenen Rassen und Ethnien innerhalb der People of Color immer mehr ein. Es kristallisierten sich mehrere Konfliktpunkte heraus. »Erstens wurden nach der Volkszählung von 1990 Dutzende Kongreßbezirke, in denen Afroamerikaner oder Latinos die relative oder absolute Mehrheit stellten, neu aufgeteilt, um die Repräsentanz von Minderheitengruppen im Kongreß zu erhöhen. In jenen Städten und Bezirken aber, in denen sich Latinos und Schwarze in etwa die Waage hielten, und insbesondere in jenen Bezirken, die in den vorhergehenden Jahren von Schwarzen regiert worden waren, in denen nun aber Latinos die Bevölkerungsmehrheit ausmachten, arteten Meinungsunterschiede häufig in zänkische ethnische Konflikte aus. Latinos behaupteten, daß ihre Interessen im politischen Prozeß kaum zur Geltung kämen [...].«[25] Der zweite Konfliktpunkt dreht sich darum, daß Schwarze sich ihrer Jobs im Niedriglohnbereich durch illegale EinwanderInnen beraubt fühlen. Der dritte Konfliktpunkt besteht in der Forderung nach mehrsprachigem Unterricht im Gegensatz zur Assimilierung durch ›English-Only‹.

»Die Schwarzenführer aus der Mittelklasse, die es gewohnt waren, die Vertretung der Interessen ihrer Wahlkreise auf die Rassendimension zu reduzieren, werden zunehmend mit den Ansprüchen von Latinos konfrontiert, die sich vom System entfremdet und im politischen Prozeß weitgehend übergangen und unterrepräsentiert fühlen.«[26]

Als Symbol dieser Konkurrenz gilt der Aufstand von Latinos und Latinas im Mai 1991 in Washington, D.C., nachdem die Polizei eine Salvadorianerin erschossen hatte, die sie angeblich mit einem Messer bedrohte. Steine und Flaschen flogen und über ein Dutzend Geschäfte wurden geplündert. Die Bürgermeisterin ordnete daraufhin den Einsatz von mehr als tausend Polizisten an, um den Aufstand niederzuschlagen. Sie hieß Sharon Pratt Dixon und war schwarz. Sie übernahm damit die gleiche Rolle gegenüber den Latinos/Latinas, die weiße Bürgermeister Anfang der 60er Jahre gegenüber den schwarzen Riots eingenommen hatten.

Sehr ähnlich ist ein anderer Kreisbogen der Geschichte. Im Juli 1994 wurde ein Polizeiinspektor auf Video gebannt, wie er auf einen unbewaffneten Teenager von 1,60 m Größe mit dem Schlagstock eindrosch. Der Teenager hieß nicht Rodney King, sondern war ein Latino namens Felipe Soltero, und der Polizist kein Weißer, sondern der Schwarze Michael Wattson.[27]

Würde Alexis de Tocquevilles Lösungsvorschlag modernisiert, so müßte die Gesellschaft ›bastardisiert‹ werden.

Davon sind die USA aber weit entfernt. 95,1% (1992) aller Ehen bestehen aus PartnerInnen der gleichen Rasse. Das ist Rekord im Vergleich mit den Jahren davor: 1960 waren 99,6% gleichrassig, 1970 99,3% und 1980 fiel diese Zahl auf 98,0%. Das heißt, nur 4,9% suchen sich PartnerInnen aus einer anderen Rasse. Der Großteil dabei entfällt auf Ehen zwischen Weißen und einem Mitglied einer der anderen Rassen. Nur unter 10% der ›interracial couples‹ findet zwischen letzteren statt. Das heißt nur insgesamt deutlich unter 1% der Schwarzen, Natives, Asiaten oder Pazifiaten heiratet eine nichtweiße Person, die nicht ihrem eigenen Kreis entstammt.[28] Obwohl der Oberste Gerichtshof 1967 alle gesetzlichen Beschränkungen aufgehoben hatte, die gemischtrassische Ehen beschränkten, bedeutete dies jedoch nicht, daß Verbote solcher Ehen, obwohl durch die Entscheidung des Obersten Gerichtshofs wirkungslos, aus allen Einzelstaatsverfassungen gestrichen wurden. Erst 1998 hob South Carolina nach einer Volksabstimmung den Bann auf. 62% der WählerInnen hatten sich für die Aufhebung ausgesprochen. Alabama folgte als letzter Staat erst im Rahmen der Präsidentschaftswahlen 2000. In urbanen Zentren stimmte eine überwältigende Mehrheit für die Aufhebung, in ländlichen, überwiegend weißen Gebieten kam sie teilweise knapp durch oder wurde zurückgewiesen. Insgesamt stimmten 59% für die Aufhebung.[29] Und in Hollywood werden auch heutzutage noch Drehbücher umgeschrieben, damit es nicht zu einer Kußszene zwischen Schwarzen und Weißen kommt.[30]

Auch in anderen Lebensformen als der heterosexuellen ist der ›interracial‹ Kontakt selten. Zum Beispiel befreunden sich schwarze Schwule lieber mit anderen schwarzen, denn mit weißen. Die Gruppen existieren, auch jenseits von Liebesbeziehungen und sexuellen Aktivitäten, mit wenig Kontakt nebeneinander.[31]

Um die Lage der Rassen und Ethnien der USA zueinander zu beschreiben, wurden verschiedene Bilder angeboten: vom melting pot (Schmelztiegel) über die Salatschüssel mit klar identifizierbaren Gewürzen bis zum Orchester, bei dem jede Gruppe ihr charakteristisches Instrument spielt. Die Inhalte hinter diesen Bildern umfassen den Spannungsbogen zwischen der Verschmelzung der verschiedenen Rassen, Ethnien und Nationalitäten zu einer neuen us-amerikanischen Identität bis zu einem kulturellen Pluralismus, bei dem die verschiedenen Gruppen ihre je eigene Identität behalten können und die USA so zu einer Föderation der Identitäten würden.

In der Idee der Verschmelzung war allerdings nie wirklich die ›Bastardisierung‹ mitgedacht. Von weißen EinwanderInnen wurde ihre Anpassung an die dominante Kultur erwartet, die Farbigen sollten gar nicht erst dazugehören. Und unter ihnen ist es ja auch nicht zu einer Vermischung gekommen. Jede Gruppe lebt für sich fort.[32]

Zu einer ›biologischen Bastardisierung‹ ist es also nicht gekommen. Aber es ist noch nicht einmal zu einer ›sozialen Bastardisierung‹ gekommen, bei der Menschen aus unterschiedlichen Rassen und Ethnien zu einem freundschaftlichen Kontakt gefunden hätten. So vergleicht D'Eramo die USA mit Indien und sieht in beiden Gesellschaften ein Kastensystem am Werk. Die USA seien streng hierarchisch aufgebaut: »Die Kaste der Weißen unterteilt sich in die Kaste der weißen Protestanten und die der weißen Katholiken (die Orthodoxen sind diesen beiden untergeordnet). Die weißen Katholiken ihrerseits unterteilen sich in Nordeuropäer (Deutsche und Iren), Romanen und Osteuropäer (Polen, Kroaten etc.). Im Kastensystem der gelben US-Amerikaner stehen die Koreaner ganz unten: vielleicht erklärt sich daraus der starke Rassenhaß zwischen Koreanern und Schwarzen. Innerhalb der Schwarzen wiederum werden die Puertoricaner von den Haitianern als Paria betrachtet (denen sie sogar die Einreise verweigern, da sie sie als ›AIDS-infiziert‹ ansehen).«[33]

Es existiert also auch kein Nebeneinander der Gruppen, bei dem alle gleichberechtigt sind und sich gegenseitig ohne Aufgabe ihrer jeweiligen Identität bereichern. Statt dessen ist jede Gruppe um die Wahrung ihrer Identität bemüht, wobei die Schwierigkeit darin besteht, zu klären, was diese verflixte Identität überhaupt ist. Was ist einE SchwarzeR, einE AsiatIn, einE Native?

Die Geschichte der Rassen in den USA ähnelt der biblischen Geschichte des Turmbaus im alten Babel. Als dort die Menschen Gott gleich sein und einen hohen Turm bauen wollten, dessen Spitze bis an den Himmel reichen sollte, fuhr Gott der Herr hernieder. Er verwirrte die Sprache der Menschen, die vorher alle die gleiche gesprochen hatten, so daß sie sich nun nicht mehr verstanden. So bezwang er seine Widersacher.[34]

Gegliedert in die einzelnen Rassen verstehen sich die dadurch zu Gruppen gemachten Menschen nicht.

Der aufgeklärte und aufklärerische Mensch wollte Gott als den Herrscher ablegen und sich an seine Stelle schwingen. Der Mensch wollte das göttliche Prinzip des Schöpfens und des Machens von Welt nicht brechen, sondern an sich reißen. Er konnte sich von diesem Projekt nicht lösen. Aber bewältigen kann er es auch nicht. So kann der Mensch nur hoffen, daß Gott wieder in sein Leben tritt und das Problem löst, wie er in der ›Gegengeschichte‹ zum Turmbau zu Babel beim Pfingstwunder die Menschen in verschiedenen Sprachen ihre Geschichten reden läßt und sie sich wundern, daß sie sich dennoch verstehen.[35]

Gott soll also wieder mal ›die Karre aus dem Dreck ziehen‹.

Und das läßt vermutlich auf sich warten.

27 Ausblicke

a) *Wissenschaftlich – Historisch*

Neben dem Buch von Norbert Finzsch, James O. Horton und Lois E. Horton *Von Benin nach Baltimore, Die Geschichte der African Americans* und der Übersetzung von John H. Franklins und Alfred A. Moss Jr.'s *Von der Sklaverei zur Freiheit, Die Geschichte der Schwarzen in den USA* ist dies nun das dritte Werk, welches sich in letzter Zeit in Deutschland mit der Historie der Schwarzen während des gesamten Zeitraums ihrer Anwesenheit in Amerika beschäftigt.

In den USA ist die Lektüre zu diesem Thema, inklusive der Bücher zu einzelnen Zeiträumen und begrenzten Gebieten, sowie sämtlichen Universitätsarbeiten, wirklich unüberblickbar.

Dennoch zeigen sich historische Forschungslücken und -mängel. Die Sklaverei ist sehr gut erforscht, ebenso das Leben der Schwarzen im Osten und ihre politische Organisierung und Artikulation. Je weiter westwärts und je mehr der Blick auf das Alltägliche schweift, desto dünner wird die Forschung. Gleiches gilt für die ›schmutzigen Randbereiche‹. Vielleicht hängt dies ja mit der Prüderie in den USA zusammen. Jedenfalls sind Studien zu schwarzen Schwulen und Lesben, zu schwarzer Prostitution und Pornographie in der Geschichte selten. Gut erforscht sind die Beziehungen zwischen Schwarzen und Weißen. Was das Verhältnis der Schwarzen zu den anderen Rassen betrifft, wenn es sich nicht um die letzte Zeit handelt, wird kaum thematisiert. Hier überall besteht Forschungsbedarf.

b) *Wissenschaftlich – Soziologisch*

Kaum drei Monate vergehen zur Zeit, in denen nicht wieder ein Buch zum Thema Rassismus im weitesten Sinne erscheint. Bei vielen handelt es sich um Sammelbände, in denen die immergleichen ExpertInnen ihre Theorien darbieten. In Christoph Burgmers *Rassismus in der Diskussion* sind viele von ihnen vertreten: Robert Miles, Edward W. Said, Albert Memmi, Birgit Rommelspacher und Stuart Hall. In *Rassismus im virtuellen Raum* von Christian Flatz, Sylvia Riedmann und Michael Kröll taucht Robert Miles ebenso auf. In dem Sammelband des Kongresses *Gegen-Rassismen: Konstruktionen – Interaktionen – Interventionen*, herausgegeben von Brigitte Kossek, sind Nora Rätzel und die beiden ›Newcomer‹ Slavoj Zizek und Isaac Julien vertreten. Als theoretische Arbeiten der letzten Zeit sind Elisabeth Beck-Gernsheims *Juden, Deutsche und andere Erinnerungslandschaften, Im Dschungel der ethnischen Kategorien* und Wulf D. Hunds *Rassismus: Die soziale Konstruktion natürlicher Ungleichheit* zu erwähnen sowie die eher historisch/empirische Studie von Kien Nghi Ha *Ethnizität und Migration*. Die jour fixe initiative berlin hat ihre Vortragsreihe zum Thema *Wie wird man fremd?* unter gleichnamigem Titel veröffentlicht und bewegt sich bei ihrer Bestandsaufnahme zwischen modernisierter Psychoanalyse, Kritischer Theorie und Poststrukturalismus.[1]

Diese Arbeit hier ist einen anderen Weg gegangen. Einmal sind ihre Ergebnisse, die anhand der Situation in den USA gefunden wurden, nicht ohne weiteres auf Situationen in Europa übertragbar. Allein Sklaverei und Einwanderung sorgten schon für Spezifika.

Zum anderen wurde in einem ersten Schritt versucht, die abstrakte Struktur, die die Systemtheorie liefert, für eine Rassismusanalyse zu nutzen. Sie kann dazu dienen, andere Theorien, ohne diese untergehen zu lassen, miteinander unter ihrer ›Schirmherrschaft‹ zu integrieren. Das ist ausbaufähig.

Auch wäre in der feministischen Forschung zu überlegen, ob die Kategorie Geschlecht nicht unter Zuhilfenahme des Gedankens autopoietischer Systeme betrachtet werden kann.

c) *Politisch*

Der düsterste Punkt. Es werden keine Ratschläge folgen, wie es denn besser ginge.

Weder bringt eine Politik, die anstrebt, im Namen einer vormals benachteiligten Rasse ihre Stellung in der Hierarchie zu verbessern, eine Änderung im System des Klassifizierens zustande. Noch würde eine ›Bastardisierung‹ Rettung bringen, wenn – mal absurd durchgespielt – die Zeugung von Kindern nur im Falle verschiedener Rassen der Elternteile erlaubt wäre. Das würde nur zur Produktion neuer Einteilungskategorien führen.

Also alle Kategorien abschaffen? Aber es gibt doch keinen ›unmarked space‹. Am ehesten würde es sich lohnen, über die Aufklärung und das Projekt der Moderne noch einmal nachzudenken.

Bei »ich denke, also bin ich« schwingt »ich zweifele, also bin ich nicht« im Hintergrund mit. Was wäre gewesen, wenn Descartes statt »ich denke, also bin ich« gesagt hätte »ich zweifele, also bin ich«.[2] Damit wäre – vielleicht – das Projekt der Aufklärung mit seinen Identifizierungen ein anderes geworden.

28 Statt eines Nachworts

Wird sichtbares Licht, also elektromagnetische Wellen zwischen 410 Nanometer und 750 Nanometer[1], gemischt, entsteht weiß. Dafür reichen drei Hauptbereiche des Lichts, nämlich die Farben Blau, Grün und Rot. Hierfür werden Lichtquellen benötigt und es wird von additiver Farbmischung gesprochen. Beinhaltet eine Lichtquelle diese drei Farbspektren und trifft das von ihr ausgesandte Licht auf einen Gegenstand, wird von diesem das Licht reflektiert, das seiner Körperfarbe entspricht; der Rest wird absorbiert. Auf diese Weise läßt sich durch die subtraktive Farbmischung Schwarz erzeugen, indem aus weißem Licht Farbbereiche herausgefiltert werden. Bei der additiven Farbmischung ergänzen sich die Lichtfarben von Schwarz = kein Licht zu Weiß, bei der subtraktiven Farbmischung reduziert sich die Helligkeit durch Verwendung von Körperfarben von Weiß auf Schwarz. Schwarz erscheint also ein nicht selbstleuchtender Körper, der alles auftreffende Licht absorbiert, Weiß ein Körper, der alles sichtbare Licht jeder Wellenlänge vollständig reflektiert.[2]

Farbe ist diejenige Gesichtsempfindung eines dem Auge strukturlos erscheinenden Teiles des Gesichtsfeldes, durch die sich dieser Teil bei einäugiger Beobachtung mit unbewegtem Auge von einem gleichzeitig gesehenen, ebenfalls strukturlos erscheinenden angrenzenden Bezirk allein unterscheiden läßt. (DIN 5033)

29 Anmerkungen

2. Historie I: Die Kolonialzeit

1 Kolumbus, 1981, S. 44.
2 Kolumbus, 1981, S. 46.
3 Kolumbus, 1981, S. 292.
4 Kolumbus, 1981, S. 53.
5 Die These, daß vor Kolumbus schon Afrikaner Amerika ›entdeckt‹ und Kontakte und Handel zwischen den beiden Kontinenten existiert haben, wie sie z.b. Leo Wiener 1920 in *Africa and the Discovery of America* und Ivan Van Sertima 1976 in *They Came Before Columbus* vertreten, ist sehr umstritten und wird hier nicht weiter verfolgt, da selbst im Falle ihrer Richtigkeit diese für die weitere Geschichte folgenlos blieben. Vgl. für eine kurze Zusammenfassung der Fakten, die für einen frühen Kontakt zwischen Menschen des afrikanischen und des amerikanischen Kontinents sprechen Michels, 1999, S. 13-31.
6 1776 von den Spaniern gegründet.
7 Dieses Territorium ist nicht zu verwechseln mit dem heutigen Bundesstaat Louisiana.
8 Bis 1641 wanderten über 70.000 EngländerInnen nach Amerika aus.
9 Deshalb ist im ›englischen‹ Nordamerika auch keine Mestizengesellschaft entstanden.
10 Die Schätzungen, die die Anzahl der UreinwohnerInnen noch bei 900.000 bis 1,5 Millionen bezifferten, sind in den neueren Forschungen der letzten Jahre auf 5 bis 12,5 Millionen geklettert, wobei die Mehrzahl der Quellen die im Text genannten Zahlen angibt. Vgl. Heideking, 1996, S. 2.
11 Heideking, 1996, S. 2.
12 Die Chesapeake Bay ist die flache, zum Teil stark gegliederte Bucht des Atlantiks auf der Höhe des heutigen Marylands und Virginias.
13 Theweleit, 1999, S. 86.
14 Die Region war von dem Seefahrer und ›Entdecker‹ John Smith 1614 so genannt worden.
15 Zu einer Erklärung, warum dieses Dokument zum Gründungsmythos werden konnte und nicht ein Äquivalent aus der früheren Besiedlung Jamestowns vgl. Theweleit, 1999, S. 451-510.
16 Das waren Menschen aus dem schottischen Tiefland, die zuerst nach Ulster verdrängt worden waren und dann aus wirtschaftlichen Gründen von dort weiter nach Amerika auswanderten.
17 Das war in etwa das Gebiet der heutigen kanadischen Provinzen New Brunswick und Nova Scotia sowie Maine.
18 Mitte des 18. Jahrhunderts beherbergte Boston über 15.000 und Newport über 10.000 EinwohnerInnen.

19 Heideking, 1996, S. 7.

20 Schäfer, 1998, S. 37, 38.

21 Schäfer, 1998, S. 77.

22 Zuvor kamen die im Mittelmeerraum anzutreffenden SklavInnen zumeist aus dem südlichen Rußland einschließlich des Kaukasus.

23 Daß nicht ein einziger entflohener Sklave von ihnen ausgeliefert wurde, wie Katz, 1996, S. 5, behauptet, erscheint mehr als unwahrscheinlich.

24 Wolf, 1991, S. 322. An den Küsten Schwarzafrikas galten bis zum 19. Jahrhundert deren einheimische Bewohner als ebenbürtige Geschäftspartner der Weißen.

25 Zitiert in: DuBois, *The World and Africa*, dies wiederum zitiert in: Brandes, Burke, 1970, S. 25.

26 Zitiert in: Plessner, 1979, S. 317.

27 Ansonsten gab es in Nordamerika schon vorher Schwarze in den spanischen Besitzungen, wie z.B. Florida. Die erste Niederlassung in den späteren Grenzen der USA wurde 1526 von dem Spanier Lucas Vasquez de Ayllon am Pedee River im heutigen South Carolina gegründet. 500 SpanierInnen mit 100 schwarzen SklavInnen ließen sich dort nieder. Es war auch der Ort, an dem sich zum ersten Mal ein SklavInnenaufstand ereignete.

28 Finzsch, Horton, Horton, 1999, S. 50, beziffern die Gesamtzahl auf 15 Millionen.

29 In Virginia lebten 1649 300 Schwarze, 1670 2.000, womit sie 5% der Bevölkerung ausmachten. 1715 war dann ein Drittel der Bevölkerung Virginias, Marylands, North und South Carolinas SklavInnen, das waren 46.700 von 123.510. Zwischen 1720 und 1731 wurden 7.000 SklavInnen nach Louisiana verbracht. 1754 gab es 222.000 schwarze SklavInnen in Virginia, Maryland, Georgia, North und South Carolina, bei einer Gesamtbevölkerung von 609.000. In New Hampshire, Massachusetts, Rhode Island, Connecticut, New York, New Jersey, Pennsylvania und Delaware waren es 1750 32.000 Schwarze und 630.000 Weiße.

30 Bis zu zwei Drittel der ersten Einwanderer waren derartig verdungene Diener.

31 In dieser Zeit waren auch sexuelle Kontakte und ›Misch‹ehen zwischen Schwarzen und Weißen, auch zwischen weißen Frauen und schwarzen Männern, keine Seltenheit, obwohl dafür Kirchenstrafen und für die AfrikanerInnen Peitschenhiebe drohten. Aber schon bald darauf wurden Ehen zwischen Schwarzen und Weißen per Gesetz verboten.

32 Zitiert in: Everett, 1998, S. 97.

33 Diese slave codes waren in den verschiedenen Kolonien leicht unterschiedlich. Im Norden waren sie weniger strikt als im Süden.

34 Geiss, 1988, S. 126.

35 Für die genaue Ausdifferenzierung in dem spanischen System führt Geiss, 1988, S. 348, 349, Anm. 14, folgendes Zitat an: »Aus Spanier und Indianerin entsteht Mestize. Aus Spanier und Mestizin entsteht Kastize. Aus Kastize und Spanierin entsteht Spanier. Aus Spanier und Negerin entsteht Mulatte.

Aus Spanier und Mulattin entsteht Morisco. Aus Spanier und Morisca entsteht Albino. Aus Spanier und Albina entsteht Torna Atras. Aus Indianer und Negerin entsteht Lobo. Aus Indianer und Mestizin entsteht Coyote. Aus Lobo und Indianerin entsteht Chino. Aus Chino und Negerin entsteht Cambuxo. Aus Cambuxo und Indianerin entsteht Tente en el aire. Aus Tente en el Aire und Mulattin entsteht Albarasado. Aus Albarasado und Indianerin entsteht Varsino. Aus Varsino und Cambuxa entsteht Campamulatte.«

36   »Belohnungen oder Vergütungen in Geldform scheinen ziemlich weit verbreitet gewesen zu sein, besonders in den nördlicheren Sklavenstaaten und in den späteren Jahren der Ära. So wurde vor einem Gericht in North Carolina 1858 als Zeugnis präsentiert, daß es üblich sei, daß gemietete Sklaven am Ende jeder Woche 25 Cents ›als einen Anreiz für gutes Benehmen‹ bekamen.« Aptheker, 1993, S. 64, Übersetzung d. Verf.

37   Auch einige Natives waren Besitzer von SklavInnen. Vgl. Plessner, 1979, S. 106. Wirz, 1984, S. 140, bemerkt, daß es sich bei diesen vor allem um solche handelte, die sich um Assimilierung in die weiße Gesellschaft bemüht hätten.

38   Brandes, Burke, 1970, S. 26, 27.

39   Heideking, 1996, S. 4.

40   New York war mit 16.000 eine Ausnahme.

41   Aptheker ermittelt um die 250 Revolten und Verschwörungen seitens der Schwarzen in den Südstaaten. Diese definiert er folgendermaßen: »The elements of the definition herein subscribed to are: a minimum of ten slaves involved; freedom as the apparent aim of the disaffected slaves; contemporary references labelling the event as an uprising, plot, insurrection, or the equivalent of these terms.« (Aptheker, 1993, S. 162.) Wirz, 1984, S. 159, widerspricht dem, da Aptheker entgegen seiner Definition in seine Aufzählung auch Gerüchte über angeblich geplante Aufstände und Akte individuellen Widerstands hineinzählt. Er sieht dagegen die Anzahl der Revolten als sehr gering an.

3. Historie II: Revolution

1   Zitiert in: Heideking, 1996, S. 33.

2   Laut Dippel, 1996, S. 23, sollten spätere Generationen diese Aktion mit dem Sturm auf die Bastille in der französischen Revolution gleichsetzen.

3   Auch das seit 1763 englische Florida sowie die kanadischen Besitzungen waren nicht vertreten.

4   In den ersten zweieinhalb Jahren kamen 90% des Pulvers und die wichtigsten Waffen von dort. Frankreich pumpte soviel Geld in den Krieg, daß dadurch sein Staatsbankrott besiegelt wurde. Nach Wehler, 1984, S. 43, 46, führte diese Tatsache unmittelbar in die Vorgeschichte der französischen Revolution.

5   Die Plantagenbesitzer aus Georgia, North und South Carolina lehnten dies ab.

6   Bei insgesamt 300.000 Soldaten.

7 Zu den Auseinandersetzungen um die Zulassung von Schwarzen zum Militärdienst vgl. Franklin, Moss, 1998, Volume One, S. 72-79.

8 Schätzungsweise ein Drittel der Bevölkerung soll loyal gestimmt gewesen sein, gibt Heideking an. 20.000 von ihnen haben als reguläre Soldaten anscheinend auf Seiten der Briten gekämpft. Zudem soll ein weiteres Drittel ängstlich abwartend oder neutral gewesen sein. Dippel spricht nur von 100.000 Loyalisten, wobei seine Angabe schwer zu interpretieren ist, da er nur die meint, die auch das Land verließen. Adams gibt die Loyalisten mit 6% bis 16% der Bevölkerung an, wobei er darauf hinweist, daß sie allen sozialen Schichten angehörten. Sautter spricht von 50.000 Amerikanern, die auf Seiten der Briten gekämpft haben, von Zehntausenden, die nach Westindien oder England flohen, und von 80.000, die nach Norden in das spätere Canada zogen. Vgl. Adams, 1977a, S. 36, Dippel, 1996, S. 27, Heideking, 1996, S. 54, 58, Sautter, 1994, S. 85, 86.

9 Zwischen 1775 und 1783 flohen 25.000 Schwarze aus South Carolina, Georgia verlor 75% seiner 15.000 SklavInnen und in Virginia liefen allein 1778 30.000 SklavInnen fort.

10 Daß es nicht nur ein Kampf um die Unabhängigkeit war, sondern schon zu diesem Zeitpunkt die Idee eines amerikanischen Imperiums in den Köpfen steckte, belegt der Feldzug 1775/76 zur Eroberung Canadas, »unserer 14. Kolonie«, bei dem es sogar gelang, Montreal zu erobern, der aber vor Quebec scheiterte. Vgl. Wehler, 1984, S. 44, 45.

11 Die Country-Ideologie entstammte den englischen Parteikämpfen des 17. Jahrhunderts. Sie war geprägt von der Furcht vor dem unersättlichen Streben Einzelner nach Reichtum, Einfluß und Privilegien und dem Mißtrauen gegenüber den Herrschenden, denen ein fast naturnotwendiges Erliegen unter die Versuchungen der Macht unterstellt wurde. Der einzig wirksame Schutz einer freien Gesellschaft vor Willkür, maßlosem Ehrgeiz und Korruption bildete in dieser Auffassung moralische Integrität und Tugendhaftigkeit der Bürger. Bürgersinn und selbstloser Einsatz zum Wohl des Ganzen seitens der freien und gleichen Männer der auf Harmonie und Beständigkeit gegründeten agrarischen Gemeinschaft war die Utopie. Während diese Ideologie in England im 18. Jahrhundert an Bedeutung verlor, gedieh sie unter den kolonialen Bedingungen. (D. Verf.)

12 Heideking, 1996, S. 41, 42.

13 Zitiert in und übersetzt von: Plessner, 1979, S. 330.

14 Die Diskussionen um die Herausbildung der Verfassungen der Einzelstaaten sowie des Bundes, die im Endeffekt dazu führten, daß die ›feste Liga befreundeter Staaten‹ von 1783 dann 1787/89 zu einer Union mit einer neuen Verfassung und einer gestärkten Zentralregierung wurde, werden hier nicht beschrieben. Vgl. dazu Adams, 1977a, S. 40-55, Dippel, 1996, S. 28-32, Heideking, 1996, S. 42-50, 57-76, Wehler, 1984, S. 56-58.

15 Die erste Abolition Society war ein Jahr vor der Unabhängigkeitserklärung in der Quäker-Hochburg Philadelphia gegründet worden. Sie nannte sich ab 1784 Society for Promoting the Abolition of Slavery.

16 Vermont trat offiziell erst 1791 der Union bei.

17 Zu der Kontroverse über die Sklaverei auf der Constitutional Convention vgl. Bergman, Bergman, 1969, S. 64, 65.

18 Das war die Grenze zwischen Pennsylvania und Maryland. Benannt wurde sie nach Charles Mason und Jeremia Dixon, die sie vermessen hatten. Durch die gesamten USA verlängert gedacht, trennte sie dann später die SklavInnenhalterstaaten von den sklavInnenfreien Bundesstaaten.

19 Das variierte von Bundesstaat zu Bundesstaat und lag zwischen dem 25. und dem 28. Lebensjahr.

20 Allerdings zu einem sehr langsamen Absterben. 1810 lebten immer noch 30.000 Schwarze als SklavInnen dort. Und manchmal verkauften Sklavenbesitzer vor dem Freilassungsdatum ihr Eigentum in den Süden, so daß diese Schwarzen doch lebenslang in der Sklaverei verblieben.

21 Die Pflanzer suchten nach Alternativen zur Tabak-Monokultur.

4. Theorie I: Die Entstehung des Individuums

1 Foucault, 1986, S. 44, 45. Zur vorherigen Geschichte des Wortes und der Veränderung seiner Bedeutung vgl. Geiss, 1988, S. 16-27, Magiros, 1995, S. 15-29, Miles, 1992, S. 42-52, Zerger, 1997, S. 13-45. Weiter führt Geiss, 1988, S. 113, an, daß sich um 1680 das Selbstverständnis der weißen Kolonisten in Nordamerika gegenüber den Natives und den Schwarzen auf den Begriff ›Weiße‹ einpendelte. 1691 fand sich in den gesetzlichen Bestimmungen von Virginia zum ersten Mal der Begriff ›weiß‹ zur Bezeichnung von in Amerika Lebenden europäischer Abstammung. Vgl. auch Allen, 1998, S. 134, Anm. 13.

2 Vgl. Geiss, 1988, S. 113, 147-150. Foucault, 1986, S. 49, datiert den biologisch/medizinischen Gebrauch des Wortes Rasse Anfang des 19. Jahrhunderts, als Gegenbewegung gegen die revolutionäre Wendung des alten Rassebegriffs in Form von Begriffen des Klassenkampfes.

3 *Grosses Universal Lexikon*, 1975, S. 1242.

4 *Meyers Großes Taschenlexikon*, 1981, Bd. 14, S. 187.

5 Der römische Arzt Galen stellt das im 2. Jahrhundert fest.

6 »1580 erzählte Michel de Montaigne in seinem ›Reisetagebuch‹ die Geschichte der Schafhirtin Marie, die ihren Körper durch einen Sprung über einen Graben in solche Hitzewallungen versetzte, daß die im Inneren des Körpers befindlichen Geschlechtsteile ›herausrutschten‹. Aber an der frischen Luft mußten sie nun als ›männliche‹ gelten. Der Sprung machte Marie zum Mann.« Klöppel, 1996, S. 12. Høeg erzählt in seinem Roman *Fräulein Smillas Gespür für Schnee*, daß laut grönländischer Mythologie die Erde am Anfang nur von zwei Männern bewohnt war, die große Zauberer waren. Da sie gerne zahlreicher werden wollten, wandelte der eine seinen Körper so um, daß er Kinder gebären konnte. Daher ist es grönländische Denkweise (gewesen), daß beide Geschlechter das jeweils andere als Möglichkeit in sich tragen. Er führt auch an, daß aufgrund von Frauenüberschuß, Todesfällen und Not im 19. Jahrhundert mehrere Frauen wie Män-

ner jagten. Sie mußten sich dann wie Männer kleiden und auf ein Familienleben verzichten. Aber: »Einen Geschlechtswechsel konnte das Kollektiv ertragen, einen fließenden Übergangszustand jedoch nicht.« Høeg, 1998, S. 39.

7 Vgl. Hark, 1996, S. 78-81, Gildemeister, Wetterer, 1992, S. 208-210, 226-229, Klöppel, 1996, S. 12-15, Villa, 2000, S. 58-60, 84-87, 94-99.

8 Der Begriff Homosexualität taucht im letzten Drittel des 19. Jahrhunderts auf.

9 Villa, 2000, S. 144.

10 Vgl. D'Emilio, Freedman, 1997, S. 191-194, Hark, 1996, S. 74-79, Luhmann, 1996, S. 139, 140, Valverde, 1989, S. 84-89, Villa, 2000, S. 144-149.

11 Vgl. Magiros, 1995, S. 35-37. Was im folgenden auf der Ebene des Individuums entwickelt wird, entwickelte Foucault auf der Ebene des bio-mächtigen Staates und des ihm zwangsläufig inhärenten Staatsrassismus in seiner Vorlesung *Leben machen und sterben lassen*, abgedruckt in: Foucault, Michel, *Leben machen und sterben lassen, Die Geburt des Rassismus.*

12 Magiros, 1995, S. 37, 38.

13 Vgl. Magiros, 1995, S. 37-39.

14 Oder wie es in dem Buch zum Film *Lola rennt* heißt: »Der Mensch ... die wohl geheimnisvollste Spezies unseres Planeten. Ein Mysterium offener Fragen ... Wer sind wir? Woher kommen wir? Wohin gehen wir? Woher wissen wir, was wir zu wissen glauben? Wieso glauben wir überhaupt etwas? Unzählige Fragen, die nach einer Antwort suchen, einer Antwort, die wieder eine neue Frage aufwerfen wird, und die nächste Antwort wieder die nächste Frage und so weiter und so weiter ... Doch ist es am Ende nicht immer wieder die gleiche Frage ... und immer wieder die gleiche Antwort?« Tykwer, 1998, S. 6.

15 Magiros, 1995, S. 48. Zitat aus: Foucault, Michel, *Die Ordnung der Dinge, Eine Archäologie der Humanwissenschaften*, Frankfurt/Main, 1974 (1966), S. 340; vgl. auch Ewing, 1998, S. 238, 240.

16 Vgl. Magiros, 1995, S. 43-49.

17 Foucault, Michel, *Die Ordnung der Dinge*, Frankfurt/Main, 1969, S. 377, zitiert in: Hark, 1996, S. 37.

18 Vgl. Magiros, 1995, S. 35-37. Auch Polanyi stößt bei seiner Untersuchung über die politischen und ökonomischen Ursprünge von Gesellschaften und Wirtschaftssystemen auf diesen Sachverhalt, wenngleich er ihn auch nicht so pointiert zur Sprache bringt. Er sagt, daß der Blick der Menschen um die Wende vom 17. zum 18. Jahrhundert auf ihr kollektives Sein gelenkt wurde. »Eine ganze Welt wurde entdeckt, deren Existenz man nicht einmal geahnt hatte, nämlich die Welt der Gesetzmäßigkeiten, die eine komplexe Gesellschaft bestimmen. [...] Die hartnäckigen Tatsachen und unerbittlich harten Gesetzmäßigkeiten, die unsere Freiheit aufzuheben schienen, mußten auf irgendeine Weise mit der Freiheit in Einklang gebracht werden. [...] Unbeschränkte Hoffnung und grenzenlose Verzweiflung gegenüber den unerforschten Regionen der menschlichen Möglichkeiten waren die ambivalente Reaktion des Geistes auf diese unheilvollen Beschränkungen. Hoff-

nung und eine Vision der Vervollkommnungsfähigkeit wurden aus dem Alptraum der Gesetze, die Bevölkerung und Löhne bestimmen, herausdestilliert und in ein dermaßen begeisterndes Bild vom Fortschritt eingebaut, daß es die enormen und schmerzlichen Veränderungen der Zukunft zu rechtfertigen schien. Die Verzweiflung sollte sich noch als stärkeres Agens einer Transformation erweisen.

Der Mensch war gezwungen, sich mit seiner weltlichen Verdammnis abzufinden; er war gezwungen, entweder die Vermehrung seiner Art einzustellen oder sich wissentlich zur Ausmerzung durch Krieg und Pestilenz, durch Hunger und Laster zu verurteilen. Armut war die in der Gesellschaft fortwirkende Natur; daß die Begrenztheit der Nahrungsmittel und die Unbegrenztheit des Menschen gerade zu der Zeit zum akuten Problem wurden, in der eine grenzenlose Vermehrung des Reichtums in Aussicht gestellt wurde, machte den Zustand um so bitterer. [...]

Die Einführung der Nationalökonomie in den Bereich des Universellen ging aus zwei entgegengesetzten Blickwinkeln vor sich, einerseits dem des Fortschritts und der Vervollkommnungsfähigkeit, andererseits aus dem des Determinismus und der Verdammnis.« Polanyi, 1995, S. 122-124.

Und auch Luhmann stößt auf diesen Sachverhalt. Er drückt ihn nochmal anders aus: »Die Erkundung der Welt ist abgeschlossen, sie wird jetzt in sich rätselhaft. Alle Ideen bekommen dadurch unsichtbare Seiten. Ihre Umformung in Ideologien und weiter in Trivialitäten ist der nächste Schritt.« Luhmann, 1996, S. 161.

19 In dem Roman *Die Germanistin* wird dagegen Foucaults positive Utopie des Todes in einem fiktiven Briefwechsel beschrieben: »Ich spiele nie wie Sie mit dem Tod. Sie sehen den Tod als Ihren Tanzpartner, den anderen, der Sie in seinen Armen hält. Ihr Tod ist der andere, auf den Sie warten, den Sie suchen, dessen Gewalt die Erfüllung Ihres Begehrens bringt.« Aber auch: »Sie schwelgen in einem kitschigen Traum von Dunkelheit und Blut. Das ist ein romantischer Flirt mit der Gewalt [...]«. Duncker, 1997, S. 98; vgl. auch Miller, 1995.

20 Magiros, 1995, S. 52. Vgl. auch S. 51.

21 Vgl. Magiros, 1995, S. 58, die diesen Sachverhalt anhand der Medizin entwickelt.

22 Das sind nicht alle Kategorien, die Identitäten schaffen. Zu nennen wären auf alle Fälle noch Volk und Nation wie auch Klasse. Dies sind aber keine Kategorien, die als im Körper von vorne herein eingeschrieben betrachtet werden. Klasse z.B. verfügt auch über eine körperliche Dimension, die jedoch erst ansozialisiert wird und nicht als Essenz vorhanden scheint. Deswegen werden Volk, Nation und Klasse an dieser Stelle nicht weiter behandelt.

23 Hark, 1996, S. 82, 83. Sie führt für diesen Hinweis Philip Gleason, *Identifying Identity: A Semantic History*, in: *Journal of American History*, 69/4, 1983 an.

24 Vgl. Hark, 1996, S. 84, 85, Gildemeister, Wetterer, 1992, S. 236.

25 Foucault, 1995, S. 98 und S. 185.
26 Foucault, 1995, S. 77, vgl. auch S. 75-90.
27 So der Titel seines Buches; vgl. auch Foucault, 1995, S. 7 und S. 22.
28 Laut Untersuchungen ist sich ein Kind in den USA seines Geschlechts etwa ab dem dritten und seiner Rasse ab dem fünften Lebensjahr bewußt. Vgl. Koenen, 1985, S. 67.
29 Es ist eines der historisch wie aktuell verbreitetsten. Wie es zu dieser Einteilung kam, die nicht mit den ersten Eindrücken von Hautfarben seitens der ›in fremde Welten‹ fahrenden und kolonisierenden Europäer übereinstimmte, und die sich auch heute noch über empirisch vorfindbare Hauttönungen hinwegsetzt, dazu vgl. Hund, 1999, S. 15-38.
30 Das ist das Klassifizierungssystem der US-Behörden seit 1977. Siehe S. 247–249 und vgl. D'Eramo, 1996, S. 436.
31 Diese in den USA übliche Trennung ist nicht die einzig mögliche. In Lateinamerika und der Karibik gilt es umgekehrt. Wer nicht schwarz ist, ist weiß. Vgl. D'Eramo, 1996, S. 274.
32 Dieses Koordinatensystem ist in den letzten Jahren durcheinandergeraten durch soziale Bewegungen wie die Thematisierung von Bisexualität und queer und den theoretischen Angriff auf sex und gender z.B. durch Judith Butlers Buch *Gender Trouble*, deutsch: *Das Unbehagen der Geschlechter*, Frankfurt am Main, 1991. Dieses Brüchigwerden, so bedeutsam es politisch und theoretisch aktuell ist und weiter sein wird, ist für den hier behandelten Zeitraum, da noch nicht existent, irrelevant. Valverde, 1989, S. 120-128, führt auch an, daß Bisexuelle so betrachtet werden, als hätten sie sich noch nicht zwischen Hetero- und Homosexualität entschieden. Sie werden so dem binären Sytem eingeordnet.

5. Theorie II: Geschichtsmächtigkeit der Ordnungsschemata

1 Der Begriff Rassismus taucht erst in den zwanziger oder dreißiger Jahren des 20. Jahrhunderts auf. Auch wenn ab da erst die Unterdrückung und Diskriminierung bestimmter Gruppen durch das Konzept Rasse mit diesem Begriff bezeichnet wurde, gab es den Rassismus schon vorher, oft als Rassenhaß bezeichnet. Vgl. Zerger, 1997, S. 63-68.
2 Vgl. als ein Beispiel das Symposium *Gegen-Rassismen. Konstruktionen, Interaktionen, Interventionen*, das Ende 1997 in Wien stattfand. Unter dem gleichnamigen Titel ist von Brigitte Kossek ein Band mit den Beiträgen des Symposiums herausgegeben worden.
3 Vgl. Hund, 1999, S. 7, Julien, 1999, S. 267-279, Meulenbelt, 1988, Viehmann u.a., 1991, S. 27-62, Wiegel, 1995, S. 68-77, Zerger, 1997, S. 7, 10, 11, 99-102, 135.
4 Vgl. dazu Jacob, 1998, *Dossier: Klasse Rasse*, S. 15, 18. Eine daraus folgende antirassistische Praxis kann dann auch nur aufklärerisch wirken, kann nur versuchen, das als falsch betrachtete Bewußtsein zu korrigieren.
5 Wiegel, 1995, S. 54, vgl. auch S. 45, 52-56.
6 Daß diese Ordnung dauernd modifiziert wird, entspringt der Dynamik von Wissenschaft, will sie doch ›vorwärtsschreiten‹. Geiss, 1988, S. 142-144, 158-

174, führt Beispiele verschiedener Rassenkonzepte von 1666 bis 1927 an. Er kommt dabei auch auf die Methoden der Schädel- und Gesichtswinkelmessbarkeit zur Unterteilung in verschiedene Kategorien zu sprechen. Vgl. auch Miles, 1992, S. 46-52.

7 »Der Grund dafür, daß die Macht herrscht, daß man sie akzeptiert, liegt ganz einfach darin, daß sie nicht nur als neinsagende Gewalt auf uns lastet, sondern in Wirklichkeit die Körper durchdringt, Dinge produziert, Lust verursacht, Wissen hervorbringt, Diskurse produziert; man muß sie als ein produktives Netz auffassen, das den ganzen sozialen Körper überzieht und nicht so sehr als negative Instanz, deren Funktion in der Unterdrückung besteht.« Foucault, 1978, S. 35. Vgl. auch S. 21-54 und Foucault, 1995, S. 69-93, 115, 125, 128. Vgl. auch D'Eramo, 1996, S. 273-275.

8 Luhmann, 1988, S. 49.

9 Vgl. Todorov, Tzvetan, *Die Eroberung Amerikas. Das Problem des Anderen*, Frankfurt/Main, 1985, hier wiedergegeben aus D'Eramo, 1996, S. 316-318.

10 Schülting, 1997, S. 30, vgl. auch S. 21-46.

11 Luhmann, 1988, S. 48.

12 Luhmann, 1988, S. 48, 49; vgl. auch D'Eramo, 1996, S. 434-437.

13 Luhmann verwendet bei der Beschreibung der Anschlußfähigkeit einen funktionalen Begriff von Sinn. »Und Sinn haben heißt eben: daß eine der anschließbaren Möglichkeiten als Nachfolgeaktualität gewählt werden kann und gewählt werden muß [...]«. Luhmann, 1993, S. 100. Vgl. auch Reese-Schäfer, 1992, S. 34-45.

14 Vgl. Wiegel, 1995, S. 48.

15 Luhmann, 1988, S. 49, 51.

16 Vgl. Gildemeister, Wetterer, 1992, S. 233, 234.

6. Historisch-theoretische Verschränkung I

1 Schulze, 1993, S. 243.

2 Vgl. Schulze, 1993, S. 226-230.

3 Schulze, 1993, S. 229.

4 Schulze, 1993, S. 229.

5 Vgl. Schulze, 1993, S. 229-232.

6 Bis zum 19. Jahrhundert betraf das nur die Schwarzen Amerikas. An den Küsten Schwarzafrikas galten deren einheimische Bewohner als ebenbürtige Geschäftspartner von Weißen.

7 Hund, 1999, S. 33; vgl. Allen, 1998, S. 134, Anm. 13., Capelleveen, 1996, S. 309, Geiss, 1988, S. 113.

8 Reemtsma, 1992, S. 271, 278, 279.

7. Historie III: Die junge Republik

1 North Carolina und Rhode Islands billigten sie nachträglich 1789 bzw. 1790.

2 Wehler, 1984, S. 38. Polanyi, 1995, S. 300, urteilt über die Verfassung, da sie das Privateigentum unter den größtmöglichen Schutz gestellt und den öko-

nomischen Bereich völlig aus ihrer Jurisdiktion genommen habe, sie habe damit die erste gesetzlich verankerte Marktwirtschaft der Welt geschaffen.

3 Damit setzte er einen Maßstab hinsichtlich der Amtsdauer des Präsidenten, den in der Folge alle Präsidenten mit Ausnahme von Franklin D. Roosevelt beachtet haben.

4 Welches zum Teil als Unterhaus bezeichnet wurde.

5 Der zum Teil mit Oberhaus betitelt wurde.

6 Heideking, 1996, S. 71.

7 So gesehen waren die Namen nicht Programm. Die Federalists hatten diesen Namen schnell für sich okkupiert, statt des zutrefferenden, aber provozierenden Namen Nationalists. An ihren Gegnern blieb fälschlicherweise das Etikett Anti-Föderalists hängen.

8 Wehler, 1984, S. 74.

9 1810 gab es in Indiana und Illinois 405, 1820 in Illinois alleine 917 solcherart gefesselte Schwarze. Vgl. Katz, 1996, S. 85.

10 Daß der Kauf dieses Gebietes weder verfassungsmäßig noch auf Seiten Frankreichs legal war, ändert nichts an der Tatsache, das es danach zu den USA gehörte. Vgl. dazu Wehler, 1984, S. 74, 75.

11 Dies war der Fall in Illinois und im Michigan Territory (ab 1829), in Indiana (ab 1831) und im Iowa Territory (ab 1839). Zum Beispiel steht in den *Comments at the 1844 Iowa Constitutional Convention*: »We would never consent to open the doors of our beautiful state and invite him [the black] to settle our lands.« Zitiert in: Katz, 1996, S. 50; vgl. auch Bergman, Bergman, 1969, S. 128. Allerdings wurden diese Zuzugsbestimmungen und Verbote unterschiedlich konsequent umgesetzt, so daß in manchen Bundesstaaten die schwarze Bevölkerung trotzdem schnell anwuchs. Vgl. Finzsch, Horton, Horton, 1999, S. 155.

12 Joel W. Martin, *Sacred Revolt. The Muskogee's Struggle for a New World*, Boston, 1991, S. 79, zitiert in und übersetzt bei: Theweleit, 1999, S. 417, 418.

13 Martin, 1991, S. 108, zitiert in: Theweleit, 1999, S. 426, 427.

14 Theweleit, 1999, S. 436, gibt als Jahr der Erhebung 1813 an.

15 Theweleit, 1999, S. 442. Ein Acre umfaßt ungefähr 4.047 m². (D. Verf.)

16 Zu den verschiedenen Interessensgruppen, die für oder gegen den Krieg waren, vgl. Heideking, 1996, S. 95, 96, Wehler, 1984, S. 78-83.

17 Zu dieser Zeit gab es auch eine Polizeieinheit, gebildet aus freien Schwarzen, in Natchitoches.

18 Zwei kleine Anekdoten am Rand: Nach Verhandlungen hatten sich englische und us-amerikanische Diplomaten kurz vor dem Krieg über einige Streitigkeiten einigen können, aber bevor dieses Ergebnis am 23. Juni 1812 öffentlich verkündet werden konnte, hatte am 18. Juni Washington London schon den Krieg erklärt. Am 8. Januar des Jahres 1815, nach dem Friedensschluß, besiegten us-amerikanische Truppen eine britische Armee bei New Orleans, da die Nachricht vom Frieden bei ihnen noch nicht angekommen war.

19 Wehler weist darauf hin, daß der Begriff Doktrin im politischen Sprachge-

brauch der damaligen Zeit für Europa untypisch war. »Das Vokabular der amerikanischen Politik bevorzugte [...] seit dem 18. Jahrhundert die abstrakten Formeln und stereotypischen Klischees eines Vokabulars, das sichtlich unter dem Einfluß puritanischer Auserwähltheitsvorstellungen entstanden war und stets den Eindruck zu vermitteln suchte, daß die amerikanische Außenpolitik anders, reiner, moralisch überlegen sei im Vergleich mit der übrigen Welt. Ein aufdringliches pharisäisches Gehabe umgab auch nicht selten die amerikanischen Diplomaten. In diesen Kontext gehört auch der Gebrauch des Wortes ›Doktrin‹, wenn im Grunde nur eine bestimmte Interessenkonstellation beschrieben und in der vertrauten quasi-theologischen Sprache ausgedrückt werden sollte. [...] Doktrin heißt Lehre, und in einem Land, das sich seit dem 17. Jahrhundert in der Sprache der puritanischen Verheißung als ›God's Own Country‹ verstanden hatte oder seine Politik in der laizistisch gefaßten, doch auch christlich begründeten Begriffswelt der Aufklärung und ihrer Perfektionshoffnungen zu deuten gewohnt war, gewann ›Doktrin‹ die Aura eines theologischen Dogmas. Die Monroe-Doktrin und die anderen Doktrinen seither besitzen daher außer allen politischen Ansprüchen, die mit ihr angemeldet wurden, noch die ›zusätzliche Autorität des kanonischen Rechts‹. Im Grunde maßte sich die amerikanische Außenpolitik mit solchen Worten eine Gleichstellung mit dem Papst an: Sie beanspruchte die ›Prärogative der Unfehlbarkeit‹ (Van Alstyne).« Wehler, 1984, S. 101.

20 Für das Hineinspielen dieser ökonomischen Tatsachen in die Kriegserklärung gegen England vgl. Wehler, 1984, S. 83-86.

21 Wirz, 1984, S. 177.

22 Aufstände in der Region gab es ansonsten zuhauf: 1808 in Britisch-Guayana, 1816 auf Barbados, 1823 erneut in Britisch-Guayana, 1824, 1831, 1865 auf Jamaica, wo auch tausende von SklavInnen in die Berge flohen, um dort unabhängig zu leben, 1831 auf Antigua, 1846 auf Cuba,... Für die weiteren politischen und sozialen Folgen und den wirtschaftlichen Niedergang Haitis vgl. Wirz, 1984, S. 177-181.

23 Es gab Vorläufer dieses Gesetzes, welche in den Kolonien den Umgang mit entlaufenen indenturend servants und später mit SklavInnen geregelt hatten. Das erste war 1630 in Massachusetts in Kraft getreten, welchem bis 1699 in Connecticut, Maryland, New Jersey, Virginia und South Carolina ebensolche folgten. 1787 wurde auf der Constitutional Convention ebenfalls eine fugitive slave clause verabschiedet.

24 Zum Beispiel die von Gabriel Posser organisierte Verschwörung in Virginia im Jahr 1800; siehe S. 72.

25 Mit ihr ließen sich die Samenkörner aus den verklebten Fasern herauslösen und zwar so schnell, daß eine Arbeitskraft in der gleichen Zeit 50 Pfund Baumwolle reinigen konnte, die sie vorher für ein Pfund brauchte.

26 Insgesamt lebten 1815 8,5 Millionen Menschen in den USA, davon vier Millionen im Süden. Die SklavInnen machten in Maryland ein Drittel, in Virginia die Hälfte, in North Carolina ein Viertel und in South Carolina zwei Drittel der Gesamtbevölkerung aus.

27 Laut dem ersten Census 1790 lebten in Virginia, Georgia, Kentucky, Tennessee (Kentucky und Tennessee wurden erst 1792 bzw. 1796 Bundesstaaten, das unten aufgeführte Vermont 1791), North und South Carolina 545.615 SklavInnen gegenüber 20.581 freien Schwarzen. In New York, New Jersey, Pennsylvania, Delaware und Maryland waren es 148.246 zu 25.917. Und in Maine, New Hampshire, Vermont, Massachusetts, Rhode Island und Connecticut betrug das Verhältnis 3.763 zu 13.059, wobei es in Maine, Vermont und Massachusetts überhaupt keine SklavInnen gab. Insgesamt gab es also 697.624 SklavInnen und 59.557 freie Schwarze bei einer Gesamtbevölkerung von fast 4 Millionen.
Die schwarze Bevölkerung lebte überwiegend auf dem Land. In New York City lebten 3.252, in Philadelphia 1.630 und in Baltimore 1.578 Schwarze. Vgl. Franklin, Moss, 1998, Volume One, S. 84-86.

28 Napoleon Bonaparte führte sie 1802 allerdings wieder ein. Im Zuge der 1848er Revolution wurde sie dann endgültig in Frankreich abgeschafft.

29 Wirz, 1984, S. 185, sagt, daß sei 1802 gewesen. Everett, 1998, S. 145, gibt das Jahr 1803 an.

30 Bergman, Bergman, 1969, S. 46; vgl. auch Everett, 1998, S. 135-137, Geiss, 1988, S. 159.

31 Es hatte schon zuvor Einschränkungen einzelner Bundesstaaten, auch südlicher, bezüglich des SklavInnenhandels gegeben. Vgl. für die genaueren Fakten Aptheker, 1993, S. 73-75, 234-239.

32 Connecticut hatte 1771 den Sklavenhandel verboten. Vermont war 1777 der erste Bundesstaat, der die Sklaverei ganz verbot.

33 Wolf, 1991, S. 441.

34 In der Politischen Ökonomie war das theoretisch schon formuliert worden. Adam Smith hatte in seinem 1776 erschienenem Werk *The Wealth of Nations* behauptet, daß die Sklaverei ineffizienter als freie Arbeit sei.

35 Everett, 1998, S. 108.

36 Plessner, 1979, S. 43.

37 Everett, 1998, S. 108.

38 Diese Gleichheit hinsichtlich der Arbeit, die schwarze Frauen nicht in die sich entfaltende Weiblichkeitsideologie des 19. Jahrhunderts einpassen ließ - die Frau als nährende Mutter, sanfte Gefährtin und Haushälterin ihres Gatten, entfernt aus dem öffentlichen Leben -, sorgt noch ein Jahrhundert später für Diskussionen. Die Argumentation dabei ist, daß die schwarze Familienstruktur durch solch starke Frauen zerstört werde, da Männer nicht eine ihnen gemäße Stellung in ihr hätten. Das bringe Geschlechterrollenprobleme bei schwarzen Männern hervor. Die Folge davon sei die desolate Lage der Schwarzen. Die staatliche Untersuchung zu den Problemen der Schwarzen, 1965 nach ihrem Autor unter dem Namen Moynihan-Report bekannt geworden, vertritt diese Thesen. Vgl. Finzsch, Horton, Horton, 1999, S. 517, Koenen, 1985, S. 47-49, 156-158.

39 Davis, 1982, S. 11.

40 Das war in Virginia schon seit 1793 der Fall. Nach dem 1. Mai 1806 befreite SklavInnen mußten den Bundesstaat verlassen. Vgl. Bergman, Bergman, 1969, S. 74, 88.

41 Kentucky verbot 1852, Illinois 1853 Schwarzen die Einreise.

42 Everett, 1998, S. 113, zitiert hier aus M. D. Conways *Testimonies Concerning Slavery* von 1865. Die Orthographie wurde nicht korrigiert.

43 Zum Beispiel Kenneth M. Stampp, 1956, *The Peculiar Institution: Slavery in the Ante-Bellum South*, New York, vertritt diese These.

44 Dies vertritt z.b. Stanley M. Elkins, 1959, *Slavery: A Problem in American Institutional and Intellectual Life*, Chicago.

45 Eugene Genovese, 1974, *Roll, Jordan, Roll: The World the Slaves made*, New York, vertritt diese These.

46 Plessner, 1979, S. 45.

47 1807 fand in Charleston ein Massenselbstmord statt, als sich zwei Bootsladungen gerade angekommener Schwarzer zu Tode hungerten.

48 Aptheker führt sie in seinem Buch *American Negro Slave Revolts* auf.

49 Für mehr Details hierzu siehe Aptheker, 1993, S. 219-227.

50 Maroon kommt von dem spanischen Wort cimarró, was ursprünglich verwildertes Herdenvieh bezeichnete, dann auf entlaufene IndianersklavInnen und ab 1530 auf entlaufene afrikanische SklavInnen gemünzt wurde.

51 Viele Stämme der Natives nahmen entflohene SklavInnen einfach auf. Eine Untersuchung der Columbia University durch den Anthropologen Melvin J. Herskovits fand heraus, daß eine von drei schwarzen Familien einen indianischen Zweig im Stammbaum zu verzeichnen hat. Andere Angaben sprechen von einer von vier Familien. Fast drei Viertel der Schwarzen haben irgendwo einen weißen Vorfahren.

52 Katz, 1996, S. 44.

53 Finzsch, Horton, Horton, 1999, S. 95.

54 Geiss, 1988, S. 199, spricht davon, daß es sich bei dieser Führungselite größtenteils um hellhäutige Schwarze gehandelt hat, die sich selbst nicht als Afrikaner gefühlt haben, sondern als ›Americo-Liberianer‹, die quasi-rassistische Attituden gegenüber den Einheimischen hegten.

55 Die USA erkannten Liberia erst 1862 diplomatisch an.

56 5.000 von der us-amerikanischen Marine auf dem Weg von Afrika über den Atlantik nach Amerika befreite SklavInnen wurden ebenfalls dort angesiedelt.

57 1787 wurden ExsklavInnen aus England angesiedelt, dann kamen ExsklavInnen aus den USA, die mit den Engländern 1783 abgezogen waren und zuerst in Canada eine Zwischenbleibe gefunden hatten, 1792 die ›Nova Scotians‹, 1799 ehemalige Maroons aus Jamaica, 1808 afrikanische ExsklavInnen, die seit dem Verbot des Sklavenhandels von der britischen Flotte befreit worden waren.

8. Historie IV: Territoriale Expansion und wachsender Nord-Süd-Konflikt

1 In Florida (siehe S. 63, 64) und California (siehe S. 78, 79) verlief der Prozeß ähnlich.

2 Es lebten laut dem spanischen Census von 1792 unter den zu der Zeit 1.600 EinwohnerInnen auch 263 schwarze Männer und 186 schwarze Frauen.

3 Ansonsten lebten dort noch 5.000 Schwarze und 14.000 Natives.

4 Wehler, 1984, S. 117.

5 Laut dem spanischen Census von 1790 lebten dort 18% Menschen afrikanischer Abstammung. Sie, sowie die Natives, waren den Weißen gleichgestellt. Ehen zwischen den Rassen waren erlaubt.

6 Zitiert in: Wehler, 1984, S. 126.

7 1853 wurde diese Grenze noch einmal durch den Gadsden-Kauf ein wenig nach Süden verschoben, um eine Eisenbahnlinie nach South California südlich des Gila verlegen zu können.

8 Zum Beispiel einmal der Erwerb von Alaska und zum anderen das Interesse an Hawaii, das für den us-amerikanischen Handel mit Ostasien als Stützpunkt eine große Bedeutung besaß. Vgl. Wehler, 1984, S. 130, 142-145.

9 Wehler, 1984, S. 132.

10 Ein Beispiel dafür ist die Drohung an Japan, das sich seit dem 17. Jahrhundert hermetisch gegen westliche Einflüsse abgeriegelt hatte, deren Küstenstädte zu bombardieren, wenn es sich nicht dem Handel öffnen würde. Vgl. Böckelmann, 1999, S. 67, Wehler, 1984, S. 141, 142.

11 Zitiert in: Killick, 1977, S. 149, 150.

12 Diese Vertreibungspolitik fand einen Widerhall vor dem Supreme Court, bei dem die Stämme der Natives immerhin als ›einheimische abhängige Nationen‹ (domestic dependent nations) mit einem weitgehenden Selbstbestimmungsrecht definiert wurden, was zur Grundlage einer Reihe von juristischen Kämpfen um Autorität, Ressourcen und Finanzen der Reservate im 20. Jahrhundert werden sollte.

13 Im Zeitraum von 1820 bis 1829 kamen 151.000 EinwanderInnen, von 1830 bis 1839 599.000, von 1840 bis 1849 1.713.000, von 1850 bis 1859 2.314.000. Das waren im ganzen Zeitraum von 1820 bis 1860 hauptsächlich IrInnen (2 Millionen), Südwestdeutsche (1,5 Millionen) und Menschen von den britischen Inseln (750.000). Überwiegend handelte es sich um männliche Erwachsene. Alljährlich waren nur 35% bis 45% der EinwanderInnen Frauen.

14 Das war eine frühe Form von Fotografien.

15 D'Emilio, Freedman, 1997, S. 181.

16 Ihr Gegenpart im faktischen Zweiparteiensystem der USA nannte sich bald Whigs und war aus Resten der nun unbedeutend gewordenen Federalists und den anderen Republicans entstanden.

17 Erst mit dem Civil Service Gesetz von 1883 zog eine allmähliche Professionalisierung der Verwaltung auf Bundesebene ein.

18 Unger, 1988, S. 56, 57.

19 Wehler, 1984, S. 111.

20 In manchen Branchen dominierten dabei die Frauen. In der Textilindustrie der New England-Staaten, einem der Knotenpunkte der industriellen Revolution, arbeiteten 1831 fast 40.000 Frauen gegenüber ungefähr 20.000 Männern.

21 Damit war es etwa so groß wie alle in der übrigen Welt verlegten Schienenstränge zusammen.

22 Der erste Weiße, der sich 1779 an der Mündung des Chicago River in den Michigansee niederließ und die Stadt Chicago gründete, war ein Schwarzer. So jedenfalls erzählten es später einige Natives ihren Besuchern. Es handelte sich um Jean-Baptiste Point Du Sable, 1745 auf Haiti geboren, in Paris zur Schule gegangen, Seefahrer, den es nach einem Schiffbruch bei New Orleans bis dorthin verschlug. Diese Jahresangabe stammt von Katz, 1996, S. 12; D'Eramo, 1996, S. 280, beziffert die Niederlassung auf das Jahr 1784; Franklin, Moss, 1998, Volume One, S. 31, auf die Jahre um 1790.

23 Franklin, Moss, 1998, Volume One, S. 110.

24 Wolf, 1991, S. 390.

25 Wolf, 1991, S. 389.

26 Wirz, 1984, S. 137, 138.

27 Wolf, 1991, S. 392.

28 Es gab selbstverständlich nicht ein einheitliches black English, sondern quasi so viele Dialekte wie es Regionen gab, in denen Schwarze wohnten.

29 Carles, Comolli, 1980, S. 131.

30 Minstrels ist die Bezeichnung für fahrende Musiker und Spielleute in der us-amerikanischen Pionierzeit.

31 Zitiert in: Davis, 1982, S. 102. Davis führt hier auch an, daß nach dem Aufstand von Nat Turner 1831 die Gesetzgebung verschärft worden war.

32 Zitiert in: Davis, 1982, S. 98.

33 Vgl. Davis, 1982, S. 98-103, die viele Beispiele anführt.

34 *Introduction to Afro-American Studies: A Peoples College Primer*, 1986, S. 193.

35 Aufgrund von Diskriminierungen in der Methodistenkirche Philadelphias hatten sich Schwarze von ihr getrennt und 1787 eine provisorische Organisation gegründet, die Free African Society (Franklin, Moss, 1998, Volume One, S. 104, datieren die Gründung der African Society auf 1796 und geben als Ort Boston an.), die 1794 als Keimzelle für die Mother Bethel Church und 1816 für die African Methodist Episcopal Church (AME) fungierte. Richard Allen (1760 - 1831) wurde ihr erster Bischof. In einem ähnlichen Prozeß hatten sich aus örtlichen Kirchengründungen zwischen 1796 und 1820 in New York die African Methodist Episcopal Zion Church (AMEZ) herausgebildet. Beide Kirchen standen in Konkurrenz zueinander. Sie und schwarze Baptistengemeinden aus dem Süden brachten mit ihren Pfarrern und Bischöfen die erste schwarze Führungsschicht hervor, die sich gegen Sklaverei und Diskriminierung aussprach. Unter Richard Allens Leitung entstand ab 1830 das Negro Convention Movement mit jährlich in Phila-

delphia tagenden Konferenzen. Vgl. Franklin, Moss, 1998, Volume One, S. 100-103, Geiss, 1988, S. 215, 216.

36 Plessner, 1979, S. 58.

37 Wirz, 1984, S. 151, führt an, daß im Süden rund ein Sechstel aller Ehen von SklavInnen durch ihre Besitzer auseinandergerissen wurden.

38 Heideking, 1996, S. 133.

39 Siehe S. 72-74.

40 1833 wurde im britischen Empire begonnen, die Sklaverei aufzuheben. Canada war eines der ersten Länder, auf die das zutraf. Dort, wo die SklavInnen für die Ökonomie wichtiger waren, dauerte es länger. Auf den zum Empire gehörenden westindischen Inseln dauerte es bis 1838, im britischen Indien bis 1843.

41 Manche Organisationen, die entflohenen SklavInnen halfen, machten später interessante Wandlungen durch. Die in den fünfziger Jahren gegründete Pinkerton National Detective Agency war in den Jahren hauptsächlich damit beschäftigt, entflohenen SklavInnen die Flucht nach Canada zu ermöglichen. Sie war von dem 1819 als Sohn schottischer Industriearbeiter geborenen Allan Pinkerton gegründet worden, der als »das Auge, das nie schläft« zum Synonym des Privatdetektivs werden sollte. Er hatte an der Chartistenbewegung teilgenommen und mußte, um der Strafkolonie zu entgehen, in die USA auswandern. Während des Bürgerkriegs wurde er von Lincoln zum Chef des Geheimdienstes der Union Army ernannt. Nach dem Krieg beschäftigte sich seine Agentur fast ausschließlich mit der Bekämpfung von Arbeiterstreiks und -organisationen. Um 1890 arbeiteten 2.000 Agenten für sie und 30.000 Leute standen für kurzfristige Einsätze bereit, mehr als das stehende Bundesheer an Personal hatte. Vgl. D'Eramo, 1996, S. 184.

42 Diese Region war so benannt, weil sie in dem Einzugsgebiet eines Flußsystems lag, das die Ebenen der Küstenregion mit zahlreichen schiffbaren Flüssen durchzog.

43 Freie schwarze Männer durften nur in Massachusetts, New Hampshire, Maine und Vermont wählen.

44 Ein großer Teil der Matrosen der Handelsmarine waren freie Schwarze. Die harten Lebensbedingungen an Bord führten dazu, daß zwischen schwarzen und weißen Matrosen kaum unterschieden wurde.

45 Carles, Comolli, 1980, S. 88, beziffern die Anzahl schwarzer SklavInnenbesitzer mit 3.777 im Jahr 1830. In Delaware und Arkansas war es Schwarzen verboten, SklavInnen zu besitzen, und in Virginia durften sie ab 1832 nur Verwandte besitzen. Vgl. Allen, 1998, S. 135, Anm. 15.

46 Franklin, Moss, 1998, Volume One, S. 156, behaupten dies. Zu fragen ist allerdings, warum freie Schwarze ihrem Besitz dann nicht einfach die Freiheit geschenkt haben? Finzsch, Horton, Horton, 1999, S. 89, führen als Grund an, daß die von ihren Verwandten Freigekauften aufgrund der Gesetzeslage mancher Bundesstaaten dann binnen kurzer Zeit diesen hätten verlassen müssen. Wurden sie als SklavInnen weitergeführt, konnten sie bleiben und so die Familien zusammenbleiben.

47 Franklin, Moss, 1998, Volume One, S. 163.

48 Rünzler, 1995, S. 38, 39.

49 1852 wurde die Proletarische Liga, die erste marxistische Organisation des Landes, von Joseph Weydemeyer, einem engen Mitarbeiter von Marx und Engels, der nach der 1848er Revolution nach Amerika gegangen war, aufgebaut. Vgl. Davis, 1982, S. 145.

50 Geiss, 1988, S. 217; vgl. auch S. 216-219.

51 Ein Jahr zuvor war der Roman schon in einer Wochenzeitschrift erschienen.

52 Temperley, 1977, S. 89, spricht von nur 100.000 Mitgliedern.

53 Die letzte Ausgabe der Zeitschrift erschien demonstrativ mit der Verkündung des 13. Amendments zur Verfassung. Siehe S. 114.

54 1840 spaltete sich die gemäßigtere American and Foreign Anti-Slavery Society ab, die zum Nukleus der Liberty Party wurde und mit ihrem Programm, das auf eine Antisklaverei-Position beschränkt blieb, bei den Wahlen 1844 nur auf 60.000 Stimmen kam.

55 Er wurde nach dem Bürgerkrieg u.a. United States Marshal for the District of Columbia, eine Art oberster Zeremonienmeister, Recorder of Deeds for the District of Columbia, so etwas wie ein oberster Katasterbeamter, und Gesandter in Haiti. Nach der Abschaffung der Sklaverei identifizierte er sich mit dem us-amerikanischen Imperialismus.

56 Temperley, 1977, S. 93.

57 Zitiert in: Temperley, 1977, S. 94, ohne Quellenangabe.

58 Auch andere Gruppen traf Haß, nämlich EinwanderInnen, vor allem die aus Irland und Deutschland. Ursprünglich ein geheimbundartiger Zusammenschluß lokaler Anti-Immigrationsklubs, nativistisch und militant fremdenfeindlich, formierte sich die Know-Nothing-Bewegung bald unionsweit als American Party, die in einigen Staaten des Nordostens und des Mittleren Westens Erfolge erzielen konnte, bei der sie Parlamentsmehrheiten und Gouverneursposten erobern konnte. Einen Höhepunkt erreichte die Partei, als 1854/55 ehemalige Whigs und konservative Democrats beitraten, verlor aber ab 1856 viele Wähler an die neugegründete Republican Party.

59 Zitiert in: Davis, 1982, S. 45.

60 Davis, 1982, S. 42, 54-58, merkt an, daß es sich bei dieser Frauenbewegung sowohl von der Herkunft ihrer Mitstreiterinnen als auch ihrer politischen Forderungen um eine Bewegung weißer Mittelstandsfrauen gehandelt hat, auch wenn Sojourner Truth, eine ehemalige Sklavin, sich als Rednerin hervorgetan hatte. Heideking, 1996, S. 129, schreibt, diese erste Frauenbewegung hätte ihre Ziele in den 1850er Jahren der Beseitigung der Sklaverei untergeordnet.

61 Dippel, 1996, S. 45.

62 Vgl. dazu Killick, 1977, S. 142. Allen, 1998, S. 134, Anm. 7, beziffert die jährlichen Kosten für einen Sklaven auf 8 bis 10 Pfund Sterling gegen Ende des 18. Jahrhunderts, was 80% des Jahreslohns eines freien Arbeiters (10 bis 15 Pfund Sterling) ausgemacht hat.

63 Vgl. Dippel, 1996, S. 47.

64 Yeoman waren in der sozialen Hierachie Englands diejenigen Farmer, die ihren Boden auch besaßen. Vgl. Allen, 1998, S. 100, Anm. 8.

65 Wirz, 1984, S. 139, spricht von einem Drittel, die nicht viel mehr als die eigenen Kleider besessen haben sollen.

66 Der Nord-Süd-Gegensatz zeigte sich auch in der Infrastruktur. Zwei Drittel aller Bahnstrecken waren im Norden gebaut und verliefen in Ost-West-Richtung; es gab nur drei Nord-Süd-Verbindungen.

67 Dort war 1848 Gold gefunden worden, was die Bevölkerung in einem Jahr von 20.000 auf über 100.000 und bis 1852 auf 225.000, darunter alleine 100.000 Goldsucher, anschwellen ließ. Die 1849 ausgearbeitete Verfassung von California enthielt ein Sklavereiverbot, u.a. weil die Weißen keine schwarze Konkurrenz wünschten, weder in Form von SklavInnen noch in Form von freien Schwarzen.

68 Finzsch, Horton, Horton, 1999, S. 262, 263.

69 Zu den ökonomischen Hintergründen der Kansas-Nebraska-Akte von 1854 vgl. Finzsch, Horton, Horton, 1999, S. 273-275.

70 Finzsch, Horton, Horton, 1999, S. 291.

71 Hobsbawm, 1977, S. 176; vgl. auch S. 177.

72 Dippel, 1996, S. 52.

73 Zitiert in: Dippel, 1996, S. 53.

74 Lincoln war in zehn der Südstaaten von der Wahl ausgeschlossen worden. Insgesamt kam er auf 40% der Wählerstimmen, aber durch das Wahlsystem auf eine absolute Mehrheit von 180 Stimmen im Elektorenkolleg. Stephen Douglas, Democrat, erhielt Missouri (12 Wahlmännerstimmen, 29%), John Breckenridge, ebenfalls Democrat, alle Staaten des Südens, außer Virginia, Kentucky und Tennessee (72 Wahlmännerstimmen, 18%), die an John Bell (39 Wahlmännerstimmen, 13%) von den neuen, doch unbedeutenden Constitutional Unionists gingen.

75 Schon einmal hatte South Carolina erwogen, sich von der Union loszusagen. 1832 erklärte es, sollte ein Zollgesetz, das seinem Interesse zuwiderlaufe, zwangsdurchgesetzt werden, würde es mit Sezession antworten. Damals stand es noch isoliert da; kein weiterer Einzelstaat wäre gefolgt. Auf der einen Seite ließ sich der Präsident vom Kongreß die Vollmacht geben, das Gesetz notfalls mit Waffengewalt durchzusetzen, auf der anderen Seite stimmte er aber einem Zollkompromiß zu. South Carolina mußte klein beigeben. »Der Probelauf zu Sezession und Bürgerkrieg war gescheitert, doch die Doktrin von den orginären Rechten der Einzelstaaten gegenüber der Union lebte im Süden weiter.« Dippel, 1996, S. 44; vgl. auch Heideking, 1996, S. 140, 141.

9. Historisch-theoretische Verschränkung II

1 Das bedeutet, daß 57,3% aller ImmigrantInnen dieser Jahre BritInnen waren.

2 Vgl. Statistical Abstract of The United States, 1878, Tab. 127, 142, Statistical Abstract of The United States, 1900, Tab. 2.

3 Vgl. Statistical Abstract of The United States, 1900, Tab. 2.
4 Vgl. Bergman, Bergman, 1969, S. 221-224, 228, D'Emilio, Freedman, 1997, S. 100.
5 Spickard, Paul R., *Mixed Blood. Intermarriage and Ethnic Identity in Twentieth-Century America*, Wisconsin, 1989, S. 333-336, zitiert in: Beck-Gernsheim, 1999, S. 49.
6 Vgl. Beck-Gernsheim, 1999, S. 40-52, 128-132, Plessner, 1979, S. 131.
7 Siehe S. 61, 62.

10. Historie V: Bürgerkrieg und Wiederaufbau

1 Dippel, 1996, S. 54.
2 Die Union verfügte 1861 nur über 16.000 zumeist im Westen stationierter Soldaten.
3 Die wurden 1863 unter dem Namen West Virginia ein eigener Bundesstaat.
4 Sautter, 1994, S. 216, 217, führt noch an, daß die Nähe nördlichen Militärs nicht unerheblich die Entscheidung, bei der Union zu bleiben, mitbeeinflußt habe.
5 Zitiert in: Franklin, Moss, 1998, Volume One, S. 207.
6 Zitiert in: Allen, S. 262.
7 Die Soldaten sangen dabei ein Lied, das zu plötzlicher Popularität gelangt war und an die Aktion von John Brown erinnerte (siehe S. 103): »John Brown's body lies mouldering in his grave but his soul is marching on!«
8 22 Millionen EinwohnerInnen aus 23 Staaten versus 9 Millionen aus 11 Staaten, von denen auch noch 3,5 Millionen schwarze SklavInnen waren.
9 Franklin, Moss, 1998, Volume One, S. 213, sprechen von 200.000 Sklaven.
10 Sklaven dienten ansonsten der konföderierten Armee in vielfacher Hinsicht: als Köche, Hafenarbeiter, beim Brückenbau, in Munitionsfabriken etc.
11 Eine Ironie der Geschichte ist, daß der erste Weiße, der in diesem Krieg Schwarze gegen SklavInnenhalter führte, derjenige James H. Lane war, der ein paar Jahre zuvor für den Ausschluß von Schwarzen aus Kansas plädiert hatte.
12 93.000 geflohene oder befreite Schwarze aus den konföderierten Staaten kämpften auf der Seite der Union, 40.000 aus den Sklavenstaaten des Nordens und 53.000 aus den sklavenfreien Staaten.
13 Der Norden beklagte 360.000 Tote, davon 110.000 auf dem Schlachtfeld, der Süden 258.000, davon 95.000 im Kampf gefallene. Der Rest starb durch Krankheit, Epedemien und Hunger. Die Todesrate schwarzer Soldaten war insgesamt um 40% höher als die der weißen.
14 Dippel, 1996, S. 60.
15 Das hatte am 31. Januar 1865 den Kongreß passiert.
16 Die Ausnahme bildete Tennessee, weil dort das Amendment ratifiziert worden war.
17 Das war Pfarrer Hiram R. Revels.
18 84 von 157 Abgeordneten waren Schwarze.

19 Mit vollem Namen hießen sie Bureau of Refugees, Freedmen, and Abandoned Lands.
20 Sie existierten bis 1872.
21 Zitiert in: Davis, 1982, S. 103.
22 Zitiert in: Davis, 1982, S. 105.
23 Über die Hälfte waren Frauen.
24 International war die Sklaverei erst 1890 beendet, als Brasilien und Cuba, die letzten Bastionen dieser Institution, sie aufhoben.
25 Damit war auch erstmals eine us-amerikanische Staatsbürgerschaft unabhängig von den Einzelstaaten eingeführt worden.
26 Die Republicans wollten damit die Stimmen der Schwarzen gewinnen, da sie fürchteten, bei der Wiederaufnahme der Südstaaten in die Union ansonsten von den Democrats im Kongreß majorisiert zu werden.
27 Auf dem ersten Frauenrechtstreffen nach dem Bürgerkrieg im Mai 1866 in New York City war eine Vereinigung für gleiche Rechte, die der Schwarzen und die der Frauen, beschlossen worden.

11. Theorie III: Rassismus als Grundstruktur der abendländischen Gesellschaft

1 Hark, 1996, S. 169, 170.
2 Vgl. Hark, 1996, S. 55, die diesen Sachverhalt nur in dem repäsentationslogisch operierenden Modell von Politik sieht und im weiteren versucht, die Crux abzuwerfen und zu einer nicht-essentialistischen, wandelbaren Identität vorzustoßen.
3 Vgl. Geiss, 1988, S. 15, 129, 147, Pinn, Nebelung, 1992, S. 10-20.
4 Vorausgesetzt ist dem Rassismus die Xenophobie in zweifacher Hinsicht. Zum ersten ist sie vorausgehendes Element des Rassismus. Zum zweiten ist sie historisch das ältere Phänomen. Daraus folgt aber auch, daß nicht jede Xenophobie gleich Rassismus ist.
5 Geiss, 1988, S. 31.
6 Vgl. Geiss, 1988, S. 28-33.
7 Geiss, 1988, S. 38.
8 Vgl. Geiss, 1988, S. 38-47.
9 Vgl. Magiros, 1995, S. 61-79. Magiros führt hier an, daß der Rassist nach diesem Erkenntnisprozeß sowohl des Anderen als auch seiner Selbst diesen Anderen real tötet. Das ist zumindest hinsichtlich der us-amerikanischen Variante des Rassismus falsch, dienten doch die Schwarzen einem eindeutigen ökonomischen Interesse. Wer tot war, konnte nicht mehr auf den Plantagen arbeiten. Für den deutschen Nationalsozialismus war das anders, dort herrschte der Satz: »Überwinde den Tod, indem du tötest.« Geyer, Michael, *Das Stigma der Gewalt. Todeserfahrungen in Deutschland 1914-1945*, Vortrag im Hamburger Institut für Sozialforschung am 20. September 1994, zitiert in: Heer, Naumann, 1997, S. 28.

12. Theorie IV: Zuschreibungen: Natur

1 Vgl. Luhmann, 1996, S. 73, 74.

2 Descartes, 1995, S. 31; dort kursiv hervorgehoben.

3 Das war ein Wiederaufleben griechisch-antiker Traditionen, die ähnliche Trennungen schon kannten, durch die Renaissance. Vgl. Sturm, 1997, S. 53, 54, 58-60.

4 Vgl. Descartes, 1995, S. 31, 32.

5 Luhmann, 1996, S. 68.

6 Rünzler, 1995, S. 46, 47.

7 Für die ersten Kolonisten in der ›Neuen Welt‹ entsprach das ja größtenteils der Realität.

8 Vgl. Rünzler, 1995, S. 46-48, 59.

9 Vgl. Fußnote 3 in diesem Kapitel.

10 Im Diskurs der Aufklärung wurden Schwarze und Frauen und damit selbstverständlich auch schwarze Frauen als der Natur nahestehend bezeichnet. Vgl. Ewing, 1998, S. 283, Melber, 1992, S. 34.

11 Von Braun, 1989, S. 26.

12 Von Braun, 1989, S. 42.

13 Rünzler, 1995, S. 55, 56; vgl. auch S. 53-58, Akashe-Böhme, 1993, S. 33-41, D'Emilio, Freedman, 1997, S. 44-46, Ewing, 1998, S. 324, Hobsbawm, 1995a, S. 259, 260, Gildemeister, Wetterer, 1992, S. 242, Küchler, S. 12-26, von Braun, 1989, S. 26, 42, 43, 51-56.

14 Vgl. D'Emilio, Freedman, 1997, S. 41, Rünzler, 1995, S. 53-55.

15 Vgl. Hall, 1985, S. 129.

16 Luhmann, 1996, S. 139, 140.

17 Vgl. D'Emilio, Freedman, 1997, S. 44-46, 71, Hobsbawm, 1977, S. 237, Rünzler, 1995, S. 58-65. Vgl. auch die Analyse von Seesslen, 1996, über die Bedeutung des ›weiten Landes‹ in den Filmen von John Ford.

18 Vgl. Rünzler, 1995, S. 49, 50, 65-67, Seesslen, 1995, S. 12, 14, 21.

19 Zitiert in: Rünzler, 1995, S. 62.

20 Vgl. Rünzler, 1995, S. 62, 64, 134-137.

21 Und unter den Weißen betrafen sie auch nicht alle. Es waren die Vorstellungen der Mittelschicht. Immigrantinnen und Arbeiterinnen galten weiterhin als sexuell leidenschaftlich.

22 Dies trifft vor allem für die Schicht der Plantagenbesitzer zu. Für die niedriger stehenden Schichten waren die Sitten und die Kontrolle ein wenig lockerer. Vgl. D'Emilio, Freedman, 1997, S. 93-97, Hall, 1985, S. 134, Rünzler, 1995, S. 62.

23 Vgl. Hund, 1999, S. 35.

24 Wieso Miles diese Unterscheidung sieht, und ob es in einem östliches Christentum anders war, bleibt unklar.

25 Vgl. Miles, 1992, S. 23-26. Hier muß Miles ein klein wenig widersprochen werden, da schwarz und weiß im strengen Sinne gar keine Farben sind.

13. Historie VI: Der Aufstieg zur Weltmacht

1 Die neuen Bundesstaaten waren Nevada (1864), Nebraska (1867), Colorado (1876), North Dakota, South Dakota, Montana, Washington (alle 1889), Idaho, Wyoming (beide 1890) und Utah (1896).

2 Auf eine weitere Folge des Homestead Act weist D'Eramo, 1996, S. 128, hin: »Die gitterartige Aufteilung der Vereinigten Staaten erlebte ihren Höhepunkt 1862 mit dem Homestead Act, der jedem zukünftigen Farmer zu einem Nominalpreis im Westen Grund und Boden versprach und dazu das ganze Land in Flächen von einer Viertelquadratmeile (64 Hektar) aufteilte, die von einer Straße begrenzt waren. Auf diese Weise wurde ganz Amerika von einem riesigen Gittermuster überzogen.«

3 Um den Anteil von Mexikanern und Schwarzen unter den Cowboys gibt es Differenzen. Taylor spricht von nur 2% Schwarzen unter ihnen. Da aber seine Argumente nicht überzeugen, wird hier die Angabe beibehalten, von der viele HistorikerInnen ausgehen. Vgl. Taylor, 1998, S. 156-158 und S. 340, 341, Anm. 51.

4 Rünzler, 1995, S. 150, 151. Vgl. auch die *General Rules of the XIT Ranch*, abgedruckt bei Rünzler, 1995, Anm. 47, S. 221, 222.

5 Danach, zwischen 1905 und 1914, waren es durchschnittlich eine Million pro Jahr.

6 Heideking, 1996, S. 228.

7 Andere Quellen sprechen von 100.000. Vgl. Burchell, 1977, S. 193. Siehe auch unten.

8 Heideking, 1996, S. 189, 190. Noch ein paar Anmerkungen zur Standardisierung der Zeit: Zuvor hatte jede Stadt ihre Zeit selbst bestimmt. In Illinois gab es 27 verschiedene lokale Zeiten, in Wisconsin 38. Die Union Pacific fuhr durch sechs verschiedene Zeitsysteme. Jede Eisenbahngesellschaft verfügte über ihre eigene Zeitbestimmung, so daß auf Bahnhöfen, die von verschiedenen Gesellschaften genutzt wurden, mehrere Zeiten herrschten. Auf dem Bahnhof von Buffalo galten drei verschiedene Zeiten, auf dem von Pittsburgh sechs. 1883 wurden dann die oben genannten vier Zeitzonen von den Gesellschaften eingeführt, die dann 1918 gesetzlich als die bis heute gültigen festgelegt wurden. Vgl. D'Eramo, 1996, S. 23.

9 Den ersten Trust bildete 1882 John D. Rockefeller mit dem Standard Oil Trust, der 90% der Raffineriekapazitäten und die vertikale Ebene von Rohölquellen über Faßproduktion, Pipelines bis zu Tankerflotte kontrollierte.

10 Heideking, 1996, S. 199, führt als Daten für den über einen längeren Zeitraum betrachteten wirtschaftlichen Aufschwung an: »Der Wert der produzierten Güter stieg von ca. 3 Mrd. Dollar 1870 auf über 13 Mrd. Dollar 1900; das Bruttosozialprodukt verdreifachte sich zwischen 1869 und 1896; das Nationalvermögen wuchs von 1860 bis 1900 um 550 Prozent, das Pro-Kopf-Einkommen von 1860 bis 1890 um 150 Prozent, das Nettoeinkommen der Industriearbeiter im selben Zeitraum um 50 Prozent; die Produktivität pro Kopf und Arbeitsstunde konnte gegen Ende des Jahrhunderts im Durchschnitt jedes Jahr um ein Prozent erhöht werden; und der Wert aller

Exporte kletterte von 234 Mio. Dollar 1865 auf 2,5 Mrd. Dollar 1900, wobei ab 1896 regelmäßig Exportüberschüsse erzielt wurden.«

11 Der Ausdruck stammt von Mark Twain, dessen zusammen mit Charles Dudley Warner verfasster satirischer Roman (1873) so hieß. Er sah hinter der glänzenden Fassade der Nachkriegszeit den Verfall der geistig-moralischen Sitten und die Ausbreitung sozialen Elends.

12 Schäfer, 1998, S. 260.

13 Selbstverständlich wurde die Freizeit nicht erst zu diesem Zeitpunkt erfunden. Schon 1869 hatte sich z.B. im Westen die Farmervereinigung Grange gegründet, in deren Räumen sich zu Tanz und anderen gesellschaftlichen Veranstaltungen zusammengefunden wurde. Oder die Chautauqua-Bewegung zur Förderung der Allgemeinbildung, die die Lage isoliert lebender Farmerfamilien berücksichtigte. Sie war in einem Ferienlager am gleichnamigen See in der Nähe von Buffalo entstanden. Predigten, Theateraufführungen und politische Vorträge dienten der Erbauung und Unterhaltung.

14 Schäfer, 1998, S. 272.

15 Heideking, 1996, S. 198, führt andere Einbrüche an: 1866/67, 1873 bis 1878, 1884 bis 1887 und 1893 bis 1897; D'Eramo, 1996, S. 177, noch andere: 1873 bis 1878, 1882 bis 1886 und 1892 bis 1896 und spricht insgesamt für die Jahre 1873 bis 1896 von einer langen internationalen Depression. Schäfer, 1998, S. 246, hingegen führt die Jahre 1873 bis 1878, 1883 bis 1885 und 1893 bis 1897 an.

16 1890 gab es nur 5% langfristig, jedoch 15% kurzfristig Arbeitslose. 1894 waren in der Industrie 17% der Arbeitskräfte arbeitslos. Bis 1899 sank ihre Zahl nicht unter 10%.

17 Im Zuge der Depression verschärften die USA die Möglichkeit zur Einwanderung. Neben den ChinesInnen wurde 1882 bestimmten Gruppen, wie ›Geisteskranke‹, völlig Mittellose, wegen Verbrechen oder schwerer Vergehen Vorbestrafte und Träger ansteckender Krankheiten die Einreise untersagt.

18 Nach neueren Erkenntnissen soll es sich um einen Unfall gehandelt haben.

19 Die Sachlage war eigentlich verzwickter. Der Kongreß brachte eine Resolution an Spanien heraus, in der es aufgefordert wurde, die Insel friedlich freizugeben; andernfalls würden die USA den Abzug erzwingen. Daraufhin erklärte Spanien am 24. April den USA den Krieg. Die USA konterten am 25. ihrerseits mit der oben erwähnten Kriegserklärung, datierten sie aber auf den 21. zurück. Zu den genaueren Ursachen und Hintergründen des Krieges, besonders den verschiedenen Interessen der USA vgl. Wehler, 1984, S. 193-200, 209-216.

20 Die unten genannten vier schwarzen Regimenter kämpften selbstverständlich auch hier.

21 Hobsbawm, 1977, S. 97.

22 William Learned Marcy, Politiker, 1853 bis 1857 Secretary of State (d. Verf.).

23 Wehler, 1984, S. 144.

24 Wehler, 1984, S. 214.

25 Die durchschnittliche Beteiligung an Präsidentschaftswahlen lag in dieser Zeit bei 78,5% der wahlberechtigten Amerikaner. Eine so hohe Beteiligung wurde seitdem nicht mehr erreicht.

26 Durch den Bürgerkrieg waren mehr Frauen als zuvor in Arbeitsverhältnisse außerhalb ihres Hauses gelangt. 1870 arbeiteten 70% der weiblichen Arbeitskräfte in Haushalten und ein Viertel aller nicht in der Landwirtschaft Beschäftigten waren Frauen. Die Näherinnen bildeten die größte Gruppe der außerhalb des Hauses arbeitenden Frauen. Jede fünfte, zumeist unverheiratete Frau über 16 Jahre war gegen Ende des Jahrhunderts berufstätig und verdiente etwas mehr als 50% des Lohns, den ein Mann bekam. Es arbeiteten 1,8 Millionen Kinder.

27 Zu den genaueren Vorfällen und den Folgen vgl. D'Eramo, 1996, S. 185-193.

28 Von diesen Neuangestellten waren sechs Jahre später nur noch 365 beschäftigt.

29 Scab heißt sowohl Streikbrecher wie auch Krätze.

30 D'Eramo, 1996, S. 288.

31 Elizabeth Cady Stanton und Susan B. Anthony sind für diese Organisation zwei wichtige Personen.

32 Heideking, 1996, S. 216.

33 Zitiert in: Rünzler, 1995, S. 40.

34 Die Charity Girls waren städtische junge Frauen aus der Arbeiterklasse, die sich in den Lokalen und Tanzsälen nächtens vergnügten. Sie waren sexuellen Abenteuern, auch oder vor allem, wenn sie nicht in die Heirat führten, nicht abgeneigt.

35 Dabei war es auch zu - wenn auch wenigen - (sexuellen) Kontakten zwischen weißen und schwarzen Schwulen gekommen. Gleiches kann über den Kontakt - wenn auch hier wieder vorsichtiger - zwischen weißen und schwarzen Lesben gesagt werden. Andere Rassen, Ethnien etc. tauchen in Dokumenten über diese Subkulturen weitaus seltener auf. Vgl. die Dokumente aus der Zeit bei Katz, 1992, S. 39, 42, 48, 49, 50, 65.

36 Ihr Anteil an der Gesamtbevölkerung nahm allerdings im gleichen Zeitraum um 3% auf 13% ab.

37 Etwa 20% der ehemaligen SklavInnen verließen die Plantagen, vielfach die Ex-HaussklavInnen.

38 Heideking, 1996, S. 213.

39 Davis, 1982, S. 86.

40 Bei den weißen Frauen lag die Zahl der für Lohn Arbeitenden bei drei Millionen.

41 Dieser Name geht zurück auf einen populären weißen Unterhaltungskünstler, der in den 1830er Jahren als schwarz angemalter Clown Sklaven persifliert hatte. Er wurde dann zum Spottnamen für durch Rassenschranken ausgegrenzte Schwarze allgemein.

42 Warum Dippel, 1996, S. 65, urteilt, der Norden sei stets rassistischer als der Süden gewesen, bleibt unklar.

43 Zitiert in: Davis, 1982, S. 88.

44 1877 von Georgia beschlossen und bald von allen anderen Südstaaten kopiert.
45 Beide Zitate bei Brandes, Burke, 1970, S. 43.
46 1895 wurden 86.000 Landstreicher gezählt.
47 »Das Völkchen der Vagabunden, der Landstreicher und Nomaden wurde in den USA in Anspielung auf die *bohémiens*, die Zigeuner, ›Hobohemia‹ genannt.« D'Eramo, 1996, S. 225.
48 »Der Begriff *Skid Row* entstand in Seattle und bezeichnete ursprünglich die Straße, auf der der Holzhändler Henry Yesler die Baumstämme zu seinem Sägewerk am Meer transportierte (*to skid*, rutschen). Entlang dieser Straße gab es kleine Hotels, Kneipen, Restaurants, Bordelle und andere Einrichtungen für die Holzfäller. In den zwanziger Jahren jedoch wurde die *Skid Road*, wie sie anfangs hieß, zum Aufenthaltsort der Armen, der arbeitslosen Holzfäller, der Gelegenheitsarbeiter. Im Laufe der Zeit wurde der Name zu *Skid Row* verkürzt und als abwertende, generalisierende Bezeichnung verwendet. Bald hieß in jeder amerikanischen Stadt *Skid Row* der Ort, an dem sich die Trunkenbolde aufhielten und das Straßenbild prägten. Der Begriff implizierte auch die Mobilität nach unten, den Abstieg [*skid*, rutschen] sowie ein bestimmtes soziales, physisches und wirtschaftliches Ambiente [*row*, Reihe, Rang].« Hoch, Charles, Slayton, Robert A., *New Homeless and Old. Community and the Skid Row Hotel*, Philadelphia, 1989, S. 88, 89, zitiert in: D'Eramo, 1996, S. 221, 222.
49 1956 nannte sie sich in Christian Methodist Episcopal Church um.
50 Vgl. die Auflistung bei Franklin, Moss, 1998, Volume Two, S. 289-292. Siehe zu diesem Thema auch Plessner, 1979.
51 Weiße aus den Gegenden, die die Schwarzen verließen, versuchten das zum Teil zu verhindern. Katz, 1996, S. 170, gibt als Grund an, daß sie deren billige Arbeitskraft nicht verlieren wollten.
52 Seit 1880 versuchten permanent SiedlerInnen sich dort niederzulassen und mußten immer wieder vom Militär verwiesen werden.
53 Von seiten einiger Schwarzer existierte ebenso die Idee, aus Oklahoma einen schwarzen Staat zu machen.
54 Aufgrund dieser Bedingungen suchten 1913/1914 Schwarze aus Oklahoma bessere Bedingungen in Afrika. Bei ihrer Ankunft an der Goldküste 1915 waren sie aufgrund der vorgefunden Realität schockiert. Unterschiede in Lebensstandard und -gewohnheit führten dazu, daß sie entweder bei nächster Gelegenheit in die USA zurückkehrten oder sich in einer abgeschlossenen Siedlung einpferchten. »Die nach Afrika ›heimkehrenden‹ Afro-Amerikaner fühlten sich den Afrikanern zivilisatorisch überlegen und verhielten sich wie ›Weiße‹. ›Rasse‹ und Hautfarbe spielten keine Rolle.« Geiss, 1988, S. 225.
55 Siehe S. 147, 148.
56 Interessanterweise hatten sie die niedrigsten Desertationsraten der westlichen Einheiten: 1876 hatte das Ninth 6 und das Tenth 18 Deserteure zu verzeichnen im Vergleich zu 170 bei dem Third, 224 bei dem Fifth und 72 bei der Seventh.
57 Vgl. Katz, 1996, S. 232.

14. Historisch-theoretische Verschränkung III

1 Vgl. Statistical Abstract of The United States, 1878, Tab. 127, 128. Zwei andere Einwanderungsgruppen, die noch nennenswerte Ausmaße annahmen, waren EinwanderInnen vom amerikanischen Kontinent mit über 600.000 und 250.000, die mit ›all other‹ benannt werden. Burchell, 1977, S. 192, 193, führt an, daß die statistischen Angaben der Behörden nicht korrekt gewesen seien und die chinesische Einwanderung schon früher in Gang gekommen sei. Heideking, 1996, S. 189, beziffert die Anzahl der in den USA lebenden ChinesInnen für Anfang der 1880er Jahre auf über 300.000.

2 Nur in einem einzigen Bundesstaat, nämlich North Carolina, gab es überproportional viele Schwarze und überproportional viele ›other races‹, entsprechend ihrem durchschnittlichen Bevölkerungsanteil. Ansonsten waren dort, wo überdurchschnittlich viele Schwarze lebten, die ›other races‹ unterdurchschnittlich vertreten, wie auch umgekehrt. Eigene Berechnungen aufgrund des U.S. Bureau of the Census, Statistical Abstract of the United States, 1953, Tab. 25, wobei sich die Zahlen erst auf 1930 beziehen.

3 Die Ausnahme waren einzelne Orte und Gegenden in California, wo Nachkommen der Schwarzen, die mit den Spaniern dorthin gekommen waren, Schwarze, die im Norden und dem Süden der USA geboren waren, Schwarze, die aus Mexico, Peru und Chile gekommen waren, JamaikanerInnen und ChinesInnen aufeinandertrafen und nebeneinander lebten. Das war besonders in San Francisco der Fall: »San Francisco presents many features that no city in the Union presents. Its population is composed of almost every nation under heaven. Here is to be seen at a single glance ervery nation in miniature.« Taylor, 1998, S. 83; vgl. auch S. 85.

4 Sautter, 1994, S. 258; vgl. auch S. 257-259.

5 Capelleveen, 1988a, S. 83.

6 Vgl. Capelleveen, 1988a, S. 83, 84.

7 Geiss, 1988, S. 317.

8 Heideking, 1996, S. 215.

9 D'Eramo, 1996, S. 173.

10 D'Eramo, 1996, S. 173; vgl. auch S. 174, Bischoff, Mania, 1996, S. 513-536, Heideking, 1996, S. 231-233, Sollors, 1996, S. 537-570.

15. Theorie V: Zuschreibungen: Begehren

1 Miles, 1992, S. 35.

2 Es existierten weitere, verschiedene und widersprüchliche Zuschreibungen. AfrikanerInnen galten als KannibalInnen mit bestialischem Charakter. Sie seien faul, abergläubisch, wild und feige. Andererseits, nicht in dieses Bild passend, seien sie höflich, edel und voller Achtung gegenüber älteren Personen. Die Meinung in Europa bewertete diese Zustände der Barbarei und Wildheit negativ. Allerdings sah eine Minderheit die Lebensweise in Afrika als natürlicher und daher moralisch überlegener an. Fast gleiches kann bezüglich der Natives gesagt werden. Auch hier gab es

zum Teil positive Beschreibungen. Schon Kolumbus unterschied zwischen canibales und indios. Gerade dort, wo Natives und Europäer in einen Warenaustausch traten und sich Interdependenzverhältnisse herstellten, wie z.b. an der Frontier, kam es zu komplexeren Darstellungsformen. Es entwickelte sich eine Achtung für manche der Fähigkeiten der Natives, vor allem was ihre Stärke und Gewandheit, ihre Geschicklichkeit beim Fischen und Jagen anging. Teilweise wurde ihnen ein Leben in ursprünglicher Harmonie, Gleichheit und absoluter Erfüllung nachgesagt und somit darin das dem Christentum verlorengegangene Paradies gesehen. Vgl. Miles, 1992, S. 23, 26, 32-39.

3   Frantz Fanon wurde 1924 auf Martinique geboren. Er studierte in Frankreich Philosophie und Medizin. 1953 ging er als Arzt nach Algerien, wo er ab 1956 für die Nationale Befreiungsfront arbeitete. Er gilt mit seinem theoretischen Werk als Analytiker der antikolonialen Revolution.

4   Vgl. Fanon, 1980, S. 33-47. Fanons Beispiele stammen aus der Karibik, er verallgemeinert sie aber.

5   Fanon, 1980, S. 48; vgl. auch S. 48-61.

6   Eldridge Cleaver war Mitglied der Black Panther Party.

7   Cleaver ordnet den Weißen das Gehirn zu und den Schwarzen den Körper. Vgl. Cleaver, 1971, S. 169-206.

8   X, 1992, S. 82; vgl. auch S. 83, 84, 107, 108. ›Diese Zeit‹ meint kurz vor und während des II. Weltkriegs. Bei den beiden anderen Autoren handelt es sich um die Zeit danach bis in die 60er Jahre. Vgl. auch Perry, 1993, S. 76-78, 98. Zur Kontroverse um Perry vgl. zusammenfassend Scharenberg, 1998, S. 295-300.

9   Friday, 1980, S. 155.

10 Vgl. Ewing, 1998, S. 209, 210, 247-250, Friday, 1980, S. 155-158; vgl. auch S. 21, 22, 108, 109, 139, 184, 236, 254, 255, 270.

11 Hall, 1985, S. 129.

12 Ihre Interviews hat sie nicht nur mit US-AmerikanerInnen gemacht, sondern mit Menschen aus dem Okzident. Es handelt sich wohl vorwiegend um welche aus der Mittelklasse, was bestimmte Lücken erklärt.

13 Es taucht in ihrem Buch über die sexuellen Phantasien der Männer zwar eine über Sex mit einer schwarzen Frau auf, aber die Hautfarbe ist hier nur eine Nebensache. Ebenso wie die Schilderungen einer schwarzen Haitianerin in dem Buch über die sexuellen Phantasien der Frauen nichts mit dem Thema hier zu tun hat. Bei den sexuellen Phantasien der Männer taucht die Begierde nach schwarzer Haut an ein paar Stellen auf, wird aber nicht weiter thematisiert und erscheint als Randphänomen. Allerdings wird schwarzen Männern immer wieder ein großer Penis unterstellt. Vgl. Friday, 1980, S. 242-251, Friday, 1983, S. 61, 74, 124, 190-194, 209-212, 218, 219, 228, 271, 282, 283.

14 Vgl. Friday, 1980, S. 155.

15 Vgl. Rose, 1962, S. 44-48, 194-197, 204, 205.

16 Vgl. Rose, 1962, S. 40, 41.

17 Erst 1967 hob der Oberste Gerichtshof alle gesetzlichen Beschränkungen auf, die in einzelnen Bundesstaaten gemischtrassische Ehen beschränkten.

18 Seesslen, 1993, S. 107.
19 Vgl. Seesslen, 1993, S. 107, 154.
20 Vgl. Faulstich, 1994, S. 113-124, 213-216.
21 X, 1992, S. 134-136; vgl. auch Perry, 1993, S. 103, 104.

16. Theorie VI: Lösung des Verortungsproblems: Clustern

1 Daina Augaitis, zitiert in: Ewing, 1998, S. 324.
2 Foucault, 1995, S. 72; vgl. auch Baatz, 1997, S. 52-57, Ewing, 1998, S. 12-15, 64, 112, 113, Pultz, 1995, S. 20-31. Erst um die Zeit des II. Weltkriegs fand die Sexualität von Schwarzen wissenschaftliche Beachtung. Es war aber keine des Messens anatomischer Merkmale, sondern sozialwissenschaftlich orientierte liberale Untersuchungen, die mit manchen Mythen aufräumten. Allerdings behauptet die Internet-Sexseite axn in ihren ›Sexrekorden‹, Kinsey habe doch Penise vermessen. Dabei sei herausgekommen, daß der schlaffe schwarze Penis im Durchschnitt 0,76 cm und im eregierten Zustand durchschnittlich 0,254 cm länger als der weiße sei. Es wird auch darauf hingewiesen, daß die Studie nicht repräsentativ sei, da Kinsey zwar 2.500 weiße Männer vermessen habe, aber nur 59 schwarze. Vgl. Ellis, Abarbanel, 1961, Volume One, S. 69-74, Ellis, Abarbanel, 1961, Volume Two, S. 769-775, 897-902, 982, 983, http://www.axn.de/, Kinsey, Pomeroy, Martin, 1955.
3 Foucault, 1995, S. 75; vgl. auch S. 74.
4 Vgl. Foucault, 1995, S. 54, 60.
5 In einer Untersuchung in den USA wurde genau diese Identifizierung für Geschlecht gefunden. Vgl. Gildemeister, Wetterer, 1992, S. 233, 234. Das bedeutet nicht, daß hier im Sinne des Freudschen Penisneides argumentiert wird.
6 Obwohl bei diesem Gedankengang Überschneidungen zu der sozialpsychologischen Theorie des clustering besteht, in der davon ausgegangen wird, daß sich Individuen so zu Gruppen zusammenschließen, daß innerhalb der Gruppe positive, zwischen den Gruppen negative Beziehungen herrschen, soll hier etwas anderes verfolgt werden. Es soll eher darum gehen, wie sich das Individuum in Analogie zur statistischen Cluster-Analyse selbst zusammenfindet und zusammengefunden wird. Vor allem hat der Gedankengang hier nichts mit dem einer irgendwie gearteten Balance, sei sie kognitiv oder strukturell, zu tun.
   Zu tun hat er mit den Wirklichkeitsmodellen. Während Wirklichkeitsmodelle inhaltlich bestimmt sind und Kohärenz in ihren Teilen betonen, sind die hier gemeinten Cluster die äußerliche Betrachtungsweise der Wirklichkeitsmodelle, schauen eher wie, anstatt was zusammenfließt und betonen das Zufällige und Disparate.
   Elisabeth Beck-Gernsheim verfügt über einen ähnlichen Ausdruck. Sie benennt etwas Äquivalentes wie die Wirklichkeitsmodelle und die Cluster-›wölkchen‹ mit dem auch treffenden Ausdruck Erinnerungslandschaften. Vgl. Beck-Gernsheim, 1999.

17. Theorie VII: Zuschreibungen: Faulheit, Dummheit

1   Gronemeyer, 1991, S. 2.
2   Davis, 1982, S. 98, 99.
3   Obwohl zwischendurch auch diese Argumentation angewandt wurde, z.b. in der Form, Schwarze hätten kleinere Gehirne, seien von daher dümmer. Vgl. auch Hobsbawm, 1995a, S. 316.

18. Historie VII: Reform(en) und Reaktion(en)

1   Zu dieser Zeit gelangen ja entscheidende Durchbrüche in den Naturwissenschaften und der Medizin. Die ersten Automobile rollten vom Fließband und die ersten Flugmaschinen stiegen in den Himmel.
2   Davor hatten sie dies erst in vier dünnbesiedelten Staaten des Westens inne. Der Durchbruch kam 1917, als sie es im Staat New York und ein Jahr später in Michigan erhielten.
3   Das Verbot blieb bis 1933 in Kraft. Zu den Folgen der Prohibition vgl. Baines, 1977, S. 309-312.
4   Seesslen, 1993, S. 91, 92.
5   Seesslen, 1993, S. 103.
6   Seesslen, 1993, S. 117.
7   »1888 wurden in Mississippi eine Reihe von Gesetzen erlassen, die die Rassentrennung legalisierten, und bis 1890 hatte dieser Staat eine neue Verfassung ratifiziert, die die Schwarzen ihres Stimmrechts beraubte. Dem Beispiel von Mississippi folgend entwarfen auch andere Südstaaten neue Verfassungen, die den Verlust des Wahlrechts für die Schwarzen zum Inhalt hatten. Die Verfassung von Süd-Carolina wurde 1898 angenommen, 1901 von Nord-Carolina und Alabama gefolgt sowie von Virginia, Georgia und Oklahoma in den Jahren 1902, 1908 und 1918.« Davis, 1982, S. 110.
8   Dies galt bis nach dem II. Weltkrieg.
9   Es wurde 1917 vom Supreme Court aufgehoben.
10 Ida B. Wells-Barnett, *On Lynching*, New York, 1969, zitiert in: Davis, 1982, S. 176, 177. Geiss, 1988, S. 354, Anm. 78, spricht für den Zeitraum von 1882 bis 1950 von 4.792 Lynchmorden, davon 3.436 an Schwarzen. Laut der NAACP sind von 1889 bis 1922 3.436 Menschen gelyncht worden, darunter 83 Frauen. Vgl. das abgedruckte Plakat bei: Franklin, Moss, 1998, Volume Two, S. 357. Bei Adams, S. 502, Tab. 10, werden die offiziellen Zahlen des United States Bureau of the Census genannt. Danach wurden gelyncht: 1882 bis 1890 680 Weiße und 619 Schwarze, 1891 bis 1900 427 Weiße und 1.132 Schwarze, 1901 bis 1910 94 Weiße und 752 Schwarze, 1911 bis 1920 52 Weiße und 554 Schwarze, 1921 bis 1930 27 Weiße und 248 Schwarze, 1931 bis 1940 11 Weiße und 103 Schwarze, 1941 bis 1950 2 Weiße und 23 Schwarze, 1951 bis 1960 1 Weißer und 10 Schwarze, 1961 bis 1970 2 Weiße und 3 Schwarze. Für den Zeitraum 1882 bis 1903 werden noch 45 Indianer, 12 Chinesen, 1 Japaner und 20 Menschen mexikanischer Herkunft zusätzlich angegeben.
11 Vgl. Brandes, Burke, 1970, S. 44.

12 Die LehrerInnen an Colleges sind bei dieser Angabe nicht mitgezählt.

13 Das ist die Abkürzung für Philosophiae Doctor, Doktor der Philosophie.

14 Das Jahr seiner Geburt ist nicht ganz gesichert.

15 Geiss, 1988, S. 195, sagt, es hieße Tuskegee Normal Institute.

16 Zitiert in und übersetzt von: Plessner, 1979, S. 336.

17 Brandes, Burke, 1970, S. 48, 49.

18 Seine Dissertation behandelte den afrikanisch-amerikanischen Sklavenhandel.

19 DuBois, später über den Panafrikanismus zum Kommunismus gelangt und aufgrunddessen vom McCarthy-Ausschuß verfolgt, gab seine us-amerikanische Staatsbürgerschaft auf und nahm die ghanaesische an. In Ghana starb er mit über 90 Jahren.

20 Heideking, 1996, S. 256.

21 Der Philanthrop John E. Milholland z.B. war der Hauptfinanzier. Er hatte auch die NAACP entscheidend finanziell unterstützt.

22 Unter ihnen befand sich Mohandas Karamchand Gandhi.

23 Geiss, 1988, S. 210.

24 Sautter, 1994, S. 348, spricht von 5 Millionen.

25 Dippel, 1996, S. 88, 89.

26 Organisationen dieser eugenischen Bewegung waren z.B. die American Birth Control League (ABCL, gegründet 1921) und die American Eugenics Society (gegründet 1926).

27 Zitiert in: Davis, 1982, S. 204.

28 Zitiert in: Davis, 1982, S. 204.

29 Davis, 1982, S. 204.

30 Zitat aus diesem Buch, bei: D'Eramo, 1996, S. 171.

31 Zur Entwicklung der Eugenik und Rassenhygiene als wissenschaftliche Disziplinen vgl. Geiss, 1988, S. 170-174.

32 Wahrscheinlich sind seine Einnahmen noch höher gewesen und lagen bei 50 bis 100 Millionen Dollar. Aufgrund der damaligen Vertriebsart ist die genaue Summe schwer zu ermitteln. Vgl. Bogle, 1994, S. 10, *Lexikon des Internationalen Films*, CD-ROM, 1996, Monaco, 1995, S. 238, 239, 288, 289.

33 *Lexikon des Internationalen Films*, CD-ROM, 1996.

34 Bogle, 1994, S. 12, Übersetzung d. Verf.

35 Diese sogenannten White collar workers machten schließlich ein Viertel der arbeitenden Bevölkerung aus.

36 Dippel, 1996, S. 80.

37 Jeffreys-Jones, 1977, S. 239.

38 Finzsch, Horton, Horton, 1999, S. 378.

39 Vgl. zu der Geschichte des Kanals Wehler, 1984, S. 133-140, 165-168, 183-187.

40 Wie z.B. bei einem Flottenbesuch 1908.

41 Heideking, 1996, S. 243, 244.

42 Bis zum April 1917 flossen 2,3 Milliarden Dollar an die Alliierten, an Deutschland 27 Millionen Dollar.

43 In dieses Bündnis sollte, wenn möglich, auch Japan einbezogen werden. Im Falle eines deutschen Sieges wollte das Reich dann Mexico helfen, die 1848 verlorengegangenen Gebiete in Texas, New Mexico und Arizona zurückzubekommen. Das Telegramm hatte aus technischen Gründen über die deutsche Botschaft in Washington laufen müssen. Der englische Geheimdienst hatte es abfangen und entschlüsseln können.

44 Brandes, Burke, 1970, S. 54, merken dazu an: »Den ›Heldentod‹ reservierte der Weiße noch für sich selbst.«

45 Dippel, 1996, S. 86.

46 Heideking, 1996, S. 290. Heideking spricht auch davon, daß eine solche Politik nicht mit Isolationismus begrifflich zu fassen ist, sondern eher als independent internationalism oder selektiver Unilateralismus zu beschreiben sei.

47 1910 arbeitete die Hälfte der schwarzen Frauen außerhalb ihrer Wohnungen, ein Drittel von ihnen war in anderen Wohnungen als Bedienstete angestellt. Zehn Jahre später war es bereits die Hälfte und noch einmal zehn Jahre später drei Fünftel.

48 Zum Beispiel fand im Januar 1919 in Seattle ein fünftägiger Generalstreik statt. Im selben Jahr streikte in Boston selbst die Polizei.

49 Im ersten Nachkriegssommer 1919 waren davon 25 Städte betroffen. Chicago traf es am heftigsten. Dort wurden nach 13 Tagen anhaltender Kämpfe 38 Tote gezählt, darunter 15 Weiße. Hier, wie auch anderswo, traten die Schwarzen den Weißen mit Waffengewalt entgegen.

50 Dippel, 1996, S. 87.

51 Der Kongreßabgeordnete aus Texas, der den Text des 18. Verfassungszusatzes entworfen hatte, wurde festgenommen, weil er auf seiner Ranch eine Schwarzbrennerei betrieb.

52 Baines, 1977, S. 295.

53 Als Henry Ford 1927 sein T-Modell durch das neue und anspruchvollere A-Modell ersetzte, hatten schon 500.000 KundInnen Anzahlungen darauf geleistet, ohne das Fahrzeug zuvor gesehen oder auch nur den Preis gekannt zu haben.

54 Schäfer, 1998, S. 270, 272.

55 Allen Frederick L., 1950, *Only Yesterday. An Informal History of the Nineteen-Twenties*, New York, S. 211, zitiert in: Schäfer, 1998, S. 358.

56 1921 wurde das American Quota Law verabschiedet, welches Länderkontingente für EinwandererInnen festlegte. Drei Jahre später wurde es verschärft. »Der Johnson-Reed Act von 1924 sah vor, daß jede ethnische Gruppe das Recht auf die Zuwanderung von zwei Prozent der Zahl dieser Gruppe im Stichjahr 1890 hatte. Auf diese Weise wurde die Immigration abrupt gestoppt, und außerdem schloß das Stichjahr 1890 Einwanderer aus Süd- und Osteuropa aus, die erst nach 1890 massenhaft in die Vereinigten Staaten gekommen waren.« D'Eramo, 1996, S. 218. Vgl. auch Schülting, 1988, S. 9, 10, 152. Zu den Einwanderungsbestimmungen vgl. genauer Sautter, 1994, S. 348.

57 Dippel, 1996, S. 89.

58 Baines, 1977, S. 309.
59 Mussolini warf er später vor, er habe den Faschismus von ihm, dem »ersten Faschisten«, kopiert.
60 Geiss, 1988, S. 246.
61 Plessner, 1979, S. 177.
62 Die literarische Bewegung der ›Négritude‹ lieferte in Paris ein anspruchsvolleres und elitäreres Gegenstück des Garveyismus für frankophone Afro-Westinder und Afrikaner.
63 Sie wurde auch Negro Renaissance oder New Negro genannt.
64 Zum Inhalt und dessen Bewertung vgl. Plessner, 1979, S. 178-182.
65 Sie hatte als erste Schwarze am Barnard College der Columbia University in New York studiert. Vgl. Plessner, 1979, S. 69.
66 Weitere Namen sind Claude McKay, Countee Cullen, Sterling Brown, Jessie Fauset, Jean Toomer, Rudolph Fisher, James Weldon Johnson als Dichter und Schriftsteller und Aaron Douglas als Zeichner. Auch die Namen von Historikern sind mit der Bewegung verbunden: Carter G. Woodson, Arthur A. Schomburg, J. A. Rogers.
67 Andere Quellen datieren das Gründungsjahr auf 1912, in dem Foster seinen ersten Film produziert. Vgl. Reid, 1993, S. 137, 138, Anm. 1.
68 Zitiert in: Reid, 1993, S. 9.
69 Finzsch, Horton, Horton, 1999, S. 397.
70 Warum gerade in Seattle Frauen zu Bandleadern avancierten, bleibt unklar.
71 Heideking, 1996, S. 288.
72 Es hatte neben der exotistischen Konnotation auch eine negativere, war es doch von dem Begriff slum abgeleitet.
73 Finzsch, Horton, Horton, 1999, S. 401.
74 Florida erlaubt Boxkämpfe zwischen Schwarzen und Weißen erst seit 1952.
75 Zuvor hatten Schwarze schon in anderen Gewichtsklassen Meistertitel errungen.
76 Box Champions, Nr. 8, S. 86.
77 1920 kehrte Johnson in die USA zurück, um seine Strafe abzusitzen. Er starb 1946.

19. Historisch-theoretische Verschränkung IV

1 Vgl. Bergman, Bergman, 1969, S. 436, 447, 448.
2 Vgl. Myrdal, 1971, S. 124.
3 Vgl. Bogle, 1994, S. 4-10, 13.
4 Vgl. Taylor, 1998, S. 245-250.

20. Historie VIII: New Deal und II. Weltkrieg

1 Für den detaillierteren Verlauf und die vielschichtigen Ursachen der Krise vgl. Baines, 1977, S. 313-333.
2 Carles, Comolli, 1980, S. 161.

3 Zitiert in: Bogle, 1994, S. 27, Übersetzung d. Verf.

4 Bogle, 1994, S. 27.

5 Er war auch der einzige Präsident, der dieses Amt dreimal innehatte. Er wurde im November 1944 zum dritten Mal bestätigt. Die bisherige nur zweimalige Amtszeit in diesem Amt wurde 1951 dann als 22. Amendement festgeschrieben.

6 Heideking, 1996, S. 310.

7 Brandes, Burke, 1970, S. 64, 65.

8 Zitiert in: D'Eramo, 1996, S. 145. 1948 erklärte der Supreme Court diese Klauseln für verfassungswidrig.

9 Capelleveen, 1988b, S. 254.

10 Die AFL zählte 4,5 Millionen Mitglieder, der CIO 5 Millionen und eine weitere Million gehörte sonstigen Gewerkschaften an. Damit war ein gutes Viertel der nicht-landwirtschaftlichen LohnarbeitnehmerInnen gewerkschaftlich organisiert.

11 Allerdings kämpften auf republikanischer Seite 3.200 us-amerikanische Freiwillige, unter ihnen 60 bis 80 Schwarze. Zusammen mit u.a. Briten, Iren und Kanadiern formten sie die 15. Internationale Brigade. Ihre Einheiten hießen John Brown Battery, George Washington Battalion und Abraham Lincoln Battalion. Letztere war die erste wirklich rassisch integrierte militärische Einheit in der US-Geschichte. Sie wurde von einem schwarzen Kommandanten geleitet.

12 Als sich mit Beginn des II. Weltkriegs die Haltung der Sowjetunion zu den USA veränderte, wandelte sich auch die Haltung der CPUSA und die Frage der Unterdrückung der Schwarzen trat in den Hintergrund.

13 Rose, 1962, S. 207, Übersetzung d. Verf.

14 Zitiert in und übersetzt von: Plessner, 1979, S. 370-372; vgl. auch S. 240-246.

15 1938 ersuchte er um 300 Millionen und im Januar 1939 um 1,3 Milliarden Dollar.

16 Das Office of Strategic Services war einer der us-amerikanischen Geheimdienste.

17 Die USA stellten mehr Kriegsmaterial her als alle Achsenmächte zusammen.

18 Das entsprach fast 11% der gesamten Bevölkerung.

19 Sautter, 1994, S. 429, spricht von 14,5 Millionen Mitgliedern 1945.

20 Die Anzahl der schwarzen Frauen in der Industrie verdoppelte sich während des Krieges.

21. Historie IX: Kalter und heißer Krieg

1 Die North Atlantic Treaty Organization ist ein Beistandsvertrag zur gemeinsamen Verteidigung; ANZUS ist ein Äquivalent im pazifischen Raum; die Organization of American States ein Bündnis zur wirtschaftlichen und militärischen Zusammenarbeit amerikanischer Staaten; die South East Asia Treaty Organization etwas ähnlich geplantes für den südostasiatischen Raum, die jedoch 1977 aufgelöst wurde.

2 Dem lag das National Security Memorandum No. 68 vom 7. April 1950 zugrunde.

3 Heideking, 1996, S. 361.

4 Heideking, 1996, S. 361.

5 Heideking, 1996, S. 351, spricht von ›nur‹ 14 Milliarden Dollar für den Zeitraum bis 1952.

6 Großbritannien, Frankreich, Italien, Westzonen bzw. Bundesrepublik Deutschland erhielten in dieser Reihenfolge das meiste Geld.

7 Die Sowjetunion mußte sich mit der Südhälfte Sachalins und den Kurilen sowie einer Besatzungszone in Korea zufriedengeben.

8 Vgl. Dippel, 1996, S. 106.

9 Dippel, 1996, S. 107.

10 D'Emilio, Freedman, 1997, S. 292.

11 Dippel, 1996, S. 108.

12 Marcuse, 1988, S. 29.

13 Heideking, 1996, S. 377; Eigennamen und englische Ausdrücke im Orginal kursiv hervorgehoben.

14 Gemessen am Wert des Dollars von 1958.

15 Dieser Name geht auf die weißen Kragen ihrer weißen Hemden zurück, die sie bei der Arbeit tragen. Die andere Kategorie sind die Blue collar workers, die Arbeiter in ihren Blaumännern.

16 Wynn, 1977a, S. 400.

17 In den Rezessionsjahren 1957/58 betrug die Arbeitslosenquote allerdings fast 8%.

18 Ab November 1942 ›gestattete‹ sogar eine Verfügung des War Labor Board, daß die Unternehmen ihnen dafür den gleichen Lohn wie den Männer auszahlen dürften.

19 Zählt man zum Land die Kleinstädte hinzu, so lebten dort 30% der Menschen.

20 Die durchschnittliche Lebenserwartung stieg von 1940 bis 1960 für Weiße von 64,2 auf 70,6 Jahre, für Schwarze von 53,1 auf 63,6 Jahre. Die Kindersterblichkeit bei Weißen lag bei 22,9, die der Schwarzen bei 43,2 pro 1.000.

21 D'Eramo, 1996, S. 326. Es bleibt bei D'Eramo unklar, auf welches Jahr sich die Zahlen beziehen. Es lebten aber 1960 58% der Schwarzen des Südens, 96% der des Nordens und 93% der des Westens in Städten.

22 Wynn, 1977a, S. 402.

23 Auch zuvor hatten talentierte Schwarze schon in weißen Profivereinen gespielt. Sie waren aber ›getarnt‹ gewesen als Kubaner, Mexikaner oder ähnliches und gingen so als Weiße durch.

24 Schon in den 1940er Jahren hatte der Oberste Gerichtshof entschieden, daß es verfassungswidrig sei, in Miet- und Kaufverträge Rasseklauseln aufzunehmen, die Schwarze aus bestimmten Wohngegenden fernhalten sollten. Desweiteren war entschieden worden, daß ihnen nicht vorenthalten werden dürfe an den Vorwahlen zu den Präsidentschaftswahlen teilzunehmen. 1950

erklärte der Supreme Court, daß die Rassentrennung in den Speisewagen der Eisenbahnen den Verkehr zwischen einzelnen Bundesstaaten zu sehr belaste.

25 Zitiert in: Heideking, 1996, S. 389.

26 Dippel, 1996, S. 114.

27 Bei dieser Wahl 1964 erhielt sein republikanischer ultrakonservativer Gegenkandidat Barry Goldwater 40% der abgegebenen Stimmen. Er war gegen das Bürgerrechtsgesetz eingestellt, wie er Senator McCarthys vermeintliche Kommunistenjagd verteidigte. Er versprach Reformgesetze zurückzunehmen sowie notfalls Atombomben einzusetzen, sollten sich Cuba und Vietnam nicht einsichtig gegenüber us-amerikanischen Interessen zeigen.

28 Dippel, 1996, S. 117; Eigennamen im Orginal kursiv hervorgehoben.

29 Insgesamt warfen die USA über Vietnam mehr Bomben ab als die gesamten alliierten Verbände im Zweiten Weltkrieg.

30 Zitiert in: Der Spiegel, 32/1967, S. 67.

31 Zitiert in: Der Spiegel, 32/1967, S. 68.

32 Von paratroops = Fallschirmjäger (d.Verf.).

33 Der Spiegel, 32/1967, S. 67.

34 King, 1981, S. 121-125, hier S. 124, 125.

35 Brandes, Burke, 1968, S. 106.

36 Der Spiegel, 11/1968, S. 133.

37 Muntzinger Archiv, ABA-X, 13/65, 10267*.

38 Zitiert in: Muntzinger Archiv, ABA-X, 13/65, 10267*.

39 X, 1968, S. 96.

40 Das Wort kam durch die bei diesen Morden häufig verwendete Waffe, der fragmentation grenade, einer Splitterbombe, zustande.

41 Sautter, 1994, S. 479. Die Einzelstaaten müßen ein vom Kongreß verabschiedetes Amendment mit zwei Drittel ihrer Anzahl ratifizieren.

42 Seit dem 7.5.1992 ist ein 27. Amendment in Kraft, der vom Kongreß schon am 25.9.1789 verabschiedet worden war. Er behandelt eine Regelung über die Höhe der Vergütung für die Senatoren und Abgeordneten. Vgl. Sautter, 2000, S. 184, 204.

22. Historisch-theoretische Verschränkung V

1 Vgl. Taylor, S. 292-294, 307.

2 Vgl. Beck-Gernsheim, 1999, S. 88-94.

23. Historie X: Auf der Schwelle zum 21. Jahrhundert

1 1972 waren ›nur‹ noch 30.000 us-amerikanische Soldaten dort, im Vergleich zu vormals 300.000 im Jahr 1970.

2 Das war das Code-Wort für Counterintelligence Program.

3 Schon bald darauf erhoben weiße Männer, die sich durch diese Praxis benachteiligt fühlten, den Vorwurf der reverse discrimination.

4   Finzsch, Horton, Horton, 1999, S. 542.

5   Alex Haley, Toni Morrison, Maya Angelou und Alice Walker gehören zu den bekanntesten. Ralph Ellison und James Baldwin waren schon vorher berühmt.

6   Das war die spätere Sängerin und Schauspielerin Vanessa Williams. Sie mußte 1984 den Titel wieder abgeben, nachdem Nacktfotos von ihr im Magazin *Penthouse* veröffentlicht worden waren, denn das gehöre sich laut des Wahlkomitees nicht für eine Miss America.

7   Die Scheidungsrate war drastisch gestiegen.

8   Noch Mitte der 60er Jahre war in vielen Bundesstaaten der Verkauf von Verhütungsmitteln verboten gewesen.

9   Sautter, 1994, S. 479, 480.

10 Bei Umfragen bekannten sich immerhin 90% der so vielschichtigen Bevölkerung zu dem Glauben an Gott.

11 Erst ein wenig nach der ersten Hysterie wurde klar, daß sich das Virus durch Körperflüssigkeiten, sprich Blut und Sperma, überträgt und somit nicht exklusiv Schwulen vorbehalten ist, sondern sich auch heterosexuelle Menschen anstecken können.

12 Sautter, 1994, S. 506.

13 Er hatte 150 Milliarden Dollar gekostet.

14 Dippel, 1996, S. 131.

15 Zitiert in: Sautter, 1994, S. 530.

16 Dippel, 1996, S. 132.

17 (Vor-)Denker dieser Richtung waren der neoliberale Ökonom Friedrich August von Hayek und der Philosoph Leo Strauss.

18 Er bekam von Teilen des schwarzen Establishments keine Unterstützung. Benjamin Hooks, der Executive Director der NAACP, sagte:»Wenn eine überwältigende Anzahl schwarzer Wähler für einen Schwarzen stimmt, dann werden wir unsere Stimme bei der Auswahl des weißen Kandidaten verlieren, der die Wahl der Democrats wird.« Und John Jacob, Präsident der National Urban League, äußerte sich:»Ein schwarzer Präsidentschaftskandidat wäre ein Rückschritt zum Symbolismus und würde schwarze Erwartungen zerschmettern.« Beide zitiert in: Franklin, Moss, 1998, Volume Two, S. 541, Übersetzung d. Verf.

19 Heideking, 1999, S. 480.

20 Zitiert in: Heideking, 1996, S. 459.

21 Etwa 10% der us-amerikanischen Truppen waren Frauen. Und Schwarze stellten auch hier überproportional viele der us-amerikanischen SoldatInnen: 25% waren Schwarze, obwohl ihr Bevölkerungsanteil nur 13,2% ausmachte.

22 Phillips, 1992, hinterer Umschlagtext.

23 Der Spiegel 19/1992, S. 184.

24 Oberhessische Presse vom 6.8.1993.

25 Der von Japan betrug 19% und der deutsche 13%.

24. Theorie VIII: Autopoiesis des Rassismus

1 Riegas, Volker, Glossar, in: Riegas, Volker/ Vetter, Christian (Hg.), *Zur Biologie der Kognition. Ein Gespräch mit Humberto R. Maturana und Beiträge zur Diskussion seines Werkes*, Frankfurt/M, 1990, S. 329, zitiert in: Reese-Schäfer, 1992, S. 46. Ob die Theorie Maturanas biologisch richtig ist, wird hier nicht weiter erörtert, geht es doch um die Herleitung der Luhmannschen Theorie.

2 Vgl. Reese-Schäfer, 1992, S. 46-54. Maschinen sind im Gegensatz dazu keine autopoietischen Systeme, da sie nicht auf ihre eigene Fortsetzung, sondern auf die Produktion einer Ware für etwas ›außerhalb‹ von ihnen ausgerichtet sind.

3 Während Foucault ob der vielen produzierten Sexualitäten wahrscheinlich begeistert wäre, wäre Luhmann dies angesichts solcherart Nutzung seiner Theorie wohl nicht (vgl. z.B. Luhmann, 1993, S. 7-14), würde ihm ein neu gefundenes System des Rassismus präsentiert werden. Nichtsdestotrotz läßt sich Luhmann ›ausbeuten‹ für eine solche Theorie. Wie es Jean Paul Sartre in seinem Vorwort zu Frantz Fanons *Die Verdammten dieser Erde* sagte, »stehle ich einem Feind sein Buch« (Fanon, 1981, S. 13.) und seinen Begriff, um sie zu benutzen. Daß das Zusammenbringen von Luhmann und Foucault nicht so abstrus ist, wie es auf den ersten Blick scheint, läßt sich um drei Ecken bei Breuer, 1992, S. 65-102, ablesen, der Adorno und Luhmann fast auf den gleichen Nenner bringt. Vgl. auch dort für eine kritische Auseinandersetzung mit bestimmten Aspekten des Luhmannschen Denkens.

4 Vgl. Luhmann, 1993, S. 15-29, 92, 148, 191, 286, Reese-Schäfer, 1992, S. 131.

5 Vgl. Luhmann, 1993, S. 45-51.

25. Theoretisch-historische Verschränkung

1 Siehe S. 269, Anm. 32.

2 Wiederum wurde auf Luhmann zurückgegriffen, allerdings mit Modifikationen. Luhmann führt als Systeme der Gesellschaft Wirtschaft, Recht, Wissenschaft, Politik, Religion und Erziehung an. Vgl. Reese-Schäfer, 1992, S. 131. Auf Erziehung wurde hier verzichtet, weil es eher ein Mittel ist, Individuen über Sozialisation mit der Gesellschaft zu verbinden. Sein System Religion wurde erweitert um andere Bereiche, in denen sich ein Bild von der Welt, dem eigenen Sein und der Gesellschaft zeigt. Kunst wurde als eigenständiges System aufgenommen, hat Luhmann mit *Die Kunst der Gesellschaft* doch selbst ein Buch darüber geschrieben.

3 Diese Auffassung steht im Gegensatz zu Luhmann. Zur Begründung siehe S. 242.

4 Foucault, 1976, S. 114; vgl. auch S. 114-123.

5 Sie wirkt in den Systemen selbstverständlich auch auf den Linien zwischen deren Subsystemen. Aber das würde hier zu weit führen.

26. Historisch-theoretische Verschränkung VI

1 Vgl. Eckhart, 1995, S. 1, 2, Müller, 1995, S. 102, 103.

2 Vgl. Kossek, 1999, S. 14-19; vgl. auch mit einer etwas anderen Argumentation Zizek, 2000, S. 40, 41.

3 U.S. Bureau of the Census, *Statistical Abstract of the United States*, 1960, S. 2, Übersetzung d. Verf.; vgl. auch *Statistical Abstract of The United States*, 1900, Tab. 2, U.S. Bureau of the Census, *Statistical Abstract of the United States*, 1953, Tab. 24 und 27.

4 Offiziell wurde diese Regel, nach der schon spätestens seit 1660 geurteilt wurde, 1920 durch die Praxis des Bureau of the Census. Damit ist quasi jeder und jede, der/die nicht weiß ist, schwarz, während in Lateinamerika und der Karibik jeder und jede, die/der nicht schwarz ist, weiß ist. So kommt es zu einer komisch anmutenden Situation:»In den USA leben in der Tat Hunderttausende ›unbewußter Schwarzer‹, Personen mit schneeweißer Haut, die *nicht wissen* und es auch nur per Zufall erfahren, daß sie aufgrund der *one-drop-rule* Schwarze sind.« D'Eramo, 1996, S. 275; vgl. auch D'Eramo, 1996, S. 272-279, 434-438, Gandy, 1998, S. 42, Geiss, 1988, S. 194, Schülting, 1977, S. 194, U.S. Bureau of the Census, *Recommendations from the Interagency Committee for the Review of the Racial and Ethnic Standards to the Office of Management and Budget Concerning Changes to the Standards for the Classification of Federal Data on Race and Ethnicity.*

5 Es war diskutiert worden, ob Cape Verdean und Arab or Middle Eastern als ethnische Kategorien aufzunehmen seien.

6 Zu der Diskussion, ob eine Kategorie multiracial eingeführt werden solle oder nicht vgl. Beck-Gernsheim, 1999, S. 11, 12, 100-106.

7 Vgl. Office of Management and Budget, *Revisions to the Standards for the Classification of Federal Data on Race and Ethnicity*, U.S. Bureau of the Census, *Recommendations from the Interagency Committee for the Review of the Racial and Ethnic Standards to the Office of Management and Budget Concerning Changes to the Standards for the Classification of Federal Data on Race and Ethnicity*, Punkt 4.2., U.S. Census Bureau, *Racial and Ethnic Classifications Used in Census 2000 and Beyond.*

8 U.S. Census Bureau, *Racial and Ethnic Classifications Used in Census 2000 and Beyond*, Übersetzung d. Verf.

9 Tocqueville, 1985, S. 198.

10 Die anderen beiden fanden in den 1840/50er Jahren und zwischen 1870 und dem Ersten Weltkrieg statt.

11 Vgl. Heideking, 1996, S. 439.

12 Vgl. D'Eramo, 1996, S. 437, U.S. Census Bureau, *The American Indian, Eskimo, and Aleut Population.*

13 Vgl. Murswieck, 1998, S. 626, 627, U.S. Census Bureau, *Resident Population Estimates of the United States by Sex, Race, and Hispanic Origin: April 1, 1990 to July 1, 1999, with Short-Term Projection to May 1, 2000.* Das in der Aufzählung für 2000 insgesamt über 100% erreicht werden, liegt daran, daß

es zu Doppelzählungen kam, denn es existieren Black, not Hispanic und Black, Hispanic. Letztere werden aber nicht gesondert aufgeführt. Das gleiche gilt für die anderen Gruppen.

14 D'Eramo, 1996, S. 423; vgl. auch Capelleveen, 1990, S. 297-313.

15 Vgl. Finzsch, Horton, Horton, 1999, S. 11, 574, Schülting, 1988, S. 98-100.

16 Davis, 1999a, S. 459.

17 Vgl. Davis, 1999a, S. 459-465, Grumke, 2001, S.136, 137, 222-224.

18 Hielscher, 1996, S. 35, 36, der Hacker, Andrew, 1995, Two Nations, New York zusammenfaßt; Hielscher zitiert ohne Angabe der Seitenzahlen.

19 Finzsch, Horton, Horton, 1999, S. 576, 577.

20 West, Cornel, 1994, Race Matters, New York, zitiert in: Hielscher, 1996, S. 101.

21 Hielscher, 1996, S. 109.

22 Vgl. Hielscher, 1996, S. 101-118.

23 Geiss, 1988, S. 298.

24 Vgl. D'Eramo, 1996, S. 426.

25 Lüthje, Scherrer, 1997, S. 260, 261.

26 Lüthje, Scherrer, 1997, S. 261.

27 Vgl. Lüthje, Scherrer, 1997, S. 260, 261, 270.

28 1960 waren es 0,037%, 1970 0,052% und 1980 0,186%. Die Zahlen für 1991 und 1992 sind nicht verwertbar, da es nicht angehen kann, daß es einen Anteil von 1.420.000 aus einer Grundgesamtheit von 994.000 bzw. 1.478.000 aus 1.161.000 gibt. Vgl. U.S. Bureau of the Census, Tab. 1, *Race of Wife by Race of Husband: 1960, 1970, 1980, 1991, and 1992*; vgl. auch D'Eramo, 1996, S. 276, 277.

29 Vgl. http://www.cnn.com/2000/ALLPOLITICS/stories/11/07/alabama. interracial.

30 Vgl. epd Film, 5/2001, S. 34.

31 Vgl. Hawkeswood, 1996, S. 90-124, 157, 158.

32 Vgl. Fluck, 1998, S. 732-734, Murswieck, 1998, S. 625, 626.

33 D'Eramo, 1996, S. 330.

34 Vgl. *Die Bibel*, Das erste Buch Mose 11, Vers 1-9.

35 Vgl. *Die Bibel*, Apostelgeschichte 2.

27. Ausblicke

1 Deren aller Theorien sollen hier nicht noch einmal durchgekaut werden, denn dafür gibt es diese Sammelbände und auch eine Anzahl an Überblicksliteratur.

2 Für diese Überlegung und Anregung danke ich Silke Topf.

28. Statt eines Nachworts

1 Ein Nanometer ist ein Millionstel Millimeter, also 10 hoch -9 Meter.

2 Vgl. Freier, Sarrazin, 1991, S. 80-88, 219.

30 Anhang

Literatur, die in den Historie-Kapiteln verwendet wurde:

2. Historie I: Die Kolonialzeit

Adams, 1977a, S. 26-30, Adams, 1998, S. 3-17, Apel-Birnbaum, 1988, S. 162-174, Aptheker, 1993, S. 64, 65, 75-78, 162-166, 184, Bergman, Bergman, 1969, S. 1-42, Brandes, Burke, 1970, S. 24-26, Capelleveen, 1988a, S. 85-90, Capelleveen, 1993, S. 64, 65, Carles, Comolli, 1980, S. 70-72, 86, D'Emilio, Freedman, 1997, S. 3-52, Dennis, 1995, S. 16-23, 35, Dippel, 1996, S. 7-15, Everett, 1998, S. 28-61, 70, 92, Finzsch, Horton, Horton, 1999, S. 27-110, 143, Fluch, 1998, S. 734-739, Franklin, Moss, 1998, Volume One, S. 27-67, 149, Geiss, 1988, S. 113, 122-131, 147, Heideking, 1996, S. 2-28, Hund, 1999, S. 32, Introduction to Afro-American Studies: A Peoples College Primer, 1986, S. 229-232, 248, Katz, 1996, S. 1-13, 36-38, Killick, 1977, S. 145, 146, Kofler, 1992, Bd.1, S. 142-145, Kohl, 1986, S. 43-52, Meyers Großes Taschenlexikon, 1981, Bd. 12, S. 75, 76 und Bd. 15, S. 318-324, Plessner, 1979, S. 29-35, 43, 88, Rünzler, 1995, S. 37, 38, Sautter, 1992, S. 14-29, 50-62, Sautter, 1994, S. 17-64, Schäfer, 1998, S. 11-77, Schröder, 1997, S. 78-81, Schülting, 1977, S. 194, Temperley, 1977, S. 78, 80, Wehler, 1984, S. 35, Wirz, 1984, S. 11-40, 128-133, 158, 159, Wolf, 1991, S. 189-191, 278-295, 322, 323, 502, Zinn, 1980, S. 23-38

3. Historie II: Revolution

Adams, 1977a, S. 31-55, Bergman, Bergman, 1969, S. 42-68, Carles, Comolli, 1980, S. 73, 74, Dennis, 1995, S. 46-55, Dippel, 1996, S. 18-27, Finzsch, Horton, Horton, 1999, S. 111-142, 188, Franklin, Moss, 1998, Volume One, S. 68-81, 92-99, Geiss, 1988, S. 43, 131, 153, 214, Heideking, 1996, S. 27-56, Heideking, 1998, S. 18-33, Katz, 1996, S. 38, Plessner, 1979, S. 87, Sautter, 1992, S. 63-88, Sautter, 1994, S. 25, 65-94, Schäfer, 1998, S. 78-106, Schröder, 1997, S. 81-83, Temperley, 1977, S. 84, Wehler, 1984, S. 35-52, Wirz, 1984, S. 133-135

7. Historie III: Die junge Republik

Allen, 1998, S. 117-133, 257-285, Adams, 1977a, S. 40-67, Apel-Birnbaum, 1988, S. 175-186, Aptheker, 1993, S. 67-73, 140-149, 234-238, 260, 261, 268-276, Bergman, Bergman, 1969, S. 18, 31, 32, 38, 40-42, 44, 46, 54, 60-62, 64-125, 201, 203, Brandes, Burke, 1970, S. 18, 19, 28-33, Carles, Comolli, 1980, S. 72, 74, 75, 78, 86-89, 93-96, Carocci, 1997, S. 7-53, Cleaver, 1971, S. 226, Davis, 1982, S. 10-25, D'Emilio, Freedman, 1997, S. 85-104, Dennis, 1995, S. 56-69, Dippel, 1996, S. 33-41, Everett, 1998, S. 94-153, Finzsch, Horton, Horton, 1999, S. 143-190, 197-203, 212-215, 218-227, Fluch, 1998, S. 740-743, Franklin, Moss, 1998, Volume One, S. 80-92, 98-100, 105-110, 115-117, 120, 121, 124-126, 136, 137, 139-149, 153, 159-162, 167-170, 177-183, Gandy, 1998, S. 41, Geiss, 1988, S. 128, 129, 156, 198-200, 220-222, Heideking, 1996, S. 57-110, 115, 116, 121, Heideking, 1998, S.

26, 29-41, Hobsbawm, 1962, Hobsbawm, 1996, S. 29, 30, Introduction to Afro-American Studies: A Peoples College Primer, 1986, S. 208-212, 229-232, Katz, 1996, S. 3-34, 44, 48-59, 83-85, Killick, 1977, S. 127-131, 146, Nagler, 1998, S. 42-53, 57, 58, Plessner, 1979, S. 35-47, 87, 88, Rose, 1962, S. 46, 47, 261, 283-285, Sautter, 1992, S. 75-88, Sautter, 1994, S. 89-140, 149, Schäfer, 1998, S. 107-173, Temperley, 1977, S. 75-89, Theweleit, 1999, S. 412-450, Tocqueville, 1985, S. 198-209, Unger, 1988, S. 50-55, Wasser, 1998, S. 308, Wehler, 1984, S. 38, 39, 52, 53, 59-110, Wirz, 1984, S. 135, 136, 166-197, Wolf, 1991, S. 225, 389, 390, 439-442

8. Historie IV: Territoriale Expansion

Allen, 1998, S. 39, 117-133, 257-285, Apel-Birnbaum, 1988, S. 175-187, Aptheker, 1993, S. 93, 141, 291, 292, 313-315, Bergman, Bergman, 1969, S. 79, 117, 125-225, Bogle, 1994, S. 25, Brandes, Burke, 1970, S. 33-37, Burchell, 1977, S. 189-191, 203, 204, Capelleveen, 1988b, S. 243-246, Carles, Comolli, 1980, S. 75-80, 89-96, 98-100, 106-135, Carocci, 1997, S. 7-53, Davis, 1982, S. 25, 27, 34-36, 38-69, 218, D'Emilio, Freedman, 1997, S. 55-66, 87-93, 109-121, 130-138, 181, Dennis, 1995, S. 65-86, D'Eramo, 1996, S. 280, Dippel, 1996, S. 43-54, Everett, 1998, S. 94-131, 154-175, Finzsch, Horton, Horton, 1999, S. 66, 89, 91, 95-98, 140, 141, 173-175, 193-196, 203-212, 215-219, 228-295, 298, Fluch, 1998, S. 743-755, Franklin, Moss, 1998, Volume One, S. 31, 110-120, 122-140, 148-167, 171-197, Geiss, 1988, S. 227, Hall, 1985, S. 124, Heideking, 1996, S. 106, 107, 112-114, 116-134, 137-139, 145-151, 154-166, Hobsbawm, 1962, Hobsbawm, 1977, Introduction to Afro-American Studies: A Peoples College Primer, 1986, S. 147-151, 167-172, 192-194, 229-232, Jeffreys-Jones, 1977, S. 249, Katz, 1996, S. 12, 13, 63, 92-113, 117-139, Killick, 1977, S. 131, 146-148, 173, Lindig, 1985, S. 122-140, Nagler, 1998, S. 43-61, 68-72, Null, 1990, S. 7, 9, Plessner, 1979, S. 48-77, 85-91, 95-99, Rose, 1962, S. 239, 240, 276-279, Sautter, 1992, S. 118-126, Sautter, 1994, S. 141-217, Schäfer, 1998, S. 174-210, Taylor, 1998, S. 37-45, 54-71, Temperley, 1977, S. 87-104, Tocqueville, 1985, S. 198-209, Unger, 1988, S. 55-57, Wasser, 1998, S. 308, Wehler, 1984 S. 82, 111-133, Wirz, 1984, S. 136-157, Wolf, 1991, S. 388-397, 502, 503

10. Historie V: Bürgerkrieg und Wiederaufbau

Allen, 1998, S. 219-251, 260-263, Baatz, 1997, S. 47-52, Bergman, Bergman, 1969, S. 225-281, Brandes, Burke, 1970, S. 38-41, Carles, Comolli, 1980, S. 80-82, Carocci, 1997, S. 45-151, Davis, 1982, S. 55, 67, 70-84, 103-106, 169, Dennis, 1995, S. 87-108, Dippel, 1996, S. 54-64, Everett, 1998, S. 176-191, 224-236, Finzsch, Horton, Horton, 1999, S. 295-339, Franklin, Moss, 1998, Volume One, S. 198-232, 237-254, Geiss, 1988, S. 195, 196, Grumke, 2001, S. 155, 156, Heideking, 1996, S. 165-185, Hobsbawm, 1977, Hobsbawm, 1995a, S. 38, Hüppauf, 1997, S. 506, Introduction to Afro-American Studies: A Peoples College Primer, 1986, S. 232-236, Katz, 1996, S. 54, Nagler, 1998, S. 61-72, Plessner, 1979, S. 37, 91, 99, 108, 109, Pultz, 1995, S. 12, 32-35, Sautter, 1994, S. 214-234, 263-265, Schäfer, 1998, S. 211-244, Temperley, 1977, S. 104-124, Wehler, 1984, S. 145-150

13. Historie VI: Der Aufstieg zur Weltmacht

Allen, 1998, S. 219-251, Apel-Birnbaum, 1988, S. 205-208, Avery, Steinisch, 1998, S. 73-100, Bergman, Bergman, 1969, S. 282-324, Brandes, Burke, 1970, S. 39-43, Burchell, 1977, S. 194, 195, Capelleveen, 1988b, S. 246-249, Carles, Comolli, 1980, S. 81-84, 131, 132, Davis, 1982, S. 82, 85-92, 126, 133, 134, 138, Dennis, 1995, S. 110-119, D'Emilio, Freedman, 1997, S. 60, 123, 139-201, 226-228, D'Eramo, 1996, S. 20-29, 176-193, 199-207, 220-226, 283, 288-290, Dippel, 1996, S. 65-76, Encyclopedia Americana, 1971, Band 7, S. 6, Finzsch, Horton, Horton, 1999, S. 336, 337, 340-356, 368-370, Fluch, 1998, S. 755-767, Foucault, 1995, S. 144-147, 153, Franklin, Moss, 1998, Volume One, S. 232-246, 254-263, Franklin, Moss, 1998, Volume Two, S. 277-283, 285-303, Geiss, 1988, S. 224, 225, Heideking, 1996, S. 188-237, Hobsbawm, 1977, S. 168-182, 213-385, Hobsbawm, 1995a, Introduction to Afro-American Studies: A Peoples College Primer, 1986, S. 194-198, 212-217, 251-254, 298, 299, Jeffreys-Jones, 1977, S. 236, 238, 242, 249-261, Katz, 1996, S. 143-280, 326, Killick, 1977, S. 133-145, 152, 159, 164, Nagler, 1998, S. 70, Nestle, 1985, S. 118-121, Peiss, 1985, S. 21-37, Plessner, 1979, S. 46, 47, 115, 134, Polanyi, 1995, S. 270-280, Rünzler, 1995, S. 20-23, 27, 38-44, 116-124, 137-157, Sautter, 1994, S. 235-288, 305-320, Seesslen, 1993, S. 366, Schäfer, 1998, S. 245-282, Taylor, 1998, S. 134-221, Unger, 1988, S. 57-63, Wehler, 1984, S. 55, 142-145, 155-163, 177-183, 185, 186, 193-219, Wolf, 1991, S. 444, 448, 496, 502-506

18. Historie VII: Reform(en) und Reaktion(en)

Apel-Birnbaum, 1988, S. 208-210, Avery, Steinisch, 1998, S. 73-76, 81-85, 88-101, Baines, 1977, S. 284-313, Bergman, Bergman, 1969, S. 324-459, Bogle, 1994, S. 10-12, 14-16, Box Champions, o.J., Nr. 8, S. 86, 90, 92, Brandes, Burke, 1970, S. 44-62, Buhle, Buhle, Georgakas, 1992, S. 146-150, 716, Burchell, 1977, S. 195, 196, Capelleveen, 1988b, S. 249-253, 259, Carles, Comolli, 1980, S. 84, 85, 154, 155, Davis, 1982, S. 145-147, 192-203, 226, Demny, 1995, S. 29, Dennis, 1995, S. 120-141, D'Emilio, Freedman, 1997, S. 202-229, 239-274, D'Eramo, 1996, S. 171, 284, 291, 292, Dippel, 1996, S. 77-90, Faulstich, 1994, S. 37, 81-101, Finzsch, Horton, Horton, 1999, S. 332, 333, 356-368, 370-411, 419, Fluch, 1998, S. 755-782, Franklin, Moss, 1998, Volume Two, S. 264-285, 303-387, Geiss, 1988, S. 194, 195, 203-212, 244-252, Hall, 1985, S. 131, Heideking, 1996, S. 238-296, Heider, 1996, S. 45-48, 97-108, 153-163, Hobsbawm, 1995a, Hobsbawm, 1995b, S. 37-183, Introduction to Afro-American Studies: A Peoples College Primer, 1986, S. 153-159, 175-178, 268-272, 299, 300, Jeffreys-Jones, 1977, S. 236, 239, 243-245, 261-282, Junker, 1998, S. 121-125, Lernen: subversiv Amerikkka, 1974, S. 114-119, Nowell-Smith, 1996, S. 498, 500, Null, 1990, S. 9, 11, 14, Plessner, 1979, S. 110-126, 129, 130, 174-182, 240, Polanyi, 1995, S. 270-280, Reemtsma, 1995, S. 35, 36, Reid, 1993, S. 7, 8, 11-14, 17, 137, 138, Rose, 1962, S. 185, 186, 240-245, 262-269, Sautter, 1994, S. 288-305, 317-368, Schäfer, 1998, S. 281-361, Schnurrer, Knigge, 1978, S. 12-15, Schwabe, 1998, S. 102-120, Seesslen, 1993, S. 95, 100, 101, 106, 107, 111, 132, 133, 367-369, Taylor, 1998, S. 222-227, 232-250, Unger, 1988, S. 64-68

20. Historie VIII: New Deal und II. Weltkrieg

Baines, 1977, S. 313-353, Bergman, Bergman, 1969, S. 428-510, Bogle, 1994, S. 26-28, Brandes, Burke, 1970, S. 62-70, Buhle, Buhle, Georgakas, 1992, S. 2-4, Capelleveen, 1988b, S. 254-264, Carles, Comolli, 1980, S. 161, 162, 170, Davis, 1982, S. 92-95, Dennis, 1995, S. 142-150, D'Emilio, Freedman, 1997, S. 239-300, D'Eramo, 1996, S. 140-145, 325, Dippel, 1996, S. 91-102, Encyclopedia Americana, 1971, S. 455f, Finzsch, Horton, Horton, 1999, S. 406, 407, 412-451, Fluch, 1998, S. 780-784, Franklin, Moss, 1998, Volume Two, S. 383-384, 387-404, 415-423, 433-460, Heideking, 1996, S. 296-341, 335, Hobsbawm, 1995b, S. 37-77, 115-227, 253-281, Introduction to Afro-American Studies: A Peoples College Primer, 1986, S. 178-182, Junker, 1998, S. 121-143, Myrdal, 1971, S. 115-127, Plessner, 1979, S. 240, Polanyi, 1995, S. 305, 314-329, Rose, 1962, S. 108-113, 134-139, 180, 204-209, Sautter, 1994, S. 368-437, Schäfer, 1998, S. 362-405, Taylor, 1998, S. 227-271, Unger, 1988, S. 69-72, Wynn, 1977a, S. 354-376

21. Historie IX: Kalter und heißer Krieg

Berg, 1998, S. 144-164, Bergman, Bergman, 1969, S. 510-616, Bigsby, 1988, S. 234-257, Brandes, Burke, 1970, S. 70, 71, 79, Burchell, 1977, S. 197, 198, Capelleveen, 1988a, S. 99, 100, Carles, Comolli, 1980, S. 17-31, Davis, 1982, S. 95, 226, D'Emilio, Freedman, 1997, S. 239-330, Demny, 1996, S. 11-14, 18, 23-34, 53-68, 87-92, Dennis, 1995, S. 151-179, D'Eramo, 1996, S. 322, 325, 326, Dippel, 1996, S. 103-120, Finzsch, Horton, Horton, 1999, S. 419, 420, 451-540, Fluch, 1998, S. 784-799, Franklin, Moss, 1998, Volume Two, S. 461-476, 492-524, Frey, 1999, S. 20-71, 95-105, 114-136, 144-186, Geiss, 1988, S. 296-298, Giesenfeld, 1981, S. 113-138, Hawkeswood, 1996, S. 90-124, 157, 158, Heideking, 1996, S. 340-412, 416, Heider, 1996, S. 23-29, Hobsbawm, 1995b, S. 253-431, Krakau, 1998, S. 169-190, Miller, 1995, S. 360-417, Myrdal, 1971, S. 127-155, Reemtsma, 1995, S. 43-45, Sautter, 1994, S. 437-499, Schäfer, 1998, S. 406-440, Schülting, 1988, S. 10, 153, Taylor, 1998, S. 273-310, Wynn, 1977a, S. 367, 368, 376-404, Wynn, 1977b, S. 405-422

23. Historie X: Auf der Schwelle zum 21. Jahrhundert

Adams, 1977b, S. 429-451, Berg, 1998, S. 165-168, Davis, 1982, S. 206-210, 227, D'Emilio, Freedman, 1997, S. 315, 330-357, Demny, 1996, S. 73-77, 107-137, 152-156, Dennis, 1995, S. 180-185, Dippel, 1996, S. 121-136, Ege, 2000, S. 18, Finzsch, Horton, Horton, 1999, S. 532-577, Fluch, 1998, S. 793-799, Franklin, Moss, 1998, Volume Two, S. 476-491, 525-572, Frey, 1999, S. 187-221, 229-236, Geiss, 1988, S. 298, Giesenfeld, 1981, S. 113-138, Grumke, 2001, S. 42, Heideking, 1996, S. 413-496, Heideking, 1999, S. 479-508, Hobsbawm, 1995b, S. 363-431, 503-537, 688-720, Hobsbawm, 1996, S. 210, 211, Koenen, 1985, S. 27, Krakau, 1998, S. 182-191, Microsoft Cinemania, 1997, Stichwort: Vanessa Williams, Miller, 1995, S. 17-51, 360-417, Sautter, 1994, S. 473, 499-548, Sautter, 2000, S. 7, Schäfer, 1998, S. 441-468, Taylor, 1998, S. 307-315, Wolf, 1991, S. 528, Wynn, 1977b, S. 422-428

Verzeichnis der Karten und Graphiken

Karte 1: Die englischen Kolonien 1660–1763
Quelle: Sautter, 1994, hintere Einbandseiten

Karte 2: Die vereinigten Staaten, 1783–1803
Quelle: Finzsch, Horton, Horton, 1999, S. 55

Karte 3: Der SklavInnenhandel
Quelle: Finzsch, Horton, Horton, 1999, S. 50

Graphik 1: Preise für SklavInnen und Baumwolle
Quelle: Franklin, Moss, 1998, Volume One, S. 128, übersetzt und geringfügig
modifiziert

Karte 4: Die dreizehn Gründerstaaten und die territoriale Expansion bis 1803
Quelle: Heideking, 1996, S. 521

Karte 5: Die territoriale Expansion bis 1853
Quelle: Heideking, 1996, S. 521

Karte 6: Bürgerkrieg: Der östliche Kriegsschauplatz
Quelle: Encyclopedia Americana, 1971, Volume 6, S. 798

Karte 7: Bürgerkrieg: Der westliche Kriegsschauplatz
Quelle: Encyclopedia Americana, 1971, Volume 6, S. 797

Graphik 2: Die Verortung des Individuums
Quelle: Eigene Darstellung

Graphik 3: Die Grenze um die Verortung
Quelle: Eigene Darstellung

Graphik 4: Die Systeme der Gesellschaft und das Individuum
Quelle: Eigene Darstellung

Graphik 5: Die Systeme und die Cluster
Quelle: Eigene Darstellung

Graphik 6: Der Zugang eines Individuums zu einem anderen Individuum
Quelle: Eigene Darstellung

31 Literatur

Adams, Willi Paul, 1977a, Revolution und Nationalstaatsgründung, 1763-1815, in: Adams, Willi Paul (Hg.), Die Vereinigten Staaten von Amerika, Frankfurt am Main

Adams, Willi Paul, 1977b, Die Republik nach 200 Jahren: Die USA unter Nixon und Ford, in: Adams, Willi Paul (Hg.), Die Vereinigten Staaten von Amerika, Frankfurt am Main

Adams, Willi Paul, 1998, Die Kolonialzeit, in: Adams, Willi Paul/ Lösche, Peter (Hrsg.), unter Mitarbeit von Anja Ostermann, Länderbericht USA, Geschichte Politik Geographie Wirtschaft Gesellschaft Kultur, 3. Auflage, Bonn, S. 3-17

Akashe-Böhme, Farideh, 1993, Frausein – Fremdsein, Frankfurt am Main

Allen, Theodore W., 1998, Die Erfindung der weißen Rasse, Rassistische Unterdrückung und soziale Kontrolle, Band 1, Berlin

Apel-Birnbaum, Gudrun, 1988, Protestantismus oder Pluralismus? Religion in den USA, in: Unger, Frank (Hg.), Amerikanische Mythen, Zur inneren Verfassung der Vereinigten Staaten, Frankfurt/Main, New York, S. 159-214

Aptheker, Herbert, 1993, [1943], American Negro Slave Revolts, New York, 6. Aufl.

Avery, Donald H./ Steinisch, Irmgard, 1998, Industrialisierung und ihre sozialen und politischen Folgen, 1877-1914, in: Adams, Willi Paul/ Lösche, Peter (Hrsg.), unter Mitarbeit von Anja Ostermann, Länderbericht USA, Geschichte Politik Geographie Wirtschaft Gesellschaft Kultur, 3. Auflage, Bonn, S. 73-101

Baatz, Willfried, 1997, Geschichte der Fotografie, Köln

Baines, Dudley E., 1977, Die Vereinigten Staaten zwischen den Weltkriegen, 1919-1941, in: Adams, Willi Paul (Hg.), Die Vereinigten Staaten von Amerika, Frankfurt am Main

Becker, Ruth/ Bauhardt, Christine (Hg.), 1997, Durch die Wand! : feministische Konzepte zur Raumentwicklung, (Stadt, Raum und Gesellschaft; Bd. 7), Pfaffenweiler

Beck-Gernsheim, Elisabeth, 1999, Juden, Deutsche und andere Erinnerungslandschaften, Im Dschungel der ethnischen Kategorien, Frankfurt am Main

Berg, Manfred, 1998, Die innere Entwicklung: Vom Zweiten Weltkrieg bis zur Watergate-Krise 1974, in: Adams, Willi Paul/ Lösche, Peter (Hrsg.), unter Mitarbeit von Anja Ostermann, Länderbericht USA, Geschichte Politik Geographie Wirtschaft Gesellschaft Kultur, 3. Auflage, Bonn, S. 144-168

Bergman, Peter M./ Bergman, Mort N., 1969, The Chronological History of the Negro in America, A unique first-ever chronology of the black man in America, from Columbus to the present day, New York

Bigsby, Christopher, 1988, Der afo-amerikanische Roman seit 1945, in: Hoffmann, Gerhard (Hrsg.), Der zeitgenössische amerikanische Roman: Von der Moderne zur Postmoderne, Band 2: Tendenzen und Gruppierungen, München, S. 234-257

Bischoff, Volker/ Mania, Marino, 1996, *Melting Pot*-Mythen als Szenarien amerikanischer Identität zur Zeit der *New Immigration*, in: Giesen, Bernhard (Hrsg.), Nationale und kulturelle Identität, Studien zur Entwicklung des kollektiven Bewußtseins in der Neuzeit, Frankfurt am Main, 3.Aufl., S. 513-536

Böckelmann, Frank, 1999, Die Gelben, die Schwarzen, die Weißen. Frankfurt am Main

Bogle, Donald, 1994, Toms, Coons, Mulattoes, Mammies & Bucks, An Interpretative History of Blacks in American Films, Oxford

Box Champions, o.J., Nr. 8, Hamburg

Brandes, V. H./ Burke, Joyce, (Hrsg.), 1968, NOW, Der schwarze Aufstand, München

Brandes, Volkhard/ Burke, Joyce, 1970, USA – Vom Rassenkampf zum Klassenkampf, Die Organisierung des schwarzen Widerstandes, München

Breuer, Stefan, 1992, Die Gesellschaft des Verschwindens, Von der Selbstzerstörung der technischen Zivilisation, Hamburg

Buhle, Mari Jo/ Buhle, Paul/ Georgakas, Dan (Editors), 1992, Encyclopedia of the American Left, Urbana und Chicago

Burchell, Robert A., 1977, Die Einwanderung nach Amerika im 19. und 20. Jahrhundert, in: Adams, Willi Paul (Hg.), Die Vereinigten Staaten von Amerika, Frankfurt am Main

Burgmer, Christoph (Hrsg.), 1999, Rassismus in der Diskussion, Berlin

Capelleveen, Remco van, 1988a, Rassismus und »American Dream«: Zur Lebenswirklichkeit der afro-amerikanischen Bevölkerung in den USA, in: Unger, Frank (Hg.), Amerikanische Mythen, Zur inneren Verfassung der Vereinigten Staaten, Frankfurt/Main, New York, S. 81-112

Capelleveen, Remco van, 1988b, Middle Class Society Made in U.S.A. – oder: Der amerikanische »Abschied vom Proletariat«, in: Unger, Frank (Hg.), Amerikanische Mythen, Zur inneren Verfassung der Vereinigten Staaten, Frankfurt/Main, New York, S. 233-266

Capelleveen, Remco van, 1990, Amerikanische Odyssee, Afrokaribische Migranten in New York City, unveröffentlichte Habilitationsschrift im Fachbereich Philosophie und Sozialwissenschaften I/II an der Freien Universität Berlin, Berlin

Capelleveen, Remco van, 1993, Rassismus und »American Dream«, Afro-AmerikanerInnen in den USA, in: Rassismus, Texte zur Antifaschistischen Diskussion I, Münster, S. 62-72

Capelleveen, Remco van, 1996, Black in a white America: Das »Amerikanische Dilemma« am Ende des 20. Jahrhunderts, in: Wasser, Hartmut (Hrsg.), USA: Geschichte - Politik - Gesellschaft - Wirtschaft, Opladen, S. 303-337

Carles, Philippe/ Comolli, Jean Lois, 1980, Free Jazz – Black Power, Hofheim

Carocci, Giampiero, 1997, Kurze Geschichte des amerikanischen Bürgerkriegs, Der Einbruch der Industrie in das Kriegshandwerk, Berlin

Cleaver, Eldridge, 1971, Seele auf Eis, München, 3. Auflage

Davis, Angela, 1982, Rassismus und Sexismus, Schwarze Frauen und Klassenkampf in den USA, Berlin

Davis, Mike, 1999a, Ökologie der Angst, Los Angeles und das Leben mit der
Katastrophe, München

Davis, Mike, 1999b, Casino Zombies und andere Fabeln aus dem Neon-Westen
der USA, Berlin, Hamburg

D'Emilio, John/ Freedman, Estelle B., 1997, Intimate Matters, A History of
Sexuality in America, 2. Auflage, New York

Demny, Oliver, 1995, Blondsiegfried gegen den Opa, Der symbolische Gehalt
der Schwergewichtsboxweltmeisterschaft, in: Marburg Virus, Nr. 52, S. 29-
31, Marburg

Demny, Oliver, 1996, Die Wut des Panthers, Die Geschichte der Black Panther
Party, Schwarzer Widerstand in den USA, Münster, 2. Auflage

Dennis, Denise, 1995, Black History for Beginners, New York

D'Eramo, Marco, 1996, Das Schwein und der Wolkenkratzer, Chicago: Eine
Geschichte unserer Zukunft, München

Der Spiegel, 32/1967

Der Spiegel, 11/1968

Der Spiegel, 19/1992

Descartes, René, 1995, Abhandlung über die Methode des richtigen Vernunft-
gebrauchs und der wissenschaftlichen Wahrheitsforschung, Stuttgart

Die Bibel oder die ganze Heilige Schrift des Alten und Neuen Testaments nach
der Übersetzung Martin Luthers, 1972, Stuttgart

DIN 5033

Dippel, Horst, 1996, Geschichte der USA, München

Duncker, Patricia, 1997, Die Germanistin, 3. Auflage, Berlin

Eckhart, Kathrin, 1995, Zur Rolle von Identität im neueren Rassismusdiskurs,
unveröffentlichte Diplomarbeit, Marburg

Ege, Konrad, 2000, Law and Murder, Der Staat als Amokläufer: Über Klassenjustiz
und Exekutionswahn in den USA, in: Konkret, Heft 6, Juni 2000, S. 18, 19

Ellis, Albert/ Abarbanel, Albert, 1961, The Ecyclopedia of Sexual Behavior,
Volume One, New York

Ellis, Albert/ Abarbanel, Albert, 1961, The Ecyclopedia of Sexual Behavior,
Volume Two, New York

Encyclopedia Americana, 1971, New York

epd Film, Zeitschrift des Evangelischen Pressedienstes. Ausgabe 5/2001, Frankfurt

Everett, Susanne, 1998, Geschichte der Sklaverei, Augsburg

Ewing, William A., 1998, Faszination Körper: Meisterfotografien der menschlichen Gestalt, Leipzig

Fanon, Frantz, 1980, Schwarze Haut, weiße Masken, Frankfurt am Main

Fanon, Frantz, 1981, Die Verdammten dieser Erde, Frankfurt am Main

Faulstich, Werner, 1994, Die Kultur der Pornografie: kleine Einführung in Geschichte, Medien, Ästhetik, Markt und Bedeutung, Bardowick

Finzsch, Norbert/ Horton, James O./ Horton, Lois E., 1999, Von Benin nach Baltimore, Die Geschichte der African Americans, Hamburg

Flatz, Christian/ Riedmann, Sylvia/ Kröll, Michael (Hg.), 1998, Rassismus im virtuellen Raum, Hamburg

Fluck, Winfried, 1998, Kultur, in: Adams, Willi Paul/ Lösche, Peter (Hrsg.), unter Mitarbeit von Anja Ostermann, Länderbericht USA, Geschichte Politik Geographie Wirtschaft Gesellschaft Kultur, 3. Auflage, Bonn, S. 719-803

Foucault, Michel, 1976, Mikrophysik der Macht, Über Strafjustiz, Psychiatrie und Medizin, Berlin

Foucault, Michel, 1978, Wahrheit und Macht, in: Dispositive der Macht, Über Sexualität, Wissen und Wahrheit, S. 21-54, Berlin

Foucault, Michel, 1986, Vom Licht des Krieges zur Geburt der Geschichte, Berlin

Foucault, Michel, 1993, Leben machen und sterben lassen, Die Geburt des Rassismus, in: DISS-Texte Nr. 25, S. 27-50, 2. Auflage, Duisburg

Foucault, Michel, 1995, Der Wille zum Wissen, Sexualität und Wahrheit 1, Frankfurt am Main

Franklin, John Hope/ Moss, Alfred A. Jr., 1998, From Slavery to Freedom, A History of African Americans, Volume One: From the Beginnings through Reconstruction

Franklin, John Hope/ Moss, Alfred A. Jr., 1998, From Slavery to Freedom, A History of African Americans, Volume Two: From the Civil War to the Present

Franklin, John H./ Moss, Alfred A., Jr., 1999, Von der Sklaverei zur Freiheit. Die Geschichte der Schwarzen in den USA, Frankfurt/M, Berlin

Freier, Felix/ Sarrazin, Norbert, 1991, Fotos: Selbst entwickeln – Selbst Vergrößern, Kreatives Gestalten und praktische Technik, Color und Schwarzweiss, Köln

Frey, Marc, 1999, Geschichte des Vietnamkriegs, Die Tragödie in Asien und das Ende des amerikanischen Traums, München

Friday, Nancy, 1980, Die sexuellen Phantasien der Frauen, Reinbek bei Hamburg

Friday, Nancy, 1983, Die sexuellen Phantasien der Männer, Reinbek bei Hamburg

Gandy, Oscar H., 1998, Communication and Race, A Structural Perspective, London

Geiss, Imanuel, 1988, Geschichte des Rassismus, Frankfurt am Main

Giesen, Bernhard (Hrsg.), 1996, Nationale und kulturelle Identität, Studien zur Entwicklung des kollektiven Bewußtseins in der Neuzeit, Frankfurt am Main, 3.Aufl.

Giesenfeld, Günter, 1981, Land der Reisfelder, Vietnam, Laos, Kampuchea, Köln

Gildemeister, Regine/ Wetterer, Angelika, 1992, Wie Geschlechter gemacht werden, Die soziale Konstruktion der Zweigeschlechtlichkeit und ihre Reifizierung in der Frauenforschung, in: Knapp, Gudrun-Axeli/ Wetterer, Angelika, (Hg.), Traditionen Brüche, Entwicklungen feministischer Theorie, S. 201-254, Freiburg

Gronemeyer, Reimer (Hg.), 1991, Der faule Neger, Vom weißen Kreuzzug gegen den schwarzen Müßiggang, Reinbek bei Hamburg

Grosses Universal Lexikon, 1975, Berlin

Grumke, Thomas, 2001, Rechtsextremismus in den USA, Opladen

Ha, Kien Nghi, 1999, Ethnizität und Migration, Münster

Hall, Jacquelyn Dowd, 1985, »Das Bewußtsein, das in jedem Körper brennt«: Frauen, Vergewaltigung und Rassengewalt, in: Snitow, Ann/ Stansell, Christine/ Thompson, Sharon (Hg.), Die Politik des Begehrens, Sexualität, Pornographie und neuer Puritanismus in den USA, Berlin, S. 122-151

Hark, Sabine, 1996, deviante Subjekte. Die paradoxe Politik der Identität, Kieler Beiträge zur Politik und Sozialwissenschaft, Band 14, Opladen

Hawkeswood, William G., 1996, One of the Children, Gay Black Men in Harlem, Berkeley, Los Angeles

Heer, Hannes/ Naumann, Klaus, 1997, Vernichtungskrieg, Verbrechen der Wehrmacht 1941 bis 1944, 1. Auflage, Hamburg, 1995, 8. Auflage, Frankfurt am Main

Heideking, Jürgen, 1996, Geschichte der USA, Tübingen, Basel

Heideking, Jürgen, 1998, Revolution, Verfassung und Nationalstaatsgründung, 1763-1815, in: Adams, Willi Paul/ Lösche, Peter (Hrsg.), unter Mitarbeit von Anja Ostermann, Länderbericht USA, Geschichte Politik Geographie Wirtschaft Gesellschaft Kultur, 3. Auflage, Bonn, S. 18-41

Heideking, Jürgen, 1999, 2. Auflage, Geschichte der USA, Tübingen, Basel

Heider, Ulrike, 1996, Schwarzer Zorn und weisse Angst, Reisen durch Afro-Amerika, Frankfurt am Main

Hielscher, Hans, 1996, »Gott ist zornig, Amerika«, Der Aufstieg des Schwarzenführers Louis Farrakhan, Bonn

Hobsbawm, Eric J., 1962, Europäische Revolutionen, Zürich

Hobsbawm, Eric J., 1977, Die Blütezeit des Kapitals, Eine Kulturgeschichte der Jahre 1848 – 1875, München

Hobsbawm, Eric J., 1995a, Das imperiale Zeitalter, 1875-1914, Frankfurt am Main

Hobsbawm, Eric J., 1995b, Das Zeitalter der Extreme, Weltgeschichte des 20. Jahrhunderts, München, Wien

Hobsbawm, Eric J., 1996, Nationen und Nationalismus, Mythos und Realität seit 1780, Frankfurt am Main

Høeg, Peter, 1998, Fräulein Smillas Gespür für Schnee, Reinbek bei Hamburg

http://www.axn.de/, besucht am 14.8.2000

http://www.cnn.com/2000/ALLPOLITICS/stories/11/07/alabama.interracial/, besucht am 25.11.2000

Hund, Wulf D., 1999, Rassismus: Die soziale Konstruktion natürlicher Ungleichheit, Münster

Hüppauf, Bernd, 1997, Der entleerte Blick hinter der Kamera, in: Heer, Hannes, Naumann, Klaus, Vernichtungskrieg, Verbrechen der Wehrmacht 1941 bis 1944, 1. Auflage, Hamburg, 1995, 8. Auflage, Frankfurt am Main, S. 504-527

Introduction to Afro-American Studies: A Peoples College Primer, 1986, [1973], Chicago

Jacob, Günther, 1998, Dossier: Klasse Rasse, in: Jungle World, Nr. 6, S. 15-18, 5. Februar 1998

Jeffreys-Jones, Rhodri, 1977, Soziale Folgen der Industrialisierung, Imperialismus und der Erste Weltkrieg, 1890-1920, in: Adams, Willi Paul (Hg.), Die Vereinigten Staaten von Amerika, Frankfurt am Main

jour fixe initiative berlin (Hg.), 2001, Wie wird man fremd?, Münster

Julien, Isaac, 1999, Gegen/Darstellung – Gegen/Repräsentation, in: Kossek, Brigitte (Hg.), Gegen-Rassismen: Konstruktionen – Interaktionen – Interventionen, Hamburg, Berlin, S. 267-279

Jungle Fever, 1991, USA, Regie: Spike Lee, Spielfilm, 40 Acres and A Mule

Junker, Detlef, 1998, Weltwirtschaftskrise, New Deal, Zweiter Weltkrieg, 1929-1945, in: Adams, Willi Paul/ Lösche, Peter (Hrsg.), unter Mitarbeit von Anja Ostermann, Länderbericht USA, Geschichte Politik Geographie Wirtschaft Gesellschaft Kultur, 3. Auflage, Bonn, S. 121-143

Katz, Jonathan Ned, 1992, [1976], Gay American History, Lesbians and Gay Men in the U.S.A., New York

Katz, William Loren, 1996, The Black West, A Documentary and Pictorial History of the African American Role in the Westward Expansion of the United States, New York

Killick, John R., 1977, Die industrielle Revolution in den Vereinigten Staaten, in: Adams, Willi Paul (Hg.), Die Vereinigten Staaten von Amerika, Frankfurt am Main

King, Martin Luther, 1981, Testament der Hoffnung, Letzte Reden, Aufsätze und Predigten, Gütersloh

Kinsey, Alfred C./Pomeroy, Wardell B./ Martin, Clyde E., 1955, Das sexuelle Verhalten des Mannes, Berlinj, Frankfurt am Main

Klöppel, Ulrike, 1996, Sex-Test, Zeig mir deine Gene und ich sage dir, was du bist, in: Marburg Virus, Nr. 58, S. 12-15, Marburg

Koenen, Anne, 1985, Zeitgenössische Afro-amerikanische Frauenliteratur, Selbstbildnis und Identität bei Toni Morrison, Alice Walker, Toni Cade Bambara und Gayl Jones, Frankfurt/Main, New York

Kofler, Leo, 1992, Zur Geschichte der bürgerlichen Gesellschaft, Versuch einer verstehenden Deutung der Neuzeit, 2 Bände, Berlin

Kohl, Karl-Heinz, 1986, Entzauberter Blick, Das Bild vom guten Wilden und die Erfahrung der Zivilisation, Frankfurt am Main

Kolumbus, 1981, Christoph, Bordbuch, Frankfurt am Main

Kossek, Brigitte (Hg.), 1999, Gegen-Rassismen: Konstruktionen – Interaktionen – Interventionen, Hamburg, Berlin

Kossek, Brigitte, 1999, Gegen-Rassismen: Ein Überblick über gegenwärtige Diskussionen, in: Kossek, Brigitte (Hg.), Gegen-Rassismen: Konstruktionen – Interaktionen – Interventionen, Hamburg, Berlin, S. 11-51

Krakau, Knud, 1998, Außenbeziehungen der USA, 1945-1975, in: Adams, Willi Paul/ Lösche, Peter (Hrsg.), unter Mitarbeit von Anja Ostermann, Länderbericht USA, Geschichte Politik Geographie Wirtschaft Gesellschaft Kultur, 3. Auflage, Bonn, S. 169-191

Küchler, Petra, 1997, Zur Konstruktion von Weiblichkeit, Erklärungsansätze zur Geschlechterdifferenz im Lichte der Auseinandersetzung um die Kategorie Geschlecht, Pfaffenweiler

Lee, Spike, Regie, Jungle Fever, Spielfilm, 40 Acres and A Mule, USA, 1991

Lernen: subversiv Amerikkka, ein Lese – Bilder – Buch, 1974, Frankfurt/Main

Lexikon des Internationalen Films, 1996, CD-ROM, München

Lindig, Wolfgang, 1985, Die Indianer, Band 1: Nordamerika, München, 3. Auflage

Luhmann, Niklas, 1988, Frauen, Männer und George Spencer Brown, in: Zeitschrift für Soziologie, Jg. 17, Heft 1, S. 47-71, Stuttgart, Februar 1988

Luhmann, Niklas, 1993, Soziale Systeme, Grundriß einer allgemeinen Theorie, Frankfurt am Main, 4. Auflage

Luhmann, Niklas, 1996, Liebe als Passion, Zur Codierung von Intimität, Frankfurt am Main, 3. Aufl.

Luhmann, Niklas, 1999, Die Kunst der Gesellschaft, Frankfurt am Main, 3. Aufl.

Lüthje, Boy/ Scherrer, Christoph (Hrsg.), 1997, Zwischen Rassismus und Solidarität: Diskriminierung, Einwanderung und Gewerkschaften in den USA, Münster

Magiros, Angelika, 1995, Foucaults Beitrag zur Rassismustheorie, Argument-Sonderband 233, Hamburg

Marcuse, Herbert, 1988, Der eindimensionale Mensch, Studien zur Ideologie der fortgeschrittenen Industriegesellschaft, Darmstadt

Melber, Henning, 1992, Rassismus und eurozentrisches Zivilisationsmodell: Zur Entwicklungsgeschichte des kolonialen Blicks, in: Autrata, Otger, (Hg.), Theorien über den Rassismus, Hamburg, S. 29-62

Meulenbelt, Anja, 1988, Scheidelinien, Über Sexismus, Rassismus und Klassismus, Reinbek bei Hamburg

Meyers Großes Taschenlexikon, 1981, Mannheim, Wien, Zürich

Michels, Peter, 1999, Black Perspectives: Berichte zur schwarzen Bewegung, Band 1: USA, Bremen

Microsoft Cinemania, 1997, CD-ROM

Miles, Robert, 1992, Rassismus: Einführung in die Geschichte und Theorie eines Begriffs, 2. Auflage, Hamburg, Berlin

Miller, James, 1995, Die Leidenschaft des Michel Foucault, Köln

Monaco, James, 1995, Film verstehen, Reinbek bei Hamburg

Morrison, Toni, 1999, Paradies, Reinbek bei Hamburg

Müller, Jost, 1995, Mythen der Rechten, Nation, Ethnie, Kultur, Berlin, Amsterdam

Munzinger-Archiv, Internationales Biographisches Archiv

Murswieck, Axel, 1998, Gesellschaft, in: Adams, Willi Paul/ Lösche, Peter (Hrsg.), unter Mitarbeit von Anja Ostermann, Länderbericht USA, Geschichte Politik Geographie Wirtschaft Gesellschaft Kultur, 3. Auflage, Bonn, S. 621-718

Myrdal, Gunnar, 1971, Noch einmal: Ein amerikanisches Dilemma, Die Rassenkrise in den Vereinigten Staaten in historischer Perspektive, in: Myrdal, Gunnar, Aufsätze und Reden, Frankfurt am Main, S. 106-155

Nagler, Jörg, 1998, Territoriale Expansion, Sklavenfrage, Sezessionskrieg, Rekonstruktion, 1815-1877, in: Adams, Willi Paul/ Lösche, Peter (Hrsg.), unter Mitarbeit von Anja Ostermann, Länderbericht USA, Geschichte Politik Geographie Wirtschaft Gesellschaft Kultur, 3. Auflage, Bonn, S. 42-72

Nestle, Joan, 1985, Meine Mutter hat gern gefickt, in: Snitow, Ann/ Stansell, Christine/ Thompson, Sharon (Hg.), Die Politik des Begehrens, Sexualität, Pornographie und neuer Puritanismus in den USA, Berlin, S. 118-121

Nowell-Smith, Geoffrey, 1996, The Oxford History of World Cinema, The definitive history of cinema worldwide, Oxford, New York

Null, Gary, 1990, [1975], Black Hollywood, The Black Performer in Motion Pictures, New York, Secaucus

Oberhessische Presse vom 6.8.1993

Office of Management and Budget, Revisions to the Standards for the Classification of Federal Data on Race and Ethnicity, http://www.census.gov/population/www/socdemo/race/Ombdir15.html, besucht am 15.11.1999

Peiss, Kathy, 1985, Charity Girls und das Vergnügen der Großstadt, in: Snitow, Ann/ Stansell, Christine/ Thompson, Sharon (Hg.), Die Politik des Begehrens, Sexualität, Pornographie und neuer Puritanismus in den USA, Berlin, S. 21-37

Perry, Bruce, 1993, Malcolm X, Ein Mann verändert Amerika, Hamburg

Phillips, Mike, 1992, nach dem Drehbuch von John Singleton, Boyz N the Hood, Jungs im Viertel, Frankfurt am Main

Pinn, Irmgard/ Nebelung, Michael, 1992, Vom »klassischen« zum aktuellen Rassismus in Deutschland, Das Menschenbild der Bevölkerungstheorie und Bevölkerungspolitik, DISS-Texte Nr. 17, 2. Auflage, Duisburg

Pippi Langstrumpf, 1968/1969, Schweden/ BR Deutschland, Regie: Olle Hellbom, Produktion: Olle Nordemar, Beta/ KB Nord Art/ Sveriges Radio/ AB Svenks Filmindustri, nach dem Buch von Astrid Lindgren

Plessner, Monika, 1979, Ich bin der dunklere Bruder, Die Literatur der schwarzen Amerikaner, Von den Spirituals bis zu James Baldwin, Frankfurt am Main

Polanyi, Karl, 1995, The Great Transformation, Politische und ökonomische Ursprünge von Gesellschaften und Wirtschaftssystemen, 3. Auflage, Frankfurt (Main)

Posse, 1993, USA/England, Regie: Mario Van Peebles, Spielfilm, Polygram/ Working Title

Pultz, John, 1995, Der fotografierte Körper, Köln

Reemtsma, Jan Philipp, 1992, Die Falle des Antirassismus, in: Bielefeld, Uli (Hg.), Das Eigene und das Fremde, Neuer Rassismus in der Alten Welt?, 2. Auflage, Hamburg, S. 269-282

Reemtsma, Jan Philipp, 1995, Mehr als ein Champion, Über den Stil des Boxers Muhammad Ali, Stuttgart

Reese-Schäfer, Walter, 1992, Luhmann zur Einführung, Hamburg

Reid, Mark A., 1993, Redefining Black Film, Berkeley, Los Angeles, Oxford

Rose, Arnold, 1962, The Negro in America, Boston, 7. Auflage

Rünzler, Dieter, 1995, Im Westen ist Amerika, Die Metamorphose des Cowboys vom Rinderhirten zum amerikanischen Helden, Wien

Sautter, Udo, 1992, Geschichte Kanadas, Von der europäischen Entdeckung bis zur Gegenwart, München

Sautter, Udo, 1994, Geschichte der Vereinigten Staaten von Amerika, 5. Auflage, Stuttgart

Sautter, Udo, 2000, Die Vereinigten Staaten: Daten, Fakten, Dokumente, Tübingen, Basel

Schäfer, Peter, 1998, Alltag in den Vereinigten Staaten, Von der Kolonialzeit bis zur Gegenwart, Graz, Wien, Köln

Scharenberg, Albert, 1998, Schwarzer Nationalismus in den USA, Das Malcolm X Revival, Münster

Schnurrer, Achim/ Knigge, Andreas C., 1978, Bilderfrauen/Frauenbilder, Eine kommentierte Bilddokumentation über das Bild der Frau im Comic, Hannover

Schröder, Hans-Christoph, 1997, Englische Geschichte, München, 2. Auflage

Schülting, Michael, 1988, Migration und Rassismus, Die Einwanderungsdebatte in den USA, Köln

Schülting, Sabine, 1997, Wilde Frauen, fremde Welten, Kolonisierungsgeschichten aus Amerika, Reinbek bei Hamburg

Schulze, Gerhard, 1993, Die Erlebnisgesellschaft, Kultursoziologie der Gegenwart, Frankfurt/Main, New York

Schwabe, Klaus, 1998, Erster Weltkrieg und Rückzug in die »Normalität«, 1914-1929, in: Adams, Willi Paul/ Lösche, Peter (Hrsg.), unter Mitarbeit von Anja Ostermann, Länderbericht USA, Geschichte Politik Geographie Wirtschaft Gesellschaft Kultur, 3. Auflage, Bonn, S. 102-120

Seesslen, Georg, 1993, Der pornographische Film, Von den Anfängen bis zur Gegenwart, Frankfurt/Main, Berlin

Seesslen, Georg, 1995, Western, Geschichte und Mythologie des Westernfilms, Marburg

Seesslen, Georg, 1996, Territory, Der Weg zum Kino führt durch John-Ford-Country, in: Seesslen, Georg, Clint Eastwood trifft Federico Fellini, Essays zum Kino, Berlin, S. 30-37

Sesamstraße, Kindersendung im Fernsehen, z.B. am 4.9.2000 von 18.00 Uhr bis 18.30 Uhr auf N3

Sollors, Werner, 1996, Konstruktionsversuche nationaler und ethnischer Identität in der amerikanischen Literatur, in: Giesen, Bernhard (Hrsg.), Nationale und kulturelle Identität, Studien zur Entwicklung des kollektiven Bewußtseins in der Neuzeit, Frankfurt am Main, 3.Aufl., S. 537-570

Statistical Abstract of The United States, 1878, New York, London

Statistical Abstract of The United States, 1890, New York, London

Statistical Abstract of The United States, 1900, New York, London

Sturm, Gabriele, 1997, Öffentlichkeit als Raum von Frauen, in: Becker, Ruth/ Bauhardt, Christine (Hg.), Durch die Wand! : feministische Konzepte zur Raumentwicklung, (Stadt, Raum und Gesellschaft; Bd. 7), Pfaffenweiler, S. 53-72

Taylor, Quintard, 1998, In Search of the Racial Frontier, African Americans in the American West, 1528-1990, New York, London

Temperley, Howard, 1977, Regionalismus, Sklaverei, Bürgerkrieg und die Wiedereingliederung des Südens, 1815-1877, in: Adams, Willi Paul (Hg.), Die Vereinigten Staaten von Amerika, Frankfurt am Main

Theweleit, Klaus, 1999, Pocahontas in Wonderland, Shakespeare on Tour, Frankfurt am Main, Basel

Tocqueville, Alexis de, 1985, Über die Demokratie in Amerika, Stuttgart

Tykwer, Tom, 1998, Lola rennt, Reinbek bei Hamburg

Unger, Frank, 1988, Demokratie ohne Optionen: Zur Kultur der politischen Herrschaft in den USA, in: Unger, Frank (Hg.), Amerikanische Mythen, Zur inneren Verfassung der Vereinigten Staaten, Frankfurt/Main, New York, S. 44-80

U.S. Bureau of the Census, 1953, Statistical Abstract of the United States, Washington, D.C.

U.S. Bureau of the Census, 1960, Statistical Abstract of the United States, Washington, D.C.

U.S. Bureau of the Census, Recommendations from the Interagency Committee for the Review of the Racial and Ethnic Standards to the Office of Management and Budget Concerning Changes to the Standards for the Classification of Federal Data on Race and Ethnicity, http://www.census.gov/ population/www/socdemo/race/Directive_15.html, besucht am 15.11.1999

U.S. Bureau of the Census, Tab. 1, Race of Wife by Race of Husband: 1960, 1970, 1980, 1991, and 1992, http://www.census.gov/population/socdemo/ race/interractab1.txt, besucht am 15.11.1999

U.S. Census Bureau, Racial and Ethnic Classifications Used in Census 2000 and Beyond, http://www.census.gov/population/www/socdemo/race/ racefactcb.html, besucht am 9.7.2000

U.S. Census Bureau, Resident Population Estimates of the United States by Sex, Race, and Hispanic Origin: April 1, 1990 to July 1, 1999, with Short-Term Projection to May 1, 2000, http://www.census.gov/population/estimates/ nation/intfile3-1.txt, besucht am 9.7.2000

U.S. Census Bureau, The American Indian, Eskimo, and Aleut Population, http://www.census.gov/population/www/pop-profile/amerind.html, besucht am 9.7.2000

Valverde, Marianna, 1989, Sex, Macht und Lust, Berlin

Van Peebles, Mario, Regie, Posse, Spielfilm, Polygram/Working Title, USA/ England, 1993

Viehmann, Klaus, und Genossinnen/Genossen, 1991, Drei zu Eins - Klassenwiderspruch, Rassismus und Sexismus, in: Metropolen(gedanken) & Revolution, Texte Zur Patriarchats-, Rassismus-, Internationalismusdiskussion, Berlin, S. 27-62

Villa, Paula-Irene, 2000, Sexy Bodies, Eine soziologische Reise durch den Geschlechtskörper, Opladen

von Braun, Christina, 1989, Die schamlose Schönheit des Vergangenen, Zum Verhältnis von Geschlecht und Geschichte, Frankfurt am Main

Wasser, Hartmut, 1998, Politische Parteien und Wahlen, in: Adams, Willi Paul/ Lösche, Peter (Hrsg.), unter Mitarbeit von Anja Ostermann, Länderbericht USA, Geschichte Politik Geographie Wirtschaft Gesellschaft Kultur, 3. Auflage, Bonn, S. 305-339

Wehler, Hans-Ulrich, 1984, Grundzüge der amerikanischen Außenpolitik 1750-1900, Frankfurt am Main

Wiegel, Gerd, 1995, Nationalismus und Rassismus, Zum Zusammenhang zweier Ausschließungspraktiken, Köln

Wirz, Albert, 1984, Sklaverei und kapitalistisches Weltsystem, Frankfurt am Main

Wolf, Eric R., 1991, Die Völker ohne Geschichte, Europa und die andere Welt seit 1400, Frankfurt/Main, New York

Wynn, Neil A., 1977a, Vom Weltkrieg zur Wohlstandsgesellschaft, 1941-1961, in: Adams, Willi Paul (Hg.), Die Vereinigten Staaten von Amerika, Frankfurt am Main

Wynn, Neil A., 1977b, Die 1960er Jahre, in: Adams, Willi Paul (Hg.), Die Vereinigten Staaten von Amerika, Frankfurt am Main

X, Malcolm, 1968, Schwarze Gewalt, Reden, Michael Schneider, Revolution der Sprache, Sprache der Revolution, Voltaire Handbuch 1, Frankfurt am Main, Berlin, September 1968

X, Malcolm, 1992, Die Autobiographie, Bremen

Zerger, Johannes, 1997, Was ist Rassismus?, Eine Einführung, Göttingen

Zinn, Howard, 1980, A People's History of the United States, New York

Zizek, Slavoj, 2000, Das Unbehagen im Multikulturalismus, Rassismus als Symptom des globalen Kapitalismus, in: iz3w, Ausgabe 245, Mai/Juni 2000, S. 40-43

jour fixe initiative berlin
Theorie des Faschismus – Kritik der Gesellschaft

269 Seiten · Broschur
29,80 DM · 16 EUR
ISBN 3-89771-401-9

Welche Konsequenzen haben kritische Gesellschafts-
theorien aus dem Faschismus für das Schicksal der
bürgerlichen Gesellschaft und für die heutige
postfaschistische Epoche gezogen? Und wie sehen
die Bedingungen der Möglichkeit kritischer Philosophie nach Auschwitz aus?

jour fixe initiative berlin
Wie wird man fremd?

255 Seiten · Broschur
29,80 DM · 16 EUR
ISBN 3-89771-405-1

„Der Fremde" ist bis zum Rand gefüllt mit Inhalten
und Diskursen. Der Fremde wird zur Zielscheibe
rassistischer und antisemitischer Projektionen. Wie
wird man fremd? ist die Frage, die die AutorInnen
unter Bezugnahme auf die Kritische Theorie, die
Psychoanalyse und Theorien post-strukturalisti-
scher Provinienz zu klären versuchen.

Udo Wolter
Das obskure Subjekt der Begierde

Frantz Fanon und die Fallstricke
des Subjekts der Befreiung

240 Seiten · Broschur
29,80DM · 16 EUR
ISBN 3-89771-005-6

Fanon gilt als der Klassiker der antikolonialen
Revolutionstheorie. Kritisch untersucht Udo Wolter
die Grenzen und Möglichkeiten, mit der Theorie
Fanons die bipolaren Entgegensetzungen Kolonial-
herr/Kolonisierter, Zivilisation/Wildheit ... sowie
die repressiven Festschreibungen ethnischer und
nationaler Identitäten aufzulösen.

UNRAST Verlag • Postfach 8020 • 48043 Münster
Tel. (0251) 666293 • Fax. (0251) 666120

www.unrast-verlag.de

Fikret Aslan/ Kemal Bozay
Graue Wölfe heulen wieder
Türkische Faschisten und ihre Vernetzung
in der BRD
2. aktualisierte Auflage

255 Seiten · Broschur
29,80 DM · 16 EUR
ISBN 3-89771-004-8

Ein umfassendes Grundlagenwerk zur Geschichte,
den Aktivitäten und Zielen der faschistischen türki-
schen Bewegung und deren Machenschaften in der
BRD.

Peter Nowak, Gülten Sesen,
Martin Beckmann (Hg.)
Bei lebendigem Leib
Von Stammheim zu den F-Typ-Zellen.
Gefängnissystem und Gefangenenwiderstand
in der Türkei.

ca. 200 Seiten · Broschur
ca. 24,80 DM · 13 EUR
ISBN 3-89771-008-0

Detaillierte Darstellung des Gefangenenwiderstandes
in der Türkei und Dokumentation des aktuellen
'Todesfastens' politischer Gefangener.

Prozessbeobachtungsgruppe Guben (Hg.)
Nur ein Toter mehr ...
Alltäglicher Rassismus in
Deutschland und die Hetzjagd von Guben

172 Seiten · Broschur
19,80 DM · 11 EUR
ISBN 3-89771-806-5

Am 13.2.1999 wurde im brandenburgischen Guben
der algerische Flüchtling Farid Guendoul von mindestens 15 Nazis in den Tod getrieben. Die Beobachtung des Prozesses gegen die Nazis dokumentiert,
wie vielschichtig und tief rassistische Strukturen in
dieser Gesellschaft verankert sind.

UNRAST Verlag • Postfach 8020 • 48043 Münster
Tel. (0251) 666293 • Fax. (0251) 666120
www.unrast-verlag.de

Susan Arndt, Heiko Thierl, Ralf Walther (Hg.)
AfrikaBilder
Studien zu Rassismus in Deutschland
ca. 320 Seiten · Broschur · ca. 20 Abb.
ca. 39,80 DM · 21 EUR
ISBN 3-89771-407-8

Auf der Suche nach individuellen und gesellschaftlichen Gegenstrategien untersucht das Buch Ursachen und Wirkungsmechanismen von Rassismus.
Deutsche Konzeptionen von Afrika und AfrikanerInnen stehen dabei im Mittelpunkt.
Ein wichtiges Dokument für die politische Bil-
dungsarbeit

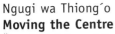

Ngugi wa Thiong´o
Moving the Centre
Über die Befreiung afrikanischer Kulturen
220 Seiten · Broschur
29,80 DM · 16 EUR
ISBN 3-928300-27-X

»In den Betrachtungen und Schlußfolgerungen
werden die politischen und gesellschaftlichen
Realitäten einer schonungslosen Kritik unterworfen (...) spannende und zum Teil auch provokante
Lektüre.«   Asien-Afrika-Lateinamerika

Susan Arndt
Feminismus im Widerstreit
Afrikanischer Feminismus
in Gesellschaft und Literatur
206 Seiten · Broschur
24,80 DM · 13 EUR
ISBN 3-89771-201-6

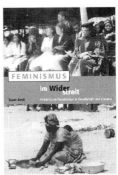

»Worin auch immer die Unterschiede zwischen dem
schwarzen und dem weißen Feminismus bestehen
mögen, kann es keinen Zweifel darüber geben, daß
beide bestimmte ästhetische Positionen teilen.«
                    Akachi Adimora-Ezeigbo

UNRAST Verlag • Postfach 8020 • 48043 Münster

Tel. (0251) 666293 • Fax. (0251) 666120

www.unrast-verlag.de

Oliver Demny
Die Wut des Panthers
Die Geschichte der Black Panther Party
232 Seiten · Broschur
26,80 DM · 14 EUR
ISBN 3-928300-21-0

»Das Buch schließt nicht nur Wissenslücken, sondern dürfte auch nützlich dabei sein, Erfahrungen der Linken, hier der Schwarzen-Bewegung in den USA, aufzunehmen und für die Linke in der BRD nutzbar zu machen.«

Terz 9/94

gruppe demontage
Postfordistische Guerrilla
Vom Mythos nationaler Befreiung
280 Seiten · Broschur
29.80 DM · 16 EUR
ISBN 3-928300-77-6

Die Autoren der *Gruppe Demontage* fragen nach den veränderten Perspektiven und den neuen politischen Spielräumen von Befreiungsbewegungen in Europa und im Trikont. An den Beispielen ETA, PKK, IRA, EZLN und der korsischen FLNC werden deren verschiedene politische Konzepte von Nation, Befreiung und Sozialismus analysiert und hinsichtlich einer kritischen Solidarität unter die Lupe genommen.

Markus Kampkötter
Emiliano Zapata
Vom Bauernführer zur Legende. Eine Biografie
176 Seiten · Broschur · 60 Fotos
29,80 DM/sFr · 16 EURO
ISBN 3-928300-40-7

»Markus Kampkötter beschreibt Hintergründe und Verlauf der Revolution kenntnisreich und spannend. Viele historische Fotos, ein Glossar, einige Landkarten, eine Zeittafel sowie eine Bibliographie zu den heutigen Zapatistas machen das Buch lesenswert für alle, die sich einführend oder tiefergehend mit den Zapatistas beschäftigen wollen.«

Wechselwirkung 8/97

UNRAST Verlag • Postfach 8020 • 48043 Münster
Tel. (0251) 666293 • Fax. (0251) 666120
www.unrast-verlag.de